MIN GE
QIANBEI YU
XINZHONGGUO
XUBIAN

# 《民革前辈与新中国》
# 续编

民革中央宣传部 编

团结出版社

图书在版编目（CIP）数据

民革前辈与新中国：续编 / 民革中央宣传部编．--北京：团结出版社，2022.12（2023.4 重印）
ISBN 978-7-5126-9843-7

Ⅰ．①民… Ⅱ．①民… Ⅲ．①中国国民党革命委员会－党员－先进事迹 Ⅳ．① D665.1

中国版本图书馆 CIP 数据核字（2022）第 210938 号

| | |
|---|---|
| 出　　版： | 团结出版社 |
| | （北京市东城区东皇城根南街 84 号　邮编：100006） |
| 电　　话： | （010）65228880　65244790（出版社） |
| | （010）65238766　85113874　65133603（发行部） |
| | （010）65133603（邮购） |
| 网　　址： | http://www.tjpress.com |
| E-mail： | zb65244790@vip.163.com |
| | tjcbsfxb@163.com（发行部邮购） |
| 经　　销： | 全国新华书店 |
| 印　　装： | 三河市东方印刷有限公司 |
| | |
| 开　　本： | 170mm×240mm　16 开 |
| 印　　张： | 40.25 |
| 字　　数： | 605 千字 |
| 版　　次： | 2022 年 12 月　第 1 版 |
| 印　　次： | 2023 年 4 月　第 2 次印刷 |
| | |
| 书　　号： | 978-7-5126-9843-7 |
| 定　　价： | 146.00 元 |

（版权所属，盗版必究）

## 本书编委会

顾　　问：万鄂湘　郑建邦

主　　编：李惠东

执行主编：刘良翠

执行编辑：刘则永

# 序

万鄂湘

习近平总书记曾指出:"一切向前走,都不能忘记走过的路;走得再远、走到再光辉的未来,也不能忘记走过的过去,不能忘记为什么出发。"[1]今年是中华人民共和国成立70周年,也是人民政协成立70周年。在创建新中国、人民政协伟大事业的进程中,民革作为中国共产党领导的统一战线和多党合作中的一员,作为致力于中国特色社会主义事业的参政党,始终与中国共产党风雨同舟、荣辱与共,既是历史的见证者,也是历史的参与者。在中国共产党领导的多党合作和政治协商这一新型政党制度确立70周年的重要历史节点,回顾民革和民革前辈在中国共产党领导下参与新中国建立和建设的历史,具有深远的历史意义和极强的现实意义。

民革是在抗日战争胜利后,中国历史发生转折的重要关头,由坚持孙中山先生"三大政策"的国民党民主派及其他爱国民主人士集结在和平民主建国旗帜下成立的。民革成立后,立即表明了自己反对国民党统治集团卖国、独裁、

---

[1] 习近平《在庆祝中国共产党成立九十五周年大会上的讲话》,《论中国共产党历史》,中央文献出版社2021年版,第121页。

内战的明确立场，旗帜鲜明地拥护中国共产党关于成立联合政府的主张，接受中国共产党领导，全力投入到人民解放战争的革命洪流中。

由于历史原因，很多民革前辈在国民党军政界有着特殊的影响力。民革充分利用这一特点，积极策动国民党军政人员起义，配合人民解放战争顺利开展，作出了独特的贡献。

1948年4月30日，中共中央发布了召集各民主党派、各人民团体、各社会贤达迅速召开新政治协商会议以建立民主联合政府的"五一口号"。"五一口号"发布以后，民革立即发表公开宣言响应中共中央的号召，明确表明接受中国共产党领导的政治立场。应中国共产党的诚挚邀请，李济深等民革领导人相继到达解放区，与中共及各民主党派共商建国大业，参与中国人民政治协商会议的筹备和召开，参与《共同纲领》的制定，出席中华人民共和国开国大典，为新中国的建立和新政协的成立添砖加瓦。

中华人民共和国成立后，民革在中国共产党和《共同纲领》的指引下，参加国家管理，参与国家重大决策协商，动员广大党员和所联系人士投身新中国建设，发挥了民主党派在国家政治生活中的应有作用。

为了更好地重温民革和民革前辈参与新中国建立的历史，纪念为新中国建立而竭诚奉献甚至英勇献身的民革前辈，继承发扬民革优良传统，加强思想政治建设，我们编辑出版了《民革与新中国的建立》《民革前辈与新中国》两本书。希望包括民革广大党员干部在内的社会各界可以从中得到丰富的教益和深刻的启迪。我想，民革党员干部至少应该得到以下几点启示：

**一、坚持中国共产党领导，不忘合作初心、继续携手前进，是民革的立党之本、发展之基。**

民革七十多年的历史告诉我们，民革每一次重要的进步和成果的取得，都离不开中国共产党的领导和关怀，都得益于多党合作制度的不断发展和完善。当年，民革前辈正是在中国共产党的支持下，冒着危险聚集到香港，成立了民革。"五一口号"发布后，民革公开宣布接受中国共产党领导，并决心在中国共产党领导下为实现中华民族伟大复兴而不懈奋斗，这是民革的初心，是民革一直以来始终坚持、不断传承、赖以发展的立党之本。中共十八大以来，以习近平同志为核心的中共中央高度重视多党合作事业，提出了一系列重要思想，作出了一系列重要指示，出台了一系列重要文件，为新时代多党合作事业的发展指明了方向。特别是2018年全国两会期间，习近平总书记关于新型政党制度的重要论述，是习近平新时代中国特色社会主义思想的重要组成部分，是对马克思列宁主义关于政党制度理论的继承和发展，是对中国特色社会主义道路、制度、理论体系的认识深化和实践创新。我们要在习近平新时代中国特色社会主义思想指引下，大力弘扬民革优良传统，以丰富鲜活的历史，摆事实、讲道理，深入浅出，讲好民革故事，讲好多党合作故事，不断增进对中国共产党和中国特色社会主义的政治认同，牢牢守住我们的政治生命线，把稳我们的政治方向盘，绝不能有一丝一毫的动摇与偏离。

## 二、加强自身建设，积极履行职能，是民革的成事之方、奉献之道。

新中国成立后，民革一直注重加强自身建设，不断增强民革组织的向心力、凝聚力，将全体党员干部紧密团结在中国共产党周围，为国家和民族根本利益、为执政党的治国理政建真言、献良策。特别是近年来，中国特色社会主义进入新时代，我们按照习近平总书记"多党合作要有新气象，思想共识要有新提高，履职尽责要有新作为，参政党要有新面貌"①的重要指示精神，努力增强责任和担当，坚持以思想政治建设为统领，全面加强自身建设，"举全党之力抓参政议政"，把智慧和力量统一到中国共产党和国家重大决策部署上来，不断提高政党协商、政协协商等建言质量，

---

① 《习近平总书记在同党外人士座谈并共迎新春时强调：多党合作要有新气象　思想共识要有新提高　履职尽责要有新作为　参政党要有新面貌》，《人民日报》2018年2月7日，第一版。

成果丰硕，成效显著。

### 三、孙中山爱国、革命、不断进步精神，是民革的理想之核、情怀之光。

作为由原国民党民主派为主创建的民主党派，民革对孙中山先生一向怀有崇高的敬意和深厚的感情。成立七十多年来，民革始终以孙中山振兴中华理想引导自己，始终以孙中山爱国、革命、不断进步精神激励自己，把对孙中山振兴中华理想的情怀，转化为坚持中国共产党领导、实现中华民族伟大复兴的中国梦的巨大精神动力。继承发扬孙中山爱国、革命、不断进步精神是民革的优良传统和基本特色，我们一定要代代相传，发扬光大。

今年2月，习近平总书记在党外人士迎春座谈会上指出，广大党外人士要认真总结70年来在中国共产党领导下多党合作事业取得的宝贵经验，发扬长期以来同中国共产党风雨同舟、休戚与共的优良传统，搞好政治传承，提高政治站位，增强政治能力，夯实新时代多党合作的共同思想政治基础。总书记的重要指示，充满了殷切期望，提出了明确要求，我们在欢欣鼓舞的同时，更感受到了沉甸甸的责任和使命。

《民革与新中国的建立》《民革前辈与新中国》这两本书的编辑出版，是民革中央贯彻落实习近平总书记重要讲话精神、建设高水平新时代中国特色社会主义参政党的重要举措。希望民革广大党员干部能从书中汲取养分，更加紧密地团结在以习近平同志为核心的中共中央周围，增强"四个意识"，坚定"四个自信"，坚决做到"两个维护"，自觉用习近平新时代中国特色社会主义思想武装头脑、指导实践、推动工作，为中华民族伟大复兴的中国梦贡献自己的力量，不辜负伟大的新时代。

是为序。

2019年8月

（作者系全国人大常委会副委员长、民革中央主席）

# 目　录

002　侯镜如　多次引导部下起义的黄埔一期生

014　刘　斐　参与发起香港起义，倡建荆江分洪工程

027　钱昌照　献力经济建设的中央财政经济委员会委员

039　李德全　新中国首任卫生部部长兼中国红十字总会会长

051　陈此生　香港《华商报》社论委员

061　裴昌会　积极参加川渝建设的起义将军

075　李世璋　政务院人民监察委员会首任秘书长

087　刘仲容　国共和谈中的"秘使"

101　郑洞国　在毛泽东的家宴上聆听教诲

118　甘祠森　集经济学家、作家于一身的革命战士

132　吴茂荪　中国人民外交学会首任秘书长

142　于振瀛　在国民党内部从事情报工作的"立法委员"

| | | |
|---|---|---|
| 152 | 毛翼虎 | 从台湾辗转返回的国民党"立法委员" |
| 164 | 邓锡侯 | 与刘文辉、潘文华联名起义的川军名将 |
| 174 | 卢郁文 | 国民党北平和谈代表团秘书长 |
| 182 | 宁　武 | 为上海解放作出贡献的辛亥元老 |
| 192 | 司马文森 | 香港《大公报》《文汇报》、中国新闻社联合办事处主任 |
| 202 | 吕集义 | 主持留港日常工作，筹建广西民革组织 |
| 211 | 刘　通 | 建立福建民联，迎接福州解放 |
| 223 | 刘公武 | 力推和平解放的湖南人民自救会总干事 |
| 235 | 刘积学 | 单独通电，逼蒋下野 |
| 245 | 许宝驹 | 多才多艺的"小民革"和民联创始人 |
| 253 | 许麟庐 | 被誉为"京城柴大官人"的齐白石关门弟子 |
| 263 | 孙蔚如 | 与中国共产党密切共事的陕西名将 |
| 275 | 孙墨佛 | 坚决反对国民党发动内战的书画大师 |
| 285 | 李　蒸 | 力促北平和谈的教育家 |
| 297 | 李民欣 | 民革广州市委会首任主委 |
| 307 | 李任仁 | 多方推动广西解放，争取桂系人员起义投诚 |

| | | |
|---|---|---|
| 319 | 李明扬 | 粟裕称他为"最可信赖的战友" |
| 329 | 李章达 | 助力东江纵队北撤 |
| 341 | 李锡九 | 周恩来称他"老成谋国" |
| 352 | 李澄之 | 随同周恩来赴重庆做统战工作 |
| 360 | 杨宪益 | 向西方"翻译了整个中国"的革命者 |
| 371 | 吴　石 | 牺牲在海峡对岸的重要潜伏者 |
| 384 | 但懋辛 | 推动四川地区起义的辛亥元老 |
| 394 | 辛葭舟 | 子女为国捐躯的山东省交通厅厅长 |
| 402 | 张　钫 | "给了蒋当胸一拳"的千唐志斋主人 |
| 413 | 张伯驹 | 为国家民族收藏的"天下民间第一人" |
| 425 | 张宗祥 | 身兼浙江省图书馆馆长和西泠印社社长的国学巨匠 |
| 436 | 陈　铁 | 黄埔骁将遵义举义旗 |
| 447 | 陈汝棠 | 为中共广东省委会议站岗巡逻的总队长 |
| 459 | 陈良佐 | 为推动广西和平解放而负伤 |
| 471 | 陈劭先 | 桂林文化供应社社长 |
| 485 | 陈其瑗 | 担任香港达德学院院长的归侨领袖 |

| | | |
|---|---|---|
| 495 | 范予遂 | 当面主张蒋介石下野的"立法委员" |
| 504 | 林一元 | 与新四军和平相处的太湖县县长 |
| 516 | 郑坤廉 | 继承丈夫遗志的"女将军" |
| 526 | 载　涛 | 甘做人民"弼马温"的晚清贝勒 |
| 534 | 翁文灏 | 从海外归国的前"行政院院长" |
| 542 | 黄绍竑 | 领导香港起义的桂系"巨头" |
| 550 | 萧隽英 | 筹建民联粤港澳组织 |
| 560 | 梅龚彬 | 参加民革创建的"隐杰" |
| 570 | 傅柏翠 | 在闽西"跑步起义"的傅先生 |
| 582 | 赖亚力 | 冯玉祥在美国的得力助手 |
| 592 | 谭冬菁 | 致力推动广东桑蚕业发展 |
| 602 | 谭惕吾 | 坚决反对"戡乱法案"的"立法委员" |
| 613 | 熊秉坤 | 推动武汉和平移交的"熊一枪" |
| 621 | 樊崧甫 | 在狱中迎接上海解放的"龙头将军" |
| 630 | 后　记 | |

侯镜如(1902—1994),号心朗,河南永城人,1955年加入民革。中华人民共和国成立后,曾任政务院参事、国防委员会委员、黄埔军校同学会会长、中国人民争取和平与裁军协会副会长、中国和平统一促进会会长等职。民革第三届中央候补委员,第四届中央常委,第五届中央常委、副主席,第六、七届中央副主席,第八届中央名誉主席。民革北京市委会第七、八届主委。第二、三、四届全国政协委员,第五、六届全国政协常务委员,第七、八届全国政协副主席。

# 侯镜如
## 多次引导部下起义的黄埔一期生

1949年12月22日,平津战役的一个关键时刻。西线,继国民党傅作义部嫡系主力第三十五军在新保安被人民解放军歼灭后,在张家口的第十一兵团部和第一〇五军遭到了人民解放军的猛烈攻击。相较之下,黄埔一期生、第十七兵团司令官侯镜如驻守的东线塘沽,则是波澜不惊。这一天,侯镜如突然迎来了一位不速之客,中共地下党员李介人巧妙穿越火线,向他直言:"聂荣臻将军让我专门向您致意,说你们是老朋友了,以前在香港就曾一起住过,希望您能率部起义,站在人民的立场上建立新的功业。"侯镜如回答:"感谢共产党对我的信任,从我本人心里说,是很愿意举行起义,走上光明道路的。可是,此事困难,你可以转告他们,我名义上为兵团司令,实际掌握不了多少部队。"李介人再问:"那么,还有没有其他途径或办法,与中共方面进行合作呢?解放军首长都希望您能在此关键时刻为人民立功。"侯镜如拿出一幅天津、塘沽地区的军事部署图,一边指点给李介人看一边说:"如果攻塘沽,我就撤走,留出空位;如果攻天津,解放军从西北方向的河堤接近和进攻最为有利。"

那么,身为国民党军队兵团司令官的侯镜如,为什么会在平津战役的关键时刻,要在共产党引领下,走向光明呢?这要从他的经历说起。

## 黄埔求学加入中共，抗日战场热血报国

1924年春，侯镜如在河南中州大学读书时，受到国文教员、地下党员魏松声的影响，毅然投笔从戎，前往上海报考黄埔军校。时值第一次国共合作，担任国民党宣传部代理部长的毛泽东，是黄埔军校在上海的招生委员之一，侯镜如初试合格，领取路费前往广州报到，被正式录取为黄埔军校第一期学员。在校期间，侯镜如积极进步，成为中国共产党领导的外围组织青年军人联合会的中坚分子。国民革命军第二次东征时，侯镜如在第一军政治部主任周恩来见证之下，秘密宣誓加入了共产党。

北伐前夕，蒋介石要求中共党员退出第一军，侯镜如没有暴露身份，按照党的指示，继续留在军中工作，先后调任第十四师第四十八团参谋长、第三师政治部主任等职，跟随东路军进兵福建，多次击败北洋军阀孙传芳的五省联军。此时，周恩来正在上海组织工人武装暴动，侯镜如收到密信，以河南老母病重为由，请假赶赴上海协助。1927年3月21日，暴动开始，周恩来指挥闸北战斗，侯镜如负责攻打警察局和兵工厂，经过两天一夜的激战，工人纠察队迫使两千多残敌最后全部缴械投降。正当革命事业如火如荼之际，蒋介石、汪精卫先后叛变革命，侯镜如跟随贺龙参加南昌起义，转移途中身负重伤，周恩来安排他和陈赓结伴前往香港养伤。1929年前后，侯镜如主持过一段时间的河南军委工作，一度还被冯玉祥军队抓捕入狱，后因上海党中央遭到破坏，与组织失去联系，只好依靠黄埔校友帮助，重返国民党军队生存发展。在这之前，侯镜如根据事先约定，曾用假名侯志国登报发出地下工作暗语："××胞兄，我找不到你，心急如焚，你若再不来，没有办法就自去找工作了，我始终是孝敬父母的。"

1937年7月7日，卢沟桥事变爆发，中华民族全面抗战拉开帷幕。侯镜如时任第二十六路军第三十师第八十九旅少将旅长，第一时间增援河北抗日前线，先后转战房山、涿州、保定等地。10月上旬，为了防止日军沿正太铁路西进，第三十师调山西娘子关防御，侯镜如接受第二战区副司令长官黄绍竑直接指挥，坚守要隘五昼夜，完成了上级交代的掩护任务。翌年年初，调升第二十一师师长，

该师成为抗日战争正面战场上的一支劲旅，几乎无役不与。1941年第二次长沙会战，第二十一师打得异常激烈，防守九岭阵地的一个加强营，与日军搏斗七天，死伤三分之二。侯镜如后来总结经验教训："九岭阵地山势险要，加之我们又组织了坚固的工事，阻击敌人二年之久，我军亦伤亡不少，给了敌人沉重打击，九岭岿然不动。在长沙保卫战中，占了重要地位，起了很大的作用，官兵奋战贡献巨大。"

后来，侯镜如升任第九十二军军长，奉命支援山东敌后抗日战场，他亲率官兵跳深沟、爬高坝，不顾一切奔向鲁西南。1943年4月20日拂晓，援鲁大军进抵鲁豫皖三省交界处的砀山，形势十分危急，西边有敌步骑兵逼近，北边黄口铁路上有铁甲车出动巡逻，砀山北面又有密集炮火轰击。侯镜如沉着应对，先令第二十一师主动攻击当面日军，再令第一四二师应付西来之敌，同时部署师部直属战斗单位牵制铁甲车。大战展开，枪声如雨，血战至晚，终获胜利。侯镜如援鲁抗日前后经历大小战斗150余次，官兵累计牺牲5000余人，一方面减轻了苏鲁战区友军的压力，另一方面有力地打击了日伪嚣张气焰。

1945年初，第九十二军从皖北移师湖南桃源，参加正面战场最后一次抵御日军大规模进攻的湘西会战。侯镜如指挥所部日以继夜，拼死阻击，战斗足迹遍布洞庭湖周边沅江、汉寿、益阳一带。8月，日本宣布无条件投降，第九十二军先是奉命抢占武昌，旋即空运北平，积极投入第十一战区受降任务。然而，正当全国人民翘首期盼和平的时候，蒋介石迷信以武力解决国是，内战炮火在亟须休养的中华大地又迅速蔓延开来。

## 消极应对平津决战，指示旧属择机起义

1946年初，美国特使马歇尔调停中国内战，侯镜如作为北平警备司令，与中共代表周恩来不期而遇。"二十年未见面了，好久好久了。"周恩来非常机智，由于没有掌握侯镜如脱党之后的具体情况，故意跳过上海、南昌的共事岁月，直接把彼此记忆拉到黄埔东征时期。侯镜如反应同样灵敏："是呀，是呀，军校一

抗战胜利前后的侯镜如

别,二十春秋了。"暗示自己"尚未暴露"。说来很巧,当年一同香港养伤的陈赓也和周恩来住在北京饭店。阔别多年,两人秘密见了一面,侯镜如说,那时找不到组织,内心痛苦,曾经登报寻找同志。陈赓旨在"摸底",不便贸然表态,只是说了一些"避免内战合作建国"之类的客套话。事后,侯镜如"暗示心意",派人购置御寒衣物送给周恩来、陈赓等人,中共中央组织部也对侯的历史进行调查,结论属于脱党。令人遗憾的是,国共谈判最终破裂,侯镜如被迫卷入内战,在冀东、辽西等地多次与解放军交手,结果损兵折将,迭遭重创。

与此同时,中共中央通过北平城市工作部,努力争取侯镜如起义"归队"。1948年盛夏,地下党员李介人(侯镜如外甥)亲手将中共中央组织部副部长安子文的一封信,交到了侯镜如夫人李嵩芸手中。1928年前后,安子文与侯镜如同在开封被冯玉祥军队囚禁,属于患难朋友。信件内容开门见山,希望侯镜如伺机起义,为人民立功,"周(恩来)贺(龙)二公关心你,如果能回来,表示欢迎,过去是可以原谅的"。侯镜如备受鼓舞,但考虑到起义事大,不得不谨慎行事。9月中旬,东北解放军发起辽沈战役,蒋介石抽调华北军力驰援辽西,侯镜如升任第十七兵团司令官,负责东进解围锦州,与由沈阳西进的廖耀湘兵团实现会师。

影响起义成败的关键因素是能不能有效掌握部队，侯镜如乘机保荐亲信黄翔接任第九十二军军长，并把妻妹嫁给独立第九十五师师长张伯权，随后又调张为兵团参谋长，留在身边出谋划策。李介人得知此消息后，觉得这是他进行工作的好机会，就给侯写了封信，表示"如有需要，可供驱使"。侯镜如没有回复。塔山之战，蒋介石派到华北的督战官罗奇顽固死忠，亲自督导独立第九十五师进行波浪式冲锋，要求预备队第二十一师增援，以期扩大战果。"等我查明情况再办"，侯镜如没有立刻下令，一来二去，解放军早已肃清突破口。

辽沈战役结束，第十七兵团重归华北"剿总"傅作义指挥，侯镜如名为津塘守备司令，但真正可以掌握的队伍只有第三一八师及部分直属单位。12月初，李介人联络起义事项，找到已经调任第二十一师师长的张伯权，讲解形势，交代党的政策，鼓励他起义有功，既往不咎。张伯权答应可以让出一条通道，让解放军进入他们负责的北平部分防区。为了争取侯镜如支持起义，李介人和张伯权用无线电话跟塘沽的侯镜如说起暗语："北平家里的事是不是请黄军长、张师长和我商量着办？"侯镜如当即在电话里交代张伯权："北平家里的事由你和李介人商量着办。"

按照解放军平津前线政治委员罗荣桓的意思，最好是侯镜如指挥天津和他本人的部队一起参加起义。于是，李介人化装为国民党便衣侦探，潜入塘沽第十七兵团司令部，当面向侯镜如报告了黄翔、张伯权派出代表与解放军沟通的情况，传达了罗荣桓对于起义的热烈期盼。侯镜如把自己的困难和盘托出："天津陈长捷名义上归我指挥，但实际上完全听从傅作义调遣，塘沽守军是段沄第八十七军三个师，还有独立第九十五师，在指挥上也有困难。可靠班底仅有第九十二军补充团编成的第三一八师以及兵团直属部队。段沄等人与蒋介石直接通电要求撤走，故塘沽起义难以办到。"侯镜如虽然没有答应战场起义，但拿出一幅天津、塘沽地区的军事部署地图，向李介人详细讲解起攻防要点。后来北平和平解放，第九十二军参与傅作义军事集团整体改编，光荣地成为人民军队。据当时参与谈判的关键人物、中共地下党员崔月犁回忆:"侯镜如、黄翔暗中保证第九十二军起义是促使傅作义最终下定决心的原因之一。"

## 客居港岛参与策反工作,应周恩来邀请定居北京

1949年1月,在解放军的隆隆炮声中,侯镜如接到南京的撤退命令,带领残部从海上逃往淞沪、杭州,第十七兵团改属京沪杭警备司令部战斗序列。"过去我们口口声声为三民主义奋斗,实际上是为官僚豪门卖命,今后再不能干了。"解放军取得淮海战役胜利后,侯镜如意识到国民党失败已是在所难免,一方面加强对第三一八师的控制,一方面尝试恢复与中共的联系。李介人接到侯镜如密信,一看"沪方有批生意,速前来洽商"等暗号密语,立即动身南下,唯南北交通阻隔,尽管绕道香港仍无法前往杭州会面。第八绥靖区副司令廖运泽、暂编第一师师长廖运升与淮海战场起义的第一一〇师师长廖运周,并称"淮上三兄弟"。廖氏兄弟心向解放区,运泽又与侯镜如是黄埔军校第一期同学,两人多次商谈时局,一致认为应该争取掌握更多的实力,伺机举行战场起义。事与愿违,有了廖运周阵前"倒戈"的前车之鉴,京沪杭警备总司令汤恩伯防范更加严密,刻意分割第十七兵团,下令侯镜如带兵团部和第三一八师第九五三团调驻徽州。

4月,解放军强渡长江,国民党长江防线土崩瓦解。5月初,廖运升在浙江义乌宣布起事,第三一八师主力原本打算一起采取行动,但解放军进兵神速,电台联系中断,起义未获成功。侯镜如率第九五三团败退福建,改任福州绥靖公署副主任,李介人闻讯从香港赶来密谈,双方再就起义事项交换意见。侯镜如承诺,愿率原第十七兵团老部下和第三一八师就地起义,并视情况做其他部队的工作。"起义时怎么联系呢?"李介人答道:"到时可派人手持白旗到解放军前线部队联系。"6月上旬,侯镜如借口去香港治病及探望母亲,尝试寻找中共高层关系。离开福州前,他私下嘱咐昔日亲信:"我去港岛为起义牵线,各位要掌握好部队,听候消息。"此前,廖运泽因与中共地下组织联系起义被发觉,逃亡香港,通过廖的关系,侯镜如见到了中共香港工委干部范剑涯。

经过一番谈判，侯镜如进一步认清了形势，以处理第十七兵团部善后工作为名，写了一封信转交给第三一八师师长赖惕安，希望赖做第一〇六军军长王修身和第九十六军军长于兆龙的工作，由于种种原因，均未成功。8月17日凌晨，解放军兵临福州城下，第三一八师师部及第九五三团1000余官兵举起义旗，改编为解放军叶飞兵团独立旅，从此走上光明大道。侯镜如内心无比欢喜，继续留在香港参与策反海南、四川等地的国民党军队起义工作。其中有的获得成功，比如第三十军军长鲁崇义成都起义，率领24000余人编入川东军区，就是侯镜如利用第二十六路军的人脉关系活动的。也有的以失败告终，比如派第十七兵团军需处长孙吉甫赴海南游说第三十二军军长赵琳、师长李鸿慈起义，无果而归。

客居港岛期间，台湾当局防务部门主要负责人之一的袁守谦以黄埔同学关系规劝侯镜如去台湾，说"一定能得到委座的原谅"。侯镜如丝毫不为所动，拒绝种种利诱，反而四处联络朋友，宣传中国共产党的政策方针，铁了心与蒋家王朝划清界限。更为可贵的是，侯镜如是在极其艰苦的条件下做上述工作的，他不愿向党组织要钱，以自己的积蓄做对外联络的经费。周恩来、安子文、李克农分别给侯镜如打电报，对他的工作和历史贡献给予了充分的肯定和鼓励，欢迎他回祖国内地共商国是。

1952年7月，侯镜如返回北京定居，担任政务院参事、国防委员会委员等职，当选第二、三、四届全国政协委员。加入民革后，侯镜如热情更高，多次参与重大活动，比如1956年11月，陪同苏联代表团团员（曾任黄埔军校总顾问）的契列班诺夫前往南京中山陵谒陵，接着又去廖仲恺墓前一起追思黄埔革命岁月。1960年10月，他陪同周恩来到颐和园宴请解放战争中被俘特赦的原国民党军政高层人士。

## 推动海内外黄埔同学交流，致力祖国统一事业

中共十一届三中全会以后，侯镜如历任第五、六届全国政协常委，第七、八届全国政协副主席。1981年12月，民革中央五届二中全会选举侯镜如为民革中

侯镜如与家人

央副主席,此后连续担任第六、七届中央副主席。暗淡了刀光剑影,远去了鼓角争鸣,晚年的侯镜如尤其关心祖国统一大业,对于两岸黄埔同学价值观存在分歧的客观事实,他坦然面对:"大家共同的观点是爱国、统一。但如何统一,想法不尽一致。这不要紧,经过一段时间接触、沟通,总会求得共识的。在联络两岸校友促进祖国和平统一上,历史重任义不容辞。我们黄埔一期学友们,走一位少一位,此生此世,我是没有退休可言了。"

1983年春,侯镜如、郑洞国等人提出成立黄埔军校同学会建议,随后就付之于实际工作。5月,81岁高龄的侯镜如赴美探亲访友,向海外侨界热心介绍中国大陆改革开放以来取得的成就。第二年2月,侯镜如联合旅美同学宋希濂、李默庵等发表《黄埔军校老同学及其家属促进中国统一筹备委员会宣言》,号召相关人士自觉担负起中华民族生存、发展和繁荣的历史重任,认清世界形势,顺应历史潮流,为祖国的统一大业作出自己的贡献。6月16日,在黄埔军校建校60

侯镜如(前排左三)在美国与宋希濂(左一)、蔡文治(左二)、李默庵(左四)等合影

周年之际,黄埔军校同学会正式成立,徐向前元帅当选会长,侯镜如为副会长,他认真负责地表示"要把落实政策和团结教育结合起来,激发广大同学的爱国热情"。

1986年7月9日,在纪念北伐战争六十周年座谈会上,时为黄埔军校同学会副会长的侯镜如发表了热情洋溢的讲话,他说:"回顾这段虽然短暂但十分辉煌的历史时,我们至少可以得出两条结论,第一,国共两党的第一次合作,是取得北伐胜利的根本保证;第二,黄埔军校师生以崇高的理想和奋不顾身的行动,在北伐中建立了不朽的功勋。在建设祖国的今天,这两条仍然有着巨大的现实意义。"1987年7月,黄埔军校同学会举行纪念七七抗战五十周年座谈会,侯镜如指出:"我亲身参加抗战的实践,使我深刻认识到,国共合作团结抗战是我们战胜日本侵略者的最宝贵的历史经验。正是由于国共合作的实现,正面战场和敌后战场的密切配合，汇成了一股不可战胜的力量，才为抗战胜利奠定了牢固的基础。"谈到台湾问题，侯镜如强调："邓小平同志提出的'一国两制'，是实现祖国统一的最佳科学构想，尊重历史，尊重现实，通情达理，历史的发展将会证明这一构想的正确性。"

1988年4月，黄埔军校同学会召开一届五次会议，徐向前元帅由于健康原因辞去会长职务，担任名誉会长。侯镜如接过重任，他一再强调"要为黄埔同学多做工作"，"要把黄埔军校同学会的工作当作自己的一项事业"。事实的确如此，正是侯镜如长期不懈的耐心说服和诚恳邀请，在台湾的黄埔一期同学邓文仪率先组团访问北京。1990年5月，在侯镜如穿针引线下，党和国家领导人邓小平亲切会见邓文仪时说："我们都姓邓，大陆和台湾是兄弟，都是一家人，不必再打仗了，打仗对双方都不好，除了台湾独立不可以外，其他什么事情都可以商量。"邓小平的话引起海内外极大反响。这年冬天，侯镜如接受《中华英才》画报记者采访时表示：愿代表民革与台湾国民党当局进行接触对话，就"坚持一个中国，反对台湾独立，中国统一不容外国干涉"达成三点共识；希望台湾国民党当局秉承孙中山遗教，顺应时代潮流和人心所向，对祖国的和平统一，作出积极的响应。

"我辈已垂垂老矣，国家正兴旺发达。余心只有一事未曾了结，何时能与台湾的故旧好友们同席政协，共商振兴华夏的大计？余一生忠于祖国，热爱祖国，但愿祖国早日和平统一。热爱党、热爱人民，愧少贡献，耿耿于怀。"晚年侯镜如把余生的精力奉献给了祖国统一大业。

**主要参考文献：**

1. 翁有为、孙君健主编，《侯镜如与二十世纪的中国》课题组著：《侯镜如与二十世纪的中国》，人民出版社，2015年版。

2. 政协北京市委会文史资料委员会编：《北平地下党斗争史料》，北京出版社，1988年版。

3. 王成斌等主编：《民国高级将领列传》（第五集），解放军出版社，1990年版。

4. 全国政协文史资料委员会《辽沈战役亲历记》编审组编：《辽沈战役亲历记（原国民党将领的回忆）》，中国文史出版社，1985年版。

5. 全国政协文史资料委员会《平津战役亲历记》编审组编：《平津战役亲历记（原国民党将领的回忆）》，中国文史出版社，1989年版。

　　刘斐（1898—1983），字为章，湖南醴陵人，1949年加入民革。中国人民政治协商会议第一届全体会议代表。中华人民共和国成立后，曾任中央人民政府人民革命军事委员会委员兼国防研究小组副组长、中南军政委员会委员兼水利部部长、体育运动委员会主任、文教委员会副主任等职。民革第二届中央委员，第三、四届中央常委，第五届中央副主席。第一、二、三届全国人大代表，第四、五届全国人大常委会委员。第二、三、四全国政协常委，第五届全国政协常委、副主席。

# 刘 斐

## 参与发起香港起义，倡建荆江分洪工程

1949年4月，44位国民党高级军政人员，在香港发表了联合政治声明，声明的最后是这样说的："忠于主义、忠于人民的国民党的同志们，我们应当彻底觉悟，我们应该立刻与反动的党权政权决绝，重新团结起来，凝成一个新的革命动力，坚决地明显地向人民靠拢，遵照中山先生的遗教，与中国共产党彻底合作，为革命的三民主义之发展而继续奋斗，为建设新民主主义的新中国而共同努力。我们相信，只有这样，才能对于现阶段的革命有所贡献，才可以创造国民的新生。"

这份政治声明，在当时被称为香港起义，它意味着从蒋家王朝中又分离出一批追求正义的力量，预示着逆潮流而动的国民党政府的败落和消亡。在声明上的44个签名中，刘斐位居第二。

### 主动请辞参谋次长高位，远离内战

刘斐，1898年10月25日出生于湖南省醴陵北乡一个普通农民家庭，早年受孙中山民主革命思想的影响投身革命。抗日战争时期，刘斐任国民政府对日作战大本营作战组中将组长、军令部厅长等要职，是国民党中坚决抗日的重要代表

年轻时候的刘斐

之一。

1945年8月，日本无条件宣告投降。本以为抗日战争胜利结束，中华大地上的百姓就能脱离水深火热的日子，然而，国民党政府依赖美帝国主义的军火和政治上的支持，不顾中国共产党和全国人民关于实现和平民主的要求，顽固地坚持一党独裁，积极准备和发动反人民的全面大内战。

刘斐对蒋介石政府的独裁专制和内战政策十分不满，从1945年秋天开始，他一直要求辞职。最初，刘斐的请辞并未获得批准。为了树立所谓"现代军制"，蒋介石一意孤行宣布改组军事机构，任命白崇禧为国防部部长（原任副参谋总长兼军训部长）、陈诚为参谋总长（原任军政部长）、刘斐为参谋次长（原任军令部次长）。

刘斐再次表示不愿担任参谋次长，事后又以书面报告一再辞职。

就在国民党内部矛盾不断激化的同时，中国人民解放军经过济南战役、辽沈战役等数场战役的胜利，解放区不断扩大，军队数量上已经超过了国民党军。蒋介石发动的内战失败了，国民党政府濒临倒台，只有与共产党讲和——真正彻底的和，才是唯一出路，国家才能实现真正的和平统一。刘斐又陆续提出了两次辞职，直到 1948 年，终于获得"批准"——刘斐免去了参谋次长的职务，只挂了一个最高战略顾问委员会委员的空衔。

"卸甲"成功后，刘斐先将家眷送回湖南长沙，自己也准备离开南京。临行前，副总统李宗仁来看他，并告诉他，想出面代蒋收拾残局。刘斐听完李的话，谈了自己的看法：蒋介石发动内战失败了，形势不利，人心厌战，经济崩溃，民怨沸腾，岌岌不可终日。如果蒋介石真心交出政权，你责无旁贷；如果他是假的，只让你应付一下，那就不是好玩的事情。仗不能打，只有和，除非蒋真下台，否则不好搞。

"你暂时不走行不行？"李宗仁提出要刘斐先别急着离开南京，刘斐以家属已回到湖南无人照顾、自己又亟待休息为由，委婉地拒绝了李宗仁的请求。次日，他由南京经上海、杭州回到长沙。

此时，国内形势发生了重大变化。白崇禧由汉口发电报要求与中共和谈，逼蒋下野；湖南省主席程潜也通电主和，要求蒋下野，河南省主席张轸也发电报表示支持。蒋介石不得已于 1949 年 1 月 21 日宣布下野，由李宗仁代理总统职务，国内和谈空气异常浓厚。

这些事件的发生，使刘斐对国内形势的发展有了更深的认识，也更坚定了主和、反蒋的步伐，所以，他一回到长沙，便与程潜频繁接触，天天交谈。在程潜心目中，刘斐不仅学有专长，而且见识高超，才干出众，对一些事情有独到的见解和做法，能为自己排困解惑。所以，他将刘斐视为知己，无话不谈。

程潜历来对蒋介石不满，蒋介石对程潜也心怀芥蒂，将亲信黄杰、刘嘉树、杨继荣等安置在程潜的周围，以便控制湖南。程潜想反蒋，苦于手中没有本钱。刘斐回湖南后，为程潜出谋划策，刘斐鼓励程潜说：现在国内和平空气很浓，全国人民都反对内战、主张和平，李宗仁既然主和，蒋下野了，所以应同李宗仁、白崇禧一起主和，争取熄灭内战才好。湖南的情况虽然复杂，但只要同李、白的关系搞好，就有办法使湖南内部稳定。刘斐还答应协助程潜走和平道路。

## 被选为和谈代表，应邀与毛泽东会谈

为了打开和谈的局面，李宗仁亲自去上海商请颜惠庆、章士钊、江庸、邵力子等四人以上海人民和平代表团的名义北上，呼吁和平。在中共中央成立和谈代表团的同时，国民党政府和平代表团名单也出炉了，首席代表为张治中，代表有章士钊、邵力子、黄绍竑、李蒸和刘斐。

被确定为代表，刘斐本人事先并不知情。当得知后，他内心颇有担忧，他担心李宗仁担负不起搞"真和平"的责任，他曾亲眼见到蒋介石对李宗仁承认以毛主席提出的八项和平条件为和谈基础一事的愤怒之情。但李已提他为代表，而中共又同意了，所以，经过深思熟虑，刘斐还是决定遵命出行。

出发前，刘斐与李宗仁之间进行了一番交谈。刘斐不同意李宗仁依靠美国政

1966年6月，刘斐（左一）与程思远（右一）等陪同归国的李宗仁（右二）参观中南海

府作为和平谈判的资本。当李宗仁提出"划江而治"的方案时,刘斐说:"'划江而治'是你的如意算盘,我估计在目前情况下是很难做到的。你是以主和上台的,离开和平就没有你的政治生命。因此,在有利的条件下要和,在不利的条件下也只有和。必须坚定以和平开始,以和平而终的决心,并在行动上一反蒋介石之所为,和谈才能成功。所以首先要你有决心。"

1949年4月1日,刘斐随张治中为首的南京政府和谈代表团,抵达北平,下榻六国饭店。双方代表经过反复交谈,最后商拟了《国内和平协定》共八条二十四款。中共为了早日恢复国内和平,对诸如惩办国民党战犯、处理国民党政府官员和军队官兵等问题,作了宽大的有原则的让步。同时,中共领导人毛泽东从和谈的第八天开始,每天分别邀约南京方面代表会谈。

那天,刘斐乘车来到毛泽东的住地——香山双清别墅。一下车,毛泽东便迎上来,热情地和他握手。看到这位举世闻名的领袖竟是这样质朴可亲、平易近人,刘斐不由得暗暗赞佩。毛泽东以礼相待,使刘斐对毛泽东又增添了一分敬意。

毛泽东询问刘斐到北平的生活情况后说:"刘先生,你是湖南人吧?"刘斐说:"我是醴陵人,与主席邻县,是老乡。"

"啊,老乡见老乡,两眼泪汪汪哩!"听着毛泽东讲着熟悉的湖南话,刘斐紧张心情顿时减去大半。刘斐说:"蒋介石打不下去了,让李宗仁出来搞和谈。人民需要休养生息,和平是大势所趋。"

毛泽东说:"人民的要求,我们最了解。我们共产党是主张和平的,发动内战的是以蒋介石为头子的国民党反动派嘛,只要李宗仁诚心和谈,我们是欢迎的。"

"李宗仁现在是六亲无靠哩!"毛泽东分析说:"第一,蒋介石靠不住;第二,美帝国主义靠不住;第三,蒋介石那些被打得残破不全的军队靠不住;第四,桂系军队虽没有残破,但那点子力量也靠不住;第五,现在南京一些人士支持他是为了和谈,他不搞和谈,这些人士也靠不住;第六,他不诚心和谈,要打共产党,我们也要跟他奉陪到底哩!"说到这里,毛泽东在房中踱了几步,来到刘斐面前接着说:"我看六亲中最靠得住的还是共产党,只要你们真心和谈,我们共产党说话是算数的，是守信用的。"

讲到《国内和平协定》，毛主席问："这个协定你们都同意吗？"刘斐说："总的我们是同意的，只有前言中说蒋介石是挑起内战的罪魁祸首这句话，虽然实际情况确实如此，就怕李宗仁签字有困难，因为他是空架子，蒋介石背后捣乱他吃不消。"

毛泽东笑着说："好，看你们的情面不写'罪魁祸首'，那就写上个'元凶巨恶'。你们看怎么样？"

毛泽东的一席话让在场的代表们哈哈大笑起来。毛泽东一面笑，一面拿起新华社的一份消息稿，用红蓝铅笔指着稿子说："你们看，李宗仁也说破坏旧政协的是蒋介石嘛。"

到了吃饭的时候，毛泽东同刘斐他们边吃边谈，当说到个人的爱好时，刘斐趁机问毛泽东："你会打麻将吗？"

"晓得些，晓得些。"毛泽东回答说。

"你爱打清一色呢，还是喜欢打平和（hú）？"

毛泽东听了笑着说："平和，平和。只要'和'了就行了。"刘斐也会心地笑了起来。毛泽东机敏的思维，宽阔的心胸，寓意弥深的回答，不仅使刘斐叹服，顾虑皆释，也更坚定了他选择新道路的决心。

就在毛泽东接见刘斐等人的第八天，李宗仁不履行签字的承诺。刘斐极为愤慨，决心不再南返，并与和谈代表团的其他成员一起采取行动——留在北京。

## 苦心劝说李宗仁白崇禧，参与发起香港起义

1949年4月23日，南京解放。5月，刘斐从北平经天津乘船至香港，还带了一封规劝李宗仁的联名信。抵港后，刘斐对记者发表了讲话，揭露了国民党反动派在国共和谈问题上的种种谎言。李宗仁多次打电话，要求刘斐去广州，都被他推辞了。6月10日，白崇禧又从衡阳拍电报要刘斐回来详谈。为了争取白崇禧和李宗仁都站到人民革命这方面来，刘斐复电，愿意详谈。13日早晨，刘斐乘坐桂系控

制的军用专机，秘密从香港飞到广州，到李宗仁官邸与李宗仁、白崇禧举行密谈。过去，每次与李宗仁、白崇禧见面，大家都要寒暄一番，这次却例外，三人从早上一直谈到了深夜，连吃饭都忘记了。刘斐向李、白介绍了和谈情况后，便直言不讳地说："现在胜败已定，无法改变。"并指责李宗仁不该不履行签字的诺言，更不该到广州来执行代总统职务。刘斐说："这样替蒋负责，就是替罪魁祸首的蒋介石垫棺材底，于党、于国、于人民、于你自己都是不应该的，你既然到了桂林，何苦又自投罗网来广州呢？"

此时，白崇禧接过话题，他对刘斐说，蒋介石先后派了几位元老到桂林当说客，还把蒋介石给李宗仁的亲笔信拿出来给刘斐看，信中有一句说"党存与存，你存我存"，李宗仁看后，心就软了。白崇禧劝刘斐回广西打游击去。刘斐摇头说："不行的，打游击谁还能强过共产党？你们在广西虽然有些基础，但那些基础是靠不住的，只要共产党一去，马上就会土崩瓦解、鱼死网破的，这些事你们并不是不知道。再说蒋介石的几百万军队尚且不堪一击，你们那几根枪杆子，拿来同解放军作战，岂不是'鸡蛋碰石头'，还有什么用！现在，除开湖南方面不说，解放军解放南昌，攻占上海后，又已进军福建，福州、厦门也就快要解放了，这个形势，你们也很清楚嘛！为今之计，什么空话都不必说了，只有正视现实！"

白崇禧见刘斐加强语气，便问："那你说怎么办？"刘斐说："为今之计，只有李宗仁下野，因为他已失去代表讲和的资格，而由你（指白崇禧）率领湘、桂两省军政人员和部队举行局部起义。这样，你们在政治上有出路，而且还可以救下多年追随你们的部下，使他们也好有个安顿；否则，你们失败了往国外一跑，他们往哪儿跑呢？"

刘斐苦口婆心规劝，但无济于事。刘斐与李、白交谈的第二天，即乘飞机回到香港。据送机人后来说，刘斐刚乘飞机离开，企图扣留他的国民党特务便到达机场。

刘斐回到跑马地黄泥涌道四号寓所后，把主要精力放在与在港的国民党高级将领策划起义事宜上，筹划开篇所说的脱离蒋介石政权的香港起义。

召开第一次会议时，到会者人数众多，足以可见当时的国民党人惶惶无主的苦闷心情。会上由黄绍竑报告了北平和谈的大致情况以及国民党政府拒绝接受《国内和平协定》的经过。刘斐则阐述了中国共产党统一战线政策的意义及其对待民主人士的态度，并答复了与会者所提的各种问题。

面对各式各样的问题，刘斐的答复可以总括成一句话："任何人的问题的解决，都将以这个人对新中国的态度如何为转移，中共从不拒绝真诚地向它靠拢的人。"

会议决定每星期三集会一次，故名周三座谈会，刘斐被推选为五名总召集人之一。会议还就国内和平等问题进行了热烈讨论，大家认为，今天国民党的失败，完全是蒋介石集团反动政策的失败。因而主张脱离蒋政权，根据中山先生的遗教，真诚与中国共产党合作，为革命的三民主义继续发展而奋斗。根据大家的意见和看法，会议起草了《我们对于现阶段中国革命的认识与主张》的声明，共有44人签署了声明，8月公开发表。

声明发表后，国民党中央监察委员会和行政院随即开会决定将刘斐等人永远开除党籍。为了阻止声明引起国民党内部分化，国民党当局还派出立法委员中的死硬分子到香港开展破坏活动。

不久，刘斐等人又联名公开发表了《告国民党陆海空军全体将士书》，指出：国民党军队连年进行内战，完全是为了蒋介石及其反动集团的利益而战。披露了蒋背叛革命，投靠美帝，摧残民众等罪行。在这封宣言书即将发表时，中共香港负责人请刘斐、黄绍竑见面，当面告知他们，周恩来已邀请他们北上参加即将召开的中国人民政治协商会议。

为了保证安全，动身那天，他们先乘坐小汽艇登上一艘悬挂葡萄牙国旗的轮船，到澳门办好手续后才驶向北方。船行海上，皓月当空，刘斐凭栏远眺，一想到即将抵达北平参加中国人民政治协商会议，掩饰不住内心的喜悦之情以及对前途未来的美好憧憬，情不自禁吟下诗句："月下飞天镜，云生结海楼。"

## "向群众学习",参与领导荆江分洪工程建设

1949年9月,刘斐参加了中国人民政治协商会议第一届全体会议。参会之后,刘斐更加深切感受到:中国共产党对为人民做过好事的人,总是不会忘记的。

新中国成立后,毛主席曾与他有这样一番交谈:"为章,你看我国能不能统一?国家能不能建设好?"刘斐回答说:"一百多年来,列强鱼肉我国,分裂中华,压迫我们,这固然是祖国分裂、经济落后的重要原因,但我们这些黄帝子孙也不争气……甲派上台,打倒一切,乙派掌政,一切打倒,如此反复,谈何统一与建设?"

毛主席认真听后一字一句地说:"共产党不搞打倒一切,只打倒那些罪大恶极而又顽固不化的反动分子,其余的人只要他愿意爱国,维护统一,我们就同他讲团结,有一技之长者统统包下来为新中国服务,你看怎么样?"

听到毛主席的这番回答,刘斐更感到共产党的伟大和英明。他们谈起《共同

1952年7月,刘斐(左起第二人)在荆江分洪工程工地视察

纲领》时，刘斐说："我体会《共同纲领》是四路纵队（指工人阶级、农民阶级、小资产阶级、民族资产阶级）共同前进，向左看齐，跟工人阶级走。"毛泽东听了笑着说："是的，但是以后还要展开变成横队哩！"毛泽东的这句话发人深省。过了一会儿，邓子恢等来了。原来毛泽东叫刘斐来是要他去中南军政委员会任水利部长，并介绍他同即将去中南主持军政委员会工作的邓子恢见面。毛泽东指着邓子恢说："他叫邓子恢，是个老实人，现在是他到中南组阁，请你去当他的阁员哩。"

刘斐对毛泽东说："我是水利问题的'门外汉'，恐怕胜任不了工作。"毛泽东鼓励地说："不懂你就学嘛！有问题你就去请教群众嘛。要边学边干，哪有天生的内行呀！"饭后毛泽东送刘斐出来时又仔细叮嘱说："为章，有什么困难你要向群众请教。"1950年4月，刘斐遵照毛泽东"向群众学习""向群众请教"的指示，从北京赴武汉上任。

到武汉就任中南水利部长后，刘斐始终牢记毛泽东主席教他的话语，经常到长江、汉水各地区调研研究，不断向专家、群众请教。

湖北荆江，地处长江中游，地势险峻，水流湍急，自古就有"万里长江，险在荆江"的说法。江面涨水时，人在水下走，水在屋顶行，形似地上河。尤其到了每年汛期，洪水严重威胁荆江堤防，荆江北岸的荆江大堤首当其冲，形势十分险要，老百姓都提心吊胆过日子，一句"荆沙不怕刀兵动，只怕南柯一梦中"的民谣流传已久。

周恩来总理交给刘斐一项艰巨的任务——制定华中区水利工程建设的详细规划。为了完成周总理交给的任务，刘斐东奔西走，马不停蹄。在充分调查研究和科学论证的基础上，他很快就提出了华中区水利工程建设规划草案，上报国家水利部和政务院。

根据1950年3月20日《政务院关于1950年水利春修的指示》提出的"今年水利建设的方针，仍以防洪、排水和灌溉为首要任务"，防洪工程要"保证再遇1949年同样的洪水也不溃决"等指示精神，刘斐在华中区水利工程建设规划草案中提出了建设荆江分洪工程的方案。

这一方案得到了国家水利部和周恩来总理的肯定，毛泽东主席亲自审阅并批准了向中央报送的《荆江分洪工程计划》。周总理指出，长江的荆江分洪工程，在必要时要用大力修治。否则，一旦堤坝出现决口，就会成为第二个淮河。会议决定实施荆江分洪工程建设方案。

当时百废待兴，千头万绪，荆江分洪工程建设被延期了。1952年2月20日，周恩来总理专门召集会议，研究讨论荆江分洪工程的建设问题。周总理批评中南局对于分洪工程这样的大事在中央决定后，未引起应有的重视，并拿出《政务院关于荆江分洪工程的决定（草案）》征求意见。23日，周总理又致信毛泽东并中共中央，报告2月17日至19日水利部召开的和20日由他本人主持的荆江分洪工程问题会议的情况，随信附去《决定草案》。25日，毛泽东主席批准了政务院的决定。3月29日，周总理再次致信毛泽东、刘少奇等，汇报与邓子恢、傅作义、李葆华商议荆江分洪工程的情况。信中说，中南局决心在6月中旬完成分洪工程的关键部位——节制闸和进洪闸的施工任务。3月31日，这个文件更名为《政务院关于荆江分洪工程的规定》公布实施。在周总理的直接领导和关怀下，荆江分洪工程开始施工，刘斐直接参与了工程建设的领导工作。

当时，荆江分洪委员会的成员有：主任委员李先念，副主任委员唐天际、刘斐。荆江分洪委员会下设秘书处、政治处、闸工处、器材处、供给处、堤工处和移民处，共配备干部1076人（不包括移民处干部）。

1952年4月5日，荆江分洪工程全面动工，参战的军工、民工共30万人。5月19日晚，国家水利部部长傅作义在中南水利部部长刘斐、农林部部长陈铭枢和苏联水利专家的陪同下来到沙市，视察了荆江分洪工程施工现场。24日，沙市召开赠授党和国家领导人为荆江分洪工程亲笔题写锦旗的大会。毛泽东主席题词是："为广大人民利益，争取荆江分洪工程的胜利。"周恩来总理题词是："要使江湖都对人民有利。"工地上一片欢腾，军民战斗的热情更加高涨，对提前完成工程建设起到了巨大鼓舞作用。参加此项工程建设的30万军民，以75天的惊人速度建成

荆江分洪工程

荆江分洪第一期主体工程。

据刘斐的女儿刘沉刚回忆,在参与领导荆江分洪工程建设的日子里,刘斐食不甘味,寝不安席,日夜操劳。他经常到工地视察和检查工作,了解工程进度,帮助解决问题,直到工程全部完成。荆江分洪工程建成后,为长江中游防洪抗洪发挥了重要作用。

1954年,长江中下游发生洪水,荆江分洪工程三度分洪,使长江水位迅速下降,最高一次下降60厘米,大大减轻了武汉等地的防洪抗洪压力,减轻了洪水造成的灾害。

**主要参考文献:**

1. 刘沉刚、王序平著:《刘斐将军传略》,湖北人民出版社,1987年版。
2. 叶介甫:《刘斐:从国民党的参谋次长到新中国的水利部长》,《党史纵横》,2008年第7期。
3. 蔡永飞:《刘斐和荆江分洪工程》,《湖北文史资料》,2000年第4期。

钱昌照（1899—1988），字乙藜，乳名镛宝，江苏常熟（今属张家港市）人，1955年加入民革。中国人民政治协商会议第一届全体会议代表。中华人民共和国成立后，曾任中央财政经济委员会委员兼计划局副局长、全国政协财经组副组长等职。民革第三届中央委员，第四届中央常委，第五、六届中央副主席，民革中央社会联系工作委员会副主任、对台工作委员会副主任。第一、二、三届全国人大代表。第一届全国政协委员，第五届全国政协常委、副主席，第六、七届全国政协副主席。

# 钱昌照
## 献力经济建设的中央财政经济委员会委员

1948年8月,国民党政府为了挽救经济危机,下令实行币制改革,以金圆券取代法币,强制兑换市面上的黄金、白银和外币;一些权贵更是趁机囤积居奇,导致物价飞涨,民怨沸腾。一天,深受蒋介石重用的钱昌照受铁道部部长顾孟余之托,上峨眉山向蒋介石说情。事情谈完后,钱昌照顺便把上海《密勒氏评论》揭发宋霭龄、宋美龄姐妹趁币制改革在上海交易所大搞投机的报道译成中文,当面交给了蒋介石。当时,蒋介石未动声色,事后蒋问吴鼎昌,吴说确有其事。几天以后,蒋给钱写了一封亲笔信:"乙藜吾弟……你做事锋芒太露,今后要注意涵养……"显然,忧国忧民的钱昌照因为此事触怒"天颜"了。从此以后,钱昌照和蒋介石关系逐渐疏远,钱昌照越来越认清了蒋介石的真面目,毅然选择了中国共产党。

### 投身实业救国

钱昌照,1899年11月2日出生于江苏省常熟县鹿苑镇。1918年毕业于上海浦东中学,1919年赴英国就读于伦敦政治经济学院,1922年进入牛津大学深造,1924年学成回国。不久,钱昌照结婚,与蒋介石的结拜兄弟黄郛成为连襟,并因此认识了蒋介石。黄郛担任南京国民政府外交部长后,钱昌照当上了黄郛的机要秘书,从此进入仕途。1928年冬,经张群介绍,钱昌照又到国民政府工作,被派担任简任秘书,处理经济、教育和外交方面的文件。钱昌照谙熟国际政治经济形势,深得蒋介石的赏识,不久被提拔为教育部常务次长。

不过,钱昌照的志向是实业强国,他认为工业化是国家富强的必由之路。因此,九一八事变后,钱昌照倡议创办国防设计委员会,在他推荐给蒋介石的国防设计机构组成人员名单中,除了专家学者外,其余均为有财力的实业家。1932年11月1日,国防设计委员会正式成立。为了把该会置于蒋介石直接领导下,该会没有隶属行政院(当时行政院长为汪精卫),而是置于国民政府参谋本部,蒋自任委员长,并要钱担任副秘书长负实际责任。自成立至1934年4月改隶军事委员会,更名为资源委员会为止,历时一年半,国防设计委员会在计划训练新兵、分析国际形势、研究边疆问题、编制中小学教科书、试拟币制改革方案、进行工矿建设等方面做了大量工作。更名资源委员会后,工作重心有所改变,调研工作也逐步过渡到重工业建设阶段,主要职能为资源的调研、开发和动员,同时实施重工业建设五年计划。到全面抗战爆发前,资源委员会在湖南、湖北、江西等地建立厂矿21个,同时为统制钨锑等稀有金属,成立了钨业管理处、锑业管理处,负责管理钨锑等矿品的产运销和产炼技术改造。

1938年3月,资源委员会从军事委员会划出,改隶经济部。钱昌照担任副主任委员,翁文灏虽然兼任主任委员,但身为经济部长,他的主要工作在经济部。这次改组,资源委员会已变成纯粹搞重工业建设的机构了,它的职能是创办和管理经营基础工业,开发和管理重要矿业,创办和管理电力事业。随着战事的逆转,会本部一迁汉口、再迁重庆,各项在建事业或停办或迁移,损失巨大。为了适应战事需要,抗战初期,钱昌照花费较多精力处理三件事。一是管理燃料。由资源委员会组成汽油管制机构和煤炭管制机构,进行统制和分配。二是收购沿江沿海物资。资委会在上海、青岛两地设点大量收购水泥、木材、钢条等战需品,并迅速内运。三是沿海工业内迁。经蒋介石批准,钱昌照召集实业部、军政部、财政部、经济委员会、交通部、铁道部等部门，由资源委员会牵头，举行会议商讨沿海工业内迁问题。随后，成立了上海工厂迁移监督委员会。一时间，无数条挂帆的木船，满载着无数的机械器材，顺着风力，在江河上航行。直到1937年9月下旬，行政院设立工矿调整委员会取代上海工厂迁移监督委员会负责内迁工厂的工作。

在抗战的形势下，资源委员会的工矿企业都必须撤到西部内地，这就必须处理好与内地有关省份联办工业的问题。为此，钱昌照亲自到云南、四川、广东、广西、西康、陕西、甘肃、青海等地，分别与龙云、邓锡侯、李汉魂、黄旭初、刘文辉、熊斌、谷正伦、马步芳等地方实力派磋商，最后达成了资源委员会出钱出技术、地方出力、利润平分的协议。

钱昌照还特别重视人才培养，认为在建厂开矿的同时，要培养出更多的人才，才算是真正的成功。资源委员会为了培养技术和业务方面的人才，非常注重选聘和教育领导干部，训练中高级干部，与各学校合作吸收优秀学生进入厂矿，

抗战时期，钱昌照同资源委员会高层人士及其夫人等在重庆合影

并先后派遣7批技术和管理人员出国实习和考察。

自1938年到1941年，资源委员会大力恢复和扩建工矿企业，以满足军需民用。在四川、云南、贵州、甘肃、西康、青海等地新设工矿企业达70余个单位。但由于战争的影响，特别是交通断绝，工矿企业处于极端困难的境地，加上通货膨胀，资源委员会无力继续扩大生产，1942年至1945年间新投产的企业仅10余单位。

尽管如此，资源委员会在后方八年的努力，在工业生产中已拥有举足轻重的地位，使得国民政府的国家资本终于在工业生产中确立了统治地位。到战争结束时，资源委员会的厂矿单位共有121个，包括发电、煤矿、石油、铁矿、铜铅锌矿、钨锑锡汞矿、冶炼工业等，产品涉及钢铁、有色金属、电力、煤、电动机、汽油、酒精等。1944年的年产量与1939年相比，增加了数倍或十多倍。这些维持战时军需民用的企业，对坚持抗战有重要的意义。

抗战胜利后，1946年3月，资委会改隶国民政府行政院，成为部级机关，钱昌照担任委员长，孙越崎担任副委员长。职能上略有变更，除经营管理重工业之外，还有糖、纸两种工业，加上接收日伪产业，公司组织达到111家，工矿电企业有1000多单位。钱昌照通过机构改革将资源委员会变成了一个企业化的组织，提高了工作效率。

他首先调整了后方战时事业。如有的战时需要、战后不需要的企业要停办；有的规模不大、产品可供当地之用的，尽可能让给地方政府或私人经营；还有的需求量不大、但有保存价值的，酌量紧缩或先停办再相机恢复。通过调整，停办了22个单位，让给地方政府或私人经营的有13个单位，紧缩或暂停的有58个单位。其余的对国计民生有重大关系的都加强、扩建。

在接管、处理收复区敌伪产业阶段，资委会派出了大批高级干部分赴各地，行政院长宋子文很自然地批准由资委会接管。此外，宋子文还把台湾糖业、纸业也交给了资委会。纺织工业因钱昌照三次拒绝不愿接收，行政院另成立了独立的中纺公司。

1946年3月，钱昌照率领资委会高级职员飞台，与台湾行政长官陈仪商谈接管事宜，资委会在台湾成立了十大企业。9月，钱昌照又率一批职员视察了平津，接着到东北商谈接管事宜，东北共有19家公司归资委会接办。冬天，钱又飞往海南岛，成立了海南铁矿局，开采石碌铁矿。

此外，资委会还派了不少专家参加拆迁日本工业设备作为赔偿的工作，但由于美国想扶植战败的日本作为它的远东军事基地，竟置盟国利益于不顾，宣布停止拆迁，使拆迁赔偿完全落空。

钱昌照主持资委会十多年，虽然资金十分拮据，阻力重重，处于多方夹缝之中，但还是取得了很大的成绩。

到1947年钱昌照离开资委会时，资委会职员已达33000人，技术工人有23万人，有12个行业，100多个公司，上千个工矿单位。他们所生产的产品，在全国生产中占有很大比重。电力占50%以上，煤炭占32.5%，石油占100%，金属矿品钨锑锡90%以上由资委会统制出口，钢铁占80%，其他如机械、电器工业、化学工业、糖、纸所占百分比都很可观。昆明机器厂、南京无线电厂、桂林无线电厂、闵行汽轮机厂，都是当时全国新创的大工厂。值得一提的是，为了支持首都建设，资委会战后在南京新建了6个工厂，即南京无线电厂、南京有线电厂、南京电磁厂、南京机器厂和燕子矶化工厂等，这些工厂对新中国成立后电器电子工业的发展起到了一定的作用。

## 内战让实业救国的抱负落空

抗战胜利后，钱昌照以为实业报国的时机成熟，可以大展宏图。为此，资委会经过一年多的调研准备，与中央设计局合作，制订了战后重工业五年计划。这个计划是战后恢复国力、开发经济所必需的。钱昌照为此倾注了大量精力，并寄予极大希望。他亲自赴美国、加拿大借款，想解决资金上的困难。同时，他还与18家美国大公司签订了技术合作合同，以解决技术上的问题。但蒋介石一心想打内战，把经济建设抛到了九霄云外，这样，"志不同"就自然产生"道不合"。

因为内战爆发，美加的借款也没了保障。没有了资金支持，钱昌照大办工业的理想只能落空。

令钱昌照不满的还有长江三峡水利工程的设计问题。他于 1944 年 5 月邀请了美国垦务局设计总工程师萨凡奇来华帮助勘察设计，并由资委会主持，会同水利委员会、扬子江水利委员会、中央水利实验处、中央农业试验所、交通部航政司、中央地质调查所等机关组成长江三峡计划技术研究委员会，钱昌照担任主任委员。经过数年努力，预计 1948 年全部工程的主要设计图纸和施工规范就可完成。但由于国民政府积极准备内战，对建设一事无心关注，竟于 1947 年 5 月 10 日突然下令停止，这又成了钱昌照费尽心血却半途而废的一大憾事。因为志向不同，不仅钱昌照对蒋介石产生了不满情绪，而且蒋对钱也逐渐疏远了。

钱昌照和宋子文的交谊很深，抗战胜利后宋子文当行政院院长，对钱昌照的工作非常支持。用钱昌照自己的话说，他"在蒋面前的宠幸既已褪了色，和宋子文的关系就更加紧密"。但宋子文性情骄悍，听不进不同意见。一次，宋子文出席立法院的质询会，因受到 CC 系委员们的围攻，一怒之下辞职，蒋介石挽留也无效。这使钱昌照更感到孤立和失望，产生了倦怠的念头。当他把倦怠的意思告诉蒋介石时，蒋并没怎么挽留，只表示要先考虑好继任人选。于是钱昌照递交了正式辞呈。当时青年党负责人陈启天要做经济部长，蒋感到身为行政院副院长兼经济部长的翁文灏不好安排，钱辞职后就把资委会的职位让给了翁。钱昌照当了顾问，决定到国外考察。

在钱昌照出国前，于 1948 年 2 月 1 日在北平筹设了中国社会经济研究所，其性质类似英国的费边社。社会经济研究所的唯一活动是出版《新路》周刊。1948 年 5 月 15 日《新路》在北平正式出版，它一面骂蒋介石和国民党，一面对共产主义抱怀疑态度，因而遭到两方面的攻击。蒋介石知道是钱昌照办的杂志，更是怒不可遏，对陈布雷说："钱昌照是个叛徒！"并勒令停刊，开除了钱昌照的国民党党籍。陈布雷劝钱早点出国，并警告说：再这样下去，他这几十年的老朋友，也无法帮忙了。

## 离 职 告 同 人 书

(1947年4月)

本会诸同仁均鉴：

　　此次政府改组，昌照离开现在职务，特以数语奉告。本会成立于民国21年11月1日，工作限于调查统计及设计。25年3月，中央通过工业建设计划，开始建设工作。至26年6月，第一年计划顺利完成。但不久抗战军兴，原计划不得不大大变更，遂努力于战区厂矿之拆迁及后方厂矿之兴建。34年抗战胜利，昌照在美参与接洽借款，获有成议，惜以国内局势关系，迄未实现。35年2月赴华北；5月赴台湾；9月赴东北布置接收敌伪生产事业。依据建国需要，统盘筹划，加以调整国家重工业建设稍奠基础，倘无意外故障，预计38年各种主要工矿产品大部分足供全国需要。

钱昌照离职时所写的告同人书（节选）

　　钱昌照本想利用出国机会，学习考察西方发达国家工农业发展的有关情况，于是他搜集资料，做好充分准备，并邀请了许多专家一道出访。但当钱昌照将考察计划和所需外汇金额报请行政院审核时，却出了状况。当时负责外汇审核的是徐堪等人，徐堪因贪腐曾受到钱昌照的批评，于是借机报复，认为"钱昌照下台出国，带一两个随员就够了"。钱昌照不能接受这样的结果，国民政府文官长吴鼎昌将这一情况向蒋介石汇报，蒋不耐烦地说："算了算了，外国人看不起我们，我们跟他们学什么。"钱昌照无可奈何，只能将已经订购的多余船票退了。

　　1948年8月，钱昌照和孙拯、丁忱二人一同出国，先后到英国、法国、比利时，考察各国工业企业，并与各国政要会谈。1949年3月，钱昌照接到孙越崎、童冠贤发来的电报，希望他回国参加和谈。3月底，钱昌照飞抵香港，先后见了中共方面的负责人乔冠华和夏衍。4月20日，到达上海，会见了孙越崎和吴兆洪等老部下，在了解到资源委员会暗中做的一切迎接解放的布置后，感到非常宽慰。这天，国民党南京方面拒绝国共北平和谈达成的协定，和谈破裂，钱昌照认为留在上海没有必要，就返回了香港。5月初，孙越崎从广州到香港，钱昌照介绍孙越崎与乔冠华见面。乔冠华告诉钱昌照，中共方面希望他到北平去。此时，台湾的陈诚、严家淦闻风也联名来电邀请钱赴台而不要北上，钱予以拒绝，并秘密把夫人和独生子从台湾接到了香港。5月21日，钱昌照化名为张恭如，乘英国轮船离港北上，先到天津，6月1日乘火车到达北平，先后受到周恩来、毛泽东、刘少奇、朱德等中共领导人的接见。

七八月间，周恩来派钱昌照到天津，因为那里的私营工商业比较多，他们对党的政策不太理解，生产情况很不好，需要合适的人选去做工作。钱昌照通过主管天津经济的机构，同私人工商业者和开滦煤矿的英方人士见了面，了解了情况，向周恩来作了汇报。

## 献力新中国建设

1949年9月21日，钱昌照作为特邀代表，参加了中国人民政治协商会议第一届全体会议。在这次会议上，钱昌照当选为全国政协委员，他还就资源调查和

1949年10月中央人民政府政务院财政经济委员会成立时合影。后排左四为钱昌照，时任政务院财政经济委员会委员兼中央财经计划局副局长

工业建设等问题作了书面发言。

中华人民共和国成立后，钱昌照被任命为中央财政经济委员会委员兼中央财经计划局副局长，分管工业和交通。为了弥补计划局工程技术力量薄弱的不足，钱昌照通过组织从华东区调进一批人员，并向陈云（时任财经委主任）介绍孙越崎、程义法、杨公庶等专家到京工作。

自1951年开始，计划局着手编制第一个五年计划。钱昌照搜集了各方面的资料，并多次向苏联顾问费多罗夫了解苏联五年计划的情况，每次谈话都记录整理后送陈云审阅参考。在周恩来、陈云主持下，由数百人参与编制的第一个五年计划，历时四年，五易其稿，终于在1954年9月基本定案，并在全国人大一届二次会议上审议通过，钱昌照为此做了大量工作。

针对当时私营工业资本家，特别是规模较大的私营工业资本家千方百计占国家便宜的情况，钱昌照深恶痛绝，主张国家要加以限制。在中央财经计划局工作期间，钱昌照还就加强地质调查、了解资源情况、做好统计工作、积累重要资料等问题，向时任中央人民政府副主席刘少奇同志提出书面建议。刘少奇对这些建议十分重视，及时印发给各位领导和有关方面参考。

1952年下半年，中央财经委和财经计划局撤销，钱昌照调到全国政协财经组任副组长。除处理组内日常事务外，他还参与修改《共同纲领》的准备工作和宪法条文的草拟工作。

1954年9月，第一届全国人大一次会议在北京开幕。钱昌照作为山东省人民代表参加大会，并当选为法案委员会委员。从此，钱昌照连续担任了四届全国人大代表，他十分珍惜自己的权利和荣誉，从1954年到1962年，每年都到山东深入基层进行调查视察。他首先关注的是发展国营工业问题，提出了计划的严肃性和灵活性相结合、产品生产和销售相衔接、提高产品质量的同时注意降低成本和提高劳动生产率等观点。其次，钱昌照也非常重视教育和农业问题，针对华北平原土地盐碱化的问题，他到山东、河北、河南等地调研，提出了"控制地下水位，掌握自然规律，盐碱化问题就一定能控制"的议案。1955年至1956年间，钱昌照作为全国人大法案委员会委员还参加了草拟民法等工作。

1955年,钱昌照经组织安排加入民革组织,第二年担任了民革中央对台工作委员会副主任和社会联系工作委员会副主任,协助张治中和邵力子做了不少具体工作。钱昌照丰富的政治经验和广泛的社会关系,对民革的发展起到了积极作用。

"文革"期间,钱昌照受到冲击,但他坚持实事求是的态度,先后接待过去的部属和亲友600多批、1300多人次,写了多达百万字的文字证明材料。

中共十一届三中全会后,钱昌照于1979年和1983年先后两次当选为民革中央副主席。他高度赞扬中国共产党领导的多党合作制度,认为这体现了社会主义民主政治的优越性,是西方国家的政治制度所不能比拟的。他希望民革为进一步完善和发展多党合作制度作出应有的贡献。在此同时,钱昌照当选为第五届全国政协常委兼法制委员会委员。1980年9月,在全国政协五届三次会议上,当选为副主席。此后,他连续两届当选为全国政协副主席。

钱昌照衷心拥护党的十一届三中全会确定的路线方针政策,虽然年过八十,但仍满腔热情地投入到新时期现代化建设之中。他深入实际调查研究,积极向中央建言献计。主要的内容有:

一、为了有计划、有步骤地进行现代化建设,国家必须及时做好各项准备工作,比如调查资源、训练与培养人才、建立必要的制度、制订重要的经济法规、保持经济工作人员的良好作风、控制人口等。

二、能源工业方面,应抓紧陆地和海上石油普查和勘探,做好电力工业远景规划,关注国外核电站建设等。

三、教育方面,钱昌照提出"抓两头"观点,即"一头抓经济,一头抓教育"。他认为,教育是根本,如果这一项工作抓不好,其他一切都无从着手。他曾就扫盲和义务教育问题、职业技术教育问题以及重点与非重点学校的设置问题,提出了自己的意见建议。有些如不宜设置重点非重点学校等建议,至今看来还很有现实意义。

四、海南岛开发方面。1985年3月，钱昌照带领全国政协海南岛考察访问小组做了为期13天的环岛调查，分头了解了教育、农业、电力、冶金、公路、交通、港口等方面的情况，将书面报告报送党中央、国务院及有关部门，为海南的发展竭心尽力。

晚年，钱昌照还致力于祖国和平统一事业，先后撰写了大量诗文，多次发表谈话，期望在台湾和海外的亲朋好友，为祖国统一而努力。他不顾年老体弱，亲自接待大量来自台湾和海外的亲朋故友，实事求是地向他们解释政策、介绍情况、消除疑虑、增进共识，反映了钱昌照对祖国统一的迫切愿望和坚定信念。

**主要参考文献：**

1. 钱昌照著：《钱昌照回忆录》，中国文史出版社，1998年版。

2. 徐祖白：《终生拳拳爱国心——钱昌照的人生之路》，《钟山风雨》，2002年第5期。

3. 冯世勇：《钱昌照与资源委员会》，《炎黄春秋》，2007年第11期。

4. 徐祖白：《钱昌照与三峡工程》，《江苏地方志》，2003年第3期。

5. 贾继红：《钱昌照与国民党政府资源委员会》，《盐城师专学报》，1991年第1期。

6. 雷晓宇：《末世做官难风流——钱昌照、翁文灏和资源委员会》，《中国企业家》，2006年第13期。

7. 王鹏：《1948年钱昌照缘何终止出国考察》，《世纪》，2007年第4期。

李德全（1896—1979），直隶通州人（今北京市通州区），1948年加入民革。中国人民政治协商会议第一届全体会议代表。中华人民共和国成立后，曾任中央爱国卫生运动委员会副主任，中央人民政府卫生部部长兼中国红十字总会会长，中苏友好协会总会副会长，政务院文化教育委员会委员，国家体育委员会副主任，第一、二、三届全国妇联副主席，中国人民保卫儿童全国委员会副主席等职。民革第一届中央执行委员。第一、二、三届全国人大代表。第一届全国政协委员，第二、三届全国政协常委，第四届全国政协副主席。

# 李德全
## 新中国首任卫生部部长兼中国红十字总会会长

2019年10月1日,在庆祝中华人民共和国成立70周年大会的群众游行中,由开国元勋亲属、英烈子女、老兵们所组成的"致敬"方阵感动了所有人。家属代表们高举已故老同志的照片荣誉牌,表达无限崇敬与深深缅怀之情。天安门广场两侧观礼台上的观众和工作人员自发起立鼓掌,向共和国的英雄和先锋们致以崇高

2019年10月1日,庆祝新中国成立70周年群众游行方阵中群众手举李德全照片

的敬意。在这些照片中,有几位女士很是引人注目,其中就有一位是民革前辈李德全。

## 与冯玉祥结成革命伴侣

李德全 1896 年出生在直隶通州(今北京市通州区),自小接受洗礼,在教会学校接受教育。学生时期,她参加了五四运动,毕业后又投身于基督教青年会开展的各类社会慈善活动。28 岁时,李德全与时任北京陆军检阅使的冯玉祥结为夫妇。冯李夫妇二人一起赴苏联考察,受到马克思列宁主义的影响,领悟到解救苦难的中国人既不能靠上帝也不能依靠个体单打独斗,而是要像苏联一样建立一个新的社会制度。李德全决心以苏联为榜样,为中国劳苦大众、为中国妇女贡献自己的力量。回国后,李德全竭力支持丈夫冯玉祥的革命事业,出色地完成了众多艰难复杂的任务。同时,自己也积极投身社会革命洪炉开展事业,很多人称她为"政治夫人"。

冯玉祥与李德全合影

在解放战争时期，冯李夫妇二人始终风雨同舟、患难与共，携手与独裁的国民党反动当局开展针锋相对的斗争。

李德全拥护和平、反对内战。她在一次讲话中说："首先要停止内战，在和平的基础上，使国家走上轨道，使政治、经济、教育、文化、科学发展进步；其次，人民对目前的政治不能完全满意的事实，这是因为没有民主，所以影响经济、文化、教育、科学不能发展。"李德全还提出："必须要推选各方面的贤能人士，产生真正民主的政府。"

昆明发生"一二·一"惨案，国民党反动派肆意屠杀反内战的学生。李德全非常愤怒，发表演说声讨这一反动罪行，为被害的学生申冤。

1946年1月10日，政治协商会议（旧政协）在重庆举行。为了促使旧政协会议成功，重庆各界人士和有关人民团体在旧政协开幕的第二天成立了政治协商会议陪都各界协进会，李德全也积极加入，当选为协进会理事。她与邓颖超、史良、曹孟君、刘清扬等妇女运动领袖以及郭沫若、沈钧儒、罗隆基、董必武等旧政协代表就会议召开、停止内战、实现民主、满足妇女的基本权利等问题广泛地进行交流、发表意见。

2月10日，在政协陪都各界协进会等19个团体发起的庆祝政协会议成功召开大会上，国民党特务又在光天化日之下，制造了更加骇人听闻的较场口血案。李德全作为大会总主席，当时正在现场，她勇敢地正面迎着特务们的棍棒进行抗争。在混乱中，特务暴徒用铁条、砖块猛击李德全的双腿，她的一条腿被打伤。

国民党的反民主高压政策，激怒了全国各界人士和广大人民群众，一个以声援较场口血案为中心的民主运动高潮席卷全国。血案发生后，李德全拖着受伤的腿和章乃器等人举行了记者招待会，对国民党反动派的暴行提出了强烈的抗议和严正的要求。冯玉祥也在血案当天赋诗，愤怒抨击当局。

面对蒋介石的独裁统治，冯玉祥感到压抑和苦闷，决定出国远行。蒋介石求之不得，让他以"考察水利专使"的身份到美国去。出发前，蒋介石要求李德全及其长女冯理达必须加入国民党，否则不给发护照。李德全母女断然拒绝，冯玉祥以妻子如不同行就拒绝访美为要求，迫使蒋介石妥协。在赴美前，冯李周围布满监视的特务，李德全当着蒋介石的面强烈抗议："到处是特务的天下，我们连行动的自由都没有！"

冯李二人抵达美国后，居住在旧金山伯克利，被特务盯梢。邓颖超因申请护照被国民党政府拒绝，无法参加在纽约召开的国际妇女会议，便委托李德全前去参会。李德全不顾安危，毅然去纽约出席会议。她在大会上根据邓颖超整理的材料作了发言，提出了《联合世界各国妇女为争取民主和平而斗争》以及《反对美国援助蒋介石发动内战》两个提案，受到各国代表的欢迎。邓颖超为此给李德全写了热情洋溢的信，在国统区的妇女团体也联名给她写信，表示热烈的支持和赞扬。

在美国教会朋友的帮助下，冯李夫妇二人在美国开展广泛的反蒋宣传活动，呼吁美国人民制止美国政府帮助蒋介石打内战。气急败坏的蒋介石勒令冯玉祥立即回国，冯以考察活动尚未结束为由拒绝。在其他城市参加活动的李德全得知后，写信鼓励丈夫："国民党员要重新登记，老蒋召你回国，这一切都证明你在人民的心目中威望更高了，他怕极了，努力吧！光明就在眼前。"冯玉祥回信说："接你的来信，我就等着通缉了，这有什么呢？"之后，蒋介石撤去冯玉祥"水利特使"的职务，但夫妻二人毫不退缩，越战越勇。

## 继承丈夫遗志，参加新政协筹备

随着蒋介石坚持内战独裁政策，分散的国民党民主派组织已经不能适应反蒋斗争的需要，需要联合起来成立新的民主派组织。身在海外的国民党爱国民主人士也开始进行有组织的活动。1947年11月，在冯玉祥、王昆仑、赖亚力、吴茂荪等人的组织下，旅美中国和平民主联盟在纽约成立。联盟成立后很快就在美国多地成立了分部，发展了会员。李德全也主持了一个妇女协会，对有一定地位的美国妇女开展工作。

1948年1月1日，民革在香港成立，李济深为主席，冯玉祥任中央执行委员会常务委员、中央政治委员会主任（由于冯在美，政治委员会实际工作由陈其瑗主持），李德全任中央执行委员会委员、中央财务委员会委员。民革成立后，冯玉祥对自己及李德全担任相应职务表示接受，通过信函与电报告诉民革同志："我们两个人觉得特别光荣。"

2月初，冯玉祥与王昆仑、吴茂荪、赖亚力等人在美国纽约成立了民革驻美总分会，并在美国司法部作了正式登记。利用这个分会，冯玉祥公开以民革领导人身份开展活动，在美国基督教组织，在美留学生、华侨、各个大学等方面，做了很多工作。李德全则以自己主持的妇女协会为平台，给美国有关方面的上层人士写信，借此影响美国对华政策。

道不同不相为谋，冯玉祥与蒋介石这对昔日结拜兄弟的斗争已到了白热化的程度。经过长时间构思，在李德全的记录整理下，冯玉祥还口述了《我所认识的蒋介石》一书，以二十年来亲历见闻揭发蒋介石反共独裁的真面目。该书在香港出版，影响很大。

蒋介石则开除了冯玉祥的国民党党籍，同时非正式地电请美国，希望美国能把冯玉祥驱逐出境。美国移民局以冯玉祥护照到期为名，向冯玉祥全家下了逐客令，全家在美的生活难以为继了。当时国内革命形势已发生了重大转变，解放战争已经进入反攻阶段，革命就要胜利了。冯玉祥积极响应中共"五一口号"，决定回国参加新政协会议。1948年7月31日，在苏联驻美大使馆的帮助下，冯李一家冲破国民党特务的重重围困和迫害，在纽约登上了苏联客轮胜利号，计划绕道苏联回国。

不料，当9月1日轮船行至黑海敖德萨港附近之时突然失火，冯玉祥和小女儿冯晓达在大火中遇难，李德全也被火焰灼伤，被烟熏晕倒。苏联政府派专机把冯玉祥的遗体和李德全一行接到莫斯科，并在机场举行了迎灵仪式。苏联高级将领亲自出席，以隆重的陆军仪节为冯玉祥举行了火葬。苏联领导人莫洛托夫接见了李德全，对冯玉祥的不幸遇难深表痛心。

冯玉祥黑海遇难的噩耗传出后，举国震惊。毛泽东、朱德、周恩来、董必武、邓颖超等纷纷致电唁慰。在香港的民革、民盟等民主党派团体、爱国知名人士也纷

1953年10月15日,冯玉祥将军骨灰安放仪式在泰山举行,图为李德全在泰山冯玉祥先生的墓前,右侧是毛泽东送的挽联

纷致电莫斯科,表示哀悼与慰问。李德全收到唁电后,当即发出复电:"冯玉祥不幸于9月1日下午3时在胜利号轮船上被焚逝世。我俟健康恢复后即返中国,继续为民主而奋斗。"

李德全经历了几天几夜的痛苦折磨,头发都白了,但想到丈夫生前的志愿,她又坚强地站了起来。在苏联料理完后事,她毅然把儿女留在了苏联,自己抱着丈夫的骨灰,只身启程回国。10月,李德全安全到达东北解放区哈尔滨,踏上了参加新中国建设的新里程。

到达哈尔滨后,李德全当即发表演说,号召原西北军将士起义反蒋、站到人民方面来。她主动要求加入民革小组开展工作,并积极参加10月21日起召开的多场"新政协诸问题"座谈会。在会议上,李德全与朱学范、蔡廷锴就"国民党反动派胁从分子是否能参加"表达意见,认为应该根据形势发展审慎研究,这与冯玉祥主张团结国民党中可以合作的人的观点相同。中共中央接受了建议,提出可以随时协商、在筹备会中最后决定的意见。这就为国民党开明人士及其他方面的进步力量打开了大门，留有了余地。11 月 25 日，李德全与中共中央的高岗、李富春代表以及民主党派代表沈钧儒、谭平山、章伯钧、蔡廷锴、王绍鏊、高崇民、朱学范等人达成《关于召开新的政治协商会议诸问题的协议》。这是中国共产党同各民主党派代表协商开启建国程序的一份重要文件。李德全在其中作出了贡献。

1949 年 3 月，中华全国妇女第一次全国代表大会在北平召开，大会主席团由蔡畅、邓颖超、李德全等 55 人组成，来自新老解放区和国民党统治区的城市民主妇女团体和进步妇女代表六百余人汇聚北平，畅谈人民当家做主的新时代。大会制定了妇女运动总任务，通过《中华全国妇女民主联合会章程》，正式宣布成立中华全国民主妇女联合会。李德全在会上作了《关于国民党统治区民主妇女运动》的报告，并当选为联合会副主席。

1949 年 9 月，李德全作为民革正式代表之一，出席了中国人民政治协商会议第一届全体会议。10 月 1 日，她站在天安门城楼上，参加了中华人民共和国开国大典，见证了新中国的诞生。

## 全身心投入新中国医疗卫生救护事业

中华人民共和国成立后，李德全被任命为首任卫生部部长。1950 年，中国红十字会接受改组，以人民卫生救护团体的崭新姿态出现，受周恩来邀请，李德全兼任首任会长。带着爱国爱民、仁者爱人的心胸和追求，她义无反顾地投身新中国医疗卫生救护事业，把自己的热情与心血献给新中国的建设。

担任卫生部部长期间，李德全深入贯彻卫生工作"面向工农兵""预防为主""团结中西医"和"卫生工作与群众运动相结合"的四大方针，做了许多不懈的努力。从方针性的重大决策到具体事项的决断处理，她都认真过问，亲自去抓，不停留在一般号召上。

李德全非常关心各种传染病的防治工作。在 1950 年全国政协一届二次会议上，李德全分别提交了《为建议设立县以下基层卫生组织机构，以加强防疫医疗而利生产事业案》和《请全国各党派各群众团体，协助发动群众卫生运动，以减少人民疾病及死亡率,而保证生产建设案》两份提案,针对的就是如何集中力量预防当时危害人民健康的流行性疾病和严重威胁母婴生命的疾病,同时整顿卫生工作队伍,建立健全农村、工矿和城市的基层卫生组织。卫生部成立后,在人力、财力十分缺乏的情况下,先后多次组织防疫队、鼠疫队、妇幼卫生工作队积极开展防治工作。仅仅三年时间,就显著降低了如鼠疫、霍乱、天花等危害大的疾病的发病率、死亡率。

1952年春,美军在朝鲜战争中实施细菌战。在保家卫国浪潮中,为了改变卫生环境恶劣以及人民群众缺乏卫生常识和不好的个人卫生习惯,在李德全的直接提议下,中央爱国卫生运动委员会的前身——中央防疫委员会成立。全国各地积极响应,将反细菌战与爱国卫生运动相结合,普遍发动群众进行卫生清洁运动,公共环境卫生、个人卫生都有了显著改进:卫生状况差的居住区得到建设和改造;许多城市多年未解决的问题,诸如北京"龙须沟"、天津"万德庄"、南京"五老村"等的环境卫生问题得到了极大改善;农村的景象也是焕然一新;自来水供应站得到增设,确保了人畜饮用水安全。

作为全国妇联副主席,李德全将妇女儿童保健事业当作卫生事业重要一环来抓,每到一地出差,她必定视察托儿所、幼儿园和妇幼保健站。她曾写信给她的同学、在国外工作的妇产科专家杨崇瑞,邀请她回国主持新中国妇幼卫生工作;她亲自在广播中宣讲妇女卫生保健知识,并深入农村、厂矿,调查了解劳动妇女的生活状况。她号召并带头加强各级卫生部门与各级妇联之间的密切合作,促使妇幼卫生保健工作取得了显著的成绩。从查封妓院、禁止缠足到改造旧产婆、提倡新法接生,为维护新中国妇女尊严、保障妇女健康,李德全花费了大量的心血。1955年,两位传教士访问中国之后,在见闻中写道:"吸鸦片、卖淫和赌博的现象似乎已经绝迹。所有的妓女都得到了医治,并且都学会了一门手艺……新的农场和工厂的条件以及妇女的新地位,使得卖女为娼的事令人不可想象。鸦片受到了严格的控制,只限于医用。"康克清曾这样评价李德全:"她历任全国妇联一、二、三届副主席,虽是兼职,却是尽职,她把卫生工作和妇女工作有机地结合起来。这是她对人民卫生事业和妇女解放事业的一大贡献。"

在兼任中国红十字总会会长期间,李德全忠实履行人道主义宗旨,在维护人道尊严、促进世界和平方面发挥了重要作用。中国红十字会先后组织三批8个国际医防服务队支援抗美援朝工作,组织治淮医防服务队深入淮河两岸为农民预防接种、防病治病,红十字会基层组织建设得到加强。

在李德全的积极努力下,改组后的中国红十字会于1952年7月成为中国唯一合法的全国性红十字会,这是新中国在国际组织中第一个恢复合法席位的团体。李德全积极通过红十字会开展对外联络工作,广泛开展民间外交活动。由于能够熟练地运用外语,她出席了许多重要的国际会议,通过各种机会宣传新中国的和平外交政策。

1953年,应日本红十字会请求,李德全带领中国红十字总会协助滞留大陆近3万名日本侨民归国。中国红十字总会还向日本红十字会、日中友好协会、日

2006年8月25日,为纪念李德全同志诞辰110周年,缅怀她对红十字事业所作贡献,中国红十字会在全国政协礼堂举行"李德全与红十字会"座谈会

本和平联络会等团体发去电报表示:"日本侨民集体回国至此结束。今后若有个别日本侨民希望回国时,中国红十字总会愿意继续提供帮助。"这种人道主义的道义力量、情感力量令日方大为感动,《东京朝日新闻》曾在专栏中以《地道的基督教徒——儿童福利事业有成》为题,向日本国民详细地介绍了李德全的传奇经历。1954年10月,应日本方面邀请,李德全率领中国红十字总会代表团访问日本,这是新中国成立后第一次派出民间代表团访日,受到日本各界热诚欢迎,她本人则成为日本媒体关注的核心。这段民间交往开辟了战后中日两国崭新关系的重要渠道,被历史学者称为激励中日朝野维护与推进两国稳定、友好关系的"压舱石"。

作为国家高级干部,李德全廉洁奉公,不谋私利,始终保持艰苦朴素、平易近人的优良作风。时任卫生部副部长的徐运北回忆说:"她当的是实职的部长,既

2017年,为纪念中日邦交正常化45周年,日本侨报出版社推出《李德全》日文版

不是有职无权的挂名部长,也不是与党争权的特殊人物。她很尊重党组,党组也尊重她。她有不同意见也敢提出。她对自己要求很严格,不搞特殊化,一贯艰苦朴素。她是很难得的女领导人。"

## 主要参考文献:

1. 本书编写组编著:《统一战线人物志》,华文出版社,2007年版。

2. 〔美〕海伦·福斯特·斯诺编著,康敬贻译:《中国新女性》,中国新闻出版社,1985年版。

3. 冯玉祥著:《我的生活》(上、下),北方文艺出版社,2010年版。

4. 程麻、林振江著:《日本难忘李德全》,中国社会科学出版社,2017年版。

5. 舒云:《出身微寒的"政治夫人"李德全》,《炎黄春秋》,1995年第10期。

6. 孙自凯:《中华人民共和国的第一位女部长——记冯玉祥将军的夫人李德全》,《北京党史研究》,1995年第5期。

7. 李硕:《首任卫生部长李德全与新中国卫生事业——从两项政协提案说起》,《团结》,2009年第3期。

8. 叶晓楠:《爱国将领冯玉祥的夫人 共和国首任卫生部长李德全发起改造"龙须沟"》,《人民日报海外版》,2011年5月11日第5版。

9. 《国庆阅兵方阵中的红十字事业先行者——新中国第一任红十字会会长李德全》,"中国红十字会微信公众号",2019年10月9日。

10. 燕婵整理:《李德全访日,一路轰动一路情》,《中华读书报》,2017年11月8日第12版。

陈此生(1900—1981),原名勉勤,广西贵县(今贵港)人,1948年加入民革。中国人民政治协商会议第一届全体会议代表。中华人民共和国成立后,曾任政务院文教委员会委员、中南军政委员会委员、广西省文教厅厅长、教育厅厅长,广西壮族自治区人民政府副主席,《光明日报》社副社长兼总编辑等职。民革第一届中央执行委员,第二届中央委员,第三、四届中央常委,第五届中央副主席。民革广西省分部筹备委员会召集人,民革广西第一、二届省委会主委,第三届区委会主委。第一、二、三届全国人大代表,第四、五届全国人大常委会委员。第三、四、五届全国政协常委。

# 陈此生
## 香港《华商报》社论委员

  1900年，神州大地经受了一次前所未有的灾难，就在这一年，陈此生出生在广东佛山一个中医家庭。作为前清秀才的父亲陈颐元对子女的教育非常严格，尤其着重培养孩子们独立自主的能力，因此，少年陈此生年仅14岁就考入公费的黄埔海军学校，独自走出哺育自己成长的故乡小镇，走上了矢志革命一生的道路。就在军校即将毕业的时候，陈此生因为积极参加争取民主自由的学生运动，被校方除名。尽管失去了读书的机会，但在黄埔就读五年的经历拓宽了少年陈此生的视野，为他打开了新的世界。他早已不再满足于做父亲那样独善其身的郎中，救国救民的种子在热血涌动中逐渐生根萌芽。1920年，他流浪到上海，在一个私立的学堂教国文借以谋生，一有闲暇时间就到复旦大学旁听。此期间，陈此生不仅结识了对他产生重要影响的共产党员杜君慧和朝鲜革命党人金奎光夫妇，还喜欢上了思想敏锐、笔锋犀利的鲁迅的文章，此后终生将鲁迅先生的革命精神视为圭臬。

  陈此生在《我的自述》一文中有这样的深情回忆："我的床头经常放着几册鲁迅的作品，临睡之前，必翻开来看，看到眼疼就睡觉。鲁迅给我的影响很深，几乎以其所是为是，以其所非为非。"他往往看了又看，且边看边笑，简直百看不厌。青年陈此生就这样孜孜不倦地学习着，从鲁迅先生的战斗檄文中吸取营养，从共产党人身上感受时代的脉搏，为寻求全中国的民族解放和自由积蓄着力量。他一边在杜君慧的帮助下大量阅读马克思主义的书籍，一边向金奎光学习日语，因为那时中国很多介绍马克思主义的书籍大多是从日文翻译过来的，学好了日语，他就能直接阅读日文版的如《社会主义讲座》之类的书。随之，他也越来越多地结识了国民党左翼人士和共产党人。同时，陈此生的胞兄陈勉恕 1925 年也加入了中国共产党，1926 年任中共南宁支部书记，在极其困难的情况下，始终冒着生命危险，从事党的地下工作。胞兄的革命行动，潜移默化影响着陈此生，带动着他走上了民主革命的道路。

## 积极推动桂林进步活动

1937 年抗战全面爆发后，陈此生奉"南总"之命，返回桂林从事团结抗战的工作。在桂林，他继续坚持团结抗日的革命立场，与李任仁、陈劭先等广西同乡积极配合国民党著名民主派领袖李济深，共同坚持抗战、反对投降，坚持团结、反对分裂，坚持进步、反对倒退，努力推动国民党桂系当局联共抗日，支持桂林的爱国文化抗日救亡活动。桂林因而成为全国著名的"文化城"，为促进整个国民党统治区的抗战文化运动发挥了重要的特殊的作用。而这一作用又主要是通过他领导和主持广西建设研究会以及应运而生的广西文化供应社这两个机构来发挥的。

在这种特殊的环境之下，由陈此生主持教务的广西师专出版了由陈望道、邓初民、杨潮等参加，夏征农主编的进步刊物《月牙》，希望"借这个刊物，做星星的野火，好去燃烧起被压伏在反动统治下民众心里的革命火焰，一齐起来，廓清一切黑暗的反动势力，创造一个光辉灿烂的世界，并推动中国文化正式踏上一个新的阶段"。进步刊物不仅在向青年学生宣传中国共产党的方针政策中起到重大作用，也在一定程度上为当时的抗日救亡运动指明了方向。同时，陈此生和李任仁、陈劭先等采取"兼收并蓄"的方针，将许多合适的人选安排进了研究会，研究会成为桂系民主派活动的场所，并成为全国文化人士在桂林进行抗战进步文化事业的重要基地。

但是，随着国民党制造的反共摩擦的升级，桂林的局势也逐渐紧张起来。1941年1月，皖南事变发生，桂系逐步转向反共。八路军驻桂林办事处主任李克农察觉到危机，在撤离桂林前，亲自到陈此生的住所，委托他帮助左翼人士撤退，并将自己全部的革命书籍都送给了他。陈此生临危受命，将个人生死置之度外，机智巧妙地按照中共中央南方局和李克农的安排及嘱托，继续和李济深、李任仁等帮助和掩护文化界进步人士和共产党人分批安全撤离桂林。在周恩来的组织领导下，左翼进步人士得以先后转赴香港。3月底，在护送邹韬奋赴港之后不久，陈此生自己也转到了香港，在廖承志的领导下与李章达等人一同从事团结国民党民主派的工作。

1941年12月，太平洋战争爆发，日本进攻香港、九龙。在港九寓居的大批爱国民主人士和左翼文化名人，面临极大被搜捕和杀害的危险。在太平洋战争爆发的当天，中共中央即电告中共南方局，指示在港的廖承志、潘梓年周密部署，分四路撤退在港人士。1942年春，在中共南方局的帮助下，陈此生和范长江、梁漱溟、蔡楚生、夏衍等人，从香港秘密乘船，经长洲到澳门，再由澳门经台山、江门到西江，途中经历许多曲折，终于在4月初平安到达了桂林。此时的国内，国民党顽固派掀起的反共高潮仍然此起彼伏。蒋介石坚持独裁统治，极力排斥共产党人和异己人士。在这期间，陈此生与梁漱溟、金仲华等人，共同担负了组织民盟西南支部的工作。

在中共地下党的推动和帮助下，陈此生和国民党左派人士何香凝、李济深、柳亚子、李任仁、陈劭先、梁漱溟等时常聚会，共同商讨抗日救国之路。他们认识到，要打破蒋介石的独裁统治，仅靠国民党外的政治力量是不够的，还要联合一切不满现状的国民党人、恢复孙中山先生的"三大政策"、组成强大的抗日力量，才能取得抗日的胜利。于是，在组织民盟支部的同时，陈此生还开始为国民党内民主派的联合而多方奔走。

1942年3月29日，陈此生在桂林与文化供应社股份有限公司全体人员合影

1944年5月以后，国民党军队在抗日正面战场节节败退，日军长驱直下，8月，衡阳陷落，9月，日军逼近黄沙河，桂林告急，当局紧急疏散。李济深决定回到家乡苍梧县，与共产党人一道继续坚持抗日；李任仁选择赴广西百色；陈此生、梁漱溟原本决定随同李济深一道，去苍梧县开展抗日救国事业，但当他们行至距梧州约四五十里的地方，却遇到一波逃难的人群，这些难民刚从梧州坐船仓皇出走，告诉他们说敌伪军已侵占梧州市，不能再向东走了。于是，陈此生和梁漱溟商议后，决定就此转向相对安全的贺州昭平县，转而由昭平退至八步镇。不久，李济深旧部李民欣、李朗如来到贺州，何香凝、陈劭先等人也先后辗转到达八步镇。

此时，退至贺州黄姚的欧阳予倩、千家驹、莫乃群、徐寅生等一批文化人士已恢复了《广西日报》昭平版的出版印刷，且每日加急送至八步镇。两地文化人士把整个桂东南地区的抗日气氛搞得非常活跃，联系和发动了大批爱国进步青年。例如昭平县的县长韦瑞霖就是在这批文化人的影响下最终走上了抗日反蒋、反内战的民主行列的，后来他还加入了民革。这一时期的中国民主政团同盟，已改组为中国民主同盟。1945年春，民盟中央指示陈此生、梁漱溟等筹建民盟东南支部，以推动两广、闽、浙、赣诸省的工作。

在八步，陈此生与何香凝还接待了中共广东组织负责人李嘉人同志的专程来访。李嘉人向他们介绍了八路军、新四军抗击日寇的战况，讲述了东江纵队和珠江纵队的发展壮大，谈到他们一些老朋友的近况，并着重介绍世界反法西斯战争不断取得重大胜利的消息。这些激动人心的消息，给在桂东南居住的爱国民主人士和文化人带来了极大的鼓舞和希望。不久，他们在八步迎来了日寇战败投降的喜讯。

抗日胜利了，然而革命尚未成功，陈此生等人并没有沉浸在抗日胜利的喜悦中太久，就根据李济深、何香凝的意见，加紧了建立进步组织的步伐。何香凝、陈劭先、陈此生、李民欣、李朗如等人磋商了具体的计划，决定成立中国国民党民主促进会，并议定了政治纲领：

一、恢复孙中山先生的革命精神，实现其手定的"联俄、联共、扶助农工"三大政策；

二、尽快结束"训政"的局面，实现民主宪政；

三、容许一切反抗日寇侵略的党派合法存在，共商国家大计；

四、各党派之间意见不同发生争执，应以政治商谈方式解决，反对诉诸武力；

五、举行包括各党派及各种政治力量的政治协商会议；

……

根据以上几条纲领，陈此生起草了民促章程草案，草案的整体基调较为平和，并不过于锋芒毕露，旨在可以更多、更广泛地吸收如桂系人物或其他地方实力派加入进来，团结更多可以团结的力量，以期扩大民主统一战线队伍。

1945年10月下旬，陈此生专程赴梧州拜见李济深，将由何香凝署名的民促章程草案交给他。李济深看后，完全同意章程的内容并欣然签自己的名字。11月，陈此生辞别李济深，马不停蹄直赴广州，把李济深、何香凝共同署名的民促章程和李济深的亲笔信面交蔡廷锴、李章达。蔡、李随即在广州联系了一批原十九路军将士和民主人士，共同为民促的诞生而紧张工作。1946 年 3 月，在蔡廷锴主持下，民促在广州秘密召开了成立大会。李济深被推选为主席，实际工作由蔡廷锴代理，蒋光鼐、李民欣、李朗如、李章达和陈此生为常务理事。陈此生负责《华商报》驻广州办事处的工作。

陈此生就是这样驰骋来往，辛勤不倦地为抗日救国事业不停奔走着，努力着，作为志同道合的革命民主阵线的朋友，著名社会活动家、爱国民主人士沈钧儒在陈此生和其夫人盛此君伉俪收藏的何香凝菊花画作上题诗一首："相逢异地不为愁，暂托侨踪得自由。一角海天凭啸处，难忘依旧是同仇。"不仅表达了爱国民主人士同仇敌忾、一致反内战反独裁的心情，更是对陈此生民主革命道路的高度肯定。

## 参与筹建民革

1946 年，《华商报》出版，陈此生任社论委员。当时，蒋介石一面假和谈，一面挑起内战，并大肆镇压和迫害进步人士，终于在重庆较场口发生了针对爱国民主运动的暴力事件。在广州，国民党特务纠集流氓恶棍，捣毁和封闭了《华商报》广州办事处、民促所办的刊物和印刷所。陈此生和李章达多次赴上海拜访李济深，敦促他早日离沪赴港，领导国民党民主派组织。

形势日趋险恶，民主人士们只好纷纷赴港暂时避难。1947 年 2 月，李济深为躲避蒋介石的迫害也来到香港，随即举行记者招待会，发表著名的七点声明，要求蒋介石撤出霸占解放区的军队，双方退回原驻地，举行和平谈判。蒋介石气急败坏，开除了李济深的国民党党籍。此后，在沪的三民主义同志联合会负责人谭平山等人也来到香港。这些国民党民主派和爱国民主人士在香港筹备着更大的联合——中国国民党革命委员会。

1947 年春，中国民主同盟在上海召开第三次中央委员会全体会议，陈此生和李章达出席。会后，在廖梦醒的带领下，他们到中共驻沪办事处拜会了董必武，听取他对民主党派工作的意见。董必武同志作为中共代表团和中共中央南方局的主要领导人，长期在国民党统治区工作，协助周恩来执行党中央的方针政策，广泛团结各民主党派、各阶层爱国人士、地方实力派和国际友好人士，为坚持国共合作，巩固和扩大统一战线，深入开展民主运动，作出重大贡献。陈此生离沪前夕，董必武亲赴他下榻的旅馆慰问，并委托他们尽可能多地团结各党各派的同志，共同为革命事业奋斗。在多方的努力下，1948年1月，民革成立大会在香港顺利举行。

1949年1月，陈此生作为民促的代表之一，和李章达等共同离港北上。毛泽东会见了陈此生等民主人士，高度赞扬了他们对中国民主革命的贡献和献身精神，并鼓励他们戒骄戒躁继续为新中国的建设事业服务。回去之后，陈此生整夜难眠，披衣赋诗一首，表达了他的兴奋心情。诗中写道："党英明领导，伟绩丰功。纵有千言万语，心情乐难以形容。勿骄满，吾师教诲，牢记在心中。"

9月，陈此生参加了在北京召开的历史盛会——中国人民政治协商会议第一届全体会议。10月1日，陈此生受邀登上了天安门城楼，目睹了前所未有的盛况。此时，陈此生的心中除了满溢的兴奋欢喜，更有无限的感怀思绪：从水深火热的清政府时代，到英雄辈出的大革命时期，历经艰苦卓绝的抗日战争，走过万众同心的解放战争，一路披荆斩棘走到今天，新中国宣告成立，举国欢庆，如此盛事，当足以告慰胞兄陈勉恕以及千千万万革命志士一心报国、不畏艰险、前赴后继的流血牺牲。陈此生有一首词很能反映他此时的欢快欣慰之情：

翻转了坤乾，散了云烟，舵师引上九重天。事物真如流水样，昼夜奔前。

草木也芳妍，人也团圆，秦筝赵瑟各秋千。歌唱尽情君莫负，美景华年。

新中国成立后，陈此生历任广西省人民政府教育厅厅长，广西壮族自治区政府副主席、政协副主席，全国人大常委、全国政协常委，《光明日报》社副社长兼总编辑，民革中央副主席等职。他生前曾编著出版了许多著作，如《西洋最近五十年》《劳动阶级教育论》《苏联经济地理》（译著）等。此外，他在诗词方面也颇有建树，但极少拿去发表，按他自己的说法，写诗只为记录自己真实情感。身后作品留有《解前草》《解后草》《结交集》《陈此生诗文选》等。

1966年5月在南京瞻仰中山陵时与李宗仁、刘斐等留影

陈此生为民革组织的发展壮大作出了贡献。1950年2月，民革中央派李任仁、陈此生、吕集义三人，组成民革华南临时工作委员会广西执行小组，指定李任仁为召集人，负责筹建广西民革组织。9月，民革广西省分部筹备委员会在南宁成立，陈此生任召集人。1954年5月，民革广西区委会成立，陈此生先后任区委会第一、二、三届主委。1956年3月，他被调到民革中央工作。1956年，陈此生得知远在海外的李宗仁兴起归国之意后，立即将这个情况汇报给中共中央统战部，引起了周恩来和中共中央的重视，这才有了后来周密部署安排李宗仁回国的事情。

**主要参考文献：**

1. 佟义东：《论陈此生民主革命思想的形成》，《团结报》，2013年10月31日第7版。

2. 陈谊军：《陈此生：此生恂恂报国志》，《文史春秋》，2016年第9期。

3. 姜业雨：《陈此生：广纳贤才的教务长》，广西师范大学校友会官网，2018年11月23日，http://xyzh.gxnu.edu.cn/2018/1123/c1680a44123/page.html。

4. 中国国民党革命委员会中央宣传部编：《中国国民党革命委员会爱国老人诗词选》，人民文学出版社，1984年版。

裴昌会(1896—1992),字同野,山东潍县(今潍坊)人,1952年加入民革。中华人民共和国成立后,曾任国防委员会委员、西南军政委员会委员、川北行署副主任兼工业厅厅长、川北土改工作委员会副主任、西南纺织工业管理局局长、重庆市副市长等职。民革第三、四届中央委员,第五、六届中央副主席,第七届中央名誉副主席。民革川北区分部主委,民革重庆市委会副主委,民革四川省委会主委。第一、二、三、四届全国人大代表,第五、六届全国人大常委会委员,第七届全国人大代表。

# 裴昌会
## 积极参加川渝建设的起义将军

抗战胜利后,屡挫日寇的爱国将领裴昌会以为终于盼来了和平建设的大好时期,可他得到的命令却是:将部队转到陕西,为内战做准备。手下十多万官兵的生死和中国的未来,将何去何从,始终沉甸甸地压在裴昌会的心头。

1949年,裴昌会多次策划阵前起义均未能成功。12月,裴昌会率领的第七兵团处在第一线,又与胡宗南部南北隔离,裴昌会终于等来了起义的好机会。但是,一方面,第三十八军军长李振西沿川陕公路西南侧撤退,行踪全无。另一方面,第五十七军军长冯龙奉胡宗南命令,率直属部队到达剑阁,密切监视着裴昌会的一举一动……潜伏在他身边的暗流,随时可能将他吞噬。

此时,身处入蜀咽喉、兵家必争之地——剑门关的裴昌会心里很清楚,他正处在生死抉择的关键时刻!最终,裴昌会能否起义成功?

## 联共抗日,奋勇杀敌

裴昌会童年生活在被德国占领的胶东半岛,这使他从小就亲身体会到了半封建半殖民地人民受欺凌压迫的重重苦难,也使他很早就萌发了富国强兵、反对帝国主义的思想。中学时期,裴昌会参加了同盟会。后来,保定陆军军官学校第八期在山东招生时，他报名入学，被分配到步兵科学习。

毕业后，裴昌会被分配到湖北第二混成旅做见习排长，随后到学兵连任排长、连长、上尉参谋。1926年，第二、三混成旅在湖北合编为第七师，裴昌会由上尉参谋升任少校团附。不久，第七师随于学忠调走，他东下到金陵军官学校任上校教官兼区队长，旋任五省联军（江苏、浙江、安徽、福建、江西）教育处长。

裴昌会加入国民革命军后，于1929年被任命为第九军四十七师一四一旅第七团上校团长。后来，第四十七师部分编入郝梦龄的五十四师，裴昌会任郝部一六〇旅少将旅长。

1932年，上海"一·二八"事变后，上官云相第九军的四十七师开往江苏昆山待命。裴昌会调离五十四师，任四十七师副师长，在苏州河一带布防。

1934年，裴昌会部至贵州堵击长征红军。部队到达贵州后，红军已渡过大渡河，未能与红军遭遇，于是留在贵州修筑滇黔公路。在此期间，上官云相经蒋介石批准去德国考察，郝梦龄接任第九军军长，裴昌会升任副军长兼四十七师师长。部队的修路任务完成后，裴昌会于1936年调回湖南衡阳待命，后来又调到湖北黄陂、浠水一带休整。

1937年7月，卢沟桥事变爆发之后，四十七师奉命开赴抗日前线。到河北涿县后，先在白沟河一带协同三十军作战，担任四十华里的警戒任务。面对武装精良、拥有炮兵群和战车的日寇的疯狂进攻，在前线友军节节失利的情况下，他督饬所部顽强作战，在坚守阵地达七天之久后，才奉命冲破敌人的封锁线，经易县转移到保定城关固守；继而转移到元氏县及其以西高地，多次抗击日寇进军。之后，他率部奉调晋北，归还第九军建制，经阳平关越太行山，昼夜兼程，由太原到忻县，参加忻口战役。

忻口会战打响后，四十七师受命掩护第九军及其配属部队向忻口以南地区转移。国共两军在忻口会战中所表现出来的团结与合作给裴昌会留下了深刻的印象，多年以后，他说，"国共两党合作是取得抗战胜利的重要因素。在新的历史时期，更需要发扬这种团结合作精神，以便更好地完成统一祖国、振兴中华的光荣任务"。

忻口战役结束后，裴昌会率部在横岭关布防，控制运城、闻喜以西山地。在此期间，国共双方军队团结一致，共御外侮，经常互相交换情报，配合打击敌人。1938年5月中旬，八路军总部绛县侦察组通告：绛县据点敌人以一个大队的兵力，要在三日内向横岭关阵地攻击。裴昌会接到通告后，以两个团的兵力在横岭关以北设置伏击阵地，以一部分兵力诱日寇进入包围圈再发动攻势；同时，八路军以一个团的兵力歼击留守在绛县的敌人。两军按计划部署后的第三天，盘踞在绛县的日寇果然向横岭关方向发动进攻。裴昌会率部与八路军密切合作，使日军遭受了巨大打击。1939年1月下旬，八路军总部密电裴昌会："太原日寇派出一个联队计三千多人，沿同蒲路南下，到风陵渡一带增防。"裴昌会即率四十七师在洪洞、古县一带阻击敌人，配合八路军陈赓部的一个纵队和薄一波决死队的一个旅以及国民党刘戡部，前后夹击敌人。经过两天半的激战，敌人损失惨重，仅剩的几百人狼狈逃窜，国共军队都缴获了大量武器。

同年，裴昌会任第九军军长。他按照战区部署，率第九军逐次向太原以东转进到王屋山、太行山，长期驻豫北、济源一带，同八路军配合打击敌人，一直坚持到1942年春。在此期间，他同国共双方军队的关系处得较好，在沟通关系、调解纠纷上做过大量工作，并且从粮食弹药等方面尽力对八路军予以调剂补给，对国共两党团结抗日起到了积极作用。同时，与八路军的合作使他对中国共产党及其政策有了较多的了解，为他日后脱离以蒋介石为首的独裁专制政府、走向起义奠定了思想基础。

1942年5月，裴昌会调任第四集团军副总司令，驻河南巩县。到任不久，就奉调到陆军大学（重庆）特六期将官班学习一年半。1944年春学习结束后，他回到河南，任第四集团军副总司令、代理总司令。当时，日寇正向第一战区司令长官蒋鼎文和副长官汤恩伯所统辖的部队发动较大规模的攻势。裴昌会奉命率第四集团军占领汜水以东的虎牢关高地。会战溃败后，他将部队撤退到卢氏县坚守阵地，一直到抗战胜利。期间，他的家乡潍县沦陷，家人迁居河南洛阳一个小村庄。不久，这个村庄遭到日军飞机轰炸，因为缺乏防御能力，他的妻子姚琳卿、三儿子大钧、侄女、外侄孙及随行人员共七人被日寇杀害。

## 阵前起义，易帜革命

1945年8月，日本宣布投降后，裴昌会率部屯兵河南。9月22日，他参加了在郑州举行的日军投降签字仪式。23日，裴昌会奉命兼任郑州日俘管理处处长，将投降日军分批遣送回国。他满以为抗战胜利后，中国即将转入和平建设时期，可得到的命令却是要他将部队转到陕西，为内战做准备。

1947年3月，胡宗南根据蒋介石进攻延安的计划，电令裴昌会准备进攻延安，并将一战区在洛阳的指挥所转移到洛川，由裴昌会任第一战区副司令长官兼洛川指挥所主任。胡宗南由西安抵达洛川主持军事会议，战区副参谋长薛敏泉向师参谋长以上军官宣布进攻延安的作战计划，要求在3月13日发动总攻击。在胡宗南部进攻延安前，中共中央、人民解放军总部和边区政府已撤离延安，同时实行坚壁清野，使延安成为一座空城。3月19日，胡宗南部进占延安，洛川指挥所改为延安指挥所。名义上，延安指挥所仍由裴昌会任指挥所主任，实际上所有进攻延安的部队都是胡宗南的嫡系，听从胡宗南的调遣。胡宗南部进驻延安后，对解放军的行动无从侦察，到处乱闯、盲目出击，再加上命令执行不力，结果部队一次次受到沉重打击。经过十个月的作战，胡宗南部损兵折将、疲惫不堪，1948年2月底，胡宗南部将主力撤至延安以南休整，同时撤销延安指挥所。3月，裴昌会奉胡宗南命令，率领在豫西的全部部队急行军返回西安待命。4月，何文鼎师全部撤出延安。至此，历时一年之久的胡宗南进占延安的计划宣告失败。

4月，第一战区长官司令部改称西安绥靖公署，并将潼关指挥所扩编为第五兵团司令部。裴昌会以绥署副主任职兼兵团司令官，指挥所属部队参加阻止解放军南下的壶梯山、大荔以北诸战役。结果在各次战役中都是损兵折将，大败而终，只得不断向四川方向撤退。

撤到宝鸡时，裴昌会遇到原部队的军需处长李希三，两人情谊深厚，无话不谈。李希三是中共地下党员，被组织派往宝鸡，就是希望策动裴昌会起义的。李希三对蒋介石挑起内战极为愤慨，他对裴昌会说："革命的目的为的是国家的复兴、民族的繁荣与幸福，作为一个有爱国心的人，应该投到真正的革命阵营中去。中国共产党是允许和鼓励反动营垒中的人弃暗投明、立功赎罪的。"李希三向裴昌会保证："如果信得过我的话，愿意效力。"

这一时期，由于恶性通货膨胀，部队官兵领到的金圆券在市场上买不到东西，从而导致强买强卖，民怨沸腾。裴昌会经反复考虑，感到长此下去，自己所领导的十多万将士的前途将不堪设想。他决心起义。裴昌会对李希三说："只要使所领导的部队人身安全得到保障，能各得其所，内战中的一切直接责任由我个人承担。"他委托李希三设法去西安，代他同解放军联系起义，并约定：如有眉目，立即同兵团部总务处长李梅村、军医主任冯子让联系，避免直接接触，引起特务的注意。

期间，裴昌会还参与了营救李规的行动。李规是三民主义同志联合会地下成员，在阻止解放军南下的战斗中，李规带领整编第二十八旅担任主阵地壶梯山守备任务。他根据组织的安排提前撤退，致使钟松师部遭到重创。胡宗南得知后亲自到大荔，把李规扣押起来，以贻误军机罪，当场宣布三天后执行枪决，并要裴昌会通知李规的家属到西安见最后一面。担任西安铁路局专员的民联西北区特派员袁伯扬，和李规的妻子一起来请裴昌会营救李规。裴昌会认为，壶梯山战役失败，钟松应负责任，如处死李规，在军内可能会出乱子。他一面向胡宗南直陈利害，建议改变对李规的处理，一面给李规的妻子出主意，要她向李规的堂兄李文发电报求援，李文时任华北"剿总"副司令、北平警备司令，是胡宗南黄埔一期同学。后来，胡宗南在各方压力下，改变了原来的决定，将李规交军法审判。不久，经袁伯扬等活动，得到监狱看守的支持，李规逃出，安全转移到解放区。

1949年7月，裴昌会率领部队到达川陕公路和川甘公路交界处的双石铺。他见这里地势险要，计划趁机起义。但考虑到正面部署的第一军是胡宗南的亲信，兵团部各处室的人又大多是由西安绥靖公署调来的，此时起义并没有完全把握，最终作罢。8月中旬，李希三绕过胡宗南部的封锁，由西安回到双石铺，向裴昌会传达了解放军第一野战军总部欢迎他起义的口信，并对他现在的处境表示理解。还传达了一野政治部胡耀邦同志的话："对部队起义没有把握，还是再等机会的好。要不然，事情没搞好，让裴老头也赔进去就不划算了，要他自己权衡，捕捉起义时机。"

9月中旬，胡宗南把大巴山预备队阵地的部队编成第七兵团，任命裴昌会为第七兵团司令官。划归第七兵团的部队都是刚整补和尚待整补的部队，配备在大巴山山脉，东自通江县东北之竹峪关起，经巴峪关、牢固关、碧口、西至成都。胡宗南对裴昌会说：这条预备阵地带，是派出五百多人的参谋团，经过半年多的缜密侦察确定的，并发动民工筑有强固工事，粮秣弹药都有充分准备。而实际情况却是，除牢固关左右地区构筑了一点简单工事外，其他地区连单人掩体都没有，粮秣准备更谈不上。裴昌会认为这条防线很长，交通通信极为困难，各部队守备的正面宽，运动不易；军队建制零乱，军饷粮食装备领运不便，希望把部队部署做一些调整，但胡宗南不同意调动。

11月，胡宗南在秦岭一带的守备队开始撤退入川。12月8日，第三十八军到达广元归建，由第七兵团指挥。李希三也随三十八军到达广元。这时，第七兵团在大巴山的部队已处在第一线，又与胡宗南南北隔离。裴昌会认为这是发动起义的好机会，但第三十八军军长李振西却说要考虑考虑，认为这样重大的事，不能一蹴而就。没过几天，南下的解放军迫近大巴山防线，双方首先在牢固关发生战斗，战事逼近广元。15日，第七兵团部转移到剑阁县城，李希三留在广元负责联络。

经李希三同一野联系约定，解放军与第七兵团的后卫部队保持半天（约三十华里）的距离，让裴昌会从容起义。

为了便于发动起义，在七兵团部到达剑阁县城后，裴昌会即令大巴山左右地区部队分别在巴中、旺苍、苍溪、剑门关、青川、中坝等地区集结，并以第三十八军第五十五师配备在两河口、剑门关东西之线，与交警总队朱兴汝部（临时指挥的）联系；第三十八军（欠五十五师）控制在剑阁县城北。16日午间，他与李希三反复商讨，认为兵团部离成都尚远，容易控制；剑门关又是古代有名的关隘，形势险要，在这里起义影响大些。随即让李振西到兵团部面谈，李振西当时表示绝对遵从。

裴昌会同李振西的密谈刚一结束，第五十七军军长冯龙奉胡宗南命令率直属部队到达剑阁。裴昌会很清楚，冯龙是胡宗南派来监视自己的，便设法让冯龙离开兵团部，免生麻烦。他以"前方情况紧急、直属部队没有作战经验，一遇紧急情况容易混乱"为由，将冯龙支到了绵阳。

冯龙南下后，裴昌会接到李振西的电话：右翼交警总队已溃散，第五十五师去向不明，情况很混乱，应当先撤退一段距离再说。李振西说完这些之后就将电话拆收了，此后，裴昌会再也找不到李振西的部队了。而此时，城北、城西也响起密集的枪声，在这种情况下，裴昌会只得率兵团部暂退梓潼。

18日，裴昌会率兵团部撤到绵阳。他决定将计就计，先牵制住冯龙的部队。于是，他让冯龙带着第五十七军直属部队、第九十军人力输送团的一个营和刚报到的第三十六团，先在绵阳涪江西岸占领阵地，作暂时掩护，第三七六团车运到后也归他指挥。冯龙极不情愿，但也不敢违抗，悻悻率部出城布防。之后，冯龙退罗江，再返德阳，总是跑在兵团部的前面。

22日拂晓，裴昌会率兵团部到达德阳城北。冯龙早就在那里等候他。裴故意诘问："在前方指挥作战的军长，为什么退却时老跑在我的先头？"冯龙显得很窘，沉默了一会儿解释说因为自己新到职，队伍又不听指挥，所以没办法。他还劝裴昌会说，裴昌会目前没有一支得力的部队，也不好应付，不如一起到成都去。裴昌会当即严词斥责说："我不能放弃职责也跑到成都去，你要走我不强留。"冯龙于是很高兴地说："那我先走了。请保重。"

冯龙走后，裴昌会率兵团部转到德阳以西的孝泉镇。22日晚，经解放军一野总部同意，裴昌会决定在孝泉起义。23日晚，李希三和一野总部的陈明韶来到兵团司令部后，裴昌会即把交呈毛泽东、朱德的起义电文交由李希三和陈明韶转发。接着，他电令所属部队就地起义。除失去联系的第三十八军，川陕公路以西的部队、成都的第一一九师都复电响应。第七十六军和第十七军虽复电同意起义，但仍向西南急进。经解放军追击，才在三台西放下武器。这样，随兵团部起义的部队近十万人。

第二天，裴昌会应胡耀邦之邀，偕兵团参谋长李竹亭和第一处作战科长李福和，从孝泉镇赶到德阳。会见后，他即送上第七兵团所属各军态势要图和全部人马、武器、弹药、装备、器材等表册，介绍了各部的驻地和补给情况。胡耀邦说："我们的来意，一是慰问你和起义部队；二是征询你还有什么疑难问题，有什么要求。"胡耀邦还笑着说："我们是一家人了，请你敞开谈吧！"裴昌会回答说："没有什么疑难问题求教，也没有什么要求，只是觉得在秦岭、广元、剑门关三次起义不成，有负你们对我的期望，推迟了三个多月，似有非到兵临城下不低头之嫌。"胡耀邦说："这没有什么可嫌的，你在蒋、胡部队中的处境我们都深知，早已向你传过口信。请你慎重相机行事，不要过于冒险，这话你应当记得。现在你没有失信，实现了你的愿望，我和你都高兴嘛！"

25日上午，裴昌会和李竹亭等在德阳县署东北面一幢别墅，与贺龙司令员会见。抗战时期，裴昌会曾在洛阳与贺龙见过面。贺龙和他亲切握手说："老朋友，有幸又在这里重逢。先把话说清楚，在战场上打死的人不算血债。"随后，贺龙又向裴昌会问起胡宗南逃跑的情况和部队西撤的意图。在得到裴昌会的回答后，贺龙又问："你在川陕公路两侧还有这么多部队，你对他们有把握没有？"裴昌会说："也很难说绝对有把握，不过目前士无斗志，官气不扬，想来不至于有什么异动。"贺龙说："我的先头部队要明天才能到达德阳，我还要回广元去。等后续部队到了我再来。"

28日，贺龙回到德阳，对裴昌会说："你准备好，元旦我们要到成都去，还要举行入城仪式,你就跟着我一块走吧!"裴昌会欣然同意。贺龙还要他带上电台和一个警卫营,"帮我们把胡宗南弃置的部队收容起来,还有一个第三十八军没有就范。你刚来,对我们部队的一切事情都还不清楚,我们部队的人也还不认识你,可能会有不礼貌的事,我派敌工部的副部长刘玉衡跟你在一起。"

1950年元旦,裴昌会率第七兵团司令部的部分人员随贺司令员到达成都。随即,他一面敦促第三十八军放下武器,一面接收西安绥靖公署所属各部散布在成都的人员。这时,贺龙对裴昌会说:"你给李振西发个电报,让他把部队带回剑阁,还算他起义。"裴昌会遵嘱去电,但是李振西不服气。过了几天,裴昌会再向贺龙汇报:"这个军虽尚未起义,但下边部队都不愿打,可以派部队压他一下。"贺龙采纳了裴昌会的意见。1月21日,解放军在茂县包围了李振西部。李振西急得不得了,一夜之间连发了二十几封电报,请裴昌会指点行动。贺龙说:"让他放下武器吧。"裴昌会受贺龙委托,派副官处长带上一部车子把李振西接来。贺龙见李振西时说:"投诚的、起义的,都是革命大家的一员,你先到高级研究班去学习,将来再分配工作。"

4月,裴昌会担任西南军政委员会委员,与一野军代表黄立清一起,将第七兵团起义部队集中在中江、三台、盐亭进行整训,并派员在守经街、大慈寺设登记点,接收了原西安绥署散落人员三千多名,将他们都安排在西南军大川西分校和十八兵团随营学校学习。

## 艰苦朴素,建设川渝

作为爱国起义将领,1950年6月,裴昌会被特邀参加全国政协一届二次会议,他在会上就新中国成立以后的大好形势和自己走上起义的历程以及党对起义人员的英明政策和关怀照顾作了诚挚的发言。

6月23日,毛泽东单独接见了裴昌会,亲切地询问了起义部队的整训情况和生活安排。裴昌会一一回答,并感到负疚不安,深为遗憾地说:"1947年3月,我同胡宗南进犯延安,祸及边区十几个县,对革命造成了严重损失,对不起人民,对不起党,应向您老人家请罪。"毛泽东风趣地说:"你还好嘛,在延安东门外的马路上铺了石子,在延河上修了一座滚水桥。"裴昌会又说:"您收藏的书被新闻处长运去西安,我没有给您保存好,很不安。"毛泽东说:"我收藏的都是马列主义的书,他们拿去看,做个义务宣传员,我也是高兴的。"毛泽东还同他讲了党对起义人员的政策,鼓励他努力学习,后半生好好为人民服务。临别,毛泽东还赠给裴昌会一本《改造我们的学习》。1955年,中央人民政府授予裴昌会一级解放勋章,以资表彰他的功勋。

在部队开始整编时,裴昌会曾向贺龙反映:"我几十年的戎马生涯,又经历了几次反复,对军事生活厌倦了,想退出军界,转业到地方工作。"贺龙说:"你还是要回部队工作,目前对部队的整编还需要人。"

1950年8月,起义部队整编完毕后,裴昌会向接见他的西南军区司令员刘伯承提出转业的请求。刘伯承说:"你和胡耀邦很熟,到他那里好不好?"裴昌会欣然从命,担任川北行署副主任兼工业厅厅长,同时还兼管交通、农林方面的工作,并担任了川北土改工作委员会副主任。

那时,胡耀邦同志任中共川北区党委书记、川北军区政委和川北行署主任,还兼任中共川北区委统战部部长。他得知裴昌会将调任川北行署时非常高兴,亲自安排统战部副部长刘玉衡到重庆迎接裴昌会。裴昌会到达南充后,胡耀邦亲自为他举办了隆重的欢迎会。当时,为裴昌会准备的住房尚未完工,胡耀邦就让出自己的一间住房给裴昌会住,还为他配了秘书和警卫员。

裴昌会的妻子、儿女都被蒋介石劫持到了台湾,没有亲人陪在身边,生活无人照顾。正因为如此,胡耀邦对裴昌会特别关照。裴昌会从重庆来南充时,带了一辆旧吉普车,尽管裴昌会坚持不换新车,但胡耀邦仍耐心地解释,说这既是党的政策规定,同时又是工作的需要,坚持让裴昌会换了新车。裴昌会是山东人,喜爱面食,不习惯吃大米饭。一次行署食堂煮的全是大米饭,胡耀邦对炊事员说:"裴主任不习惯吃大米饭,以后可以给裴主任开小灶,多煮面食。"后来炊事员就按照胡耀邦的吩咐,给裴昌会生活上特殊的照顾。裴昌会考虑，刚解放不久，工作人员少，事务多，便主动请求不要秘书和警卫员。胡耀邦却说："你的生活、工作和安全都需要有人照顾，秘书是你的工作助手，我们是按照党和国家的规定给你配的工作人员，这是工作的需要，你就不要推辞了。"

裴昌会到南充后，兼任中共川北区委统战部部长的胡耀邦认为，作为起义的原国民党高级将领，裴昌会是统战工作的重要对象，应该给他安排适当的职务，使他能够在民主人士中充分发挥作用。胡耀邦亲自致电给民革中央主席李济深，举荐裴昌会参与民革川北区分部及民革南充市支部临时工作小组的工作，并担任主要负责人。裴昌会虽肩任川北行署重要领导职务，事务繁忙，但他仍十分重视民革的各项工作。在他主持工作期间，民革主要负责人都分别担任了川北行署、川北区剿匪指挥部及政府有关部门的重要职务，民革组织也得到了健康发展，党员人数超过了200人。从1951年7月15日成立民革川北分部兼民革南充市支部筹备小组以来，在裴昌会的领导下，在胡耀邦的亲切关怀和中共川北区委统战部的支持、帮助下，南充民革组织于1951年10月1日召开大会，正式成立了民革川北区分部筹备委员会兼民革南充市支部筹备委员会，筹委会由裴昌会、龙杰三、尹子勤等九人组成。就南充民革组织的建制问题，裴昌会责成龙杰三向民革中央汇报并请示，民革中央主席李济深亲笔回函："南充民革的建制，按市级甲等（省级）标准执行。"裴昌会还非常关心民革的机关干部，民革南充市委会原主委肖端重、原秘书长徐鸿鹄、原机关干部万斯年，只要一提起老领导裴昌会，都称赞不已。

裴昌会严于律己，宽以待人，处处为国家和人民的利益着想，从不计较个人得失。裴昌会刚到南充时，和其他党政干部一样，实行供给制。根据党的政策，他应该享受工资制。当胡耀邦提出要改为工资制时，裴昌会婉言谢绝。胡耀邦苦口婆心地说："你与我们不同，有旧的部属请求你帮助，跟随你的还有一批人，筹建民革组织、开展统战工作，必然有一些应酬开支。"在胡耀邦的耐心说服下，裴昌会才同意了改为工资制。农村减租退押时期，裴昌会拿出自己的积蓄，照顾生活困难的民革党员，为他们排忧解难。抗美援朝支前运动轰轰烈烈开展之时，国内人民支前热情十分高涨，行署干部纷纷自觉捐款，裴昌会主动捐款，几乎倾其所有。

裴昌会学过纺织，有较高的文化素养，是原国民党军中颇有名气的儒将。到地方工作以后，无论在什么岗位上，他都是兢兢业业地工作，表现出非凡的领导能力，在川北地区享有很高的威望，深得胡耀邦的赏识和信赖。1952年秋，四川撤区并省，胡耀邦调北京任共青团中央第一书记，其他几位副主任也先后调离南充。胡耀邦在临行前，将行署的收尾工作交给了裴昌会。裴昌会圆满完成了胡耀邦交给的行署收尾工作的任务，并妥善安排了民革的各项事务。11月20日，民革召开党员大会，民革川北区分部筹备委员会工作宣布结束，民革南充市支部筹备调整重组，由李炳英担任负责人，主持南充民革组织的工作。

从1950年10月赴四川任职，到1952年川北行署撤销，在共事的两年时间里，裴昌会和胡耀邦同住一个小院，同在一个食堂用餐，裴昌会一直念念不忘胡耀邦同志对他在政治上的关心，工作上的放心，生活上的关怀。胡耀邦调到北京后，裴昌会每次到北京开会，都要到胡耀邦家中拜望他，两人总是推心置腹地促膝长谈。

1952年11月底，裴昌会带领川北行署一批工作人员赴重庆，出任西南纺织工业管理局局长，一直到1958年6月。

此时的裴昌会已年近花甲，主管工业完全是从头学起。但他不畏辛苦和年迈，努力学习，逐渐由外行变内行，后来还领导了西南几个大型纺织厂的基础建设。他说："我在西南纺管局是正局长，很多大事都要由我决策，不学不行。我转业时，耀邦同志嘱咐我，要学会做地方工作，要到实际工作中去锻炼。我完全是照这样去做的。"1958年7月他担任重庆市副市长，分管轻工业，再次为西南和重庆轻纺工业建设和发展作出了贡献。

**主要参考文献：**

1．傅国才：《南充民革的早期负责人——裴昌会》，民革南充市委会官网：http：//www.ncmg.gov.cn。

2．胡必林、方灏编：《民国高级将领列传》，解放军出版社，2006年版。

3．中国人民政治协商会议文史资料研究委员会编：《文史资料选辑》（第二十三辑），中国文史出版社，1991年版。

李世璋(1900—1983),字明斋,江西进贤人,1950年加入民革。中国人民政治协商会议第一届全体会议代表。中华人民共和国成立后,曾任政务院人民监察委员会秘书长,监察部副部长,国家编制委员会委员,中国银行监察人,江西省副省长、省政协副主席、省政府参事室主任等职。民革第二、三、四届中央常委,第五届中央副主席。第一、二、三、四、五届全国人大代表。第五、六届全国政协常委。

# 李世璋
## 政务院人民监察委员会首任秘书长

1949年10月，中华人民共和国诞生了。新中国成立后，中央人民政府很快宣布了政府机构组成和人员名单。其中，政务院人民监察委员会（简称中监委）是专门监督机构。在中监委领导人员名单中有几位民革领导人，如谭平山任主任，潘震亚任副主任，朱蕴山、宁武任委员，甘祠森任厅长，而其中地位颇为特殊的秘书长一职，由民革前辈李世璋担任。

1949年4月，中国人民解放军渡过长江后，接连解放了南京、上海、杭州、南昌等国民党统治的核心地区。华中方面，第四野战军挥师南下，直指武汉三镇。5月15日，国民党军第十九兵团司令张轸率五个师二万五千名官兵在湖北金口起义。8月4日，程潜、陈明仁等联名发表起义通电后，湖南实现了和平解放。这两个事件，加速了华中地区的解放进程，减少了战争对地方的破坏。李世璋均在其中发挥了一定作用。

### 大革命时期加入中国共产党

早在省立南昌二中读书时，李世璋就与邵式平（1900—1965）等时相过从，谈论辛亥革命，议论国家局势和个人抱负。1918年，他摆脱家庭的束缚，只身北上进入北京大学经济系学习，1919年参加了五四运动。受李大钊、董必武、毛泽东等的影响，李世璋参加马克思主义研究小组，阅读进步书籍，开始接触马克思主义理论。1922年冬，经黄日葵（1898—1930）介绍，他参加了中国社会主义青年团；第二年经范鸿劫（1897—1927）等介绍加入中国共产党。1924年国民党改组以后，李世璋以个人身份加入了国民党。

孙中山先生在京病重期间，李世璋担任新闻发言人；中山先生逝世后，他参加了治丧工作。因常写文章抨击北洋军阀，宣传反帝反封建，报道学生和工人运动，李世璋被北洋政府列入了抓捕名单，幸好提前得到谭平山、林伯渠的通知，逃往上海担任《申报》《民国日报》记者，不久又奉调广州。1926年夏天，在周恩来、熊雄（1892—1927）的介绍下，李世璋到黄埔军校任政治教官。

中山舰事件后，受国民革命军第六军军长程潜、政治部主任兼党代表林伯渠的邀请，李世璋出任政治部代主任兼第十八师党代表，随军北伐，先后参与了占领南昌、九江、南京等战役。第六军因莫须有的罪名被解散后，李世璋与程潜、林伯渠均被通缉。逃亡上海后，李世璋参与了中国国民党临时行动委员会的成立，任中央干事、组织部部长和机关报主编。1928年，为躲避追捕，李世璋被迫流亡日本，次年回国继续从事国民党左派的活动。1931年8月，邓演达被捕，《行动日报》被封，李世璋再次被通缉。

西安事变爆发后，在程潜、叶挺等的支持下，李世璋赶往西安，及时通报南京政权内部的实况及爱国将领的态度，有力地牵制了亲日派势力，支援了西安事变的和平解决。全面抗战爆发后，李世璋出任国防委员会委员、第一战区长官部秘书长兼政训处处长，协助程潜组织中原抗战，领导政训处宣传抗日救国，并邀请中共干部到第一战区开展工作。

因为与中国共产党卓有成效的合作，李世璋遭到了国民党投降派、党棍、贪官污吏及中统和复兴社特务们的围攻。1938年冬，政训处被解散，李世璋被撤销一切职务，并被电召回重庆。第二年春，他随程潜抵达重庆后，受到了国民党当局严格的审讯与严密的监视，并被限制离开重庆。

## 出任渝南中学校长，推行进步教育，保护进步人士

1940年，为了躲避特务的监视和纠缠，摆脱重庆沉闷的政治气氛，李世璋借口养病迁居綦江乡下。通过北伐时期的老朋友、驻綦江的渝南警备司令张轸（1894—1981）的支持，创办了私立渝南中学。两人约集地方人士组成校董事会，张轸为董事长（张轸出任第六十六军军长后，指定他的参谋长李真贤代理；李不久病逝，改由东溪镇煤铁矿公司经理吴某代理），李世璋任校长，该校1941年正式招生开学。

此时，中共南方局正在执行"隐蔽精干、长期埋伏、积蓄力量、以待时机"的方针，把在重庆工作的部分党员和进步人士撤离重庆，转移到农村，准备在川黔边境开辟活动区域，建立党的工作据点。了解到渝南中学的创建，南方局便派员与李世璋联系，要求他吸纳一批中共党员和进步人士到该校工作，以便对学生进行进步的思想政治教育，传播革命文化，壮大抗日民主力量；同时隐蔽一批革命战士，保护他们的安全，以待时机。

1943年起，陆续有十多名共产党员和许多进步人士由重庆转移到渝南中学。党员来自三个方面：一是南方局先后派去的王华冰、张志先、李可凤、张焕彩、王云等；二是南方局青年组从中央大学、复旦大学、同济大学、乡村建设学院选派去的廖永祥、刘世明、李中杰、魏介全、李善吾、杨俊、王正先等；三是东江游击纵队撤回到内地的曾庆明、罗伟炬等。先后转移到学校的进步人士有：著名的经济学家施复亮、钟复光，作家黄碧野夫妇、高天夫妇，以及李思浩、冯菊坡、谭君牧、于仲行、黄言亮、熊世佛等，他们都是由重庆八路军办事处通过各种关系，介绍到渝南中学的。

在中共与进步人士以及李世璋的共同努力下，渝南中学注重学生的时事政治教育，通过指导学生阅读进步报刊，让他们了解根据地和中共的抗日主张；也注重进步文学教育，用较多的课时选讲鲁迅、郭沫若、茅盾诸家的作品，作为语文课的补充教材；甚至对特定学生适当给予马克思主义理论的启蒙教育，为后来在

李世璋任渝南中学校长时的旧居

学生中发展党员打下了基础。

  渝南中学共有教职员三十多人，左派（含共产党员和进步教师）近半数，中间派近十人，右派三四人。1944年底，渝南中学进步师生在制订计划准备上山打游击、抗击日寇的过程中，以训育主任为首的几个右派人物暗唱反调，千方百计进行阻扰，压制学生的抗日救国活动。对此，李世璋衡量轻重，斟酌再三，决定改组训育处，于当年寒假解聘了训育主任，聘请一位进步教师来主持训育处的工作。

  1945年冬季，因三民主义同志联合会（简称民联）工作需要，李世璋辞去渝南中学校长，回重庆接受聚兴诚银行老板杨粲三聘请。此后，大部分中共党员和进步教师也陆续离开渝南中学，转到其他地区活动，只留下少数党员坚持工作，直至綦江解放。

## 参与民联创建工作

  尽管李世璋避居于綦江乡下，但他与重庆国民党民主派的联系并没中断过。1941年底，受谭平山邀请，李世璋与朱蕴山、邓初民、鲁自诚、甘祠森等一起，组织了一个秘密的工作小组,以加强与各方面联系,推动重庆的民主运动。1943年初,又在秘密工作小组的基础上,成立了一个经常性的时事座谈会,李世璋作为十四位成员之一,参加了在重庆轮船航运公司召开的第一次座谈会。后来也多次参加十人筹备小组会议,为民联的成立作了思想准备、打下了组织基础。

1945年10月28日,民联在重庆上清寺特园秘密成立,李世璋进入十七人组成的中央临时干事会。次年2月,他借聚兴诚银行董事会总秘书的身份,在民权路聚兴诚银行策划了民联成立以来最大的一次聚会——由孙科、李济深、冯玉祥出面,宴请许多"有崇高威望、足资号召"的上层人士,就民主派大联合的问题交换意见。

1946年4月,李世璋随民联中央负责人和部分成员离开重庆到上海,以聚兴诚银行总秘书的合法身份,出入马思南路的"周公馆"(中共代表团办事处),同华岗、吴克坚、南汉宸、张执一等共产党人建立了联系。同年夏天,他又前往江西,发展汤允夫、武惕予、王枕心、刘文涛等为民联成员,组成民联江西省筹备委员会,为民革江西省委会的成立储备了人才、奠定了基础。

1949年9月,民联作为人民民主统一战线的成员之一,参加中国人民政治协商会议第一届全体会议。李世璋作为民联的十二位代表之一全程参加了9月21日到30日的政协会议,并于10月1日参加了开国典礼,见证了共和国的诞生。10月6日,由民革、民联、民促三方代表组成的统一协商会议讨论了国民党各民主派别的统一问题,制定了统一工作方案。11月12日到16日,中国国民党民主派代表会议在北京召开,决定将民革、民联、民促和国民党其他爱国民主分子统一为一个组织,中国国民党革命委员会(民联和民促宣告结束),李世璋被选为民革第二届中央委员会常务委员会的二十一位常务委员之一。

## 投身秘密策反工作

在綦江期间,林伯渠每次回重庆,李世璋都会前往一见。周恩来与林伯渠多次指示他要注意做国民党左派的工作,但要讲究策略,不要太暴露。因此,李世璋在重庆时总会去程潜家走走，也正因为如此，他才有机会碰到毛主席来访，亲眼看到程、毛两人谈笑风生、愉快相处的情景。

内战爆发后，中共代表团于 1947 年春撤离南京、上海。董必武在离开南京时，指示吴克坚秘密联系李世璋，转告他将工作重点转向军事策反方面。为争取国民党左派，李世璋利用过去的历史关系加紧了与程潜、张轸等的联系，奔波于上海、南京、武汉、长沙、重庆等地之间。

## （一）推动张轸起义

张轸是华中"剿匪"总司令部副总司令（1949 年 2 月改任华中军政长官公署副长官）、第五战区司令官（1949 年 3 月改任第十九兵团司令），兼河南省主席。大革命时期，张轸在程潜的第六军当过团长、师长，与李世璋、林伯渠共过事。抗日战争期间，他同周恩来、林伯渠、叶剑英、邓颖超等有过接触，也受到一定的影响。当刘邓大军挺进大别山后，张轸就派李世璋为代表，与中共联系，同华东局接上了关系。

当时，无论是部队还是河南省政府中，军统、中统部布置了很多特务，特务对张轸等的行动监视极严；内部高级人员对于起义也有意见分歧。1948 年 9 月，张轸前往汉口上海邨办事处约杨章武（河南省银行总经理、中共地下党员）谈话，希望杨去上海找李世璋，请中共华东局派代表谈判起义。杨在上海见到了李世璋，李说"转告张轸，既然要起义，就不应讲什么条件，应与中原局的代表进行诚恳的商谈"。

在获悉李世璋的意见后，张轸要求他女婿张尹人通过上海邨办事处处长唐临海找到中南局代表李静之（1901—1989）、方敬之（1921—1982），约至信阳家中会谈，张轸提出了自己的条件。

淮海战役打响后，李世璋专程从上海派人给张轸送了一封信，告诉张轸中共中央对于他的意图表示欢迎，并已通知中原野战军，由他们派"陈协一"前往联系。这时，张轸看清楚了"桂系逼蒋下台，目的在于取而代之"，起义决心已下，且不再提什么要求。在方敬之的推动下，以河南省参议会会长刘积学的名义拟好电稿，经张轸签署同意后，于 1948 年 12 月 31 日在信阳向南京国民党政府各部委拍发了反蒋通电，即有名的"亥世电"。

经民革主席李济深的代表牛道一等多位民主人士与共产党联络人员的解释与指导，消除了顾虑的张轸决心无条件起义。1949 年 4 月，张轸部下鲍汝醴、辛少亭找到中原军区派进武汉的涂光鼎，要求尽快转告中共张轸决心率军起义、配合解放武汉以南地区。

5 月 15 日，张轸率十九兵团二万五千名官兵在湖北金口起义，及时配合了解放军渡江作战和武汉的解放，打乱了白崇禧的如意算盘。

## （二）推动程潜起义

1948 年，国民党召开"行宪大会"，蒋介石任总统，让程潜、孙科、李宗仁竞选副总统。根据林伯渠的意见，李世璋尽全力帮助程潜竞选。然而，由于美国人支持李宗仁，蒋介石支持孙科，幕后进行了许多卑鄙交易。程潜不得已退出竞选，心情非常不好。李世璋对程潜说："塞翁失马，焉知非福"，金陵王气已败，"行宪大会"将是蒋氏政权演出的最后一幕了。他劝程潜要牢牢掌握实力，占据湖南省主席位置，以备下一步为人民事业作贡献。程潜与李世璋是多年好友，对李世璋的这番劝导颇为动容。他告诉李世璋，自己迟早要与蒋介石决裂，请李世璋将此意转达给中共方面。

7 月，程潜回湖南任长沙绥靖公署主任兼湖南省主席，他极力扩充军队，与蒋介石、李宗仁等人的矛盾日渐加深。蒋介石企图利用程潜牵制桂系，白崇禧拥重兵驻武汉对程潜施加压力，并欲实施"以江为界，划江而治"的"南北朝方案"。李世璋闻讯立即由上海乘聚兴诚银行的包机飞抵长沙与程潜见面。他为程潜精辟地剖析了"南北朝方案"的卑劣，指出"划江而治"是白崇禧的一厢情愿，中国共产党不会答应，全国的老百姓也不会答应。程潜本来就对"划江而治"不以为然，听了李世璋的话更坚定了决心。他要李世璋再次向中共中央转告，他决不参与南北分裂的蠢事，将在适当的时机代表湖南与中共谈判，参加人民阵营。

坐镇武汉的白崇禧想把湖北、湖南、广西连成一片，担心程潜不与他合作，便想让刘斐出任湖南省主席,而让程潜到广州去任考试院长。刘斐坚决推辞,并趁机向白崇禧进言,说程潜有意与桂系联合主和反蒋,只是因为缺乏本钱而比较消极,故建议白崇禧将陈明仁的第一兵团调到湖南,由陈明仁兼任长沙警备司令,调贺衷寒、邓文仪暗中监视陈明仁。

李世璋向陈明仁建议,扣留贺衷寒、邓文仪。陈明仁不肯,因为贺衷、邓文仪在黄埔军校是他的同学,陈明仁要以礼待之。尽管如此,程潜、陈明仁和李世璋已就起义之事达成默契。

张轸起义成功后,李世璋根据工作需要,由上海前往北平。林伯渠对李世璋说,毛主席、党中央都非常关心湖南的和平解放,希望李世璋去长沙与程潜再次商谈。李世璋一面做出发的准备,一面立即通过电台向程潜发出一封很长的电报,催促程潜排除万难,即刻起义。

1949年8月4日,中共中央为李世璋准备好了专机,就在李世璋准备动身之际,程潜、陈明仁联名发表了起义通电。闻讯后,李济深、谭平山、蔡廷锴、

1950年,李世璋(右)与程潜(中)、陈明仁(左)

陈其瑗、陈劭先、李世璋等人通电祝贺："阅报欣悉兄等长沙起义，脱离反动集团，投我人民队伍，此举益令残匪寒心，独夫褫魄，曷胜佩慰！蒋贼篡党叛国，于兹廿稔，独裁自私，嗜战好杀，荼毒生灵，不可胜计！赖我人民解放军夺起挞伐，声罪致讨，三年苦战，渐就诛夷，近虽负隅西南，思作困兽之斗，然革命胜利之局已定，渠魁授首之日非遥，兄等当机立断，弃罪取功，义声所播，薄海同钦！尚望益加淬励，麾师南指，配合人民解放军作战，早平残房，观厥功成。谨电驰贺，伫候明察。"

8月底，程潜应中共中央和毛泽东的邀请抵达北平，毛泽东、周恩来、林伯渠到车站迎接，并在中南海设宴招待，李世璋也应邀参加宴会。

## 担任政务院人民监察委员会秘书长

新中国成立初期，人民监察工作没有经验，在中共与民革等其他党派通力合作下，中监委同志在中共党组领导下，边工作，边学习，边摸索经验。在短短的几年里，就创建了适合我国国情的人民监察体制和制度，查处了一大批违法乱纪、失职渎职、贪污受贿、腐化堕落案件；并受命在中监委里成立了"三反办公室"，顺利完成了上级交办的任务。这些工作对保证党和国家政策法令的贯彻执行和经济社会顺利恢复与发展，起到了保驾护航的积极作用。

李世璋在人民监察工作的创建和发展过程中功不可没。他身为秘书长，本身就处于各项工作的中枢地位。他精心安排协调各项工作的开展，在工作中注重实践党的统战要求。李世璋为了发展多党合作共事的大好局面，不仅工作认真负责，而且个别工作有不妥之处，也总是主动承担责任。如有一次某同志就修建集（宁）二（连）铁路"应由宽轨改为标准轨节约资金问题"，向《人民日报》投了一篇文章。稿子刊登后，有关主管部门反映与事实有出入。有关领导了解情况后，在《人民日报》上作了更正。因稿子是李世璋签发的，他一再表明要承担责任。通过这件事，实实在在地体现出中监委共产党与非党人士肝胆相照、合作共事的精神，也体现出李世璋的高尚品德，使其他同志深受教育。

欢送于若愚、李佩庸调政务院参事室留影（前排左三为李世璋）

1951年，在中共中监委党组领导下，在党组书记兼中监委第一副主任（常务）刘景范同志关怀下，在民革老一辈领导人谭平山（中监委主任）、朱蕴山、宁武（二人均为驻委中监委委员）、李世璋和甘祠森（二厅厅长）具体运作下，民革中监委支部成立了。李世璋关心支部的工作情况，常向宣传委员刘森杰询问支部成员发展和支部活动等情况。1952年，民革成员、高级监察专员于若愚，参事李佩庸同志，要调往政务院参事室工作时，已重新加入共产党。同样是交叉党员的李世璋代表中监委党政领导会同民革支部委员和部分成员，宴请了于老与李老并合影留念，显示了中监委党政领导和民革组织对民主人士的关怀。

为更好地组织和领导民革成员参加对宪法草案的讨论，1953年3月31日，民革中央第八十八次常会决定在民革中央专门设置由邵力子为主任，许宝驹、李世璋、朱学范为副主任的理论政策研究委员会，负责对宪法、民主选举和社会主义建设基本理论等问题进行研究。

1954年9月15日，第一届全国人民代表大会在北京隆重开幕，李世璋以河南省代表的身份参会，参与了新中国第一部宪法的审议及新国家领导人的选举等。大会决定将政务院更名为国务院，政务院人民监察委员会改为监察部，李世璋被任命为监察部副部长。

## 主要参考文献：

1．刘森杰：《怀念李世璋同志》，《团结报》，2007年10月20日。

2．中国人民解放军历史资料丛书编审委员会编：《解放战争时期国民党军起义投诚鄂湘粤桂地区》，解放军出版社，1994年版。

3．陈平、周铃、陈晓亚：《全国革命遗址普查登记表·渝南中学遗址（附件）》，中共綦江县委党史研究室组织，2010年。

4．程庆廷：《忆张轸起义前后的几个片断》，中国人民政治协商会议淮滨县委员会学习文史委员编：《淮滨文史资料》（第三辑），1992年。

刘仲容（1903—1980），又名流犟，湖南益阳（今桃江）人，1955年加入民革。中华人民共和国成立后，曾任北京外国语学院首任院长、北京外语学院副院长、顾问等职。民革第三届中央委员，第四届中央常委，第五届中央副主席。第三届全国人大代表。第二、三届全国政协委员，第五届全国政协常委。

# 刘仲容
## 国共和谈中的"秘使"

1948年底，蒋介石在战场上的失败，使美国人对他彻底失去信心，杜鲁门想在中国换马，以李宗仁取代蒋介石。白崇禧统领40万大军驻守在武汉一带，与两广相呼应，大有操纵整个中南之势。

1949年1月21日，蒋介石"因故不能视事，决定身先引退"，副总统李宗仁代行总统职权。同日，李宗仁发表文告，"宣布就代总统职"，致电毛泽东，表示愿意在中共提出八项条件基础上进行和平谈判。李宗仁和白崇禧急于窥探中共领导人对时局的主张和政策，却又因与中共接不上关系而无可奈何。

1949年2月23日，毛泽东在石家庄接见上海和平代表团时，要颜惠庆和章士钊转告李宗仁："如果要真正和谈，我希望派出共产党和桂系之间最为合适的秘密谈判代表，你身边的主要参议和我们的老朋友刘仲容来担当此任。"章士钊把这些话转达给了李宗仁。

此后，李宗仁先后派出了以张治中为首席代表的使团前往北平，国共双方开始了和平谈判。同时，还派出了刘仲容作为秘使，往来南京和北平之间。

## 桂系的亲信，中共的朋友

刘仲容 1903 年生于湖南桃江县荷塘乡，父亲刘承烈在留学日本时参加了同盟会，回国后因长期在各地从事反清活动而被通缉，因此刘仲容的幼年生活一度相当窘困。据说，当辛亥革命成功的消息传到乡下时，他与哥哥正在田中捡拾别人遗落的稻穗，闻讯后他将稻穗一丢，赶紧跑回家中，将消息告诉母亲。湖南响应武昌起义后，刘承烈回湘任省实业厅厅长，刘仲容也随父搬到长沙居住。1913 年，反对袁世凯的二次革命失败后，刘承烈带着刘仲容亡命日本。中学毕业后，刘仲容入天津高等工业学校学习。为寻求救国救民的真理，1925 年，刘仲容被冯玉祥系国民二军胡景翼（刘承烈的朋友）部保送到苏联留学，入莫斯科中山大学学政治，曾担任学生会主席。此间，他接触了马克思主义，对共产党有了初步的了解，对国家的命运与前途也逐渐形成自己的看法。他还结识了李宗仁的弟弟李忠义，以及王公度、韦永成、李一尘等人。

1927 年蒋介石叛变革命，逮捕了一批苏联顾问及领事官员等，作为报复，苏联政府将蒋介石派遣的留学生及部分与国民党政府有关的留学生扣押起来。因刘承烈在国民政府任职，刘仲容也遭到逮捕，1928 年被苏联政府判处押解出境。回国后，刘仲容到军事训练总监部做翻译工作，因不满意蒋介石政府的所作所为，未去报到，开始了终其一生的反蒋活动。

刚从苏联回国时的刘仲容

刘仲容家庭合影（左一为刘仲容，二为父亲刘承烈，三为妹妹刘甲樱）

谈到"反蒋"，不能不谈到刘仲容的父亲刘承烈等。刘承烈是中国共产党的老朋友。1911年10月湖南响应武昌起义以后，焦达峰当选第一任湖南都督，刘承烈在湖南任实业厅厅长兼实业银行总办。焦达峰遇害后，刘承烈不能见容于地方军阀，被迫离开湖南。后在熊克武部下当师长，归附广东国民政府后，蒋介石不信任川湘军，迫使熊刘二人交出军队，此事造成了他终身反蒋的立场。刘承烈还参加了李济深等领导的福建人民革命政府的工作，参加了两广陈济棠、李宗仁联合成立的西南政务委员会。担任西南政务委员会驻华北代表以后，他不仅与国民党将领宋哲元、阎锡山等联络，还主动与中共地下党领导人南汉宸等取得联系，进行抗日宣传活动，家中设立电台，成为华北地下党组织与中共中央联系的重要渠道之一。国共合作后，刘承烈与共产党建立了更加密切的关系，以致他和女儿刘甲樱（后曾任民革中央委员）在为中共工作时两度被国民党政府逮捕。新中国成立后，刘承烈应周恩来总理之邀任国务院参事室参事。

刘仲容的岳父赵守钰，早年入山西武备学堂，1908年转入保定陆军速成学堂第三期，参加同盟会。1930年冯玉祥、阎锡山、汪精卫联合反蒋，赵守钰任国民政府军委委员、洛阳豫西警备总司令。赵守钰还曾受周恩来委托，参与秘密谈判营救红军西路军被俘人员。抗战时期，他将儿子赵祥德和赵祥礼送往延安抗日军政大学学习，奔赴抗日前线。

在这样的家庭氛围下，结合人生经历和感悟，刘仲容逐渐产生了与中国共产党密切合作和反蒋的觉悟和行动。

刘仲容最初跟随岳父赵守钰参与冯玉祥的反蒋活动，他曾任洛阳豫西警备司令部宣传处处长，并开展游说联络、共谋反蒋活动。蒋、冯、阎中原大战因张学良东北军的介入，冯、阎一败涂地，刘仲容随赵守钰离开部队，辗转于上海、天津、西安等地。在洛阳期间，刘仲容经赵守钰介绍结识了共产党员刘仲华，双方一见如故，经常促膝深谈。刘仲容亲历中原大战和十九路军淞沪抗战，对国家面临的内忧外患深感忧虑，在全国人民抗日救亡运动中，接受了共产党所提出的统一战线观点，认识到只有依靠全民族的力量，建立广泛的统一战线，才有可能实现自己的救国心愿。1933年，刘仲容再度赴沪，与刘仲华建立起工作联系，从此走上了与中国共产党密切合作的道路。

刘仲容虽然没有加入共产党，但在刘仲华的领导下，参加了党的秘密地下工作，与沪、宁各界人士接触，广交朋友，推进联合抗日，同时了解地下党所急需的一些信息。1934年，上海地下党组织遭到严重破坏，刘仲华离开上海到香港，而与之单线联系的刘仲容只好另谋出路。

在上海工作期间，刘仲容结识了桂系驻上海代表黄建平、陈劭先。1934年，刘仲容通过留苏同学王公度（时任李宗仁秘书）的介绍，与桂系李宗仁见面，劝说李联络各方力量反蒋抗日，给李留下很好的印象。1935年8月，中共发表《八一宣言》，呼吁国民党停止内战，共同抗日。为了解桂系对联合抗日的态度，并促进广西与各方，尤其是共产党的联系，刘仲容经由黄建平、陈劭先及王公度的介绍，再次来到广西谒见李宗仁。当时，桂系正在与广东陈济棠酝酿联合反蒋，刘仲容向李宗仁进言不要单纯反蒋，还要联合抗日，刘仲容的意见深受李宗仁的赞赏。

刘仲容还表示愿为桂系与各方联络疏通。李宗仁知道刘仲容与西北军关系颇深（赵守钰当时在杨虎城处任建设厅厅长），还有许多共产党朋友，遂委派他到西安去了解张学良、杨虎城的动向和西北地区的战局。

刘仲容先到天津，在父亲家中见到中共党员谢甫生、南汉宸等，向他们介绍了李宗仁愿意联合抗日的意向和两广情况及此行的目的。离津后赴西安，他见到杨虎城将军，并会见了西安各界人士。1936年初，刘仲容返回广西向李宗仁汇报：第一，与中共取得初步联系，中共方面支持广西的抗日主张；第二，张、杨二将军的部队实际上已停止了与红军的战斗，都要求停止内战，一致抗日；第三，杨虎城将军愿与广西保持联系，共赴国难。刘仲容首次出使，就取得如此成果，自此赢得了李宗仁的信任。

1936年5月，李宗仁与陈济棠酝酿两广联合反蒋，欲取得西北方面的呼应，遂派刘仲容再次前往西北。刘仲容到西安后，因为局势变得十分复杂，张、杨都没有同他见面，但表示广西只要抗日，肯定有机会合作，要刘速回广西向李宗仁致意。不久，蒋桂达成交易，以和解收场。

1936年11月，李宗仁接到张、杨来电：速派代表到西安商量要事，刘仲容遂有第三次西安之行，并于12月7日到达西安。西安事变当天，张学良约见刘仲容，请他立即与李、白联系，呼吁广西的支持。刘仲容在电报中讲清事变的情况和各方态度，并劝白崇禧亲赴西安商议。此时，刘仲容也公开了广西代表的身份，与各方联络，尤其与中共代表团有密切的接触。周恩来、叶剑英向刘仲容分析和平解决西安事变的意义，并详细阐述中共的主张。刘仲容将中共代表团的主张汇报给李、白，经与广西方面反复电报商议，李、白同意了中共的意见，并公开发表同意中共和平解决西安事变主张的声明，促进西安事变的顺利解决。

西安事变和平解决后，由于何应钦仍然陈兵潼关，交通阻断，刘仲容欲回广西不成，周恩来便提出欢迎他到延安住一段时间。刘仲容征得李宗仁同意后，于1937年1月下旬到达延安。

刘仲容在延安第一次见到了毛泽东。毛泽东耐心细致地向刘仲容谈了有关抗日民族统一战线的政策以及抗战的光明前景，并仔细地向刘仲容询问了广西的政治、经济、军事等各个方面的情况。毛泽东对李、白在解决西安事变中的态度表示赞赏，指出需要各方力量联合一致督促蒋介石抗日，在这里边广西应起很重要的作用。毛泽东勉励他读一点革命的书籍，并劝他不要急忙回去，可以在延安多看看、多听听。在延安期间，毛泽东多次与他交谈。毛泽东讲课，刘仲容都去听，地方上开会，也邀请他参加，他还参观了医院、学校和地方政府。

刘仲容离开延安前，毛泽东提出拟派中共代表到广西，并亲笔写一封信给周恩来介绍刘仲容的情况，要刘仲容途经武汉时交给周恩来。实际上，自此以后，刘仲容的秘密工作即由周恩来直接领导，有时也由董必武、叶剑英安排工作。

刘仲容返回广西后，向李宗仁汇报此行的情况，转达了中共联合抗战的主张。李宗仁专门召开高级干部座谈会，请他谈西北之行的见闻，以提高内部团结抗战的信心。不久，张云逸作为中共的代表到达桂林，经刘仲容安排，顺利受到李、白的秘密接待，从而建立起中共与桂系双方高层的直接联络渠道，最终达成了桂系与中共联合抗日的纲领草案。

全面抗战开始后，在中共抗日民族统一战线的感召下，李宗仁再度派刘仲容前往延安，作为广西常驻延安的代表，同中共中央保持联系。这次，刘仲容在延安住了半年多，直到1938年2月李宗仁取得台儿庄战役胜利之后才召他回徐州。刘仲容回到徐州后，李宗仁派他去河南潢川担任第五战区青年军团的参议。8月，战局恶化，李宗仁撤离徐州到武汉，刘仲容也去了武汉。在武汉八路军办事处，他见到了周恩来和即将出任桂林八路军办事处主任的李克农。李克农在谈话中表示，希望刘仲容争取调到白崇禧身边，以便与白的机要秘书谢和赓（中共地下党员）相互配合。

刘仲容经过活动，并征得李宗仁的同意后，调到白崇禧身边，担任第五路军参议。刘仲容在白崇禧身边11年，直到1949年新中国成立前夕，刘仲容才离开白崇禧。

刘仲容跟随白崇禧，随白的职务变化，先后担任桂林行营参议、副总参谋长办公室参议，主要负责对外联络。刘仲容与谢和赓、刘仲华等密切合作，在桂林时是与李克农联系，到重庆后主要与王炳南联系，将各方情况源源不断地传送出来。在桂林时，刘仲容还对夏衍等同志领导的抗日救亡文艺活动，给予了多方面的支持。

白崇禧深谙蒋介石的特务手段，到重庆后，生怕家中会被特务渗入，遂将家中事务全部交给刘仲容负责，并让他住进自己的公馆。刘仲容在全心维护白家安全的同时，还利用自己的公开身份，与各方保持联系，为抗日民族统一战线工作的发展、巩固，做了许多工作。1941年后，在周恩来、董必武、王若飞、邓颖超等关怀、领导下，中国民主革命同盟（也称小民革）成立了，刘仲容任常务委员，秘密参加了中国民主革命同盟的工作和活动；他还曾出任中苏文化协会秘书主任。

因为刘仲容与中国共产党有较深的交往，又长期在李宗仁、白崇禧左右，特别是抗日战争期间，他宣传联合抗日，为争取和团结李、白坚持抗战，反对分裂、倒退、投降，做了大量工作。用毛泽东的话说，刘仲容既是"桂系的亲信，又是中共的朋友"。1945年8月，国共重庆谈判期间，毛泽东见到刘仲容，肯定了他多年来的工作成绩，希望他为人民民主革命作出更多贡献。

## 秘密北上"和谈"

1949年2月，刘仲容几经周转，通过小民革，找到中共上海地下党负责人吴克坚，讲明了此行"和谈"的目的。中共迅速作出反应，很快吴克坚收到了中共中央复电：对刘的出使表示欢迎，并妥善安排了北上路线和接头暗号，并让刘仲容先到武汉。

3月初，刘仲容从汉口动身北上。临行前，白崇禧向他吐露意图：李宗仁代总统后，已有了和平的气氛，下一步要看中共方面的实际行动，希望早日谈判，今后可以有一个"划江而治"的政治局面，希望中共军队不要渡过长江。他强调国民党主力虽然被歼灭,但还有强大的空军和数十艘军舰,强过江会吃亏的。如果解放军过了江,打乱了摊子,就不好谈了。白崇禧要求刘仲容见到毛泽东一定要把这个意思讲清楚,并交给他一封致毛泽东、周恩来的亲笔信,说:"你跟了我们十几年,是我们办外交的能手,相信你这次一定不辱使命。"

刘仲容抵达信阳后,国民党河南省主席张轸派人将他送过前线中空地带,到达遂平,与警戒战士接头,进入解放区,经漯河抵达郑州,向东到济南。由于铁路尚未全部修复,刘仲容直到3月28日才辗转到达北平,当天他就见到了周恩来同志,并在当晚到香山双清别墅接受毛泽东会见。

毛泽东请刘仲容谈谈南京方面的动向,刘仲容说,在南京政府内部有三派:主和派、苦闷派和顽固派。毛泽东笑着问:李宗仁和白崇禧算哪一派?刘仲容回答说:"他们既谨慎防范蒋介石对其下手,又害怕共产党把桂系吃掉,在这种情况下,李、白主张和谈,以谋求'划江而治'的对峙局面。""南京方面主张以长江为界,'划江而治',与中共和平共处。总之是,希望中共军队不要过江,对此,白总司令的表现尤为强烈。"

毛泽东听了严正指出:"白先生要我们不要过江,这是办不到的。"白崇禧估计解放军渡江部队共有60万人,毛泽东纠正说:"不是60万,而是100万;另外还有100万民兵。解放军渡江后,江南的广大人民是拥护我们的,到时候,共产党的力量就更强大了,这是白先生没有估计到的。"

刘仲容放缓口气说:"希望毛先生以宽大为怀,网开一面,给政府适当面子,于我回南京也好有个交代。"

毛泽东摇摇头说:"刘先生的用心可谓良苦,然恕难接受了。我们不行宋襄公的仁义之师,必须过江。"

当时,桂系夏威部队的一部分军队在安庆陷于解放军的重重包围之中,同时,桂系张淦部队的一个团在武汉附近的下花园被解放军陈赓部缴了械,白崇禧要刘仲容请中共方面予以解围。对此,毛泽东听了刘仲容的请求后,点头说:"我们可以放松解围,下花园缴到的武器也可以归还。你告诉白崇禧,通知他派出人员，让双方的前线进行联系。"接见从晚上8点左右直到凌晨3点，两人就很多问题交换了意见。

4月1日，以张治中为首的国民党代表团自南京飞抵北平，北平和平谈判开始。由于刘仲容是秘密出使，所以他和代表团没有接触。南京代表团与周恩来等开始谈判，为"划江而治"各不相让，陷入僵局。

4月2日晚，毛泽东在香山再次接见刘仲容，希望他回南京，对李宗仁、白崇禧再做做工作，再促一促，争取他们在这重大历史关头能做些对人民有益的事，并让他转告李宗仁、白崇禧：李宗仁的政治地位可暂且不动，还当他的代总统，照样在南京发号施令。只要桂系部队不出击，中共就不动它，待以后再商谈解决办法；对蒋介石的嫡系部队，同样照此办理，如果他们不出击，不阻碍解放军过江，可暂时保留他们的番号，以后再协商处理。双方协商取得一致意见后，成立中央人民政府，到那时候，南京政府的牌子就不要挂了。

毛泽东又说："知道白崇禧喜欢带兵，他的桂系部队不过10万人。将来和谈成功，一旦成立中央人民政府，建立国防军时，我们可以继续请他带兵，让他指挥30万人。人尽其才，对国家也有好处嘛！"毛泽东稍稍停顿一下，接着话锋一转说："白崇禧要我们的军队不过江，这办不到。我们的大军过江以后，如果他感到孤立，可以退到长沙看情况；再不行的话他还可以退到广西嘛。我们来一个君子协定，只要他不出击，我们三年不进广西。好不好？"

刘仲容说："你的话我都记住了，一定转达。"毛泽东又问刘仲容："你看，我们是不是煞费苦心？之所以这样做，不是我们没有力量打败他们，而是希望我们的人民少受点损失。"刘仲容十分真诚地说："你这样安排，很周到，对他们也仁至义尽了。"这次谈话，使和谈的具体内容、事项、地点都变得具体并且可操作起来。只要南京方面同意，真正的国共和谈也就不远了。

4月3日，周恩来安排朱蕴山、李民欣、刘子毅作为民主党派代表陪同刘仲容回南京奔走和平，并提出了"同意我们过江，什么都好谈"的原则，并且让刘仲容照料朱蕴山、李民欣生活，将邵力子夫人傅学文从南京接到北平。

4月5日，刘仲容等乘机回到南京，当晚他会见了李宗仁，转达中共领导人对他的希望，并将《人民日报》社论《南京政府何处去》送给李宗仁。

李宗仁看了后，未作任何表示，莫名其妙地叫来了何应钦。何应钦不着边际地说："我们的代表团不是正在那边同他们谈着吗？"硬把北平会谈和双方最高层秘密磋商扯在一起，毫无诚意，此次会晤草草收场。

第二天，刘仲容见到了刚从武汉赶来的白崇禧，告诉他，中共坚决反对他提出的"政治可以过江、军事不要过江"的主张。白崇禧听完汇报，一脸愠色说："他们一定过江，那仗就非打下去不可了，这还谈什么。共产党如有和平诚意，就应立即停止军事行动，不要过江，过江问题是一切问题的前提。"

刘仲容同李宗仁、白崇禧先后谈了几次，他们依然顽固坚持在中共不过江的条件下才能达成和平协议。此时，蒋介石从台湾空运了一批黄金给白崇禧，助长了他对中共采取强硬态度。

4月12日，刘仲容经李宗仁同意，再去北平，临行前，李宗仁一再交代他竭尽所能，使毛泽东放弃渡江。

刘仲容一下飞机就去香山向毛泽东汇报，直言相告："白崇禧依然坚持反对解放军过江的顽固立场，密谈看来没有希望了；李宗仁还有争取的可能性。"恰在当天，何应钦就北平和平谈判来电，明确要求"渡江问题应严加拒绝"。何应钦的电报也正是李宗仁同意的，李宗仁拒绝中共渡江的态度日趋明显，他颇有点想"划江而治"；白崇禧虽仍反蒋，但也不主张与中共局部和平。

得知李宗仁、白崇禧态度如此暧昧，长江涨水期已到，毛泽东决定不再与代表团周旋，毛泽东告诉刘仲容：中央已经作出决定，解放军于近日就要渡江了，希望李宗仁在我军渡江后，不要离开南京，如果他认为南京不安全，可以到北平来，共产党会以宾客之礼款待他，那时会谈仍可进行。

根据刘仲容的反馈信息，毛泽东决定摊牌。12日晚，周恩来立即拿出已经拟好的《国内和平协定（草案）》交给了南京代表团。13日，毛泽东告诉周恩来（协议草案）不论是内容上还是文字上，均不要允许修改。另向张治中说明，4

月 17 日必须决定问题，举行签字仪式。18 日以后，不论谈判成败，人民解放军必须渡江。

15 日的双方会议上，周恩来将定稿的《国内和平协议》交给张治中，并郑重声明：这是不可变动的定稿，南京政府是否同意在协定上签字，本月 20 日为最后期限，如果同意就签字，否则马上过江。

20 日，国民党政府电告南京代表团拒绝签字，谈判终告失败。21 日，毛泽东、朱德发布《向全国进军的命令》，中国人民解放军随即发起渡江战役，迅速占领了南京。

期间，4 月 20 日，刘仲容给李宗仁打了长途电话，希望他能留在南京不动，继续进行和谈，但李宗仁没听。23 日，李宗仁逃离南京飞往广州。

## 筹建北京外语学校

和谈失败后，毛泽东曾对刘仲容说："刘先生是我们的老朋友，我们希望你留在北平，参加新中国的建立和建设大计。"1949 年 5 月 21 日，刘仲容拿着白崇禧命其南回的电报去见周恩来，周恩来热情挽留他。刘仲容大为感动，由衷地说："古语云'鸟栖良木，臣择明主'，几十年耳闻目睹，共产党是真正的明主，毛先生是真正的明主。毛先生、周先生一再挽留，不胜感激，我决意留下，听从驱策。"

为了迎接全国胜利和建国工作，必须加紧建立适合工作需要的外事干部培养机构。1949 年春，外国语学校从石家庄迁到北平。7 月，受周恩来同志委托，刘仲容参与筹建北京外语学校（北京外国语大学前身），迎来他政治生命的又一个春天。刘仲容一直在北京外语学校工作了 31 年，历任北京外语学校副校长、校长，北京外国语学院院长，北京外语学院副院长、顾问，直到 1980 年 3 月去世为止，为新中国建设培育了大量高素质外语人才。

上任伊始，刘仲容积极协助校长浦化人进行建校事宜，当时最大最难的问题是缺少教师。刘仲容自己多年来与知识界人士交往，通过种种关系，从全国各

今日的北京外国语大学

地聘请了大批如吴景荣、程镇球等教授讲师来校执教，很快就使师资队伍得到充实。

1950年3月，浦化人调走，刘仲容继任校长，他继续大力扩大教师队伍，许国璋、周珏良、张汉熙、李康等人多为在这时调入。由于刘仲容善于起用人才，所以外语学校教学质量很高，在新中国成立初的三年内，为新中国培养了大批外事干部，并从1952年起开始接受外国留学生来校学习。到1953年学校已发展成为有英、德、法、西4个专业，师生近千人的新型高等外语学校。

外语学校新建时没有校舍，寄居于华北革命大学内，1952年始在北京西郊魏公村西口征地筹建新校舍，刘仲容统筹规划，呕心沥血，经过三年努力，始告落成，建成了今天北京外国语大学的校园。

## 心系祖国和平统一

1955年，中央决定争取李宗仁回国，刘仲容配合有关方面为李宗仁夫妇平安回国做了很多工作。1956年到1965年十年间，李宗仁先后五次派秘书程思远到北京，晋谒周恩来总理，为回归祖国大陆做准备。1956年5月，程思远秘密赴京，受到周恩来总理的接见。程思远五上北京，每次刘仲容都参与接待。1965年

7月20日，冲破重重险阻，李宗仁和夫人郭德洁从美国回到北京，周恩来总理到机场欢迎。李宗仁在机场宣读声明，表示要为完成祖国统一作出贡献。刘仲容前往机场迎接，并奉命专职从事接待李宗仁的工作。当时他上午去拜会李宗仁，与他交谈，下午去向周恩来总理汇报。后来他还陪同李宗仁夫妇到各地参观，尽览祖国大好河山和各地的建设情况。

## 主要参考文献：

1. 民革中央宣传部编：《民革领导人传》，团结出版社，2007年版。

2. 刘尔宁、刘蓉：《为和平统一而奔波——缅怀我们的父亲刘仲容》，《团结报》，2003年8月12日。

3. 李新市：《和谈之外的密谈——南京－北京另有秘使》，《党史纵横》，1996年第4期。

4. 奎松：《李宗仁、白崇禧"和共"内幕》，《炎黄春秋》，1995年第4期。

5. 杜学峰：《毛泽东三见"神秘客"》，《文史春秋》，2014年第3期。

6. 陆茂青：《大决战：毛泽东拒绝"南北朝"》，《领导文萃》，2010年第4期。

7. 张小满：《历史上的两个"民革"》，《南都学坛》，2002年第3期。

郑洞国（1903—1991），字桂庭，湖南石门人，1962年加入民革。中华人民共和国成立后，曾任水利部参事、国防委员会委员、黄埔军校同学会副会长等职。民革第五、六、七届中央副主席。第三、四届全国政协委员，第五、六、七届全国政协常委。

# 郑洞国
## 在毛泽东的家宴上聆听教诲

1954年9月，第一届全国人民代表大会第一次会议在北京隆重召开，国庆五周年庆典也正在紧锣密鼓的筹备之中。一天，日理万机的党和国家最高领导人毛泽东在中南海丰泽园办起了家宴。自从由西柏坡到达北京以来，毛泽东经常在家里设宴款待党内外各方面人士，通过这种独特的方式，大家其乐融融地坐在一起，拉家常，谈国事。这次，毛泽东邀请的人有中共高级将领贺龙、叶剑英，有原冯玉祥西北军旧部、刚刚担任国防委员会委员的鹿钟麟，还有一位，是一度曾与共产党兵戎相见、在辽沈战役中被围投诚的黄埔一期毕业生中的佼佼者——湖南人郑洞国。

这位收到套红的金字请帖，被毛泽东点名担任国防委员会委员、参与国家机要工作的郑洞国，在新中国成立前后，确实有一段不平凡的经历。

### 威名赫赫的爱国将领

1903年1月13日，郑洞国出生在湖南省石门县一个农民家庭。他早年受孙中山先生革命思想的感召，毅然投笔从戎，考入黄埔军校第一期。东征中，郑洞国被东征军总政治部主任周恩来委派为党代表，后来主动请缨加入敢死队，冒着枪林弹雨率先爬上淡水城。在北伐中，他连战连捷，战功赫赫。

1987年，郑洞国与长孙郑建邦在黄埔军校大门前合影

当北伐战争节节胜利的时候，蒋介石、汪精卫却先后背叛了革命，轰轰烈烈的大革命失败了。郑洞国的许多亲密战友和同志，或被杀害，或被迫逃亡，他本人也因平时言行进步而一度上了黑名单。

九一八事变爆发后，早已厌倦了同胞间互相残杀的郑洞国心情振奋。他以饱满的热情和必死的决心，先后参加过长城抗战、保定战役、徐州会战、武汉会战、昆仑关战役、中国驻印军反攻缅北战役等诸多重要战役，是较早参加抗日战争的国民党将领。

日军在侵占了东三省后，1933年春，得陇望蜀，开始觊觎华北地区。在国难日深、全国人民强烈要求停止内战、举国抗日的情势下，蒋介石下令抽调中央军第二、二十五、八十三师组成第十七军（军长徐庭瑶）开赴古北口对日作战，郑洞国时任第二师（师长黄杰）第四旅少将旅长，奉命率部坚守南天门一线阵地。4月20日至28日，郑洞国率将士们忍饥受冻，在古老的长城上，以血肉之躯与兵力和火力都占绝对优势的日军展开了八昼夜的殊死鏖战。期间，郑洞国曾奉命率部撤往后方休整，行军途中忽闻接防的第八十三师阵地被日军突破，部队伤亡惨重，师长刘戡愤而自戕未遂，形势岌岌可危。郑洞国心急如焚，立即率部星夜驰返前线，向日军发动反攻。此时我军阵地已大部失守，大批日军蜂拥扑来。郑洞国因兵力单薄，多次反攻失利。在这紧要关头，为示必死的决心，他脱掉外套军衣，只着白衬衫，提着手枪，亲自率领部队冲锋，官兵们见状士气大振，个个争先与敌殊死拼杀，硬是将敌人击退了。

1937年全面抗战爆发，已经任第二师师长的郑洞国率第二师参加了平汉路保定会战。保定城破后，与敌展开巷战，幸而裴昌会将军率第四十七师冒死前来接应，才得以率军杀出重围。

1938年3月，郑洞国率部昼夜兼程地赶到徐州，参加徐州会战。郑洞国根据瞬息万变的战场形势，果断指挥部队改变部署，火速开往运河南岸占领阵地，掩护友军集中，以确保徐州。这时大批日军已进抵运河北岸，正积极准备渡河南犯。郑洞国率师主力就在这千钧一发之际赶到了运河南岸的利国驿立即与敌人隔河交战。但日军凭借强大炮火，攻势如潮。危急间，配属第二师作战的重榴弹炮营及时赶到，十二门大炮齐声怒吼，一排排炮弹准确地落在敌人头上，打得日本鬼子狼狈逃窜，不得不放弃渡河打算，沿枣台支线转攻台儿庄。此战大大缓解了危殆的战局，为我军变更部署、调动兵力赢得了宝贵时间。

1938年第一次南岳军事会议结束后，郑调任刚刚组建的第五军任副军长兼荣誉第一师师长。荣誉第一师是由抗战中伤愈官兵组成的部队，作战有经验，军事素质较好，但当时内部人事关系复杂，纪律松弛，很难统驭。郑洞国到任后，知人善任，赏罚分明，对部队一再严明纪律，加强训练，经过近一年的努力，荣誉第一师的面貌焕然一新，战斗力大为加强，成为一支抗日劲旅。

1939年11月初，日军为切断我桂越国际交通线，威胁中国后方，由北部湾海面登陆，在很短时间内连陷钦州、防城、南宁等重镇，其号称"钢军"的第五师团第二十一旅团占领了南宁西北重要屏障昆仑关天险，战局危殆。12月中旬，第五军（辖

郑洞国将军（右）与孙立人将军于缅北战地

荣誉第一师、二〇〇师、新二十二师）奉命调赴桂南，很快包围了昆仑关之敌，并于18日晨发动猛攻。战役开始，荣誉第一师担任主攻，迭克要点，表现极为出色。日军在接连几次失败之后，恼羞成怒，频频派出援军，双方在昆仑关附近各高地拉锯争夺，战斗甚为惨烈，战事处于胶着状态。如果不及时改变这种情况，则第五军之前进攻所取得的胜利将前功尽弃。在战役关键时刻，郑洞国从容镇静，亲临火线，在友军的有力支援下，指挥部队先后攻克了几个重要制高点，最后终于攻克了昆仑关。

1943年初，郑洞国受命担任中国驻印军新一军军长。当时中国军队与盟国之间关系甚为紧张，美国人傲慢的做法和对中国的无礼令中国军队很是不满。

郑洞国到任后，从抗战大局出发，一方面安抚军心，积极增进中美官兵间的相互理解和友谊；另一方面则注意维护国家尊严，对于盟方某些损害中国民族利益的过分要求和做法，进行坚决而策略的抵制。由于盟方有识之士和郑洞国等中国将领的共同努力，不仅使驻印官兵与美军人员之间一度比较紧张的关系缓和了下来，还使双方的合作氛围日益融洽。重庆军委会对于郑洞国在驻印期间发挥的良好作用曾深表满意，一再给予褒奖，史迪威将军也多次称赞郑洞国等中国将领的爱国精神和温文尔雅的道德修养。

1943年10月，中国驻印军由列多前进基地出发，在美国空军和工兵的配合下，克服种种难以想象的困难，在被世界上一些军事学家认为根本不适宜作战的亚热带崇山密林中，一面筑路，一面攻击前进，由此拉开了缅北反攻战役的序幕。至次年8月，驻印军和部分盟军部队经过无数次浴血鏖战，取得了胡康河谷战役、孟拱河谷战役和密支那战役的重大胜利，消灭了惯于在亚热带森林中作战的、曾在东南亚诸役中连连获胜、有"亚热带丛林之王"之称的日军第十八师团。

1944年8月，郑洞国升任中国驻印军副总指挥。在他的指挥下，新一军先后攻克了敌重兵防守的重镇八莫、南坎、芒友等据点，全线打通中印公路。1945年3月底，历时一年半的缅北反攻战役最终宣告结束。缅北反攻战役的胜利不仅是中国抗日战争的重要组成部分，也是世界反法西斯战争的重要组成部分，对世界反法西斯战争取得胜利起到了重要的作用。

## 身不由己卷入内战

1945年8月15日，日本宣布无条件投降。当时，已经从抗战前线回到昆明的郑洞国参加了各界民众组织的许多声势浩大的庆祝活动，一连几日高兴得夜不能寐，上街跳舞，吃流水席，跟着人群庆祝。他用杜甫的名句"剑外忽传收蓟北，初闻涕泪满衣裳。却看妻子愁何在，漫卷诗书喜欲狂。白日放歌须纵酒，青春做伴好还乡"形容自己当时的心情，有生以来，郑洞国从没那么高兴过。这期间，蒋介石曾电召他去重庆，欲委任他为其侍从室侍卫长这个许多人梦寐以求的"肥缺"。忠厚谦逊的郑洞国一向看不惯蒋介石暴戾跋扈的性格，但又不好当面顶撞"校长"，就以自己性情愚拙、不善内卫事务为辞，婉言辞谢。

看到国共两党之间日益增多的矛盾和摩擦，郑洞国猜想，双方之间大的冲突甚至内战迟早会到来，他非常不希望这些事情发生——战后的中国亟须休养生息，与民更始。郑洞国一面积极关注国内形势的发展，一面思索自己的前途。他万万没有想到，自己很快就被卷入到内战当中。

1946年2月，正指挥蒋介石嫡系精锐抢占东北的国民党政府东北保安司令长官杜聿明因重病在北平就医，特电请同是黄埔一期同学的郑洞国去东北代其主持军务。面临着"校长"和老朋友老同学的双重"邀请"，恪守忠义的郑洞国再也无法拒绝。3月初，郑洞国飞赴锦州就任东北保安副司令长官、代理司令长官职务。

1947年10月开始，东北解放军先后发起秋季攻势和冬季攻势，国民党军队在东北的形势急转直下。蒋介石决定成立东北"剿匪"总部，任命卫立煌为东北行辕副主任兼"剿总"总司令，同时任命郑洞国和范汉杰为副总司令。1948年初，在东北解放军凌厉的攻势下，国民党军队在东北仅剩下沈阳、长春、锦州三大孤立据点及周围少数城市，处境岌岌可危。蒋介石、卫立煌拟让郑洞国兼任第一兵团司令官和吉林省主席，担负固守长春的任务。此时长春已经在解放军的四面包围之中，郑洞国的许多幕僚、好友都劝他不要从命，郑洞国自己心中也颇踌躇。3月下旬，在蒋、卫一再催促下，他只好飞赴长春，开始了他一生中最为痛苦的一段时光。

## 兵败长春走出迷途

1948年9月中旬，东北解放军发起声势浩大的辽沈战役。在锦州被解放军攻克前后，蒋介石曾几次严令郑洞国率部向沈阳突围，但因守军长期饥饿，体力虚弱，士气极其低落，部下将领都没有突围的信心，所以突围之议几次搁浅。10月16日，郑洞国下决心执行蒋的突围命令，召集部属制订了突围计划，决定在第二天拂晓行动。但当天夜里，滇军将领曾泽生率六十军宣布起义，打乱了郑的部署，突围被迫中止。此时郑洞国虽然对突围已彻底绝望，却仍决心为"党国"效忠到底，拒绝了解放军方面要其停止抵抗的要求。然而他部下的官兵们却不愿再为腐败的国民党政权做殉葬品了。19日上午，新七军全体官兵宣布放下武器。21日凌晨，郑洞国身边的兵团直属部队也放下了武器，长春解放。郑洞国和他部下的官兵们，从此走上了新的光明道路。

在曾泽生起义后的10月18日，为了将郑洞国从山穷水尽的黑暗中挽救出来，时任中共中央军委副主席的周恩来亲自给郑洞国写信，分析形势，晓以大义，劝他顾念当年黄埔就学时的革命初衷，举行反蒋起义，回到人民的行列中。信件原文是：

洞国兄鉴：

欣闻曾泽生军长已率部起义，兄亦在考虑中。目前，全国胜负之局已定。远者不论，济南、锦州相继解放，二十万大军全部覆没。王耀武、范汉杰先后被俘，吴化文、曾泽生相继起义，即足证明人民解放军必将取得全国胜利已无疑义。兄今孤处危城，人心士气久已离背，蒋介石纵数令兄部突围，但已遭解放军重重包围，何能逃脱。曾军长此次举义，已为兄开一为人民立功自赎之门。届此祸福荣辱决于俄顷之际，兄宜回念当年黄埔之革命初衷，毅然重举反帝反封建大旗，率领长春全部守军，宣布反美反蒋、反对国民党反动统治，赞成土地改革，加入人民解放军行列，则我敢保证中国人民解放军必将依照中国共产党的宽大政策，不咎既往，欢迎兄部起义，并照曾军长及其所部同等待遇。时机紧迫，顾念旧谊，特电促下决心。望与我前线萧劲光、萧华两将军进行接洽，不使吴化文、曾泽生两将军专美于前也。

周恩来
十月十八日①

可惜的是，这封信件是用电报转达前线的，由于城内战乱，当时未能送到郑洞国手中。长春和平解放以后，郑洞国才知道此事，对于老师的这番亲切关怀，内心由衷感激。

## 潜心学习，用心思考

长春和平解放以后，郑洞国受到了中国共产党和人民给予的优渥待遇。

10月21日天大亮后，郑洞国带着已经放下武器的兵团司令部直属部队出城

---

① 《宜回念初衷毅然举义——致郑洞国》，《周恩来书信选集》，中央文献出版社1988年版，第412—413页。

途中，迎面碰上正率大批部队进城的解放军兵团司令员萧劲光和政委萧华。萧华立即停下车子，走过来热情地问候郑洞国，没有一点胜利者的骄矜之色，使他冰冷的心底，油然泛起一股钦敬。

当晚，萧劲光和萧华设下丰盛的酒菜款待郑洞国。身为败军之将，郑洞国的心情坏透了，席间只顾低头喝酒，不肯讲话。两位萧将军看出他的情绪，并不介意，仍旧不停地为他斟酒、夹菜，一团和气，同时探询他的打算，希望他能继续在人民的军队工作。

酒过数巡，郑洞国才抬头回应："我在国民党里搞了二十几年，现在失败了，当然听凭处理；至于部下官兵，如有愿意回家的，希望能让他们回去。"

"关于这些我们党有政策规定，都没有问题，请郑将军放心。要回家的人我们一定要帮助他们回家，愿意留下的也一定给予妥善安置。"萧华政委笑着回答。

"既然过来了，大家都是一样的，都还可以为人民服务嘛。郑将军今后的打算如何？是愿意回家还是愿意留下来？"萧劲光司令员在一旁微笑着问。

面对善意的询问，心如死灰的郑洞国依旧表示，什么事都不想做，只想当个老百姓。还生硬地提出：一不去广播、登报；二不参加公开的宴会。两位萧将军爽然应之，并不勉强。

筵席快结束时，萧华政委委婉地建议："你不愿工作，是否愿意到后方哈尔滨去多看看，休息休息，或者学习一段时间，请任意选择。"

郑洞国想了想，觉得去解放区也好，看看人家共产党是什么样子，免得自己输得糊里糊涂的。

临别前，郑洞国没忘了向二人道谢，因为这是他几个月来吃到的最丰盛的一餐饭。

次日天明，郑洞国和其他投诚将领们经永吉前往哈尔滨。在哈尔滨，郑洞国住了三个多月。组织安排他住一幢小楼，还把夫人从上海接过来一起住。虽然生活优待，行动自由，但郑洞国的心情非常苦闷。尤其是看到为之奋斗了近半生的"党国事业"，已经穷途末路、回天乏术了，心里更是空虚、绝望。痛苦之余，郑洞国还想保持军人的气节，愚忠于国民党政权。这期间，中共党内高级干部何长工等人，多次找他谈话，希望他参加人民政权的工作，都被郑洞国顽固地拒绝了。

郑洞国后来回忆这一段时光："本来，住在哈尔滨，我除了看报外，什么书都不想读，也读不进去。看报看了个把月之后，心境好一些了，对于看报的兴趣越来越浓了，当初心里存个问题——共产党为什么能成功？国民党为什么失败了？——似乎得到了一些初步解答。可是初步解答的愈多，问题也愈多，问题中有许多是不能从报上得到满意解答的。于是看书的愿望油然而生。我要求阅读毛主席著作，得到一部东北版的《毛泽东选集》。这部书我至今还保存着，成了一件十分珍贵的纪念品。"此后，郑洞国不仅认认真真地读毛泽东著作，还读过《列宁文选》《联共（布）党史简明教程》以及普列汉诺夫的一些著作。

之后，郑洞国从哈尔滨到了抚顺。他在东北潜心读书的时候，解放战争的形势也在迅猛发展，解放军相继取得淮海战役和平津战役的伟大胜利后，又打过长江，解放了南京、上海，全国的解放已经指日可待了。对郑洞国思想影响特别大的是，按资历、地位是他前辈的一些国民党高级将领和官员，如张治中、邵力子、程潜等都毅然脱离国民党政权，投向人民怀抱；连他的黄埔军校一期同学、曾经在四平街与共产党军队殊死血战的陈明仁等，也都勇敢起义了。郑洞国由此认识到，这么多原国民党高层军政人员都拥护共产党的领导，肯定有其道理，国民党政权确已穷途末路、众叛亲离了，这个阵营中凡有良知的人，都应当以鲜明的行动，作出正确的政治抉择。他继续在书本上寻找答案：在多年的抗战中，面对日寇强敌，自己领导部下很少打败仗，但是到了东北，面对"小米加步枪"的人民武装，全部美式装备、曾经不可一世的国民党精锐部队却在短短两年多时间里，"从猖狂进攻到放下武器"，土崩瓦解、灰飞烟灭了。这到底是为什么？为什么抗战胜利后仅仅三年，全国人民就从对国民党充满憧憬和希望，突然转变为民怨沸腾，揭竿而起？

## 周恩来的亲切关怀

郑洞国在抚顺一直住到 1950 年 8 月，后因胃病问题前往上海就医，沈阳军区政治部特地派了一位科长一路陪送。这时中华人民共和国已经成立近一年了，神州大地气象一新。途经北京小住时，郑洞国特意看望了自己十几年的老友焦实斋。

东北内战爆发之初，在杜聿明的力邀下，焦实斋一度担任国民党东北保安司令长官部的总顾问，后因不满国民党政权的腐败统治，弃官回到北平教育界任教。北平和平解放前夕，焦实斋应邀出任国民党华北"剿总"副秘书长，积极协助傅作义将军与解放军和谈，为北平和平解放作出过贡献。焦实斋谈到新中国成立以来的种种令人振奋的新气象，以及对新中国建设辉煌前景的展望，都深深感染、打动了郑洞国的心。从老友身上，他似乎看到了自己的榜样。

过了两天，萧劲光和萧华两位将军又请郑洞国去北京著名的全聚德餐厅吃烤鸭。这次见面，全然不像上次见面时的气氛了，大家有说有笑，谈古说今。郑洞国特别为过去见面时的生硬态度道了歉，两位萧将军大度地表示能理解当时他的心境。话题转到新中国的建设，两位萧将军希望郑洞国参加解放台湾的工作。那时郑洞国的思想虽已有了很大转变，但仍未完全摆脱旧的封建思想的束缚，闻言犹豫了半天，才袒露心扉。他表示通过学习，已经认识到国民党政权的反动本质，拥护共产党解放台湾的决策。但碍于海峡彼岸多是自己过去的故旧、袍泽，彼此有着多年的情谊，个人难以做到与他们兵戎相见。两位萧将军则说，他们希望郑洞国出来为人民做一些事情，至于做什么、怎么做，完全尊重他个人的意愿，绝无勉强之意。这种宽宏开阔的胸襟和态度，着实让郑洞国感动和钦敬。

郑洞国这次途经北京，最大的收获，是周恩来总理在家中会见并宴请了他。郑洞国感到很意外，想不到担任政务院总理的老师日理万机，却还一直记挂和关心着他这个学生。

那天，郑洞国准时来到周总理家中，周总理还特意请了曾在黄埔军校任政治教官的聂荣臻一同晤谈。一见郑洞国走进客厅，周总理连忙起身，快步迎了过来，炯炯有神的眼睛注视着郑洞国，紧握着他的手说道："洞国，欢迎你，我们很久没有见面了，难得有这个机会呀——"

一瞬间，百感交集的郑洞国连视线都有些模糊了，热泪几乎夺眶而出。眼前和蔼可亲的周总理，还是当年东征途中的周主任啊！郑洞国嘴唇嚅动了半天，才哽咽地说："周总理，几十年来，我忘记了老师的教诲，长春解放前夕，您还亲自写信给我，我感谢您和共产党的宽大政策——"

周总理摆了摆手，打断了他的话，微笑着说："过去的事不提了，你不是过来了吗？今后我们都要为人民做点事嘛！"

落座之后，周总理问郑洞国在北京是否有熟人。郑洞国想了想说，有位黄埔军校一期的同学李奇中，彼此交谊深厚，据说现在北京。周总理听了略一思忖说，这个人我知道，他现在是政务院参事嘛。随即吩咐工作人员快去请来。过了片刻，李奇中匆匆赶到，师生四人相见，分外亲热。

吃饭的时候，周总理详尽地问起郑洞国的身体和家庭情况，关切的神情犹如家人一般，郑洞国如沐春风，心底泛起阵阵暖流。聊着聊着，周总理又和蔼地问起郑洞国今后的打算。郑洞国想了想，有些颓丧地表示，自己别无所长，人也老了，打算回湖南老家种地去。

"好啊，你在老师面前也敢称老？"李奇中在旁插话道，一桌人闻言都大笑起来。

"洞国，你还不到五十岁嘛，还有很多时间可以为人民做贡献啊。现在国家建设刚刚开始，有许多事情等着我们去做呀。"周总理亲切地说。

周总理诚恳的态度让郑洞国非常感动，就表示准备先回上海治病，料理一下家务，再听候安排。

"你先回家休息一下也好嘛，身体养好后随时可以来。"周总理说。

席间，周总理还询问起当年中国驻印军在缅北与盟军联合作战的情况。当时，朝鲜战争正在激烈进行。郑洞国比较详细地介绍了美军的作战特点，指出美国人打仗主要依靠武器，打不了硬仗，为此还特别举了几个实际战例加以说明。周总理和聂帅听得很认真，不时插话询问。郑洞国讲到美军非常依赖空中补给，过去中美军队共同执行作战任务时，美国兵行军走累了，就先丢弃武器弹药，然后再丢弃衣服，待到达目的地时，浑身只剩下一条短裤了，活像一只只大毛猴，以致空运的装备只好先全部补充给美军，搞得一些中国军官大发牢骚，不愿与美军一起行动。周总理听得有趣，几次仰头大笑。据说在后来的一些会议上，周总理多次引用郑洞国讲的这几件事，激励大家要从战略上藐视敌人，坚定抗美援朝、保家卫国的决心。

1950年8月中旬，郑洞国回到上海，仍旧住在武康路原来的寓所里。上海解放后，人民政府没有将这栋房子收回，让郑洞国的家眷一直住在这里。

在有关部门的安排下，他住进上海公济医院，接受公费医疗。经过医生一个多月的精心治疗后，郑洞国回到家中静养，困扰他多年的胃病竟慢慢痊愈了，再也没有复发过。

郑洞国在上海一直休养到1952年6月。这期间，他一面养病，一面关注着国家的建设与发展。

当时境内外一些对中国共产党、对新中国缺乏认识的人士，鼓噪什么"共产党人可以马上得天下，但未必能马上治天下"。郑洞国对此虽不相信，不过还是认为上海这个地方境况复杂，短期内恐怕很难治理好。但是在事实面前，郑洞国真是叹服了！上海滩被帝国主义列强盘踞百年之久，号称"东方巴黎"，曾经是个名副其实的花花世界、投机者和冒险家的乐园。谁知解放刚刚两年多，居然就彻底获得了新生，不仅旧社会的习气被扫除了，物价飞涨、商人囤积居奇，普通百姓抢购商品、痛苦煎熬的社会现象也不见了，整个城市在人民政府的管理下井然有序、生机勃勃，人民安居乐业，社会欣欣向荣。这让郑洞国愈加清醒地认识到，中国只有在共产党的领导下，走社会主义道路，才能实现孙中山先生当年的遗愿，完成中华民族的伟大复兴！

1951年冬，郑洞国写信给李奇中，谈到对新中国各项建设成就的认识和振奋心情，准备春节期间再到北京看看。李奇中将此事告诉了周总理。周总理很快给郑洞国发来电报，邀他到北京。

春节前夕，郑洞国到了北京，周总理在政务院再次会见并宴请了他。一见面，周总理还是嘘寒问暖，对郑洞国关怀备至。郑洞国也坦诚地向周总理汇报了对中国共产党的新认识,郑重表示愿意参加新中国的建设事业。

听了郑洞国的汇报,周总理高兴地说:"你的思想又有了新的进步,这是值得庆贺的,我代表大家欢迎你。你的年纪还轻些,完全可以多为人民服务嘛。"

"感谢周总理的关怀,我把上海家中的事情安置好,很快来京工作,听候总理安排。"郑洞国恳切地表示。

周总理爽朗地笑了起来,说:"好,好,你可以边学习,边工作嘛。"

1952年5月下旬,郑洞国给周总理拍发电报,表示一切准备妥当,随时听候周总理安排。周总理很快复电,要他尽快到京。

不久,在周总理的亲切关怀下,刚刚由上海迁居北京的郑洞国被任命为水利部参事。郑洞国这次迁居北京,不是简单的搬家,而是表示他接受了中国共产党的领导,参加新中国的建设,这是一个政治上的决定。

1959年,周恩来总理在颐和园与郑洞国(前排右一)等黄埔校友的合影。这张照片中的黄埔校友,多是原国民党军队中的战将。北京重逢,彼此都有恍如隔世之感,这让郑洞国不禁由衷地感叹共产党政策的伟大

担任水利部参事的时候,看到新中国成立仅几年,水利建设工程规模之大、收效之宏,郑洞国格外振奋,决心竭尽自己的全力,为新中国的建设事业添砖加瓦。

## 向毛主席请教如何学好马列主义

1954年毛泽东举办家宴的时候,郑洞国刚到菊香书屋,毛主席就迎了上来,热情地握手、寒暄、让座。

坐定之后,毛主席操着浓重的湖南乡音,诙谐地笑道:"郑洞国,郑洞国,你的名字好响亮哟!"顿时引起大家一阵大笑,郑洞国原本有些紧张的心情,在笑声中顿时轻松了许多。

接着,毛主席又问郑洞国吸不吸烟。郑洞国应声说"吸",顺手在茶几上取了一支烟。没想到,毛主席十分敏捷地擦着一根火柴,站起身替他点燃了香烟。毛主席这个不经意间的动作,却在郑洞国心中掀起巨大的波澜。他没有想到,这位深受亿万中国人民敬仰和拥戴的共和国领袖,竟是如此亲切随和、平易近人,没有一点旧社会达官显贵那种虚伪矫饰、盛气凌人的样子。"共产党与国民党就是不同啊!"郑洞国在心底对自己说。

言谈间,毛主席亲切地询问起郑洞国全家的生活情况,并鼓励他说:"你的家庭生活安排好了,还得多为人民做点工作嘛!你今年才51岁,还很年轻哟!"郑洞国很惊讶,原来毛主席这样了解他,连自己的年龄都知道。他真诚地表示今后要好好为人民服务。

大家愈谈愈投机。郑洞国那些年已经读了不少毛主席的著作,对毛主席的思想和学问极为钦佩,也在思考着如何更深入地掌握好马克思主义世界观。因此谈着谈着,他突然问了个"不甚得体"的问题:"毛主席,您的马列主义为什么学得这样好呢?"

毛主席闻言,略怔了怔,似乎没有料到郑洞国会提出这样的问题。郑洞国自觉问题问得唐突,也有些不好意思。

毛主席却不在意,爽朗地笑道:"我当年接受马列主义以后,总以为自己已

20世纪50年代初，郑洞国将军（前中）与陈赓将军（前右）、侯镜如（后左）、唐生明（后右）等在一起

经是个革命者了。哪知道一去煤矿，和工人打交道，工人不买账。因为我还是那么一副'学生脸''先生样'，也不知道怎么做工人的工作。那时我整天在铁道上转来转去，心想这样下去怎么行呢？想了很长时间，才有些明白，自己的思想立场还没有真正转变过来嘛！"

毛主席又加重语气说，自己也不是生而知之的圣人，而是在向社会学习、向群众学习的过程中逐步走上革命道路的。他还说，一个人的思想总是发展的，立场是可以转变的。只要立场转变了，自觉地放下架子，拜人民为师，这就灵了，学习马列主义也就容易学好。

郑洞国心里明白，毛主席是在以自己的切身体会开导他，鼓励他进一步转变立场，走上为人民服务的道路。

毛主席在宴席上讲的这些话，影响了郑洞国整整后半生。从那以后，他一直牢记着这些谆谆教诲，努力改造世界观，全身心地投身于国家和民族事业。

就这样，自从长春投诚以来，通过反复的思考、观察，郑洞国的思想逐渐发生了根本性的变化，深刻地认识到过去20多年所走的是一条违背自己爱国初衷的错误道路。1982年，郑洞国在接受记者采访时，说了一番肺腑之言："我的老同学杜聿明生前曾对我说，历史最能教育人，最具有说服力，一个人经历过曲折的道路,经历了两种不同的社会,才有了比较、甄别的发言权,才更能笃信国家独立、富强的理想。这段话,我是感受极深的。在中国共产党的领导下,祖国独立、富强的理想,已经初步实现,并且展示了光明的未来。"

**主要参考文献:**

1. 郑洞国著,郑建邦、胡耀平整理:《我的戎马生涯——郑洞国回忆录》,团结出版社,1992年版。

2. 郑建邦、胡耀平著:《铁血儒将郑洞国:中国抗日名将郑洞国图传》,团结出版社,2018年版。

3. 章戈、石澧著:《黄埔忠魂——郑洞国传》,团结出版社,2003年版。

甘祠森(1914—1982),原名永柏,四川万县(今重庆万州)人,1949年加入民革。中国人民政治协商会议第一届全体会议代表。中华人民共和国成立后,曾任中央人民政府政务院人民监察委员会第二厅厅长、监察部第五监察司司长、部长助理等职。民革第二届中央候补委员,第三届中央委员,第四届中央常委,第五届中央副主席。第三届全国人大代表。第二、三届全国政协委员,第五届全国政协常委。

# 甘祠森
## 集经济学家、作家于一身的革命战士

杜甫赞美、怀念诸葛亮的《蜀相》开头两句"丞相祠堂何处寻，锦官城外柏森森"，用茂盛挺拔、生命绵长的柏树，衬托诸葛亮忠诚智慧的人格精神，使这一可贵的精神更加生动和形象。

甘祠森的名字就取自杜甫的这两句诗。现有资料没有确切记载甘祠森父母给他取名的时候，是否含有这样的期望，期望他长大以后，像诸葛亮祠堂的柏树那样，永远生机盎然，为国家强盛、民族进步贡献自己的力量和智慧。但从他一生的事迹来看，从他对统一战线的贡献来看，不正是切实地实践了这种精神了吗？年少即离家求学，寻求救国救民的道路。他想当一名文学家，好唤醒更多沉睡的民众；他想当一名教师，把希望寄托在新一代人身上；他还想走实业救国的道路……最终，甘祠森不避艰险、不计安危地投入了反蒋民主运动，被称为"革命知识分子的优秀代表，坚强的民主战士"。

### 以文咏志，针砭时弊

甘祠森 1914 年出生于四川万县，自幼勤敏好学，尤其喜爱文学，爱读唐诗、《三国演义》《水浒传》等，很小就学习写作。在他 12 岁时，英国军舰炮击万县,制造了万县惨案,甘祠森白天参加游行,晚上写下了纪念这次惨案的诗歌《南津街之鬼》。因他时常在校刊及《万州日报》上发表诗文,被同学和老师称为"新进诗人""诗娃娃"。之后,他离开家乡到上海,怀揣着成为文学家的梦想,考取了复旦大学国文系,后又考入国立中央大学商学院银行系,广泛涉猎文学、历史、哲学、经济学等方面书籍。

求学期间,他一边如饥似渴地吸收知识,一边进行文学创作,曾拿着初到上海时撰写的一部关于工人工厂主题的小说求教鲁迅。鲁迅不仅认真地提出了一些很中肯的建议,还叮嘱他要围绕着自己最熟悉的人和事创作。

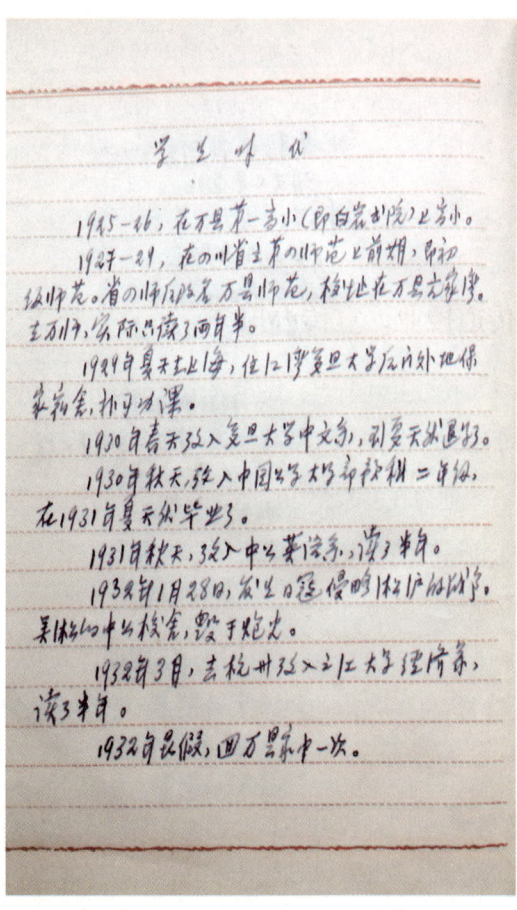

甘祠森自述手迹

甘祠森依据鲁迅的指点刻苦练笔，几年的时间，就开始在《萌芽》（鲁迅编）、《北斗》（丁玲编）、《拓荒者》（钱杏邨编）、《大众文艺》（郑伯奇编）、《小说月报》（郑振铎编）等诸多著名文艺杂志上发表作品。

他不仅创作了大量文学作品，还撰写了很多关于国际金融、国际贸易、商品研究方面的论文，发表在《银行周报》《商业月报》《钱业月报》《申报经济专刊》等专业刊物上。

在持续的学习和创作中，甘祠森在心中悄然许下了一个心愿——写出一部伟大的作品。他没有忘记鲁迅的叮嘱，紧密围绕自己的所闻所见，针对抗战时期"投机横行、游资猖獗、通货膨胀、生产萎缩、土地兼并、赤贫满野"等种种现象，以民族工业遭遇为题材，于1946年出版了长篇小说《暗流》。

茅盾对《暗流》给予较高的评价，专门为小说作序——《窒息下的呻吟》，赞扬甘祠森敢于选取"战时经济动态"题材针砭时弊，充分肯定了小说的现实意义，认为《暗流》是国民党统治"窒息下的呻吟"，"呻吟和'浪漫蒂克'的交错，使这本小说有一种光彩，一种情趣，一种美"。

## 传道授业，宣传办报

抗战胜利前夕，民主人士逐渐向重庆聚集，甘祠森也在重庆开始了自己亦商亦文的革命历程。

他曾在多家公司任职，将所学经济理论与具体商业实践相结合，逐渐成为重庆商界的知名人士。他还在重庆实用高级商业学校、敬业商业学校、立信会计专科学校、求精商学院、华侨工商学院、西南学院、正阳学院、重庆大学等重庆的商业职业学校、专科学校和大学授课、兼课，笔耕不辍地出版了《现代金融论》《经济思想史》《国际贸易的理论与实践》等具有重要学术价值的经济著作。

在此期间，他接触了大批进步青年，热情地对他们的学习和所组织的进步运动给予帮助，并亲任《中国学生导报》发行人，在中共南方局青年组的领导下，如实报道学生组织的争取民主、反对内战的各项运动，揭露国民党政府发动内战的真面目。

1944年7月4日，复旦大学约30名学生在嘉陵江畔的江风茶馆，举行了《中国学生导报》社成立大会，正式启动报纸的筹办工作。成立会上选出了干事会，组建了编辑部、经理部、推进委员会和财经委员会四个办事机构，但还需要找一位报纸的发行人。因为当时国民党政府对报刊控制很严，除了官办报刊外，不容易取得登记证。在重庆办报刊必须经国民党中央宣传部批准、内政部登记。根据规定，登记时还必须发行人出面。

请谁来担任《中国学生导报》的发行人，决定着报纸能否顺利获批。这时，在重庆新华报社工作的刘光想到了甘祠森，复旦的师生们也不谋而合地找到了曾在复旦读书的甘祠森。

甘祠森听说后，毫不犹豫，慨然应允，立即为报纸获得批准、登记而多方奔走。他首先找到曾在宣传部任部长的复旦校友邵力子。

邵力子得知事情原委后说："宣传部的事我不过问。不过，现在担任宣传部主任秘书的章渊若，是复旦老校友，你不妨找他谈谈，试试看。"为此，邵力子还亲笔写了封介绍信。

无奈，甘祠森两次找章渊若未果，章渊若还劝甘祠森道："现在时局很复杂，有些人就是利用刊物进行反政府宣传，煽动学生闹事。我们是很信任你甘先生的，但是你能完全信任帮你编报的那些学生吗？还是多考虑一下为好。"

甘祠森听后非常生气，反驳道："青年学生办张小报，既是工作，也是学习，他们满腔爱国热情，手上拿的只是一支笔，不是刀，不是枪，政府为什么不能信任青年学生呢？"

双方谈得有点僵，章渊若显然是不会帮忙了，甘祠森转而通过老朋友找到国民党中宣部新闻处处长马星野，才顺利解决了《中国学生导报》批准手续，从内政部领到了"内政部警字第九七九九四号登记证"。

在甘祠森的努力下，1944年12月22日，《中国学生导报》正式创刊，同日出版的《新华日报》在第一版右上方刊登了一则醒目的广告："《中国学生导报》

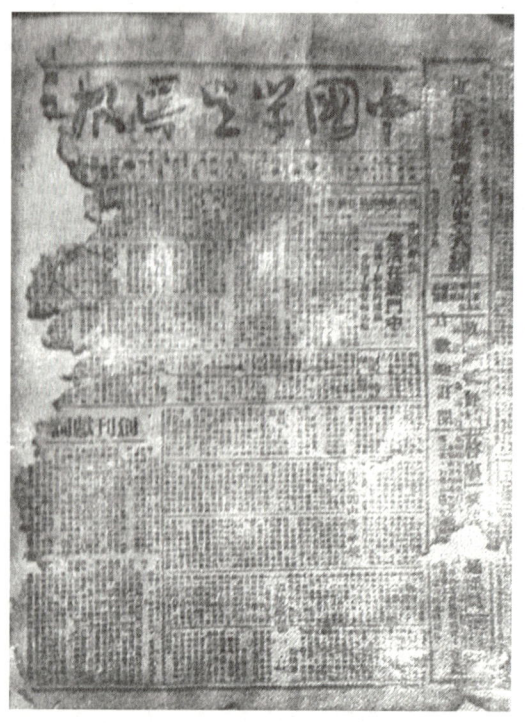

《中国学生导报》创刊号第一版

出版了。"

此后,作为发行人的甘祠森又开始为《中国学生导报》的经费周转、稿件组织等工作而忙碌,并努力为报纸争取社会各方面的支持和帮助。在他的影响下,沈钧儒、史良、邓初民、张志让、洪深、潘震亚、章靳以等民主人士都大力支持《中国学生导报》的各项工作,史良还在经济上给予较大帮助,何其芳、叶以群等人帮忙代约一些知名作家为报纸撰稿,李堤把自己的住处作为报纸的公开地址,以解决报社的办公需要……

周恩来、吴玉章等中共中央南方局的领导也十分关心《中国学生导报》,向甘祠森了解办报过程中有哪些困难。周恩来还鼓励甘祠森说:"报纸的调子要低一些,要能团结更广泛的同学,要争取长期存在下去……前面还有许多困难,要争取在最恶劣的环境中也能存在下去。"

抗战胜利后，蒋介石为抢夺胜利果实，积极准备发动内战，办报环境日益恶化。甘祠森谨记周恩来的嘱托，依然坚决承担发行人的责任，毫不动摇。在他与报社同仁的努力下，《中国学生导报》始终站在反对蒋介石发动内战斗争的前列，以全部版面报道学生争民主、反内战运动，还与重庆的25家报刊一起发出"不要内战"的倡议，对国民党政府空谈和平与民主、加紧内战和镇压进步活动进行了无情的揭露和批判。

## 举办民主座谈会，筹办民联

在学习和工作中，甘祠森或因合办刊物，或因创办剧团、文化团，或因约稿等，与谭平山、朱蕴山、侯外庐、王昆仑、郭春涛、许宝驹、陈铭枢、沙千里等一批民主人士结为朋友。

特别是在20世纪30年代，他因与谭平山的儿子谭秉文是上海商学院的同学，二人关系很好，因而有机会在谭家结识谭平山。这为他参与三民主义同志联合会（民联）酝酿、成立、发展至完成使命的全过程埋下了伏笔。

1942年冬，返回重庆不久的谭平山向甘祠森、朱蕴山、邓初民、李世璋、鲁自诚等人发出邀请，组织一个秘密工作小组，目的是与各方面联系，推动民主运动。

谭平山在邀请甘祠森时聊得非常深入，谭首先把自己对时局的判断向甘作了详细的分析："抗战处于一个困难时期。抗战初期，大家为抗日救亡搞了很多活动。现在，蒋介石一压，沉寂了。"对比"过去的运动文化界、青年人比较活跃，政界、商界、教育界差一些"的情况，谭平山指出"政界中一个很重要的方面，国民党内也有一些民主进步分子、中间分子，需要有人去团结他们"。

见甘祠森深以为然，谭平山直接问道："几个朋友和我谈到这个问题，打算搞一个时事座谈会，你以为如何？"

甘祠森毫不犹豫地回答道："很多人都有这个愿望，搞起来很好。"

说办就办！甘祠森马上开始联络。他先是当面将这一想法告诉了郭春涛、许

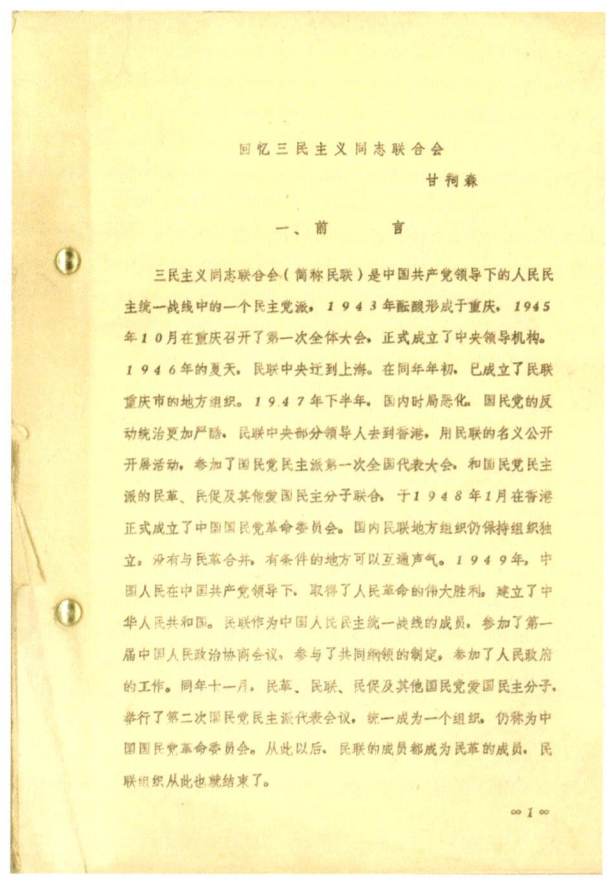

甘祠森的《回忆三民主义同志联合会》前言

宝驹二人，说："现在太寂寞了，约些朋友搞个座谈会，大家谈谈，搞得好可以经常搞下去。"郭、许二人听后表示支持。随即，甘祠森又与邓初民一起向时任国民政府军事委员会高级参议的陈铭枢等国民党进步人士发出了邀请。

1943年春节过后的一个星期天，甘祠森与郭春涛、许宝驹、高崇民等四人聚会，进一步商议组织座谈会之事，草拟了参加第一次座谈的基本成员名单，决定由甘祠森和郭春涛负责联系会议地址。

各项事情都筹备妥当，民主同志座谈会就这样悄悄地办了起来，每次都是甘祠森等主要组织者利用个人关系借公司、银行、商号的房屋作为会议场地。除此之外，他还负责座谈会的联络、人员往来等事务。

中共南方局的同志知道座谈会后，给予了关怀和指导。一天，甘祠森到谭平山家作客，见到了中共南方局的领导董必武。甘祠森借此机会向董老汇报了座谈会的情况，还谈了座谈会上有特色的观点。

董必武听后很感兴趣，微笑着说："你们这个座谈会搞得很好嘛！抗战的胜利，民主的实现，要靠大家去做才有希望。你们交了许多同情革命的朋友，也是对我们党的支持嘛。"董必武的肯定和鼓励让甘祠森深受鼓舞。

经过多次交换意见，大家认为建立一个国民党民主派的组织去团结国民党内爱国民主分子参加抗日民主运动的条件已经成熟，决定先建立一个筹备小组，人选有十人，甘祠森因为谭平山的大力推荐而成为十人小组的一员。

十人小组成立后，开始就组织名称、组织路线、政治主张、是否向社会公开组织等系列问题展开讨论，并筹划召开全国代表大会、正式建立中央领导机构等事宜。甘祠森还与邓初民、马寅初、郭春涛、许宝驹、何公敢等人分担了部分代表大会文件的起草任务。为保证《三民主义同志联合会的政治主张》《三民主义同志联合会第一次全体大会决议案》《三民主义同志联合会临时组织总章》等组织文件的安全，甘祠森都是亲自带文件到民生路《新华日报》进行印刷。

一切准备就绪！

1945年10月28日，民联第一次全体大会在重庆上清寺特园举行，大会选举了中央临时干事会。甘祠森作为十人小组成员被选为中央临时干事会干事，负责团体宣传和青年委员会工作，并与许宝驹共同负责编辑刊物《民联》。

除了参加民联，甘祠森经许涤新、王昆仑、王炳南、阳翰笙、侯外庐、祝公健等人的介绍和邀请，还参加了中国经济事业协进会、中国民主革命同盟、民主青年联合会，以及政协促进会、反内战委员会等组织。但他心中始终明白："我既非国民党员，又与国民党毫无关系，我之（所以）成为民革成员之一，其渊源即在此（指参加民联）。"

## 负责重庆民联，举办"转转会"

1946年2月，民联中央常务干事会决定由甘祠森、李紫翔、夏仲实、冯菊坡、李文钊等人组织成立重庆民联临时工作组，由甘祠森主要负责。此时，由于形势的变化，民联中央决定将工作从重庆向外转移，4月15日召开最后一次中央常务干事会后，民联中央正式结束了在重庆的工作，此后主要由重庆民联临时工作组代表民联参加重庆的民主运动。

甘祠森与其他同志密切配合，为更好地开展工作，邀请杨杰、邓初民担任重庆民联的指导员，又经民联中央同意增加黎又霖为临时工作组成员。

在甘祠森的带领下，重庆民联临时工作组尽己所能做了多方面工作。他们在李闻惨案发生后，及时发表声明、致电民盟中央吊唁，并积极参加李闻追悼大会筹备会的工作；他们发起组织重庆人民和平促进会，发表宣言呼吁制止美国支持国民党打内战；他们掀起了批判美蒋、反对《中美商约》的运动……

1948年，李济深、龙云从香港带信给杨杰，要杨杰担任西南四省（川、康、滇、黔）民革组织的总负责人。杨杰接受了任务，与甘祠森、黎又霖商议开一次时局讨论会，通过讨论促使人们迅速转变态度，认清形势，加快反蒋的步伐。会上，大家认真分析战争形势，围绕"保川拒蒋，迎接解放"展开了热烈讨论。

过了几天，杨杰又找甘祠森等人，告诉他们："我想把重庆民主党派的一些领导组织起来，搞一个'转转会'（轮流请吃饭的意思）讨论时局，交换意见，协调行动，人数不宜多，要彼此相知的，你们看行不行？"

杨杰之所以找甘祠森商量，是因为他知道甘祠森会把他的意图转报给中共党组织。这样就能主动争取共产党的领导，听取他们的意见，得到中共党组织的支持。

经过大家商议，拟定了邀请参加"转转会"的名单。很快，"转转会"就办了起来，每两三周，或者一个月开一次，主要在民主人士鲜英和黄墨涵家举行。"转转会"通过互相交流情况，分析形势，增强了大家"人民必胜、蒋介石必败"的信心。

1949年夏秋之季，甘祠森先后得知黎又霖被捕和杨杰遇害的消息，异常悲痛。同时，他自己也上了国民党特务的黑名单，不得不东躲西藏，所住之处遭到了搜查，朋友们纷纷劝他赶紧离开重庆。

形势刻不容缓，在朋友鲁自诚、刘昆水的帮助下，甘祠森改名甘定一，弄到一张假身份证和飞机票，准备离渝。

临行前，甘祠森把重庆民联总的情况和成员情况向李紫翔作了交代，并请他把主要责任担负起来，才匆匆离开重庆，经香港前往北京。

## 投身监察工作，兼顾文学创作

甘祠森到达北京时，中国人民政治协商会议第一届全体会议已经召开，中央人民政府政务院也已经成立。在中央人民政府政务院中，设立了人民监察委员会。

1949年12月，经政务院第十三次政务会议，甘祠森被任命为人民监察委员会第二厅厅长。

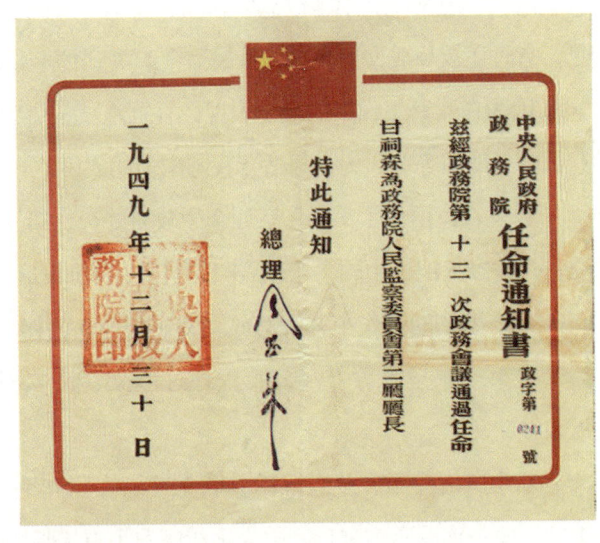

甘祠森被任命为人民监察委员会第二厅厅长的任命书

人民监察委员会中有很多甘祠森的老朋友，曾长期与他在民联中共同战斗的谭平山担任人民监察委员会主任，朱蕴山任委员。这让甘祠森很快地融入了新环境，全身心地投入到监察工作之中。

由于监察工作涉及面很广，经常会碰到一些具体的业务问题。甘祠森凭借渊博的学识、丰富的经验、较高的政策水平，总能够深入浅出地把问题讲清楚。

在工作中，他不仅严格要求自己，还十分重视培养青年干部，关心他们的学习和工作，号召青年干部坚持在职学习，鼓励和帮助他们不断提升自己的能力和水平。

一次，一位工作人员处理一起航运案件，遇到许多名词术语不理解，他耐心地一一进行解答，帮助工作人员在做好工作的同时拓宽了知识面。

甘祠森在工作中始终坚持认真负责和实事求是的作风，多次带领检查组深入基层调查案件、检查工作。因为他熟悉政策且严把政策关，每次检查工作之后，都受到基层部门和干部的一致好评。

可贵的是，甘祠森还发挥自己的理论特长，就监察工作中存在的问题进行研究、探讨，经常就新中国成立后新建立起来的人民监察工作提出自己的建议和意见，有时还撰写成文发表在《人民监察》等刊物上。

因为在监察工作中的突出表现，甘祠森被任命为监察部第五监察司司长、监察部部长助理等职，为创建适合我国国情的人民监察制度作出了贡献。

甘祠森还担任了第二、三届全国政协委员、第三届全国人大代表、全国青联委员，曾多次担任中国青年代表团的代表，参加国际青年活动。

他在繁忙的工作中并没有放弃文学创作，创作了散文集《访问罗马尼亚》、诗集《第一颗星》等作品，希望通过散文、诗歌将自己的所见所闻所想记录下来。

新中国成立后，茅盾担任中华全国文学工作者协会（后改为中国作家协会）主席。他一直没有忘记自己曾为之作序的小说《暗流》，更没有忘记《暗流》的

1953年7月,甘祠森在罗马尼亚布加勒斯特

作者,亲自提笔写信给甘祠森,力邀其加入。甘祠森因而成为中国作家协会最早期的会员之一。

20世纪50年代后期,甘祠森离开监察部回到民革中央驻会工作,先后出任民革中央宣传部副部长、副秘书长,还担任过民革北京市委会副主委。他作风正派,从不搞小圈子,对工作任劳任怨,从不推卸责任,得到了领导和广大民革成员的信任和支持,为维护民革组织的团结做了大量深入细致的工作。

### 主要参考文献:

1. 甘祠森同志逝世三周年纪念专刊编辑小组、中国国民党革命委员会万县市委员会:《甘祠森同志逝世三周年纪念专刊》,1986年3月。

2. 杨灵芝编著:《甘祠森画传》,团结出版社,2014年版。

3. 东方旭:《南方局领导下的〈中国学生导报〉》,《文史月刊》,2003年第12期。

4. 邬鸣飞:《关于〈中国学生导报〉》,《新闻大学》,1982年第4期。

5. 文山:《茅盾与甘永柏》,《茅盾研究》(第二辑),文化艺术出版社,1984年版。

吴茂荪（1911—1984），安徽泾县人，1948年加入民革。中国人民政治协商会议第一届全体会议代表。中华人民共和国成立后，曾任中国人民保卫世界和平委员会副秘书长及常务理事、中国人民外交学会秘书长及副会长、中国对外文化协会理事、全国人大外事委员会副主任等职。民革第一届中央执行委员，第二届中央委员，第三、四届中央常委，第五届中央副主席，第六届中央副主席、执行局主任。第二、三届全国人大代表，第六届全国人大常委会委员。第二届全国政协委员，第五届全国政协常委。

# 吴茂荪
## 中国人民外交学会首任秘书长

新中国成立之初，我国外交方面面临的迫切任务是争取更多国家和人民的理解和支持。毛泽东、周恩来等老一辈革命家制定了"立足于人民、着眼于人民、寄希望于人民"的外交方针，通过创造性地开展"民间先行、以民促官"的人民外交实践，打破外交封锁，促进中外互信，争取国际支持，大大拓展了新中国的外交空间。1955年11月16日，中国人民外交学会同日本拥护宪法国民联合会代表大野幸一在北京中南海紫光阁签订了中国和日本之间的第一个民间协议。中国人民外交学会是周恩来亲自倡导成立并长期担任名誉会长的新中国第一个从事人民外交的机构。在这个签字仪式上，代表中国人民外交学会签字的，是学会的秘书长、新中国不可多得的外事人才、民革创始人之一吴茂荪。

### 在重庆积极参加进步活动

吴茂荪，祖籍安徽泾县茂林村。十岁的时候，随父母迁居南京，先后就读东南大学附小、金陵大学附属中学。1929年秋，以优异成绩免试进入金陵大学社会学系。

金陵大学的前身是南京汇文书院，是美国基督教会在中国创办的教会大学。学校对英语非常重视，"除去国文、中国经史等课程不能不用中文外，其他课程，

1955年11月16日，中国人民外交学会秘书长吴茂荪（右）和日本拥护宪法国民联合会秘书长大野幸一在中南海紫光阁签署中日联合公报

包括文娱活动，全部采用英文，连助教指导实验、运动场上运动员的口语、学生助威的啦啦队，也无例外"。吴茂荪在这里刻苦攻读，打下良好的英文功底。在时任金陵大学校长、著名教育家陈裕光影响下，吴茂荪更加忧国忧民、关注民生，并逐步走上了革命道路。

1937年7月，全面抗战爆发。吴茂荪毅然辞去在中央陆军军官学校的职务，到第七战区任战地政治委员会秘书。1937年底，吴茂荪带领一支由20多名平津流亡学生和进步青年组成的政治工作队，前往他的家乡，在距离泾县不远的歙县开展抗日宣传活动，并举办了两期青年救亡训练班。1938年2月，第七战区撤销，吴茂荪返回后方。训练班成员大部分留在皖南，有十余人到新四军军部工作，对促进皖南地区第二次国共合作产生了一定影响。

1938年8月，吴茂荪应王昆仑电召，前往战时陪都重庆。王昆仑安排吴茂荪任中苏文化协会资料组组长。中苏文化协会的主要活动是在中共领导下进行的，吴茂荪积极参与该会的活动，给人留下深刻印象。

1940年底，经同学杨德翘推荐，吴茂荪被国民党中央党部组织部部长朱家骅派到国民党重庆市党部工作。当时正值国民党重庆市党部改组，吴茂荪顺利当选市党部委员，又被委派担任组训处处长。他利用自己的这一身份，在公务活动中，积极宣传孙中山的三大政策，大讲民生主义，主张平抑物价，宣传团结抗战、民主救国的道理，由于注意站在基层党员立场说出一般公务员的苦闷，受到基层党员的欢迎。

1941年1月，皖南事变爆发。为团结国民党上层进步力量开展抗日民主活动，在中共中央南方局领导下，王昆仑、王炳南、许宝驹等发起成立中国民主大众同盟，一年后改名为中国民主革命同盟。由于该组织是秘密活动，其开会和活动一律不留记录，许多活动已鲜为人知。吴茂荪作为18个发起人之一，在其他半数以上发起人因种种原因先后离开重庆的情况下，一直坚守在重庆，直到抗战胜利，对中国民主革命同盟在重庆开展的许多活动都起了重要作用，得到周恩来和中共南方局的重视。

1941年9月，著名剧作家阳翰笙创作完成五幕历史剧《天国春秋》，以太平天国内讧导致失败的史实，来影射和批判国民党反动派发动的皖南事变。剧本送到国民党重庆市党部戏剧审查委员会，初审未获通过。吴茂荪知道情况后，据理力争："太平天国是孙中山先生肯定过的，孙中山生前说他领导的革命就是继承洪、杨革命，为什么不能演这个戏？"《天国春秋》终于得以在重庆公演，轰动了整个山城。多年后，阳翰笙还由衷地感激，"要不是茂荪同志参与当时剧本的审查，这个婴儿会被国民党反动派窒息而死；其他许多同志的婴儿也会被窒息而死"。

1943年春，中国民主革命同盟第一次全体盟员大会在重庆举行。吴茂荪当选为中央委员。同年8月，在中共南方局支持下，谭平山、王昆仑、陈铭枢等决定以民主同志座谈会为基础，筹组一个国民党民主派的正式组织。经过多次讨论，最后将该组织正式定名为三民主义同志联合会（简称"民联"）。吴茂荪积极参与了民联的筹建工作，并在1945年10月举行的民联第一次全体代表大会上当选为中央委员。

1945年5月，吴茂荪出席国民党第六次全国代表大会。在会议期间，他与王昆仑一起对国民党的独裁统治进行了揭露和批判。他在分组会上质问，国民党一向讲什么"党外无党，党内无派"，但在国民党内是否还有小组织存在？这一质问使掌握国民党组织实权的 CC 派分子很是狼狈。CC 派是国民党内的一个顽固反共派系，他们怀疑吴茂荪是共产党，就阴谋加以陷害，终因没有掌握到确实证据而作罢。但从此以后，吴茂荪在重庆市党部的处境更加艰难，不久就被撤销了组训处处长职务。

在重庆期间，为开展抗日民族统一战线工作，吴茂荪与多方面重要人物都有过接触，如在国民党内有于右任、邵力子、张治中、冯玉祥等，中共方面有周恩来、董必武、邓颖超、林伯渠等，在社会方面有陈叔通、黄炎培、沈钧儒、郭沫若等。

1945 年 9 月 2 日，中苏文化协会及各方民主人士举办晚宴，欢迎赴重庆谈判的毛泽东。吴茂荪出席宴会，并负责大会的组织和接待工作。9 月底，吴茂荪随朱家骅飞往上海，被委派到教育部上海青年失学就业辅导处工作。这时，由于中国民主革命同盟多数领导人不在上海，而是分散在南京等地，吴茂荪实际上担负起中国民主革命同盟在上海的组织领导工作。

## 在美国协助冯玉祥开展民主活动

1946 年 11 月，吴茂荪受朱家骅派遣，赴美国购置电化教育器材。1947 年 1 月，吴茂荪抵达纽约，进入哥伦比亚大学学习，并与赖亚力、唐明照、周步光等取得联系。5 月 26 日，冯玉祥在旧金山《世界时报》上发表《告同胞书》，谴责蒋介石对全国各地学生"反饥饿、反内战、反迫害"运动的残酷镇压。吴茂荪等即以快邮代电，敦请冯玉祥迁居纽约，领导反对美国援蒋打内战的"和平民主活动"。

10 月 9 日，冯玉祥到达纽约，吴茂荪即前往其下榻的旅馆晤面。在随后召开的记者会上，冯玉祥大声疾呼，抨击蒋介石独裁统治，反对美国援蒋打内战。10 日晚，在吴茂荪等人组织下，冯玉祥在哥伦比亚大学教职员俱乐部发表演讲，号召一切民主力量联合起来，促进和平民主胜利早日到来。纽约各大报刊都登载了冯玉祥的相关消息，很多标题为《基督将军讲蒋介石是希特勒第二》，在美国舆论界引起很大震动。

当时，以李济深为首的国民党民主派正在香港酝酿成立新的组织。冯玉祥与他们书信往来频繁，互相交换意见和看法。1947年11月9日，旅美中国和平民主联盟在纽约成立。冯玉祥任主席，吴茂荪被推举为秘书长。联盟先后在旧金山、华盛顿、明尼苏达等地建立了分部，很快成员就达到200多人。吴茂荪以其渊博的知识和对美国情况的熟悉，联合自己在知识界和政界的众多朋友，积极协助冯玉祥在美国开展反蒋工作，深得其信任，成为冯的得力助手。冯玉祥曾这样评价：茂荪同志是位杰出的爱祖国爱人民，不顾一切为革命奋斗，很有希望、了不起的人物；其组织能力强，团结群众很有办法，思想也进步，应该向他学习。

联盟成立后，即致函杜鲁门、马歇尔和美国国会，反对援蒋延续中国内战。冯玉祥还多次到各类华侨组织和其他场所进行各种形式的宣传活动。如到河北、山东、安徽、江苏4省华侨联合会进行演讲，到美国国会山演讲，并向美国各界及中国各地寄发反蒋宣言等。吴茂荪参与了这些活动的策划与组织。冯玉祥每次接见记者、对外演讲，吴茂荪都事先布置，并充当英文翻译。冯玉祥到纽约后的演讲词和对外文电等，多是由吴茂荪负责起草的。

1948年1月，民革在香港成立，冯玉祥当选中央政治委员会主任。随后，在吴茂荪等人协助下，冯玉祥组织成立民革驻美总分会，吴茂荪当选总分会中央委员。1月7日，蒋介石以"行为不检、言论荒谬""违反党纪、不听约束"为名，革除冯玉祥的国民党党籍。冯玉祥及联盟成员拟举行一系列反击活动，并议定由吴茂荪起草一封致蒋介石的公开信。2月8日，《纽约下午报》在显著位置刊登了这封公开信。该信历数了蒋介石的卖国罪行，揭露了蒋介石发动内战的罪恶，斥责了蒋介石腐败的特务统治，宣布对蒋介石攻击和反抗到底。该公开信在海内外引起强烈反响。

## 回国参与新政协筹备工作

1948年5月，吴茂荪作为冯玉祥的私人代表前往香港，参与民革的外事工作。吴茂荪积极参与反蒋民主运动，多次安排原桂系政要黄启汉拜见民革中央主席李济深，密商如何策动国民党桂系反蒋的问题。吴茂荪还与中共香港分局潘汉年、乔冠华等负责人取得联系，并作为香港《文汇报》的特约主笔，写过一些国际问题的社论。

这一年夏天，冯玉祥在绕道苏联回国途中，不幸在黑海遇难。吴茂荪异常悲痛，在《文汇报》上发表文章，回忆了在美国追随冯玉祥从事民主革命的历程。他指出：冯先生两年的留美奋斗，对于中国革命有着无比的贡献，在冯先生个人也是他平生最光辉的一页！同时，吴茂荪还坚决主张发表冯玉祥将军遗书，揭露美帝国主义挑拨冯玉祥将军与中共合作的阴谋。

1948年中共中央发出"五一口号"，提议召开没有反动分子参加的新政协会议，民革中央多次就新政协诸问题展开讨论，并推定陈此生、吴茂荪、林伦彦、梅龚彬4人分别起草新政协共同纲领、新政协实施办法、人民代表大会和民主联合政府组织法等文件草案，提供给有关方面进一步讨论参考。

11月18日、12月8日，李济深分别接受美国《纽约时报》和法新社记者采访，表达了坚持建立民主联合政府、不走"第三条道路"的原则立场。吴茂荪是李济深发言时的翻译。12月26日，在中共地下组织安排下，吴茂荪同李济深、朱蕴山等30余名民主人士从香港乘船北上，前往东北解放区参与新政协筹备工作。

1949年1月7日，吴茂荪等安全抵达大连。1月22日，李济深、沈钧儒、马叙伦、郭沫若等55位各民主党派和无党派代表联名发表《我们对于时局的意见》，明确表示：愿在中共领导下，献其绵薄，共策进行，以期中国人民民主革命之迅速成功，独立、自由、和平、幸福的新中国之早日实现。吴茂荪也名列其中，旗帜鲜明地表达了拥护中国共产党领导、把革命进行到底的政治立场。

2月25日，在林伯渠等陪同下，吴茂荪和李济深等35名民主党派和无党派代表人士乘专车前往北平。董必武、罗荣桓、薄一波等中共领导人及各界民主人士、团体代表计100余人前往车站迎接。吴茂荪被解放区欣欣向荣的气象所感染，"解放区的天，是明朗的天，解放区的人民好喜欢"，成为他当年最爱唱的歌曲。

从6月起，吴茂荪多次参加新政协筹备会议。9月7日，他在北京饭店聆听了周恩来所作《关于人民政协的几个问题》的报告，并参与了对《共同纲领》的讨论。9月17日，他参加了新政协筹备会第七次全体会议，同与会代表共同审议了《中国人民政治协商会议组织法草案》《中国人民政治协商会议共同纲领草案》《中华人民共和国中央人民政府组织法》。

9月21日至29日，中国人民政治协商会议第一届全体会议在北平举行。吴茂荪作为民联的正式代表出席会议。10月1日下午，吴茂荪出席开国大典。当年，他只有38岁。

## 新中国不可多得的外事人才

新中国成立后，吴茂荪把大量心血倾注在人民外交事业上。在周恩来提议下，他参与了中国人民外交学会的筹建工作，并曾多次担任周恩来外事活动的翻译工作。1949年12月15日，中国人民外交学会成立，吴茂荪被任命为秘书长，主持学会日常工作。在吴茂荪主持下，学会设立秘书、行政、联络3个科，具体负责外宾接待工作，较好地适应了工作需要。

学会成立初期，吴茂荪经常邀请外交部负责同志和对外使节来作报告，介绍我国的外交政策和国际形势。如姬鹏飞作关于德国问题的报告，郑振铎作访问印度尼西亚、巴基斯坦的报告，李初黎作关于日本大选问题的报告，英国大主教约翰逊、加拿大和平人士文幼章、印度大使潘尼迦等也受邀来作报告。这样的报告会，每个月都要举行一两次。听众除学会会员、工作人员外，还有外交部、外贸部、民主党派及工、青、妇等人民团体的同志，人数有时达七八百人之多。许多会员称"茂荪同志负责的这段时期，是外交学会工作最活跃的时期"。

当时，外交学会吸收了许多高级知识分子，包括一些旧中国的外交人员，从事编译研究工作。其中有的是原国民党高级外交官员，有的是大学教授或高级研究人员，但他们当时的职称和待遇都很低，有些甚至没有职称和名分。为了发挥这部分人的积极性，吴茂荪一再向外交部人事司要求作出适当调整。最终结合这些人的资历，根据翻译研究级别定职、定级、定薪，提高了他们的职称和待遇，

1950年11月，中国代表团参加世界和平大会第二届代表大会，席前立者为吴茂荪同志

使这些人士能够安心工作，在各自岗位上更好地发挥所长。

开展人民外交活动，是新中国成立初期外交学会的一项重要任务。当时外交学会通过非官方途径，同许多国家，特别是一些未建交国家广泛开展了人民外交，取得了一定成绩。吴茂荪曾亲自参与接待以前首相艾德礼为首的英国工党代表团、法国前总理富尔和孟戴斯·弗郎斯、日本社会党代表团，以及亚洲、西欧和美洲许多国家的代表团和政界人士。

1953年，国家典礼局邀集外交部礼宾司、人民外交学会和政务院机关事务管理局等有关单位，共同研讨汇编《接待外宾须知》单行本，编辑过程中，吸纳了吴茂荪提出的许多宝贵意见。当时，接待外宾主要在北京饭店，由于饭店职工对接待工作比较生疏，一时还难以胜任。吴茂荪便主动向政务院机关事务管理局写了一份建议，对加强饭店管理、提高服务质量、改进服务态度等拟定了一整套的具体办法，对改进外事接待起了很好的作用。

在外事工作中，吴茂荪既勤于学习、勇于任事，又谦虚谨慎、一丝不苟。他的工作作风以严谨、细密著称。在接待工作中，举凡外宾的日程和生活、宴会座次、赠送礼品，特别是中央领导同志接见的准备工作，他都是亲自抓。当年张奚

1952年12月吴茂荪（左一）与郭沫若（右二）等在维也纳世界和平大会上

若会长最常问的一句话就是：这事情是否经过茂荪的手？在工作紧张时，他长时间守在电话机旁，强调说高级领导考虑的是大政方针，我们应为领导分忧，保证具体问题不出纰漏。

从1950年起，吴茂荪长期担任中国人民保卫世界和平委员会副秘书长职务。曾多次随同宋庆龄、郭沫若等率团参加在华沙、维也纳、赫尔辛基等地举行的世界和平大会。他既是代表团内部事务的具体经管人，又是翻译和对外交流的发言人，很好地宣传了我国的外交政策，增强了与世界各国人民的友好关系。

**主要参考文献：**

1．民革中央宣传部编：《鼓浪集》，团结出版社，1989年版。

2．吴茂荪：《回忆皖南"七政"青年救亡训练班》，政协安徽省文史资料研究委员会编：《安徽文史资料》（第二十五辑），安徽人民出版社，1984年版。

3．崇庆余：《吴茂荪》，中共党史人物研究会编：《中共党史人物传》（第七十七卷），中国人民大学出版社，2017年版。

于振瀛（1901—1960），原名方单，字海澄，号振瀛，陕西镇坪人，1949年加入民革。中国人民政治协商会议第一届全体会议候补代表。中华人民共和国成立后，曾任政务院参事、中国人民保卫世界和平委员会联络部副部长等职。民革第二、三、四届中央常委。第一、二届全国人大代表。

# 于振瀛
## 在国民党内部从事情报工作的"立法委员"

1941年冬，于振瀛出任国民党抚恤委员会秘书，成功制造了朱家骅、三青团与CC系的长期对立。

1943年8月，于振瀛参与筹建民主派组织，团结国民党内外爱国民主力量。

1945年，民联成立。于振瀛任中央临时干事会干事，并于1946年5月建立了民联南京组织。

同一时期，于振瀛还以国民党"立法委员"的身份为掩护，持续从事坚持抗战、争取民主的各项活动。

……

从这一小段简短的大事记中，不难感受到于振瀛工作的特殊。一方面，他长期在国民党内担任要职，公务繁忙。另一方面，他以党内职务为掩护从事爱国民主活动和情报工作，还积极参与民主派组织的创建工作。其实，身体一直不好、吐血宿疾缠身的于振瀛，是无法承受如此繁重、危险的工作的。在此期间，他多次病倒，不得不返回陕西休养。那么，又是什么样的信念，支撑着他，鼓舞着他呢？回首于振瀛的一生，正是对真理的不断探寻与求索，支撑和鼓舞着他，为国家独立、民族解放、新中国的建立和发展，孜孜以求，默默奉献。

## 投身政治，培养青年革命力量

于振瀛父亲早年曾参加同盟会，母亲勤俭持家，教导年幼的于振瀛要简朴节约、吃苦耐劳。1921年，于振瀛来到北平学习，接触到了大量新思想，并于1923年考入国立医科大学，同年加入中国国民党，希望通过参与政治达到救国救民的目的。

1924年第一次国共合作期间，在李大钊的领导下，于振瀛参与了改组后的国民党北京市党部的筹备工作，次年当选北京市党部监察委员（即翠花胡同的国民党左派党部）。同年秋，于振瀛同郭春涛、邓飞黄、李诚之、李世军、延国符、廖维藩、王炳钧发起孙文主义大同盟，后来改名为中山主义大同盟，拥护孙中山的"三大政策"，反对西山会议派，积极团结国民党内的青年进步分子。于振瀛担任该盟的常委兼组织部部长。1926年底，中山主义大同盟被迫解散，于振瀛参加了李大钊同志领导的政治分会，初步接触到了无产阶级的革命理论。

四一二反革命政变爆发后，李大钊等二十名革命同志被秘密杀害，于振瀛也在这一时期被张作霖逮捕。他机智地使用了化名，免遭迫害，7月被当局释放。可是，刚刚出狱不久，侦缉队又开始到处搜捕他，于振瀛只得转入地下，计划秘密组织暴动。计划失败后，于振瀛的处境更加危险，被迫于10月转移到天津。

1928年，经丁惟汾介绍，于振瀛出任陕西省国民党指导委员兼训练部部长。这时的陕西刚刚经历过1927年的大暴动，宋哲元大肆搜捕参加革命的青年，陕西的革命形势十分严峻。为了推动陕西革命进程，于振瀛就任后，决定通过开办训练班这一形式，团结陕西的进步青年，培养革命干部，重燃陕西的革命热情。于振瀛邀请与他同去陕西工作的陆机、邓逸洲、张放、李尚、孟默开等三十位进步分子担任训练班教师，此外，还敦请何琪元前来任教。于振瀛开办的训练班包括党务训练班、短期训练班以及各县农民运动训练班等多种形式。在积极培养进步力量的同时，于振瀛还尽力保护革命者的安全。1928年底，宋哲元逮捕了一批中共党员，于振瀛得知后，四处活动、极力劝说，终于确保了这批中共党员免遭杀害，并全部被安全释放。

于振瀛在陕西的革命行为，引起了国民党政府的极度不满，1929年3月18日，国民党政府命令宋哲元以"反中央""反地方"和"引用共产党员"三大罪名将于振瀛逮捕，八十多位革命青年也同时被捕，各种训练班也都被强制解散。于振瀛在狱中被关押了两个月，几次险遭杀害，适逢蒋冯爆发新的军阀混战，于振瀛侥幸被释放。

## 研读马列主义著作，坚定革命信念

出狱后，于振瀛辗转到了北平、浙江等地，与曾经一起从事地下工作的工人干部重新取得联系。在与这些工人干部的接触中，于振瀛了解到，曾经一起参加革命的同志，现在的境遇都十分窘迫，这使于振瀛陷入了一阵迷茫：从事革命多年，但是人民群众仍然生活在水深火热之中，国民党的反动行径更使于振瀛对改造国民党感到绝望。为了求证自己的看法，为了寻找正确的革命道路，1929年冬，于振瀛毅然东渡日本，就读于早稻田大学。

1930年，应谭平山等人的邀请，于振瀛秘密返回上海组织农工民主党筹备委员会。他联系各地的知识分子，以上海为中心，在杭州、南京、武汉、陕西、北平等地开展活动。同年3月，于振瀛因病到日本休养。在养病期间，于振瀛潜心研读《国家与革命》等马列主义著作。

1931年秋，于振瀛去北平与鲁鸣三会面，经鲁鸣三介绍，于振瀛在上海结识了潘怡如，并听潘怡如讲《论反对派》一书，这使于振瀛进一步坚定了革命信念，明确了革命的具体方向，他坚信"除了跟马列主义的中国共产党走到底以外，再没有正确的道路"。

1932年，于振瀛返回日本继续学习。在日期间，他与秦元邦、陈建晨等人组织政治经济学会，该会主要研究政治经济学及唯物辩证法。在日本的三年时间，通过对马列主义的学习，以及对当时形势的分析，于振瀛明确了回国后的革命道路。

## 心向共产党，秘密开展情报工作

1935 年，于振瀛被电召回国。回国后，于振瀛被派往南京，在国民党内部从事情报工作。1936 年春，于振瀛出任国民党外交部条约委员，中国共产党专门派徐固仁同志与于振瀛联系，将于振瀛在国民党内部搜集到的情报资料，转交给组织。

1936 年 1 月，于振瀛北上做宋哲元的思想工作，劝说其抗日。通过于振瀛的努力，宋哲元拒绝执行蒋介石政府的黑名单，并下令将关押的进步教授及爱国学生两百余人释放。此后，于振瀛还阻止了宋哲元与日本签署防共协定，拒绝接受南京政府外交权统一的要求。于振瀛还经常在二十九军内做爱国主义教育及抵抗日本帝国主义侵略的宣传，对激发二十九军的抗日士气，起到了一定作用。

1936 年 9 月，于振瀛应宋哲元的邀请到冀察绥署宣传处任职，中国共产党仍派徐固仁及其夫人沈伊娜与于振瀛联系，并由徐固仁任于振瀛的机要秘书。于振瀛在宣传处内秘密设置了一个调查组，调查所得情报由徐固仁整理后送交上海的中共党组织。调查组派人秘密前往东北、热河、冀东、绥东等地，对当地日本帝国主义的军事动向进行调查。经过努力，调查组成功打入了日本在华北的特务机构，获取了日本帝国主义企图利用张慕陶组织的华北五省同盟，达到使华北五省脱离南京政府、投靠日本帝国主义的分裂行径，并将得到的特务机关的内部文件，刊发在当时的《解放》杂志上，破坏了日本帝国主义的阴谋。宣传处内还设立了一个研究机构，由李澄之、廖沫沙、朱洁夫等同志负责主持，对推动华北地区的抗日进程，激发二十九军的抗日热情和信心，起了促进作用。

此外，于振瀛还说服宋哲元撤回被派往太原与阎锡山联络的代表，再次粉碎了华北五省同盟的卖国阴谋。西安双十二事变发生后，于振瀛建议宋哲元通电主张和平，打碎了日本帝国主义挑拨国共两党内战和侵略华北的阴谋。

1937 年 4 月至 5 月，日本利用《何梅协定》中的条款，逼迫宋哲元签订出卖局部航空、铁路、矿山的卖国条约。在于振瀛的力劝下，宋哲元下令平津戒严，警备平津平绥铁路沿线。随后宋哲元暂避东陵，日本帝国主义失去了局部谈判的对象，只得转向南京政府，但阴谋没能得逞，又转而向北平西南的卢沟桥发动进攻，制造了震惊中外的七七事变。七七事变后，汉奸陈觉生将宋哲元接到天津，挑拨宋哲元与蒋介石的关系，逼迫宋哲元签订卖国条约。于振瀛冒着生命危险赶赴天津，将宋哲元接回北平。在于振瀛的影响和帮助下，宋哲元逐渐转变，走向了拒绝与日妥协、抗日救国的革命道路。随宋哲元回到北平后，于振瀛继续留在平汉、津浦前线，坚持抗日工作，直到部队败逃，才离开前线回到西安。

1937年底，于振瀛到西安与林伯渠会面，林伯渠亲自指示于振瀛"要团结国民党内的进步力量，形成国民党的左派，拥护全国的团结，坚持抗战到底，反对蒋介石的投降政策"，并调陈行健同志与于振瀛联系，进行抗日民族统一战线工作。

1938年初，于振瀛赴山西离石会晤续范亭、南汉宸，通过与他们的接触、交流，于振瀛对如何开展群众工作和组织游击战等问题，积累了丰富的经验和方法。同年春，通过潘怡如的介绍，于振瀛在武汉结识了董必武，并在董必武的指示下筹备陕西的抗日运动，进行各项游击战争的准备工作。直到同年9月胡宗南返回陕西，暗杀革命同志，破坏革命武装，封闭《西南》《大团结》等刊物，压迫民先、西青等青年团体，革命运动陷入了低潮。

1939年，于振瀛、陈建晨夫妇被陕西反动派的党政军联名通电控告为共产党员。即使在这样危险的情况下，于振瀛仍设法保护革命青年免遭国民党的迫害，并介绍这些革命青年参加抗日革命战线，声援续范亭、杨秀峰的抗日游击战。1939年春，于振瀛被调派到重庆，出任李济深所领导的战地党政委员会第二、第八战区指导员。6月前往陕、晋、绥等地视察。

1940年1月，于振瀛在晋西北与贺龙将军、关向应政委会面，商谈停止新旧军之间的冲突，巩固抗日民族统一战线的诸多事宜。同年夏，返回西安主持战地党政会西安办事处并于该年冬结束了在办事处的工作。

1941年冬，于振瀛前往重庆，出任国民党抚恤委员会的秘书。他利用国民党内部派系之间的分裂及摩擦，削弱国民党对外反动压迫的力度。1943年春，于振瀛被朱家骅派往新疆，任新疆党部委员，6月返回重庆。

1943年2月，在中共中央南方局的支持下，国民党民主派谭平山、王昆仑、陈铭枢、杨杰、郭春涛、朱蕴山等在重庆发起组织民主同志座谈会，以座谈时事的方式，联系和团结一些国民党上层人士，为民革的建立奠定了组织基础。同年8月，在座谈会的基础上，于振瀛、谭平山、陈铭枢、杨杰、朱蕴山、王昆仑、郭春涛、许宝驹、何公敢、甘祠森等十人组成了筹备小组，开展筹建组织的具体工作，将所建的组织定名为中国国民党民主同志联合会，后改名为三民主义同志联合会。1944年秋，于振瀛由于吐血宿疾复发，不得不返陕休养。1945年春回到重庆，继续从事抗战、争取民主等活动。

1945年10月10日，国共双方代表在重庆经过四十三天的谈判，正式签署了《政府与中共代表会谈纪要》，即《双十协定》。但是以蒋介石为首的国民党政府为了实行他的独裁统治，很快撕毁了《双十协定》，第二次国共合作宣告结束。

10月28日，三民主义同志联合会在重庆上清寺特园召开第一次全体会员大会，宣告三民主义同志联合会正式成立。于振瀛连同谭平山等十七人组成中央临时干事会。三民主义同志联合会积极参加了反对内战、争取和平民主的运动。1946年5月，于振瀛赶赴南京建立了民联南京组织。

此外，1941年夏，在周恩来、董必武和王若飞同志的关怀和领导下，王昆仑、许宝驹和王炳南等同志在重庆成立了中国民主革命同盟发起人会，即成立会。成立时起名为中国民族大众同盟，一年后改称中国民主革命同盟，简称"小民革"。1945年春，中国民主革命同盟在重庆举行了第一次全体盟员大会，于振瀛被推选为中央常委。

由于蒋介石撕毁《双十协定》，勾结美帝国主义破坏团结和平，发动内战，导致国民党内民主派的工作日益紧张，民联、小民革的中央秘密迁移到上海。民联处于中共的间接领导，小民革则在中共的直接领导下，继续积极开展工作。

小民革于1948年秋组织国内工作委员会，于振瀛任该会主席，在各地深入实地开展工作。从 1947 年到 1949 年，于振瀛按照潘汉年同志的指示，通过民联和小民革的组织，进行分化敌人、瓦解敌人、军事策反及搜集情报等各项工作。1947 年底，在周恩来的指示下，于振瀛参加伪立法院的选举，以便深入反动派内部，进行革命工作，并返回陕西筹划选举。

1947 年，于振瀛在西安时，曾设法营救杜斌丞、王菊人，可惜未能成功。1948 年，于振瀛由西安到北平，希望发展、加强小民革的地方组织，并建立民联组织在这两地的地下联系。通过于振瀛的努力，西安组成了袁伯扬的策反组织，在北平重建了民联的领导核心，并由李锡九、许宝驹、曹志麟、周范文、续式甫等同志负责，进行策反工作，后来他们还邀请邓宝珊来北平，鼓励、坚定傅作义将军的和平信念。

在南京，于振瀛连同刘仲容、刘仲华、谭惕吾等人，成功激化了桂系李宗仁同蒋系孙科之间竞选伪副总统的矛盾，并为小民革政治运动小组创造了活动条件。在伪立法院内，于振瀛与李任仁、谭惕吾、陈建晨等九人成立民联政治运动小组，一方面利用国民党的内部矛盾，促成立法院的派系纷争，另一方面联合进步分子，借伪立法院为讲台，揭露国民党反动派反人民的狰狞面目。

1948 年，民联号召各地同志积极促成并推动云南、湖南、福建、江西、四川各省伪参议会反"三征"的运动，以要求达到瓦解敌人、瘫痪敌人的作用。民联还派专人进行军事策反，派萧伯岩进行驻燕湖沿江二十八军的策反，派段绍浩在江西进行策反，派李兴中对刘汝明等部进行策反等运动，虽多遭失败，但对瓦解蒋介石的军心战意，发挥了一定的作用。新中国成立前，民联号召各大城市的组织，阻止反动派破坏城市、破坏武器，并保护城市内的各项物资和调查资料，筹备欢迎解放军的工作。

此外，民联还破坏了特务头子郑介民打入民主派内部的阴谋，保护了组织安全；了解美英帝国主义帮助蒋匪的反动情况；鼓励了抢购运动，以图破坏伪金圆券及要求和平欢迎解放等工作。

1949 年 4 月，受形势所迫，于振瀛逃往桂林，与李任仁同志计划两广的局部和平策反运动未成,又流亡到香港。在香港的两个多月时间里,于振瀛重新建立了华南、西南各省的民联组织,继续组织策反运动。

## 加入民革,投身新中国建设

1949 年,中国人民政治协商会议第一届全体会议召开前几天,于振瀛由香港返回北京,以民联候补代表的身份参加了中国人民政治协商会议第一次全体会议,任中华人民共和国政务院参事,1954 年被选为第一届全国人民代表大会代表。此外,于振瀛还出任中国人民保卫世界和平委员会联络部副部长等职。

1949 年 11 月 12 日至 16 日,在北京召开的中国国民党民主派第二次代表会议,决定将民革、民联、民促和国民党其他爱国民主分子统一成立一个组织,即中国国民党革命委员会,民联、民促同时宣告结束。同年底,于振瀛随董必武南下,参与接收国民党政权的工作。

1950 年 4 月,于振瀛任学习座谈会的学习干事会干事。学习座谈会是政协全国委员会组织各民主党派、各人民团体、政协全国委员会、中央人民政府和政务院五个方面高级人员学习政治理论的一种形式。学习座谈会学习的内容是马列主义理论和毛泽东思想。学习座谈会依据自愿原则,以自学为主,同时与小组

于振瀛

讨论和报告会相结合，在适当时间请专家作报告。1955年4月15日召开的政协第二届全国委员会常务委员会第五次会议决定，学习座谈会干事会改称学习委员会。

1952年10月12日，中国人民志愿军领导机关和中国人民第二届赴朝慰问团在志愿军领导机关所在地联合举行大会。时任中国人民抗美援朝总会全国委员会委员的于振瀛在会上宣读了抗美援朝总会给志愿军的慰问信，并且亲自将何香凝、李顺达、蔡廷锴、胡文秀、马寅初、邵力子、曲耀离、蒋光鼐、王贵英等人给志愿军的慰问信交给志愿军首长。

**主要参考文献：**

民革中央宣传部编：《中国国民党革命委员会的历史道路》，湖南人民出版社，1987年版。

毛翼虎（1914—2004），字觉人，浙江奉化人，1962年加入民革。中华人民共和国成立后，曾任杭州市人民法院审判员、宁波市政协副秘书长等职。民革第六届中央委员，第七、八届中央监察委员会常委。民革浙江省委会副主委，民革宁波市委会主委、名誉主委，民革奉化县委会主委。第六、七届全国政协委员。

# 毛翼虎
## 从台湾辗转返回的国民党"立法委员"

1942年农历十二月二十八,春节将至,浙江奉化山区大雪纷飞。就在这一天,战时奉化中学创办人毛翼虎得悉日本鬼子前来扫荡。作为校长,急于转移的师生需要他;作为丈夫,即将临产的妻子更是离不开他。毛翼虎分身乏术,只能请妻子到附近的山民家里去寄住几天,自己毅然带领全校师生转移到一个叫丁家坑的小山坳继续学习。哪知山民们得知鬼子来袭也都躲避到山上,可怜他的妻子无处寄住,只有踏着丈夫的足迹艰难上山,终因剧烈运动而在途中早产,幸被一路过山民发现,才得到救护,安全地产下儿子毛腾。

### 不一般的求学路

毛翼虎出身贫寒,但他学习刻苦,边放牛边完成小学学业。十五岁时,靠家中出售毛竹的收入,来到名扬两浙的春晖中学读初中。虽然如此,终因家庭无力负担,一年后不得不插班到宁波私立民强中学参加毕业考试。十六岁时,毛翼虎开始了教书生涯,因文名远播获上海宁波旅沪同乡会邀请,在同乡会第四公学主编校刊《晨曦》,并兼职在上海光华书局编辑《新儿童文库》。期间出版了《给新少年的信》《罗斯奇遇记》和《国王的花园》等少儿读物,出版了新诗集《摇

毛翼虎与家人早年合影

篮曲》,与常往投稿的第四公学女生徐珍擦出爱的火花,回乡辞掉父亲为他在家乡找定的官宦人家之女的婚约。

1935年,毛翼虎考入上海法学院,白天上学,晚上继续在光华书局兼职以维持生计。一天深夜,他从光华书局回学校,经过日本海军陆战队司令部时,被日本兵当作嫌疑犯抓了进去,第二天由教育长沈钧儒保释才得以出来。这一经历对年轻的毛翼虎刺激很大,他发起成立了抗日爱乡社团四明学会,并被选为主席,组织同学参与反日游行示威等活动。

一年后,毛翼虎以自学成才者的身份参加教育部举办的大学生甄别考试,成为上海持志大学法律系四年级学生,提前完成大学学业。1937年,毛翼虎在宁波创办正义律师事务所,不久就出版了《民法继承》《破产法讲话》等专著,他铁肩担道义,一时声誉鹊起,成为宁波享有盛名的大律师。

## 办战时奉化中学

全面抗战爆发后,宁波遭日军轰炸,毛翼虎的律师事务所被迫中断,以教书、受理律师业务、兼任宁波警察局长和鄞县县长俞济民的文字秘书等维持生计，期间编辑出版战时国文补充教材，以激发学生爱国激情，主编《宁波作者通讯》，走文化服务抗日之路。1940年，日军向宁波城内投放细菌弹，中国军民死伤惨重，毛翼虎兼任防疫处总务组调查统计股副股长。

1941年，宁波沦陷，沦陷区的中小学校全数解体。时任《奉化日报》社社长、奉化县政府主任秘书和奉化县地方行政干部训练所教育长的毛翼虎，眼看大批不愿做亡国奴的青年，从上海、宁波涌入尚未沦陷的奉化、宁海两县交界的山区，有的去重庆，有的去延安，有的因无力远行，彷徨歧途，无所适从。危难之际，本应重庆国民政府军事委员会机要室主任毛庆祥推荐去任机要秘书的毛翼虎，于1941年8月在奉化山区柏坑村王氏宗祠恢复奉化初中，成为当时宁波境内最早复校收容学生的一所学校。该校原来只设初中班级及附设简易师范科，但为照顾来自上海、宁波的高中生，办了两班高中、一班简师和六班初中，使奉化中学从初中成为完全中学。

战时办学，有太多困难。教师难找，毛翼虎把地方法院院长黄文彬及检察官陈庆粹等请来了，把留学哈佛名重当地的前清秀才王任安老先生请来了，把尚在病中的闻名两浙的画家方勃请来了……没有教材，毛翼虎组织老师编写，自己也编了一部《战时中学国文选》，由今文书店出版发行，为游击区和国统区学校广泛采用。毛翼虎还用洋蜡烛加工试制蜡纸、用镁煤与青油调制油墨的经验，向各学校推广，他们编印油印刊物《蓓蕾》，成立剧团、歌咏队，在农村教唱抗日救亡歌曲，轮流演出爱国剧目。当年的学生毛丁回忆这段经历时说，读书期间，自己绘制过布景，上台扮演过周朴园，学会了刻蜡纸，还经孙瑞老师的指导学会了给他人化妆。

为躲避日寇的骚扰，奉化中学于1943年8月迁至宁海县北乡里岙村，借用该村双枝庙、张氏宗祠等处为校舍。由于当时大多数中学生还是在沦陷区，汪伪汉奸组织也迅速在奉化城里办起伪"奉化中学"，毛翼虎通过办奉化中学分部的方式，把汪伪学校包围起来，与敌伪的奴化教育进行针锋相对的斗争。向来学风浓厚人才辈出的吴江泾，因沦陷回乡的人才可作师资，毛翼虎就在那里设立奉中

1945年1月,奉化中学全体教职员合影

忠义分部。后又根据师资及经费等条件,成立方桥分部、西坞分部、庙后周分部等。

汪伪政权迫使毛翼虎担任伪职,办伪奉化中学,毛翼虎以诗"丈夫气概冲斗牛,岂有明珠肯暗投;拼把头颅成一掷,看来胜作楚冠囚"加以拒绝。这可激怒了那些汉奸。1942年农历四月二十三,汉奸们策动一股土匪到毛翼虎老家放火杀人,烧掉了石门村一百多间房子,把毛翼虎家的新屋旧房烧得一干二净。

## 最年轻的立法委员

1945年日本宣布无条件投降,毛翼虎率奉化中学于同年8月迁回奉化城里,他把学校初步整理就绪后,物色了新的校长,于1946年辞去校长、《奉化日报》社社长、奉化县教育会会长等职务,回到宁波办起正义律师事务所,重操律师旧业。

当时国民党奉化县党部书记长是中统的 CC 系，县长是蒋经国亲信，各路地方势力都有深厚的背景。为缓解各派系在参议会竞选中的矛盾和对立，有关方面请在家乡有崇高德望、能被各方认可的毛翼虎再次出山，他被选为奉化县参议会副会长，又被指定为国民党奉化县党部书记长。

抗战胜利后，蒋介石为在政治上争取主动，表示国民党结束训政时期，还政于民，实行宪政。毛翼虎认为必须有一批新生的力量来改变国民党，促使国民党用新人行新政，决定参加立法院立法委员的竞选。毛翼虎参选的是浙江省第二选区，包括鄞县、镇海、慈溪、奉化、象山、定海、绍兴、萧山、上虞、余姚、嵊县、宁海、三门共十四个县，总共只有六个立法委员名额，加上奉化选区的唯一一个国大代表名额只能给蒋介石，选情之激烈，难以想象。

根据毛翼虎当时的资历，只获得候补立法委员的提名，由于战时办学赢得了青年学生的信任和家长的敬重，获得了强大的民意支持，三十四岁的他被民意推选为当时最年轻的立法委员。但好事多磨，国民党中央电令毛翼虎，要他把立法委员的资格退让给张肇元，做候补立法委员。张肇元是哥伦比亚大学的法学博士，立法院长孙科的同窗好友，曾任外交委员会委员长，本来就是一名资深的立法委员，他的候选资格是由国民党中央提名的。张肇元落选了，不是表明中央驾驭不了地方吗？为了维护中央的形象，也为了平衡各方势力，只有让毛翼虎这个小年轻让位。

对于国民党中央的决定，毛翼虎只有面对现实。但如果毛翼虎让位先例一开，其他高票当选的立法委员就有了后顾之忧，好多人是辞去原职才参选立法委员的，如汪少伦辞去了安徽省教育厅厅长，金绍先辞去了迪化市市长。为了避免竹篮打水一场空，新当选的立法委员们立即在南京发起成立民选立法委员联谊会，共同阻止毛翼虎的退让，毛翼虎终于成为立法院最年轻的立法委员，并担任法制委员会召集人。张肇元后被安排为立法院特任秘书长，享受部长级待遇。

## 立法院见闻的种种乱象

1948 年，毛翼虎以立法委员的身份来到南京立法院，目睹了国民党政权的种种乱象，如总统竞选、立法院长竞选、行政院长竞选等等。加上他所在的立法院所谓院外俱乐部乱象，可以说是光怪陆离。

据他回忆，当时各方势力都力邀立法委员参与到各自的阵营中，立法院内派系林立，影响较大的有CC组织的革新俱乐部，有朱家骅、黄埔系、三青团的新政俱乐部，政学系的民主自由社等，表明整个社会对国民党领导信心的缺失，以至于蒋介石也怕立法委员的质询，没有到过一次立法院，时常以总裁的身份召集立法委员中的国民党员在中央党部训话，邀立法委员请客，以掌控立法院。毛翼虎曾对人说，赴蒋介石的宴须先吃了点心再去，不然就会饿昏：早早地去等待，总裁夫妇总是姗姗来迟，听完总裁的训话才可开宴，蒋介石对立法院不满意，每次训话都是声色俱厉地批评，批评立法委员缺少党的纪律观念，批评立法委员中与自己的党撑兜风船者也大有人在，提醒肌体上的危机比任何外来力量更危险等。提倡新生活运动的蒋介石，批评完了只喝几口白开水，很快就放下筷子，总裁放下筷子意味着宴请结束，其他人只好饿肚子了。

毛翼虎意识到，这些乱象表明了国民党战斗力和凝聚力的下降，根本原因在于孙中山提倡的"天下为公""选贤与能"，退化为"天下为私""用人唯亲"了。他对国民党的信念动摇了，如他这样信念动摇的还不是少数。

## 冒险从台湾辗转返回家乡

> 南来孤雁客心惊，
> 归向家园学耦耕。
> 非是聪明能误我，
> 看来是我误聪明。

从毛翼虎的这首诗看，这时的毛翼虎对国民政府非常失望，对自己参选立法委员也心生悔意，面对去台湾还是留在大陆的人生抉择，他决定脱离国民党，更不想去台湾，只想"归向家园学耦耕"。

可是他担任立法委员是民选的结果，立法委员选举出来的政权才有理论上的合法性，蒋介石退踞台湾前要把所有立法委员都先送到台湾。立法院为此给每位立法委员准备了机票，在台湾安排了宿舍，上飞机前还发生活补助金。毛翼虎和同样不想去台湾的舟山立法委员岳树猷，却悄悄地返回到各自的家乡。

本想深居简出的毛翼虎，返乡后不得不应对各路官员，有的是礼节性的拜访，有的是接受上级的命令前来摸清他不去台湾的意图，有的前来说服他去舟山定海，当时浙江全省的国民党、政、军都迁到定海，他在宁波的家也被特务盯上了。距宁波解放还有一个月，毛翼虎不得不来到定海，先借住在岳树猷家，后在定海中学兼职，住在学校。期间，立法委员罗霞天、许蟠云分别从上海、香港来到定海，罗霞天不久去了台湾，许蟠云被当局怀疑为接受黄绍竑命令来策反毛翼虎、岳树猷起义，岳树猷等五人即遭秘密逮捕。岳树猷的夫人偷偷找到毛翼虎，说岳树猷受到严重刑罚而被屈打成招，后下落不明。毛翼虎因是蒋介石发妻毛福梅的同村族人，特务不清楚他与蒋介石到底是什么关系，只对他监视居住，又于1949年中秋前后将他送到了台湾。

毛翼虎到台湾后就住进了台北医院以减少与外界接触，一是想尽力营救好友岳树猷，二是谋划着怎样才能回到宁波。毛翼虎从两个方面起草了一则关于岳树猷的材料，一是"立法委员"若非现行犯，擅自逮捕违反"宪法"；二是若不能立即释放，也应立即解送台湾公开审判。他的材料征得了近四十名"立委"的签名，送往国民党浙江省当局。浙江有关方面当然知道逮捕"立委"是"违宪"的，如今"立法院"的公文来了，杀是不能杀了，放了又有后顾之忧，结果制造了一起"汽艇在向台湾驰行途中触礁沉没"的意外。满腔营救的好心却迎来了加速好友死亡的惨剧，令毛翼虎痛心不已。

以毛翼虎的"立委"身份，当时根本不可能公开返回大陆，就请他一个同村、同族、同年、中小学时又同班的好友毛尚贞设法帮他搞一张去定海的机票，说是有点私事要处理，顺便打听一下宁波的消息，再回台湾。毛尚贞当时是台湾国民党空军总司令部高级参谋，该部二处处长毛瀛初也是同村同族，搞张机票没有问题。毛翼虎回到定海后，继续在定海中学兼课以掩耳目，又通过关系把自己已返回定海的消息告诉给在宁波解放区的家人。

不久，他的妻子装扮成商人带着最幼小的孩子，由宁波来到定海，带来了共产党欢迎他留下来的信息。毛翼虎同他夫人一起，一边高调办理入台手续，一边暗暗准备逃离定海奔向宁波。1950年1月15日，毛翼虎和他的夫人避开守哨，乘上小舟，孤舟潜渡，回到宁波。当时心情以诗为证：

> 剑影刀光脱虎秦，孤舟潜渡夜惊频。
> 一身剩有青衿旧，两鬓徒增白发新。
> 此去为家更为国，从来忧道不忧贫。
> 风尘满面今何惜，耿耿丹心献赤恂。

## "耿耿丹心献赤恂"

对于逃离台湾的毛翼虎，台湾国民党以"叛党叛国分子"之名发出通缉令，一些奉化乡亲也认为国民党和蒋氏父子待毛翼虎不错，在这危难时刻逃离台湾是有负情理的。毛翼虎认为他所追求的是真理，要从国家民族的高度来看问题，为中华民族的繁荣富强而奋斗。毛翼虎在他的自传《梦幻尘影录》中有这样一段话：我一生中有过两次大的追求，从少时起到1948年任国民党立法院立法委员时止，是我追求大同世界的时期。那时我服膺的是孙中山的三民主义，追求的是《礼记》"天下为公""世界大同""选贤与能""老吾老以及人之老，幼吾幼以及人之幼"的理想，我对国民党曾经抱过希望，纵使在国民党已经腐败了的时候，还是用恨铁不成钢的心情，希望它用新人、行新政，我自己居然也挺身而出竞选立法委员，但当身临其境看到难以药救的情况，就对共产党产生了希望。我当时的想法是，共产主义社会不仅可与大同世界一样成为我追求的目标，而且更值得我舍身为之。因此，从1949年起，我自觉成为一个执着追求共产主义社会的人。

从定海回到宁波第二天，毛翼虎将定海的军政情况向宁波军分区作了汇报，还交给他们几封给定海朋友的介绍信，便于解放军解放定海时使用。定海解放后，蔡基义、印逸珍夫妇等谈及，定海解放时，解放军接收人员曾拿着毛翼虎的信去找他们，他们为此也尽了自己的一分力量。

毛翼虎确立了自己新的人生目标：得天下英才而教育之，亦是人生一大快事！他把办学作为自己后半生事业的想法写信告诉了邵力子、黄绍竑等好友，请他们介绍一个就近学习的机会，洗一洗自己的脑筋，跟上新社会的步伐，然后终生奉献教育。邵力子把毛翼虎推荐给中共上海市委统战部部长周而复，毛翼虎参加了华东革大政治研究院第一期学习。

政治研究院隶属于华东革大，舒同是革大校长，匡亚明任政治研究院院长，这个班办在苏州北寺塔边，学员主要是华东地区大学校长、教授，同学中有贡沛诚、吴醒耶、袁春霆、王敏文、江任、王远佩、陈裕光、汪静之、邹树文等等，毛翼虎还被民主选举为组长，组员有袁春霆、杭立、谢淡墨、王敏文、王远佩、李斐、王万得等十多人。中共中央华东局书记饶漱石和上海市市长陈毅也常来上课，几乎每星期一次；浙江大学校长马寅初等大学者都来作过报告。

抗美援朝开始后，毛翼虎等学员们主动提出要节约伙食费，以支援抗美援朝。匡亚明院长的回答是：像我这样从解放区苦干过来的人，生活上再苦一些，也能坚持。而你们这批高级知识分子，是经不起这样考验的，垮了身体，那是国家的损失。因此，节约伙食费一事，不可再议。短短数语，声情并出，毛翼虎知道此事后，深深体会到党和政府对知识分子那种无微不至的关怀，非常感动。

1951年1月，原本一年的政治研究院学习提前结束，毛翼虎到中共浙江省委统战部报到，暂时被派在浙江省政协担任临时秘书，具体参加各民主党派、无党派爱国人士及人民团体负责人的学习工作。后分配到杭州市人民法院，为民事庭办事员。

1952年初，毛翼虎被抽调到华东革大浙江分校学习，在"三反""五反"运动中，成为"反革命分子"，被押赴乔司劳改农场，劳动改造五年。

劳动改造期间，特别在冰天雪地的冬天，风如刀割疼痛难熬，毛翼虎全身心地了解了农民劳动之艰辛。一次，抢修钱塘堤坝，把劳改犯分成两列：一列是挑沙担石，填补缺口；一列是手拉手跳入缺口处，排成人桩，再用木板横在身

**毛翼虎的部分作品**

前,以阻止湍急的洪流。作为人桩的毛翼虎,被排空急浪冲走,他死死地抱住木板随浪起伏,也不知过了多久,被人救起,已是奄奄一息。经历这一劫后,毛翼虎决定要写部长篇小说,名字叫《再生》,试图通过叙述自己在劳动改造中的体验,来证明知识分子接受劳动改造的必要性。可惜由于种种原因,这部小说没有写成。

面对考验,毛翼虎始终坚信,乌云遮不住太阳,社会总是要向真、善、美方向迈进的。由于他的表现,劳改队安排他从事比较轻松的管理工作,毛翼虎就利用劳改空隙,学起了俄语。

1957年春节,看守所里要出墙报,指导员要毛翼虎写一篇感想,他如实地写了自己的思想实际,指导员看了很感动,经过面对面的交流后,指导员对毛翼虎说:"果真如您所述,您是不必进劳改队的。"表示要再作一次调查。1957年4月上旬,浙江省高级人民法院宣告,毛翼虎从台湾返回大陆系弃暗投明,事实清楚,原判引用条文错误,经核实,决定撤销原判,立刻释放。

晚年，毛翼虎以"文章报国书生志"自勉，决定尽己所能创作儿童文学，为祖国的未来提供些精神食粮，创作了很多优美的童话故事。

**主要参考文献：**

1. 毛翼虎自述：《梦幻尘影录——毛翼虎自述》，宁波出版社，1997年版。
2. 毛翼虎著：《天涯芳草庐剩稿——毛翼虎文集》，中国文联出版社，2003年版。
3. 民革宁波市委会、政协宁波诗社、宁波市台胞台属联谊会编：《天涯芳草——深切缅怀毛翼虎先生》，远方出版社，2005年版。

邓锡侯(1889—1964),字晋康,道号玉齐,四川南充人,1950年加入民革。中华人民共和国成立后,曾任西南军政委员会水利部委员兼部长、西南军政委员会副主席、四川省副省长等职。民革第三、四届中央委员。民革四川省委会第二、三届副主委。第一、二届全国人大代表。

# 邓锡侯
## 与刘文辉、潘文华联名起义的川军名将

抗日战争期间，有一支重要的军事力量不容小觑，那就是川军。从杨森率部参加淞沪会战、武汉会战，到邓锡侯率部参加太原会战、徐州会战，川军几乎无役不战，战功卓著，有"无川不成军"的美誉。特别是邓锡侯，不但敢打，而且多谋，抗战胜利后在川军中一直被视为领袖。

## 出川抗战，奋勇杀敌

邓锡侯出身贫寒，四岁丧父，八岁丧母，由舅母文氏抚养成人。幼时勤奋好学，深得私塾老师李铁樵喜欢。清廷在成都开办陆军小学堂，他报考被录取，毕业后升送南京陆军中学堂，后又升送保定陆军军官学校。辛亥革命前夕，回川参加新军，在第十七镇六十五标当教练官和帮带。民国建立后，在川军第四师刘存厚部任职。

1915年，邓锡侯在刘存厚部任营长。这时，护国军总司令蔡锷从云南起兵反袁入川，刘存厚在川南响应蔡锷，同北洋军曹锟、张敬尧等部作战。泸（州）纳（溪）战役时，邓锡侯奉命守马鞍山，身先士卒，作战勇敢，屡败敌军，受到蔡锷当面嘉奖。在此期间，朱德率部随蔡军回到四川，两人志趣相投，十分要好。

邓锡侯（左二）与孙科（左一）等人合影

反袁斗争结束后，邓锡侯升任川军第二师舒云衢旅第五团团长，驻防成都北校场。1918年，升任独立第五旅旅长，驻防眉山、彭山、仁寿一带。1920年又升任第三师师长，驻防新都、广汉一带。1927年，他被任命为国民革命军第二十八军军长，成为四川地方实力派代表人物之一。

全面抗战爆发，外侮当前，邓锡侯寝食难安，怀着一腔爱国热忱与川军将领刘湘、李家钰、杨森、孙震等先后通电，向蒋介石请求率部出川抗日。蒋介石任命刘湘为第二预备军总司令，邓锡侯为副总司令兼第一纵队司令，不久改任第二十二集团军总司令，孙震为副总司令，亲率第四十一、四十五、四十七军三个军由北路出川抗日。

1937年9月5日，四川举行约万人参加的各界民众欢送出川抗敌将士大会。邓锡侯慷慨陈词："川军出川抗战，战而胜，凯旋而归；战如不胜，决心裹尸以还！"军民闻之振奋不已，掌声雷动。邓锡侯还说："我们是踏着先烈们的血迹前进的，后方的人民，要勇敢地踏着我们的血迹而来。前赴后继，一定能

身着戎装的邓锡侯

战胜敌人！"出川临行前，邓锡侯语气坚定地对夫人田德明说："这回是去打日本人，不打倒它，大家都不安宁！"田夫人不解地问："你又何必亲自去呢？"邓锡侯愤然斥责："我是总司令，不亲自上前线，何以对国人，对士兵，对川中父老？"

邓锡侯率部沿川陕公路出发，一个月急行军抵达宝鸡，转乘火车抵西安。此时娘子关告急，蒋介石电令邓锡侯赶赴前线。邓立即率部开赴陕西潼关，从风陵渡渡过黄河直达前线。10月，日军越过娘子关，进犯平定、阳泉，寿阳告急。邓部奉命驰援晋东。由于装备简劣，在寿阳、阳泉一带与装备精良的日军拼死搏斗，伤亡惨重，退至榆次。11月，由于阎锡山撤退未通知，邓锡侯在山西前线太原附近的南畔村，陷入日军重围。突围时，邓锡侯坠马跌入深沟，烂泥齐胸，三个士兵跳入沟内将他救起，由士兵和副官背着冲出重围，后经卫队和八路军游击队掩护才脱险，一路上历尽艰险，只能靠吃喂军马的胡豆充饥。

邓锡侯脱险后，奉命在山西洪洞县整顿部队，总部设在该县同心花店，恰好八路军总部也在附近。邓锡侯与朱德沙场重逢，相见甚欢，他多次请朱德给

邓锡侯（左）与刘湘（中）

二十二集团军团级以上军官讲游击战术，向官兵训话，使川军将士大受启发，增强了抗日杀敌的信心。邓锡侯的川军与朱德的八路军还经常开展联欢活动，当时丁玲曾率领西北女子战地服务团为川军演出节目，两军其乐融融。事后，邓锡侯奉命调往鲁南参加保卫徐州和台儿庄战役，临行时朱德赠他一匹战马，以示永不下马，抗日到底。

1937年，日军占领南京、济南，徐州告急。邓锡侯奉命驰赴鲁南。在李宗仁指挥下，邓部从徐州沿津浦铁路北上兖州设防。邓锡侯以第四十一军防守津浦铁路沿线各要点，令第一一二师王铭章部守滕县，以第四十五军一二五师从界河前进，阻敌于泗水以北，徐州局势暂缓。滕县一战，师长王铭章壮烈牺牲，川军损失惨重，掩护了国军主力迅速集结到位。

1938年1月，川军另一重要将领第七战区司令长官刘湘病逝，蒋介石将邓锡侯调回四川，任命其为川康绥靖公署主任。而绥署文武官员多是刘湘旧部，因担心不公反邓继任。为了稳定后方民心同时安抚前方军心，邓锡侯深明大义，公开表示以"公、诚、信、和"四字为准则一视同仁，并召集原绥署处长以上官员训话说："蒋委员长调我回川续任绥署主任，是为了团结川康军民，安定后方，征兵征粮，支援前线。因为抗日战争是关系民族存亡的大事，绝不能为了争权夺利，影响抗战。原绥署处级以上官员一律不变动，照常供职，我只派一个参谋长和各处几个副职人员协助工作。望大家安心工作，实现安定后方、支援前线的共同愿望。"邓锡侯言而有信，善待刘湘部属，既树立了威信，也安定了人心，对巩固后方作出了贡献。

## 消极"剿共"，以诚相交

邓锡侯与朱德等人私交甚好，与共产党的军队也是不打不相识，亦敌亦友。

新中国成立前，川军各派军阀间经常为争权夺势相互开战，邓锡侯也深陷其中。1932年秋，发生二刘（刘湘、刘文辉）之战。而此时，徐向前领导的中国工农红军第四方面军解放了川北通江、南江、巴中、宣汉、达县等地，建立了川陕革命根据地。蒋介石一面遣胡宗南部进驻川陕边境阻止红军北上，一面委派刘湘就任四川"剿总"军总司令，统一指挥川军。邓锡侯任第一路军总指挥，率部"进剿"川北苏区。表面上，邓锡侯表示"愿效驱策"，"牺牲一切在所不辞"，暗中却以轮换为名不把全部力量投入前线，只遣陈书农任前敌总指挥，自己坐镇绵阳督师，消极"剿共"。

1934年6月，邓锡侯奉命进攻通江，进抵小通河沿岸与红军对峙。8月，红四方面军在万源击溃刘湘主力，迅即挥师西向。邓锡侯部前线军官临阵怯战，指挥无方而自乱阵脚，损失惨重，只好到广元整顿残部，不久部队番号改为国民革命军第四十五军。1935年3月，红四方面军主力西渡嘉陵江，向川西北方向转移。邓锡侯令其前敌总指挥陈离率部在剑门关堵截，结果一个团被红军歼灭。邓锡侯只好命杨晒轩据守江油、中坝、梓潼一带。当红军西进茂县、汶川时，邓锡侯又命四个团在松潘茂县地域设防，结果又被红军击溃。

1935年6月，毛泽东、朱德率红一方面军飞夺泸定桥后，又迅速攻占天全、宝兴，欲与在理县、茂县的红四方面军会师。邓锡侯此时奉命率部企图从后山侧击抵达宝兴的红军。途中，他接到了朱德和刘伯承的一封信。信中说："党中央、毛主席号召，国难当前，应停止内战，一致抗日。红军北上抗日，如兄部愿来，我们欢迎，如有困难，暂时不来，希望互不干扰……"邓锡侯念与朱德故交，红军抗日又是义举，遂以民族大义为重，一方面按照信中要求给红军让路，另一方面又不违逆"剿总"命令，只是令黄隐、李树骅部队跟踪红军，始终与红军保持一天的行程距离，时不时还装模作样地开枪放炮以掩人耳目，好向蒋介石交差。就这样，一直尾随护送红一方面军离开宝兴，翻越夹金山。

除与朱德是老朋友，邓锡侯还与其他中共领导人来往密切。1937年，邓锡侯率军刚抵山西前线，连山西军用作战地图都没有，正当一筹莫展时，周恩来亲自带来了从平型关缴获的日本军用地图送给他，使他大为感动，从此邓锡侯对周恩来敬重有加。抗战期间，周恩来有一次路过四川，他命人以私人客人身份送周一程，以保安全。1938年，中共中央代表董必武、林伯渠、陈绍禹路过成都，特地看望邓锡侯。邓锡侯在庆云西街公馆内接见并宴请了他们，谈话从下午直到傍晚，晚饭后又谈至九点多方散；第二天，还专门把他们安置在沙利文饭店，食宿全包。

## 识大局，彭县起义

1949年10月1日，中华人民共和国成立。蒋介石不甘失败，坐镇重庆调动有限的兵力作最后的挣扎。蒋介石为了安抚和利用邓锡侯，授予他"西南军政长官公署副主任"职务。虽然领受职务，但是邓锡侯对时局洞若观火，何去何从已了然于胸。

其实渡江战役以后，国内形势日益明朗，川康实力派们开始谋划未来。国民党西康省主席刘文辉先派杨家桢到成都与邓锡侯商谈筹划川康起义事宜，后来则直接与邓锡侯会面，并担任联络中共、准备起义的负责人。

1949年8月，邓锡侯部九十五军军长黄隐的侄儿黄实受刘伯承委托从南京赴川做邓部起义工作。黄实见到邓锡侯以后，表明自己是受刘伯承、邓小平委派，希望邓锡侯相机起义。邓即表示同意，但考虑到自己和红军有过交战而心存顾忌，黄再三解释，邓还未完全打消疑虑。9月，二野又派周超通过黄隐向邓锡侯提出三条建议："1. 在解放军入川前起义；2. 解放军入川后起义；3. 若前两项都办不到，就保证在解放军入川时不和解放军打仗，并保证成都附近地区的工厂、仓库及人民生命的安全。"周超还带来与二野通电报的呼号和密码。这样，中共与邓锡侯的直接联络途径正式建立。

就在这时，川东、川西及川康的地下党，民革、民盟和无党派民主人士等都先后做邓锡侯的说服、开导工作，表示既往不咎，希望他在关键时刻为人民立功。与此同时，刘文辉和国民党西南军政长官公署副长官潘文华也接到周恩来电示，

邓锡侯讲话

希望他们团结川军将领，积极配合四川解放。此举打消了邓锡侯的顾虑，决定和刘文辉、潘文华共同起义。12月7日，邓锡侯命令所部国民党九十五军各部移至彭县周边准备起义。

12月9日，刘文辉、邓锡侯、潘文华经过反复商议，决定由雅安的电台发布刘文辉起草好的通电，宣布起义。电文写道："文辉、锡侯、文华等于过去数年间，虽未能及时团结军民，配合人民解放战争，然亡羊补牢，古有明训，昨非今是，贤者所谅。兹自即日起率领所属宣布与蒋、李、阎、白反动集团断绝关系，竭诚服从中央人民政府毛主席、朱总司令与中国人民解放军第二野战军刘司令员、邓政治委员之领导。"电文发出后，二十四军刘元瑄、刘元琮、伍培英部以及邓锡侯、潘文华的黄隐、潘清洲部等也相继发出通电，宣布起义。

这时，刘文辉、潘文华卧病在床，邓锡侯便主动担负起义的组织指挥工作。他命令所属部队紧急动员，择要设防，对国民党军胡宗南部采取临战态势，以配合解放军歼灭敌人。12月30日，邓锡侯等起义将领和成都市人民群众一起，迎接人民解放军胜利入城。

四川解放后，邓锡侯先被任命为西南军政委员会委员兼水利部部长，后任西南军政委员会副主席。1952年后，西南军政委员会和川西、川东、川南、川北四个行署区裁撤，恢复四川省的建制，邓锡侯被任命为四川省人民政府副省长。

1954年后，邓锡侯当选第一、二、三届全国人民代表大会代表，国防委员会委员。1955年加入民革后，邓又任民革中央委员、民革四川省委会副主委等职。

**主要参考文献：**

1. 沈晓昭、韩淑芳编：《热血山河将领讲述：川军抗战》，中国文史出版社，2018年版。

2. 杨泽本：《朱德与邓锡侯的友谊》，《四川统一战线》，2006年第8期。

卢郁文（1900—1968），原名光润，字玉温，河北卢龙人，1949年加入民革。中国人民政治协商会议第一届全体会议代表。中华人民共和国成立后，曾任政务院参事、国务院副秘书长、全国政协副秘书长等职。民革第二届中央候补委员，第三届中央委员，第四届中央常委。第二届全国人大代表。第二届全国政协委员，第三、四届全国政协常委。

# 卢郁文

## 国民党北平和谈代表团秘书长

**勤苦就学，欧洲留学**

1900年12月10日，卢郁文出生于河北卢龙县木井镇卢柏各庄。1918年，卢郁文以第一名的成绩从永平府中学堂毕业，此时，有两条出路摆在他面前：一是到自家开的济生堂药铺管账，二是继续升学。卢郁文志在升学，于是报考了免学费的北京高等师范学校，主修英语专业。

大一时，老师用英语讲《鲁滨孙漂流记》，卢郁文听不懂，被叫起来答问也不知所云，老师无奈地叹了口气说：Poorman（可怜的人）。于是，卢郁文下决心要把专业赶上去，他把课余时间都用上，课前查字典，把生词在书页上标注出来，课后再和同学对笔记。如此坚持不懈，卢郁文学习进步很快，从第二学期起，就在班上考第一名，直到毕业。卢郁文上学时仅有一件士林布长衫，穿脏了只能课后洗，睡觉时干不了，就用两只手拎着在宿舍门前来回跑，直到基本上吹干第二天能穿了为止。

1922年，卢郁文从北京高等师范学校毕业。当时学校规定，成绩前三名者可以留校担任助教或者到附属中学担任英语教师，卢郁文选择了后者。在附属中学任教的四年里，中国大地的革命浪潮汹涌澎湃。当时，国民党正处于新生阶段，

北京高等师范学校图书馆

许多知识青年心向往之。1925 年,卢郁文在北京加入了国民党。

1926 年夏,卢郁文经国民党北京市党部的安排,到湖南投奔北伐的国民革命军,在蔡廷锴部任政治部宣传科上校科长。北伐军沿粤汉线北进,连克衡阳、株洲、长沙、岳阳,1927 年初打到了武汉。这时,国内形势发生了剧烈动荡,蒋介石、许克祥先后在上海、长沙发动了以"清共"为目的的政变,其后,汪精卫在武汉公开与蒋介石携手反共,中国革命转入了低潮。卢郁文当时还没有接受共产主义思想,也没有与共产党有过密切接触,对局势十分迷茫。于是,卢郁文离开了北伐军,到江苏滨海创办东海中学,自己担任教务主任。河北的国民党组织属于国民党内部有反蒋倾向的"新中"派,他们得知北伐军中有一批流浪在外没有跟蒋走的国民党党员,于是便召他们到河北省政府任职,卢郁文在教育厅担任第一科科长。

1929 年,南京国民政府选送一批有大学学历的国民党党员去欧洲留学。卢郁文担心陷入派系之争,决定放弃公费留学,转而向朋友借了八千元,自费去英国伦敦政治经济学院攻读经济学硕士学位。在伦敦,卢郁文住在一个工人家里,生活极其拮据。在英留学期间,卢郁文深感个人的尊严与祖国的强弱是直接关联的,走在伦敦的大街上,人们常对中国人投以蔑视的目光,被误认为日本人时反被尊敬三分。1931 年，卢郁文回国后在北平师范大学、北京大学等学校教授经济学。

## 投身抗日，反对内战

1937 年卢沟桥事变爆发，北平沦陷，卢郁文化装成商人，奔赴南京。卢郁文决定弃教从政、投身抗日，这是他人生的一个转折点。

到了南京后，卢郁文任国民政府行政院编审，从事政治经济法规条令的起草与编纂工作。南京陷落前，他随国民政府西迁武汉、重庆，先后担任军事委员会工矿调整处主任秘书、全国粮食管理委员会主任秘书等职。

1942 年，卢郁文调任河南省粮政局局长。当时的河南正值水灾、旱灾、蝗灾肆虐，而且又处于几个战区的交会点，汤恩伯、蒋鼎文、李宗仁等人是各个战区的长官。各个战区都要跟河南省粮政局要军粮，可此时哪还有粮食，但军方却不管这些。

为此，汤恩伯于 1942 年秋专门在洛阳宴请战区和河南省的军政要员。宴会甫始，汤恩伯就公开宣称，"今天我请客，是为了向卢局长要粮食"，向卢郁文施加压力。卢郁文向省政府提出并实行了按田亩征收军粮的办法，引起地方乡绅的强烈反对，他们甚至联名控告卢郁文。

1944 年初，卢郁文到重庆，改任国家总动员委员会物资处处长，后又奉蒋介石的命令调任新疆，目的是整顿新疆的财政、金融和田赋。卢郁文到新疆后，担任省政府委员，身兼财政厅厅长、田赋粮食管理处处长和新疆银行董事长等职，与后来担任新疆省政府主席的张治中结下了深厚的友谊。卢郁文在新疆期间，家乡传来消息，母亲在日军的"扫荡"中被杀。卢郁文极其孝顺，闻此噩耗，悲恸欲绝，几天不思饮食。

1945 年，抗日战争胜利，卢郁文认为自己已经实现了参政的初衷，决定辞职返回南京。张治中多方挽留未成，临行时让卢郁文带上一封他写给蒋介石的亲笔信，在信中，张治中称赞卢郁文"品学兼优，堪以重任"。蒋介石见到卢郁文

卢郁文夫妇与女儿卢存心及外孙、外孙女于20世纪50年代的合影

后,提出让他担任西北经济委员会或东北经济委员会的主任,卢郁文因不愿参与内战而一一婉拒。此后,卢郁文找到资源委员会委员长钱昌照,谋得参事职务。

1947年,卢郁文当选立法委员。1948年下半年,卢郁文上书蒋介石,敦促国民党当局停止内战,反对成立"戡乱委员会"。此外,他还同钱昌照、孙越崎等人策划拖延和阻挠蒋介石把资源委员会下属工厂矿山设备拆运至台湾。他的这些行动,引起了特务的注意。

有一次,卢郁文和另一位立法委员李峰乘坐汽车外出,在发现被特务盯上后,卢郁文立即命令司机把车开到京沪警备司令部,假装拜访司令汤恩伯。汤恩伯问他们主张立法院是留还是迁,他们毫不遮掩地说主张留。汤恩伯问为什么,他们说:"有汤司令在这里保卫南京和上海,我们还怕什么?"汤恩伯听后哈哈大笑。从司令部出来,汤恩伯送他们到门口,卢郁文和李峰上车时发现跟踪的车已经不见了,两人互视微笑,机智脱险。

有了这次教训,卢郁文以后的行动格外小心,曾专门到印度驻华大使馆拜会大使梅农,提出紧急时刻到大使馆避难的请求。由于梅农也在英国受过教育,两人有共同语言,而且梅农也主张中国停止内战,于是欣然同意。

## 担任国民党北平和谈代表团秘书长

1949年元旦，蒋介石发表文告，呼吁和平，声明"对个人进退无所萦怀"。卢郁文看得清楚，"希望这一文告是诚意求和而不是于军事失利之后的政治攻势。如其是政治攻势，则不但和平无望，即军事亦必垮得更要快些"。蒋介石宣布下野，李宗仁代理总统，派出了以张治中为首席代表的和平谈判代表团于1949年4月1日赴北平谈判。

卢郁文是代表团的秘书长，于3月31日率秘书、报务员、通航代表、通邮代表等九人先期抵达北平。行前，卢郁文请示李宗仁，李宗仁说了两个字"忍耐"，卢郁文回劝了一句"除和平之外别无出路"。上飞机前，女儿卢存心抱着一岁多的外孙去送行，咿呀学语的外孙问外祖父带什么礼物回来，卢郁文说带"和平"回来，这个回答足以说明卢郁文当时的心境。

谈判过程中，解放军渡江问题是双方关注的焦点。卢郁文参与起草了《国内和平协定草案（修正案）》，他的意见是原则上必须同意解放军渡江，他说："如不同意解放军渡江，岂不是但凭代表团三寸不烂之舌即可'划江而治'形成南北朝局面？但渡江的时间、地点和军队的数量方面可以商量分期分批。"南京代表团同意卢郁文以个人名义提出此建议，供中共研究。

和谈期间，为了使双方意见趋于一致，也为了融洽关系、争取人心，毛泽东分批接见了南京代表团的代表、顾问和秘书长。

4月11日，毛泽东在香山双清别墅接见了卢郁文和和谈代表、教育家李蒸。毛泽东说，人民的要求我们最了解，中国老百姓不希望打仗，我们也不愿意打仗，是没有办法才打的，希望大家共同努力，促成和平这一天早日来临。在谈及今后中国的建设问题时，毛泽东说，中国的经济是落后的，但中国人民是勤劳勇敢的，以前和日本和蒋介石打了这么多年仗，将来要搞国家建设，我们必须广纳贤才。二位是学经济、学教育的，将来国家的建设，就要发展经济和教育。毛泽东还询问有什么人可以参加共同建设，卢郁文提到卢作孚、李书田、于永滋、石树德等

卢郁文（后排右五）参加宪法草案座谈会时合影

人。此次接见持续了三个多小时并共进午餐，卢郁文被毛泽东的远见卓识和谦虚坦诚所折服。

4月16日，黄绍竑、屈武带着双方达成的协定乘飞机回南京。卢郁文为促成此事，写了一封信给立法院院长童冠贤，简述谈判经过、中共诚意和代表团的见闻感受，希望童冠贤能在立法院争取舆论，敦促政府签字。可惜4月20日晚，南京代表团收到的却是拒绝签字的电报，和平幻想破灭了。

4月21日，毛泽东和朱德下令"向全国进军"。4月22日晚十一点，南京代表团向中共接洽翌日返回。周恩来于半夜十二点前往饭店诚恳挽留，他先找张治中、邵力子、章士钊谈，后又找卢郁文谈，直到凌晨三点才辞去，卢郁文对此大受感动。

4月24日下午一点，南京派来的飞机到达北平机场，并要求代表团乘此机返回。代表们则共同签署了一封复信，说明中共挽留甚挚，暂不回去。有两位秘书曾有意随机返回，经卢郁文的劝说，也打消了返回的念头。代表团成员就这样全体留在了北平。

5月13日，卢郁文返回已经解放的南京后，即与李蒸共同去上海，与主张相同、相知甚深的立委葛敬恩、欧元怀、孟云桥等人聚晤，商谈劝说李宗仁等事项。8月7日，卢郁文收到张治中来信，内容是中共同意卢郁文参加新政协，后又接到了正式邀请。9月初，经南京军管会交际处联系安排，卢郁文偕父亲、妻子迁往北平，刘伯承、柯庆施等人到车站迎接。

1949年12月，卢郁文加入民革，他积极参政议政，帮助处理国家大事。在政务院工作期间，卢郁文勤恳缜密、孜孜不倦，以饱满的热情和旺盛的斗志，认真学习、宣传中共的方针政策，为社会主义建设呕心沥血，还代表国务院主持了洛阳拖拉机厂开工典礼等重大活动。

## 主要参考文献：

1．王英春：《毛泽东与卢郁文》，《党史博采》，2004年第1期。

2．张富祥、王英春：《国共北平和谈中的卢郁文》，《前进论坛》，1996年第12期。

3．卢存学：《卢郁文在1949年北平和谈中》，《团结》，2004年第5期。

4．吴冷西著：《忆毛主席——我亲身经历的若干重大历史事件片断》，新华出版社，1995年版。

5．全国政协文史和学习委员会编：《新中国往事——风雨历程》，中国文史出版社，2011年版。

6．杨奎松著：《抗战前后国共谈判实录》（修订版），新星出版社，2013年版。

7．中共河北省委党史研究室编著：《毛泽东与河北》，中央文献出版社，2015年版。

宁武（1885—1975），原名良志，曾用名孟言、梦岩，辽宁海城人，1951年加入民革。中国人民政治协商会议第一届全体会议代表。中华人民共和国成立后，曾任辽宁省副省长等职。民革第二、三、四届中央常委。民革北京分部召集人，民革北京市委会主委，民革东北临工会总负责人，民革辽宁省委会主委。第一、二、三届全国人大代表。第一、二、三届全国政协委员。

# 宁 武
## 为上海解放作出贡献的辛亥元老

1949年5月下旬，解放大上海的最后激战在苏州河畔打响。由于国民党守军顽抗，战事相当激烈。一位东北籍老者得知解放军在四川路桥遇阻的消息，当即派自己的女婿冒着生命危险上桥，指名道姓地喊话，向守军中东北籍的军官宣传政策，晓以利害，指明出路。在有针对性的政治攻势面前，对岸国民党部队军心动摇，宣布停火，放下武器，加速了上海解放的进程。

这位老者便是参加过辛亥革命的辽宁爱国志士宁武。上海解放过程中，宁武与各界爱国进步人士广为联系，对国民党将领进行策反工作，成为他毕生追求革命进步的一段代表性经历。

## 东北民主革命的先驱

宁武的家乡海城，地处辽南地区。这里是中日甲午战争、沙俄庚子入侵和日俄战争的主战场，也是张作霖的家乡。帝国主义列强的疯狂侵略，清朝政府昏庸腐败的苦难现实，在他幼小的心灵中留下了难以磨灭的印象。少年时，宁武曾被沙俄军队掠去做苦役，这段遭遇使他切身感受到帝国主义的压迫，较早地萌发了反帝爱国思想，立志"做一个有骨气的中国人"。

内忧外患的国情，使这位农家子弟产生了朴素的救国救民愿望。受孙中山的影响，更为他的爱国思想增添了革命色彩。1907年，二十二岁的宁武进入沈阳的盛京施医院读书。就读期间，他不断接触新事物、新思想，反清救亡意志愈加坚定。一天，他偶然在英国人办的《通闻报》上发现孙中山正在美国旧金山的消息。为躲避清政府对寄往国外信件的严密检查，宁武用罗马拼音字，试探地给孙中山寄去了一封信。他在信中提出自己是爱国青年，有迫切参加革命的愿望，还询问如何能找到同盟会。

两个月后，宁武竟然收到了孙中山的复信："你们东三省的青年要革命很好……为了国家，要共同努力。"孙中山建议宁武可以和在东北的日本留学生徐镜心联系。后来，宁武回忆此事时说："中山先生对青年这样关怀，当时给我莫大鼓舞。"

1908年5月，由徐镜心介绍，二十三岁的宁武秘密加入了同盟会。此后，宁武跟随孙中山投身革命，成长为东北同盟会组织和后期中华革命党在东北地区的领导者之一，策划、领导、参与了当时一系列历史事件，是当之无愧的辛亥元老。孙中山在各个时期的东北革命战略和策略主要由宁武来执行和完成。因此，宁武是孙中山革命思想的坚定追随者和实践者，是东北民主革命的先驱之一。

1919年秋，孙中山委派宁武为联合张作霖的代表，促成孙张合作，宁武任粤军总司令部工程处少将处长。1922年，宁武任张作霖的副官。

1924年1月，负责东北国民党党务的宁武参加了国民党第一次代表大会。孙中山在会上宣布改组国民党，确立了"联俄、联共、扶助农工"三大政策，重新解释了三民主义，国共实现了第一次合作。

宁武目睹盛况，备受鼓舞。会下，孙中山单独找宁武谈及国民党改组的重要意义，指出"中国革命必须学习苏俄，反帝反封建是我们今后的革命主张"，"要联合世界上以平等待我之民族共同奋斗，实现中国成为一个进步富强的国家"。孙中山鼓励宁武"老同志仍要以已往的革命精神，努力以求实现革命的成功"。

宁武通过回顾和反思，深刻理解了孙中山的选择。他认为"孙中山先生一生领导革命，从现在起有了新的转折点"。作为孙中山革命思想的坚定追随者和实践者，宁武也具有了顺应潮流、与时俱进的精神品质。这为他后来成为国民党左派、与共产党亲密合作、接受共产党领导奠定了坚实基础。

## 被蒋介石视为"叛徒"

孙中山逝世后，宁武坚决拥护"联俄、联共、扶助农工"三大政策。此后，张学良子承父业，宣布"东北易帜"，宁武担任了张学良的顾问。

1930年7月2日，为打破日本治理下的大连港对东北航运的垄断，葫芦岛建港工程开工，张学良自任港务处处长，宁武任副处长，直接领导葫芦岛建港工程。他满怀热情地准备筹备建设家乡，却被日本军国主义的入侵中断。

1931年九一八事变后，宁武坚决反对国民党当局的不抵抗政策，积极支持东北流亡青年学生的抗日救国运动，并多次劝说张学良将军奋起抗日，收复东北失地。

任葫芦岛港务处副处长的宁武

后来，张学良被逼迫下野出国考察，宁武深感身单力孤，对国民党不抵抗失去信心。他不去国民党谋官差，不留恋大上海的纸醉金迷，来到爱国名士顾炎武的家乡昆山，陪伴着"天下兴亡，匹夫有责"之警句卧薪尝胆。1940年，汪精卫宣布成立伪国民政府，几次派亲信到昆山邀请宁武出山。宁武严词拒绝与汉奸同流合污，为了逃避纠缠离开昆山，历经波折来到重庆。

在重庆，宁武住进了歌乐山上的小平房，生活非常艰辛。这时，宁武开始大量阅读进步书籍，和周恩来、董必武等中共领导人多次会面。在这里，他决心跟着共产党，为建设新中国而奋斗。

1941年的一天，宁武向周恩来提出加入中国共产党的请求。周恩来告诉他："如果民主人士都参加了共产党，那共产党依靠谁去团结、联系广大的党外爱国人士、海外爱国侨胞呢？你做一个党外的布尔什维克，岂不更能发挥作用吗？"宁武把这番话牢记于心，后来他经常对家人说："总理说我是党外的布尔什维克，这该多光荣啊！"

皖南事变后，国民党民主派和爱国人士王昆仑、许宝驹等秘密建立了中国民主革命同盟（小民革）。这是中国共产党领导的革命组织。在小民革中，宁武发挥了骨干作用。

1945年抗战胜利后，以宁武、莫德惠、高崇民、阎宝航为首的东北爱国人士，在周恩来的帮助下，于重庆成立了东北政治建设协会。他们经常在宁武家聚会，公开提出释放张学良的要求。

宁武和张学良的深厚情谊，也被后人津津乐道。张学良初掌东北时，宁武帮他迅速稳定局势。宁武支持开滦工人暴动被英国人指责时，得到了张学良的力挺。张学良被软禁后，宁武多次大声疾呼要求将其释放。1991年，张学良在美国庆祝九十岁华诞，宁武的外孙女顾渝宁专程前往祝福。张学良问她："你是谁啊？"顾渝宁回答说："我的外公叫宁孟言，我是他的外孙女。"张学良不假思索地大声说："噢！宁武哇，我记得他。"海天遥隔，历尽沧桑几十个春秋，张学良对宁武记忆不衰，足以说明他们相处之深。

当时，东北政治建设协会在重庆发挥了较大的影响力。协会集合了四五十位东北籍爱国人士，表面上以政治协商解决东北问题为由，实则反对国民党武力接收东北，为八路军进军东北赢得时间。宁武等人还在《新华日报》上发表了《呼吁和平，制止内战》的宣言。

这些行动气得蒋介石破口大骂："宁武是叛徒。"蒋介石特派国民党元老张继当面警告："你好好学学三民主义，不要跟共产党走！"宁武愤怒地抡起手杖，向张继打去。张继也气得大骂宁武为"宁疯子"。翌日，宁武便收到"免去宁武在国民党内一切职务"的"免职书"。从此，宁武公然地与国民党决裂。

## 参与上海解放的地下工作

考虑到宁武的安全和革命需要，周恩来随即让他到上海隐居下来，在华东地区开展地下工作。宁武一到上海就与当地中共地下党组织取得联系，牵头成立了党外人士从事地下革命工作的组织——中国人民解放事业协进会。

宁武在与中国共产党密切合作中，发挥了自己的独特作用。在解放战争即将取得胜利的形势下，宁武成功参与策划了海军重庆号起义。1943年，根据中英协议，英国向中国转让一批海军舰艇，重庆号巡洋舰是其中主要的一艘，是当时国民党海军最大的巡洋舰。由于当时中国缺乏海军技术人才，为了接收和掌握这批舰艇，国民政府决定招收一批人员赴英学习并接收舰艇。在中共地下党组织的领导下，宁武等人与舰上人员取得联络，建立起了地下组织。他们多次研究起义具体部署，在家中地毯上展开海图，议定行动航线。经过充分准备，1949年2月25日，重庆号在上海吴淞口光荣起义，次日安全驶到解放区烟台港。此事在国民党内部引起了巨大震动。此后，以重庆号官兵为基础，新中国成立了第一所海军学校。

在上海解放前夕，宁武充分利用他在国民党东北人士中的声望，积极策动、争取反蒋力量，凡是在沪的东北籍国民党上层人士都是宁武的策反对象。

由宁武介绍先后参加协进会的地下工作人员有顾平勃、王中民、朱德君、孙恩元等。他们都经过宁武的长期观察和细致了解,为解放上海做过许多有益的工作。例如,朱德君与中共地下党组织联系,在盐务总局上海办事处担任地下工作组组长,保卫机关档案、财产、武器设备的安全,迎接上海解放。

为了保证旧机关顺利移交,宁武亲自出面做了许多上层人士的工作。上海海关是策反工作的一个重要部位,宁武多次秘密联络海关总署总税务司丁贵堂。两人既是同乡,又是换过帖的结义兄弟。经过宁武晓以利害、申明大义,丁贵堂毅然宣布决定留沪,并敦促各机关不得撤退,不得运走档案,不得汇走税款,竭力保护关产。新中国成立后,丁贵堂先后担任海关总署副署长、海关管理局局长,主持人民海关的建设,不遗余力。

与此同时,在解放上海战役打响后,宁武决意策反上海前线总指挥、国军第五十一军军长刘昌义。他找到曾任东北军师长、认识刘昌义的王中民。经过策动,刘昌义同意放下武器,接受中国人民解放军改编。

在宁武的影响下,他曾任国民政府中华航空高级工程师的儿子宁铁程参加了两航起义。宁铁程驾驶其负责监制的"维多利亚号"飞到北京,为新中国航空事业作出了重要贡献。这次起义,被周恩来总理称为"具有无限前途的中国人民民航事业的起点"。

作为辛亥元老,此时年过花甲的宁武以旺盛的精力和卓越的才干参与了新中国的创建过程,其经历囊括陆海空多个领域。为了几十年为之努力奋斗的梦想,宁武可谓倾尽全力,仿佛再次焕发了青春。

## 参与新中国建设,组建东北民革组织

1949年9月,新中国诞生前夕,毛泽东致函宁武,请他作为特邀代表出席中国人民政治协商会议。他风尘仆仆,由上海赶到北京,出席了中国人民政治协商会议第一届全体会议。

在大会签到簿的特邀代表页上,宋庆龄是第一位签名,第二位便是宁武。现在,这个签到簿已成为历史文物,被珍藏在国家博物馆。随后,宁武登上了天安

1950年宁武在北京家中

门城楼,参加了开国庆典。

对中华人民共和国的诞生,宁武欣喜若狂。他以强烈的爱国主义热情,投入到新中国的社会主义革命和建设中去。1949年10月,宁武参加了民革,在民革第二届中央委员会上当选为中央常委,以后连续当选第三、四届中央常委。1949年冬至1950年春,宁武任民革北京分部召集人。1950年5月,民革北京市委召开第二届第二次会议,宁武当选为民革北京市委会主委。

1951年2月,宁武按民革中央指示,重返家乡,向中共中央东北局提出在东北建立民革组织的要求,得到大力支持。5月5日,民革东北临时工作委员会(简称临工会)筹委会召开第一次会议,宁武被推举为召集人。6月18日,临工会成立大会举行。宁武向大会作了报告,明确了东北临工会的历史任务、当前工作与组织发展问题。与会民革党员一致表示,今后要为彻底实现共同纲领,为抗美援朝、保家卫国,为巩固与扩大人民民主统一战线,巩固人民民主专政,为保卫与建设新中国而贡献出自己的一切力量。

在宁武的积极努力下,一批爱国进步的原国民党军政界中上层人士,自愿申请加入民革,不但为东北地区民革组织打下了良好基础,而且使东北地区民革组织得到健康发展。

担任辽宁省副省长时期的宁武

1952年，年近古稀的宁武不顾年迈体衰，担任赴朝鲜慰问团第九分团团长，奔赴朝鲜战场各地慰问伤病员，历时一月有余，跋山涉水几千里，很好地完成了任务，受到了慰问总团的表扬。

1954年，原辽东省和辽西省合并成辽宁省，宁武当选为副省长。任职期间，宁武经常深入全省各地调查研究，在各个场合积极参政议政，其丰富的阅历和精辟的见解得到了多方面的敬重。他壮年时期曾参与的葫芦岛建港事业，也随着新中国的诞生，终于掀开了崭新的一页。

从旧民主主义革命，到新民主主义革命，再到社会主义革命，宁武在半个多世纪的革命斗争历程，展现了爱国志士对振兴中华的不懈追求。宁武在回忆录里写道："我们老一辈回忆起旧社会心酸的往事，内心更加感激共产党。"他经常语重心长地教育民革党员："我们应当真诚地接受党的领导。共产党是我们的第一生命，明白这个道理，才有每个人的第二生命。"

宁武十分关心台湾回归祖国，盼望早日完成祖国统一大业。他曾多次亲自撰写对台宣传稿件和发表对台讲话，利用各种机会，向台湾的亲朋故旧宣传党和政府对台湾的方针、政策，以及祖国建设的伟大成就。

1975年7月，宁武病危弥留之际，还不时地对守护在身边亲人说："我一生最大的遗憾是没有能看见祖国统一，没能再见到张学良将军！"

**主要参考文献：**

1. 宁武：《倒袁活动与东北革命军始末》，中国人民政治协商会议辽宁省暨沈阳市委员会文史资料研究委员会编：转引自《辽宁文史资料选辑》（第一辑），辽宁人民出版社，1962年版。

2. 宁武：《孙中山与张作霖联合反直纪要》，中国人民政治协商会议全国委员会文史资料研究委员会编：《文史资料选辑》（第四十一辑），文史资料出版社，1963年版。

3. 龚世萍主编、辽宁省政协文史资料研究委员会编：《爱国志士宁武》，辽宁人民出版社，1994年版。

4. 邢邑开著、民革辽宁省政府直属机关工作委员会组织编写：《辛亥革命在辽宁》，辽宁教育出版社，2011年版。

司马文森（1916—1968），原名何应泉，福建泉州人，1948年加入民革。中国人民政治协商会议第一届全体会议代表。中华人民共和国成立后，曾任香港《文汇报》总主笔兼社长、《大公报》《文汇报》、中国新闻社联合办事处主任、中国驻印度尼西亚大使馆文化参赞、对外文委西亚非洲司司长、中国驻法国大使馆文化参赞等职。民革第一届中央候补执行委员，民革第二届中央委员。

# 司马文森

## 香港《大公报》《文汇报》、中国新闻社联合办事处主任

1946年春夏,广州烈日炎炎,风雷激荡。大批国民党军警正聚集在一条街周围,准备动手逮捕这里的一批进步文化工作者。

此时,司马文森在房间里化好装,身着云香纱,戴上白草帽,装扮成一副商人的模样。他登上天台,从另一个楼梯口走下街道,从容不迫地登上了游船,撤至香港。

就在这个时候,香港《华商报》披露了一则消息:我们的地下党有关人员,从国民党特务机关掏出了一份规模巨大的文艺界黑名单,第一个就是司马文森。

司马文森平易近人,往往未见其人,先闻笑语,总给人一副英气勃勃、飘逸洒脱的印象。很多旧人都习惯叫他司马。著名作家秦牧回忆司马文森时说道:"浓发覆顶,长着络腮胡子,脸庞圆圆的,眼睛仿佛总在微笑,好像从不知道忧愁困倦为何物,老是挥手谈话,爽朗大笑,虎虎有生气。"

那一时期,局势波谲云诡,司马文森尽挥笔墨,夜以继日地倾诉着革命者的心曲。

司马文森主编的《文艺生活》杂志，郭沫若题写杂志名

## 辗转三地的《文艺生活》

1941年初，国民党当局制造了震惊中外的皖南事变，而后对国统区人民和进步人士加紧了疯狂、血腥的迫害。八路军驻桂林办事处、中共在桂林文艺界的领导同志和许多进步文艺界人士被迫撤退。桂林——这个抗日战争的后方城市，文艺活动曾一度十分活跃的文化城，陷于白色恐怖之中。

面对这种不利形势，中共党组织决定，由司马文森留在桂林，担负起地下党的大量工作。

司马文森找了个高中语文教师的职务做掩护，教书之外，于当年8月创办了大型文艺期刊《文艺生活》。《文艺生活》创办后，得到全国各地著名作家、诗人、评论家的关心支持，如郭沫若、欧阳予倩、夏衍、田汉、邵荃麟、艾芜、柳亚子、孟超、陈残云、臧克家、周而复等。刊物封面上的手写刊名——"文艺生活"，即是郭沫若所题。田汉的《秋声赋》、欧阳予倩的《一刻千金》、夏衍的《法西斯细菌》等剧作，也都是在《文艺生活》上与读者初次见面。《文艺生活》成了国统区抗战、进步文艺的一面旗帜，也开创了华侨社会文学的先河。

司马文森几乎以一人之力承担了刊物上上下下所有的工作，从约稿、选稿到编排、画版样、跑印刷厂、校对等等杂事。虽然辛苦，但同时它也给司马文森带来许多温暖和充实感。一方面，《文艺生活》寄托了他对理想的追求；通过它，还可以和朋友、同志们保持联系，感受到党和群众的关怀和支持。那段时间，人们常常可以看到司马文森夹着文稿，匆匆来往于桂林城和市郊的重山之间。

三年后，《文艺生活》被国民党当局下令停刊。随着湘桂大溃退，司马文森转移到桂北继续文化方面的斗争，在这期间，他还进行大量统战工作，集结统战力量与日军打起了游击战。司马文森收编、改组了地方自卫队、桂军流散部队等，并和罗培元、张琛等组成桂北工委——当时中共在桂北一带的最高领导机构，共同领导活跃在桂北的三支抗日武装：青年挺进队、《柳州日报》自卫队、抗日别动总队，直至抗战胜利。

抗战胜利后，国民党当局加紧迫害进步文化人士，司马文森被迫迁到广州。

艰难时刻，周恩来曾亲自领导司马文森的工作，不断有人从重庆带来教诲和指示，这使司马文森引以为豪。尽管暗岗密布、警车巡回，司马文森却镇静从容，坚持工作。他常常愉快地称自己为待命出征的士兵，时刻准备接收党发出的进击号令。

1946年1月1日，《文艺生活》在广州复刊，并创刊《文艺新闻》。2月5日，广州文化界公开宴请李济深、蔡廷锴。司马文森在宴会上与蔡廷锴相识，参加了中国国民党民主促进会（民促），并担任民促中央委员及宣传部副部长。同年，参加由夏衍主持中共南方局的香港文委工作，任文委委员。

这时候，人们正在《双十协定》签订的"坚决避免内战"中寻找春天的足迹，可是蒋介石一个转身，便把协议撕得粉碎。攻向解放区的炮声，将新春的勃勃生机掩盖得荡然无存。一时间，反内战反独裁的怒潮，席卷了神州大地。广州文艺界就在这狂风怒雨中，挥笔迎春，许多杂志犹如雨中春笋，破土而出。

然而，国民党反动派开始下手了。1946年2月13日下午1时，他们突然以"内容荒谬"为借口，下令查禁刚出版的《文艺新闻》《自由世界》《新世纪》《学习知识》等四大杂志。

当天下午，司马文森在西湖路102号的《文艺新闻》编辑部召集了其他三个杂志社代表，商酌即刻去找社会局局长袁晴晖讨说法。

到了社会局，社会局的人推说袁局长不在，主任秘书冯某接待了司马一行。

"你们到各书店查禁四大杂志，有何根据？奉何方命令？"

"你们这是执法犯法！"

"社会局必须立即收回查禁四大杂志成命，同时保证今后不再有类似情况发生！"司马文森紧紧追问，严正声明。说完，便从容告辞。

"斗争并没有结束！"临分手的时候，司马文森握住了大家的手，说："我们争取杂志的出版自由，绝不仅仅是对社会局的斗争，而是争取一切人权的斗争！"

很快，挤满了六十多个文艺、新闻界代表的记者招待会在司马文森的号召下召开了。业界代表都慷慨激昂，发出了愤怒的抗议和声讨。

司马文森在记者会上高呼："坚决不向反动势力让步。让步，连我们的嘴巴也要被封住。"司马文森还向大家保证，其主编的《文艺新闻》在一个星期内与读者见面，并建议出席会议的十五家杂志出版联合增刊，将反封禁斗争进行到底。

与此同时，一份为抗议非法禁售四杂志向各界呼吁的传单，从西湖路102号四散开来。

果然，一个星期内，《文艺新闻》带头冲破了敌人的封禁，以新的战斗姿态和读者见面了。十五家杂志前呼后拥，纷纷问世。

然而，当局早已视文艺界为眼中钉、肉中刺，容忍不得半分。好景不长，5月4日上午，数十名暴徒手持利斧、大锤，先捣毁了《华商报》广州分社，接连

1948年夏，司马文森（上排右二）与郭沫若（上排左二）等摄于香港

又捣毁了发售四大杂志的兄弟图书公司。国民党特务凶相毕露，出动一队队猪笼车，沿街疯狂抢夺销毁进步报刊……

西湖路附近，野曼迎面碰见了司马文森。他目光严峻，低声说："怎么？你还在这里？他们已经下手了，快走！"司马文森紧紧握了一下野曼的手，又匆匆分手。接下来，则有了开头的一幕。至此，《文艺生活》在广州存在了仅仅不到半年。

随着司马文森离穗赴港，《文艺生活》也在艰难中复刊了。《文艺生活》在香港出版的三年中，司马文森还发起了文艺生活社征求社员运动，团结广大海外青年、文艺工作者以及国内各界人士，征求三千名社员开展民主文艺运动。活动得到了马来亚（马来西亚）、菲律宾、新加坡、暹罗（泰国）、安南（越南）、印度尼西亚以及美国、加拿大等广大华侨青年、华侨文艺界人士的积极响应。发展文艺通讯员工作使得文生社的社员遍布全南洋，作者、编者、读者的关系打成一片。

1948年1月1日，司马文森出席民革成立大会，为中央候补委员，后为民革中央委员，兼任民革港九分部主任委员。

新中国成立后，司马文森率领香港文艺界回广州观光访问时，回到了当初乔装离开的故居。故居依旧是三年前的模样，然而这里却住着完全陌生的人。在这里，司马文森曾消耗过不少时日，草拟抗议书，被特务搜查、恐吓。司马文森在故居外徘徊着，心中五味杂陈。他不知道，自己是否该上去看看，心想着：假如能够再来，在这所房子里编我们的杂志，和朋友举行建设新中国新华南的集会，并草拟改造知识分子的计划，那是一件多么叫人愉快的事。

辗转三地的《文艺生活》于1950年迁回广州，但是多重考虑下，不久便停刊了。从创刊开始，《文艺生活》始终高举争取民主、民族解放的旗帜，团结国统区进步作家，用文学作为武器，向敌人冲锋陷阵，为民族解放事业，为创造一个美好的新中国而奋斗。它吸引了许多文艺大家和广大的文艺青年，在中国南方以及东南亚一带，产生过很大影响。

回到广州后的司马文森，任三联办事处（香港《大公报》《文汇报》及中国新闻社联合办事处）主任，负责中共华南分局海外的宣传工作。

## 足涉之处，挥文所至

在如火如荼的年代，司马文森集作家、报人、革命家身份于一身，潜身于伟大的救亡斗争，笔枪并举，击浪而上，似咆吼奔腾的扬子江水，将强烈的创作欲望，激越的情感，一泻千里。在长达三十六年的笔耕生涯中，留下等身著作。

司马文森从小酷爱文学，很早便从事文学创作，在文坛上崭露头角，则是来到桂林之后（1939年5月至1944年底，即二十二岁到二十八岁）。精力充沛的司马文森，在大量社会工作之余，争分夺秒、废寝忘食地创作，被大家公认是这一时期的高产作家。

这一时期，抗战方兴，长年的抗战斗争生活为司马文森提供了丰富多彩的创

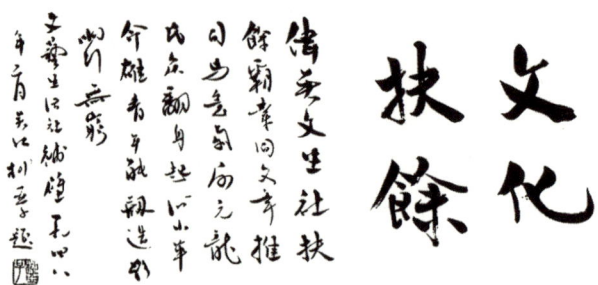

柳亚子为司马文森题诗《文化扶余》

作题材,他奋笔疾书了一批反映抗战斗争生活的小说、散文和报告文学。除了长篇小说《雨季》《人的希望》、中篇小说《尚仲衣教授》(又名《天才的悲剧》)、《希望》、短篇小说集《蠢货》《奇遇》《孤独》《寂寞》、散文集《过客》、报告文学《粤北散记》以及儿童文学《渔夫和鱼》《菲菲岛梦游记》《不要说我们年纪小》(1940年1月在《救亡日报》连载)外,尚有署名希伦著的《挣脱枷锁》(又名《我的间谍生活》)等。

其中,《尚仲衣教授》甫一问世,便轰动文坛,其偏重报告文学的写法,也引起了不小争议。茅盾则高度评价了这篇小说,称其成为报告中人物志的新的类系,把一个大家所熟悉的人物,从他的发展过程中画出一个真实的性格,而同时也是一种典型。香港文协还特地为此举办座谈会,公认其是一部成功之作。司马文森说:"我之所以这样写,是觉得它能使这作品更真实、更有力,要是读者们能为它的真实而受感动,我的目的也就达到了。"写《尚仲衣教授》,司马文森是有考量的,写作动机不仅仅是对尚仲衣个人的追忆,也是对抗战以来进步文化工作者受反动分子迫害的控诉。他觉得,尚仲衣的道路,正是千百万个中国知识青年的道路。

桂林之所以能成为当时国统区文化中心,跟司马文森的努力是密不可分的。在桂林的这一时期是他一生中的黄金时代,奠定了他成为我国有影响的现代作家的基础。

1958年，印度尼西亚雅加达，司马文森（右一）与黄镇陪印度尼西亚总统苏加诺参观画展

司马文森是一位才华横溢的多面手，既写中、长篇小说，又写报告文学和杂志，小说、剧本、文艺评论，均有佳作。尤以小说的成就最为卓著。一生中，司马文森共创作了六部长篇小说、十部中篇小说、五部短篇小说集和六部童话故事。

在广州的时候，司马文森有大量作品相继问世：长篇小说《南洋淘金记》《海外寻夫记》、中篇小说《成长》《折翼鸟》《危城记》以及许多短篇小说、散文、评论等。在香港期间，他编写的六部电影剧本也被拍成了电影（即《火凤凰》《海南渔歌》《血海仇》《娘惹》《海角亡魂》和《海外寻夫》）。

1949年初，司马文森和柳亚子、茅盾等一干老前辈离港北上解放区。在这期间，他写下了《北行书简》《我自北京来》等大量报告文学、散文，沿途及在京的见闻、对毛泽东同志的印象等内容跃然纸上，作品分别在香港《文汇报》《大公报》上连载，后被收入《新中国的十月》《新社会下的新人物、新作风》。

华南解放后，司马文森仍旧表现出写作的强烈热情。在三联办事处工作时，曾敏之与之共事，他发现司马文森写作的勤奋程度已达到令人难以企及的高度。司马文森从不轻易放过时间，工作之余，随时摊开稿纸，落笔飕飕，于是散文、小说、政论文章就出来了。正是这种坚韧不拔的毅力和辛勤耕耘，司马文森因而取得了创作上的空前大丰收。直至1955年到1966年，司马文森调至外交部，先后出任我国驻印度尼西亚大使馆文化参赞和驻法兰西共和国大使馆文化参赞期间，司马文森也发表了大量小说、散文、旅途杂记。1964年8月，小说《风雨桐江》问世，引起了国际文艺界的高度重视，这是作者发表的最后一部长篇小说。

**主要参考文献：**

杨益群、司马小莘编：《司马文森研究资料》，北京十月文艺出版社，1998年版。

　　吕集义（1909—1979），字方子，广西陆川人，1948年加入民革。中国人民政治协商会议第一届全体会议候补代表。中华人民共和国成立后，曾任政务院参事，广西交通厅副厅长，广西社会主义学院副院长、广西通志馆副馆长等职。民革第一届中央执行委员，民革第二、三、四届中央委员。民革广西第一、二届省委会副主委，第三届区委会副主委，第四届主委。第三、四、五届全国政协委员。

# 吕集义
## 主持留港日常工作，筹建广西民革组织

1949年1月1日，一位香港记者来到寓所采访著名民主人士、民革领导人李济深，才发现人去楼空。原来几天前，这位各方瞩目的人物已秘密离港，为筹备新政协、共商建国大计北上前往解放区。

得知此事，港英当局警方政治部主任王翠微找到一位书生模样的中年人，哭丧着脸责问："李济深先生的安全，我们是要负责的。这样一个有影响的人离开香港，连我们都不知道，叫我们怎么交代？"这位中年人便是李济深的得力助手——时任民革中央副秘书长吕集义。

### 从进步青年到文化名流，两度入狱

1909年，吕集义出生于广西陆川。广西在近代中国史里是个重要省份，洪秀全在此创建太平天国，几乎推翻了清朝统治；随后登上舞台的桂系军阀，成为当时举足轻重的政治军事力量。现代思潮在广西传播、发展，深深地影响了追求进步的吕集义。

青年时代的吕集义，积极参加反帝反封建的学生运动。1927年，十八岁的他在广州执信中学读书，参加了中国共产主义青年团。时值第一次国共合作时

中国人民政治协商会议第一届全体会议民革代表合影。中排左一为吕集义，前排左二为何香凝、左三为李济深、左四为柳亚子

期，北伐军节节胜利，革命形势蓬勃发展。然而，蒋介石以"清党"为名发动了四一二政变，逮捕、杀害了众多共产党员和进步人士。

吕集义因此被捕入狱。所幸由担任少将旅长的叔父吕焕炎作保，吕集义得以释放。回乡探亲的吕集义，在南宁被军警发现了行李中的进步书籍。他再次入狱，经受了残酷的折磨。

此时，狱中已经关满了所谓的"政治犯"。他们对吕集义这个思想进步的年轻人格外关照，都把他当小弟弟看待。这种同志般的热情，令吕集义在苦难中得到了莫大慰藉。在狱中，共产党人面对屠刀的坚定和乐观，更令吕集义震撼。

不久后叔父再次营救，吕集义得以重见天日。这两段狱中经历，给年轻的吕集义心中埋下了坚持革命、追求进步的种子。

出狱后，吕集义进入上海中国公学继续求学。1934 年，他到中山大学就读，专攻古典文学，对古汉语、诗歌词赋颇有研究和造诣。此后，吕集义曾在陆川中学、苍梧中学任教。1940年后，他先后担任国民党广西省政府咨议、广西通志馆秘书长。这时的他，已经成为诗名噪广西的文化名流，备受世人尊敬，赢得了"陆川才子"的美称。

## 抗战期间整理文献，结交爱国民主人士

民国时期，主政广西的新桂系为维护统治，整军经武、励精图治，广西建设取得了前所未有的成就，被称为模范省。全面抗战爆发后，由于全国半壁江山沦丧，沦陷区的大批文化人士需要往后方疏散，其中就包括广西。

当时，广西文化界以浓墨重彩高奏抗日救亡为主旋律，涌现了吕集义等一批博学多识、爱乡敬贤的桂籍学者。时任国民党军事委员会桂林办公厅主任李济深，特别器重精通古典文学、诗才横溢的吕集义，将他调到广西省政府。吕集义如鱼得水，与旅桂文化人过从甚密，与郭沫若、夏衍、欧阳予倩等相交颇深，诗词唱和不绝。

1943年，李济深到贺县（今贺州）视察，点名要吕集义随行。吕集义在当地讲学，人称"方子先生"。在贺县，吕集义多次参加李济深召开的时事座谈会、演讲等，与何香凝、柳亚子、梁漱溟、李任仁等爱国民主人士共同商讨，一致抵制和反对蒋介石消极抗日、实行独裁的政策。

这一时期，吕集义和严端等组织成立嘤鸣诗社，和梁漱溟等组织昭平读书会，何香凝曾多次参加诗社活动。通过这些组织，吕集义等人广泛吸收知识分子参加活动，共同进行抗战宣传。

值得一提的是，吕集义积极从事文史资料的搜集和编撰工作，就太平天国史研究发表了不少有见解的文章。他曾于1944年前往湖南湘乡曾国藩家中，费尽心思得见忠王李秀成自述原稿，令其重见天日。他还收录清道光初年到民国间106名广西文人的诗篇982首，并将其汇编成集，大大推动了对乡贤遗著的整理事业。

在抗日救亡的大背景下，吕集义尽到了知识分子的本分，无论是整理文献，还是撰写诗文，都保存和弘扬了中华传统文化。和爱国民主人士的广泛结交，更为他参与创建民革埋下了伏笔。

## 参与创建民革，发挥重要作用

抗战胜利后，内战阴云日渐浓厚。在此背景下，李济深、何香凝等人酝酿成立了国民党民主派组织。1947年春，李济深抵达香港后，国民党民主派的活动更加频繁，更加有力。

吕集义对国民党的反动统治早已不满，支持中国共产党领导的新民主主义革命。备受李济深器重的吕集义，义无反顾地选择了追随伯乐，离开广西前往香港从事反蒋民主活动。在民革成立前夕，他和同仁们一道努力工作，承担了大量的文字工作。

1947年11月12日，国民党爱国民主人士代表齐聚香港，举行中国国民党民主派第一次联合代表会议。一百一十余人出席会议，讨论和决定了《中国国民党革命委员会行动纲领草案》《中国国民党革命委员会成立宣言草案》《中国国民党革命委员会临时组织总章草案》等事项。

其中，参会代表在讨论中就《成立宣言》和《行动纲领》的一些观点出现了意见分歧。李济深认为分歧都是可以协调、平衡的，他请柳亚子、梅龚彬、陈此生、陈劭先四人对两个文件进行修改，吕集义也参与其中。几人坚持了"适当保留不同意见，做到能保留的要尽可能保留，要达到博采众议"的原则。被称为"笔杆子"的吕集义在修改过程中，发挥了重要作用。

经过李济深、何香凝等人的努力，参会人员统一了思想，会议得以继续顺利进行。1948年1月1日，民革正式宣告成立。吕集义当选为民革中央委员兼副秘书长。

1948年底，李济深等民革领导人秘密离港北上。蒋介石对民主人士的突然离港，感到惊奇，只得自叹丧失民心、回天乏术了。

留守香港的吕集义，负责了一段时期民革在港的日常工作。例如，广西著名爱国民主人士陈良佐到香港，便由吕集义接待并在此加入民革。陈良佐慨然应允了策反桂系军政人员的任务，冒险返回广西开展工作。又如京沪暴动失败后，吕集义接待了潜往香港的上海临工会委员梁佐华和任廉儒，并与中共华南局接上关系，继续策动国民党第七十二军军长郭汝瑰起义并成功。

在这个特殊时期，吕集义圆满地完成了组织交代的任务，维持了民革在港的正常运转，并参与策动国民党军政人员起义，为配合解放军胜利进军、建立新中国作出了贡献。

## 最后一批北上，参加新政协

众多民主人士成功北上后，香港气氛变得愈加紧张。港英当局加紧了对进出港水陆交通的控制，国民党特务更是盯梢、恐吓，无所不用其极。

身处旋涡中心的吕集义并不慌张。在中共华南局和香港进步人士的帮助下，他沉稳地安排好何香凝等其他民革同志北上后，于1949年4月3日陪同李济深夫人离港。此时，吕集义几乎是最后一批留在香港的爱国民主人士了。

与吕集义同批北上的还有佛教领袖巨赞法师。此前，吕集义曾为中共华南局牵线，请巨赞撰写新中国佛教改革草案，并由吕集义转交给中共中央。在新中国佛教改革过程中，李济深、陈铭枢等民革领导人积极参与，在统战史上留下了一段佳话。具体负责联络工作的吕集义和巨赞，也因此结下了深厚友谊。

到达解放区后，吕集义和近六十位各界民主人士，怀着欢愉的心情组成了民主东北参观团。这是新中国成立前夕第一个到东北老解放区参观访问的民主人士团体。吕集义亲眼看到了东北在中国共产党领导下，战后重建和经济恢复工作的过程，感受到人民群众崭新的精神面貌。

在四十多天的参观生活中，吕集义和全体团员一样，受到很深刻的教育。团员在大连时恰逢庆祝五一劳动节的盛典的举行，吕集义看到了十二万人的集会游行，听到了"没有共产党，就没有新中国"的雄壮歌声，深感此歌道出了真理。

回到北平后，吕集义等全体团员联名致书毛泽东主席，陈述感想。经过参访，吕集义对新中国的未来充满了信心。

1949年9月，中国人民政治协商会议第一届全体会议举行。吕集义作为民革候补代表参加了会议。会议完成了建立新中国的历史使命，吕集义则光荣地见证了新中国历史的第一页。

## 筹建广西民革，努力建设家乡

新中国成立后，吕集义担任中央人民政府政务院参事。1950年2月，民革中央派李任仁、陈此生、吕集义组成民革华南临时工作委员会广西执行小组，筹备组建广西民革组织。

1950年9月1日，民革广西省分部筹备委员会在南宁成立。筹备委员会成立后，对原有民革、民联、民促会员进行重新登记，按照既定组织路线，

1954年5月，民革广西省第一次代表大会召开

以原国民党和与国民党有历史联系的中上层人士为主要发展对象,陆续发展党员。

吕集义积极参与了重新登记审查党员,吸收新党员,建立组织机构等工作。1954年民革广西省第一届委员会成立,吕集义当选为副主委。他认真贯彻执行党的统战政策,不辞劳苦,成绩显著。

作为民主人士,吕集义积极参政议政。1951年,广西省第一届各界人民代表第一次会议召开。作为党派代表,吕集义担任了会议副秘书长和土地改革组的委员。由于部分民革党员是从地主阶级分化出来的开明绅士和爱国将领,对土改运动表示怀疑甚至不满。为此,吕集义身体力行,带头退租退押,带领民革党员积极响应土改,减少了运动阻力。经过土改,广西农村各阶级、各阶层关系发生了深刻变化,极大地解放了农村生产力。

1955年,吕集义担任广西交通厅副厅长。任职十余年期间,他经常深入基层和公路道班,进行调查研究,工作十分负责。广西的交通面貌为之改变,创造了"崇山峻岭变通途"的奇迹。此外,吕集义还担任广西社会主义学院副院长、广西通志馆副馆长、广西历史学会副会长等职务,发挥专长继续从事文史研究。后来,他还参加了《辞源》修订工作。

作为统一战线的一员,吕集义还为广西壮族自治区的成立助力。广西是个多民族地区,壮族是全国人数最多的少数民族,还有苗、瑶、侗等十多个少数民族。提出成立自治区时,一些汉族人士有不同意见。对于这种情况就需要做大量思想政治工作,才有利于团结和将来工作的开展。

1956年,中央统战部部长李维汉到广西调研自治区的筹备工作。李维汉提出"先易后难",先从吕集义等进步人士开始,认为他们容易接受意见,也可通过他们了解到其他党外人士、知识分子的思想情况,还能帮助做其他人的思想工作。

在与吕集义见面时,李维汉说:"我们总要取得一致意见才好呀,才有利于团结,有利于调动各民族的积极性呀!"他请吕集义对成立壮族自治区一事多宣传、多解释。吕集义当即表示,"不管成效如何,思想工作可以做"。在这些进步人士的帮助下,大家很快统一了意见。

1957年,全国人大通过了成立广西壮族自治区的决议。这是统一战线方针和民族区域自治政策在广西的重要实践,也是广西各少数民族人民获得政治平等的重要标志。以诗才闻名的吕集义,也在此过程中留下了浓重一笔。

## 主要参考文献:

1. 吕集义:《四一二事变前后我在南宁狱中的见闻》,中国人民政治协商会议广西壮族自治区政协文史资料研究委员会编:《广西文史资料选辑》(第七辑),中国文史出版社,1978年版。

2. 吕梁:《我所知道的吕集义先生》,广西壮族自治区陆川县政协文史资料研究委员会编:《陆川文史资料》(第一辑),1985年版。

3. 朱维群主编:《让历史告诉未来:中共中央发布"五一口号"六十周年纪念:1948—2008》,华文出版社,2008年版。

4. 朱哲主编:《巨赞法师全集》,社会科学文献出版社,2008年版。

5. 林克武:《广西省改名的复杂经过》,《中外书摘》,2011年第6期。

6. 廖晓云:《新桂系时期广西地方文献的整理与编纂》,《图书馆界》,2014年第4期。

刘通（1879—1970），原名开通，字伯瀛，号漫叟，福建闽侯人，1949年加入民革。中华人民共和国成立后，曾任福建省人民政府委员、福建省政协副主席等职。民革第二、三、四届中央委员。民革福建省分部筹委会召集人，民革福建省委会第一至四届主委。第三、四届全国政协委员。

# 刘 通

## 建立福建民联，迎接福州解放

1949年8月，身负秘密潜伏使命的吴石将军在赴台的前一天上午，密召王强（吴石的原随从参谋、后来担任福建省黄埔军校同学会会长）到公馆，作了简要而严肃的面示，大意是：我奉命明天即飞台北，这里的事情就交给你了，你要尽到军人天职，人在机要档案在。如果机要档案不在，你也不要生存。下一步怎么办，想必你自己懂得。为万无一失，可征求黄觉民（时为福建省研究院院长，新中国成立后曾任福建省教育厅副厅长）和刘通先生（时为国民党立法院立法委员）意见而行。

吴石的公开身份，是国民党国防部的参谋次长，位高权重。实际上，他之所以拖到福州解放前一天才携家眷赴台，是为了尽可能多地帮助中国共产党。当年，李克农指示上海情报组织联系吴石将军，希望他利用其特殊身份和工作之便，为中共提供重要情报。吴石将军在赴台前，命令原随从参谋王强用生命来保管的机要档案，正是国民党原定直运台湾的二百九十八箱绝密军事档案。而吴石将军要求王强为保万无一失，关键时刻可征求意见的两位先生，其中之一正是与吴石同为民联成员的辛亥志士、福建民联组织的主要领导人、民革前辈刘通。

## 领导福建民联组织，为福建解放贡献力量

在抗日战争时期，国民党内部的一部分反蒋人士以孙中山"联俄、联共、扶助农工"三大政策和国民党第一次全国代表大会宣言为旗帜，为团结广大坚持抗战、坚持团结、坚持进步的爱国民主分子，共同与破坏抗战、制造分裂、阴谋妥协、实行独裁的国民党反动派进行斗争，组成了一个国民党民主派组织——三民主义同志联合会，简称民联。1945年10月，民联在重庆正式成立后，福建籍国民党民主派、老同盟会会员丁超五、刘通等参加民联。其中，刘通当选为民联中央监察委员。

1946年，国民党召开了一党包办的"国民大会"，刘通发表了《与某公论召开国民大会书》，提出"民主应以民为主""宪政重在实行而不在纸面与形式"，以及组织联合政府等主张。他呼吁停止内战，并和其他民主人士一起揭露蒋介石内战阴谋，否决设立"戡乱委员会"议案。

民联成立后，丁超五和刘通在福建秘密发展组织。1947年，在南京担任国民党政府立法院财经委员会委员长的刘通，按照民联中央指示，利用竞选立法委员的机会，多次回到福建，在民联成员林大绥等人支持和帮助下，开展联络活动，发展了一批民联成员。丁超五与刘通一同建立了福建民联地下组织，成为负责人。

1948年1月，民革在香港成立。民革中央主席李济深委派在香港参加民革成立大会筹备工作的刘朝缙携带其亲笔信回闽，转交给丁超五和刘通，委托他们筹备成立福建民革组织，由丁超五负责民革，刘通负责民联。

1949年1月，刘通奉民联中央之命，回福建主持民联工作。随后，在中共党员支持和帮助下，民联成员在福州土山刘通家召开会议，成立了以刘通、管长墉、林浩藩、陈齐瑄、林大绥等五人组成的领导工作班子，发展组织和开展其他工作。

1949年春，刘通专程赴上海向民联中央汇报工作，并要求中共中央派人来闽帮助工作。中共中央社会部派谢筱廼（化名吴寿康）等人赴闽协助民联开展工

作。中共中央社会部福州站特别重视对国民党军政界的策反工作，谢筱廼经常于晚间外出与单线联系的同志、朋友碰头，通报情况。在不长的时间里，谢筱廼与包括刘通在内的民革、民联等民主党派的上层人物和民主人士都进行了频繁接触。在刘通等民主人士的帮助下，通过各种社会关系，谢筱廼找到并深入到军警、特务部门进行策反工作。

在上级组织和中共中央社会部、中共中央华南局指导帮助下，以刘通为负责人的福建民联成员同中共福建地下组织密切合作，团结和联系了一批国民党中上层军政人员和其他爱国民主人士，采取秘密活动与合法斗争相结合的方式开展工作。刘通的私宅成为福建民联的一个秘密联络地点，另外还有一个被民联成员称为"解放区"的联络场所则是澡堂，也是他们经常碰头聚会的地方。就这样，他们在国民党统治区利用各种公开和半公开的场合积极宣传中共，开展反蒋、反内战斗争。

三大战役之后，国民党反动派的败局已定，反动营垒处于分崩离析、风雨飘摇之中。蒋介石为了进行垂死的挣扎，制定了以台湾为基地、以闽粤为屏障的战略决策，视福州、厦门为战略要地，强化作战防御体系，加紧法西斯统治。在这种艰难复杂、白色恐怖日益加剧的局势下，刘通等福建民主党派人士在中共闽浙赣省委的支持下，积极联络福建国民党上层人士，利用各种合法身份收集国民党军政部门的情报，掩护、营救中共地下党员和进步人士。为配合人民解放军解放福建，他们策动国民党军、政、警、特人员起义、投诚，在保护国家财产、档案方面，做了大量工作。

1949年8月17日，福州解放。当天傍晚，福州东街口、南门兜、大桥头到处张贴着一份《欢迎福州解放——敬告同胞书》。这是刘通与萨镇冰、丁超五、陈培锟、史家麟、何震、卢金三等联名发出的拥护中国共产党、欢迎人民解放军的安民布告。这一安民布告，对稳定人心、维护社会秩序起了积极作用。刘通，这位从年少时即投身革命，年届七十岁的老人，终于盼来了梦寐以求的新中国。

## 早年追随孙中山,投身辛亥革命

1879年,刘通生于闽县琅琦(今福州市马尾区琅岐镇凤窝村)的一个农民家庭。在孙中山的影响下,刘通宣誓加入同盟会,并负责福建支部常务工作。

1911年,同盟会准备在广州举行武装起义,派遣福建籍同盟会会员林觉民回福建征召会员前往助战。林觉民一到福州,立即召集林斯琛、刘通等福建同盟会核心成员召开秘密会议。大家一致认为福建的骨干力量不宜全部派往广州,必须有人留下主持工作,根据革命形势的发展需要进行策应。刘通因《建言报》无合适接替人选而被留下。大家商定,等取下广州后,由林斯琛在厦门设法组织福建军队援粤,刘通在福州响应。当林觉民带领战友们出征时,刘通等亲自送到马尾才挥泪而别。不幸的是,黄花岗起义以失败而告终,林觉民等人以身许国。消息传来,刘通悲痛欲绝,写下了"珠江日夕咽哀流,千树黄花照斗牛;自有精神长不死,独为种族荷先忧","呜呼!九原如可起,我愿百身赎诸子"的诗句。

武昌起义爆发后,刘通即与彭寿松等人在福州响应。他们策动新军统制孙道仁、许崇智、王麒等举事,并秘密部署同盟会及其他社团和广大群众参加起义。起义时,刘通负责联络工作。11月13日,起义成功,成立福建都督府,刘通被推选为福建省参事会议参事员。

1958年3月29日,民革福建省委会集会纪念黄花岗起义,一排左十二为刘通

1924年1月,刘通被孙中山指定以福建省代表身份,参加在广州召开的国民党第一次全国代表大会。北伐时,刘通任省司法委员会主席、省高等法院院长。

1927年四一二反革命政变后,胡房儒回闽传达蒋介石"凡是共产党杀无赦"的"清党令"。刘通认为,"光有主义和组织是构不成刑法上的'内乱罪'的;应根据罪状,依法分别首从轻重,详慎审判,方可办理,不可乱杀无辜"。此举得到许多人的认同,刘通后被推选为"清党"委员。但不久后,他被指控"袒共""共产嫌疑"而被罢免;同时被免去省高级法院院长等职,调任考试院铨叙部甄核司司长。

## 心系桑梓,冒险平息福建粮荒

1941年4月中旬,日寇进犯福建沿海,21日晨攻占福州。大批福州难民随内迁的政府机关逃到南平、永安。数十万难民的一下涌入,使得当地原本勉强的粮食供应,陡然紧张。很快,粮荒蔓延至全省。南平、永安、龙岩,到处告急。粮铺纷纷关门,黑市上米珠薪桂。永定、上杭,饿殍载道;南平许多乡民只能吃草根、树皮度日。

正在重庆任立法委员的刘通,得到福建家乡闹粮荒的消息,心急如焚。他三次上书时任国民政府主席的林森,告知福建严重缺粮的实情,请求中央赈济委员会发放赈济款,派专员到福建救灾。他还表示,自己愿意担任这一项工作。得到批准后,刘通与参政员秦望山、设计委员何公敢两位闽籍要员立即动身。他们先飞桂林,而后改乘火车往湖南衡阳,又从衡阳坐汽车至江西泰和。因日军进占,此时江西省政府已迁至泰和成立临时省会。刘通他们商议后,决定购买江西的大米,运往福建赈灾。经过疏通,江西省政府同意他们在赣东的光泽(当时属江西管辖,今属福建)一带采购粮食,由水路运入福建。

刘通等人赶到光泽后,拿着江西省政府的批条派人到四乡购粮,同时找来闽清船帮代表陈作舟等会商运粮事宜。因为闽江上游富屯溪水急滩险,大船无法行

1950年12月26日,毛泽东签名的任命书——任命刘通为福建省人民政府委员

驶,只有船身狭长的闽清鼠船,能够穿滩过濑,转舵自如,因此,闽清船帮撑持起了抗战期间的闽北水运业务。但鼠船船舱狭小,船上连个座位都安放不了,乘客只能手扒船舷蹲着。为了了解粮船的运载航行状况,刘通坚持蹲在鼠船上亲身体验了一把船只过滩的情形,这才放心。

此一行,辗转万里,千山万水,辛苦备尝。到南平后,参加了中央赈济委员会和省政府共同召开的赈济会议,刘通他们又马不停蹄地分别深入到灾区各县视察灾情。刘通先来到建瓯,这里设有难民收容所和难民生产事业管理处开办的各种工厂。有人劝刘通不要下基层,因为严重缺粮,有些难民情绪激动,怕做出过激行为引来人身危险。刘通微微一笑:只要能了解准确的灾情,我个人的安危又算什么?

经过实地考察,遍访灾民,刘通掌握了第一手情况,向省政府提出六点赈灾实施意见。加之平粜的粮食陆续入闽,粮价迅速下降,人心开始稳定,福建粮荒得到妥善解决。赈灾一事让刘通的声誉大增。灾区的人们都在谈论着这位做事认真、一丝不苟,脸上总是挂着微笑却又不失威严,满口福州腔但句句说在百姓心

1960年，已届耄耋之年的刘通（左二）到三门峡考察后，参照黄河治理的做法，提出"根治九龙江等主要河流的建议"

坎里的政府要员。

新中国成立后，刘通担任了福建省人民政府委员。在福建省档案馆珍藏的刘通专档中，一份毛泽东于1950年12月26日亲自签发的《中央人民政府任命通知书》引人注目，上书："兹经中央人民政府委员会第十次会议通过，任命刘通为福建省人民政府委员。"在福建省人民政府委员会正式成立时，刘通在作为民革代表致辞时说："省政府要全心全意为人民服务。首先必须给人民以相当生活。有生活社会始能安定。一切设施方易下手。"当时，福建面临许多困难。"福建本来是穷困的。经过八年抗战三年反动派挑动的内战，已穷上加穷。"在谈到这些困难时，刘通说："我们是有计划有办法有信心可以克服的。""要繁荣地方、赶上进步，首先便是建设。"他用行动关心着家乡建设和发展。1960年，他赴九龙江视察灾情，提出"阻止开荒，大造山林，根治九龙江"的合理化建议，至今仍然造福闽南一带人民。

刘通始终期盼着祖国和平统一。他在1958年11月《晋京感言寄台湾故旧》

中这样写道:"中山先生一生热爱祖国,反对帝国主义侵略和掠夺,为谋求康乐富强之新中国而奋斗。今日祖国建设已大大超过中山先生生前愿望。余此次在京参加中山先生九十二周年诞辰纪念,中共中央政治局委员林伯渠老先生暨陈毅副总理等均到碧云寺参加纪念仪典。在台故旧中有不少追随中山先生从事革命或服膺中山先生遗教者,心知祖国兴隆盛况与中共领导人对中山先生之尊重,谋求国共合作之愿望。衡诸在台处境能无动于衷?余已老矣,尤念故旧,布此区区,旅途感言,望能察及衷情,以民族大义为重,在爱国主义的旗帜下,摆脱美帝国主义羁绊,和祖国人民一道,共谋和平统一事业。"这一年,刘通已近80岁高龄。此时的他仍心怀宏愿,尽己所能,为促进两岸和平统一事业而努力操劳。

## 不忘至交战友,病重老人的心中挂念

在刘通留下的《漫有斋诗稿》中,存有刘通惊悉挚友吴石在台湾牺牲后挥泪写下的诗——《哭吴石》。该诗句句情真意切,让人动容。诗中这样写道:

恸哭君真死,困难我独生。
风光韩愈郡,灯火秣陵城。
兵略山川富,诗心水月清。
可怜临别语,生死是交情。

1969年,刘通在病重时将此诗交给孙子刘海容,并嘱咐说:"他日万一有机会见到彭冲、谢筱廼、梁国斌和老前辈中任何一位时,将此诗抄录,谨慎面呈,另有数语亦加报达……现有一事殊耿耿于怀,即不知虞薰(吴石,字虞薰)之牺牲,有关各方面曾否予以记载?便时祈予关照,勿使日后不明不白,我衷心祝愿诸位平安长寿……"

刘通与吴石是至交及战友。1917年孙中山南下护法,在广州任大元帅,策划北伐,组织征闽靖国军,"刘通任该军秘书长,吴石与其共事军中"。两位福州人在异乡一见如故，说起福州方言，分外亲热。从这时起，两人关系日密。他们在军中常常走动，今晚在刘通处，明晚在吴石处，互邀聊天，讨袁的共同使命让两人心连在一起。从此，结下伴随一生、至死不渝的友谊。

抗战胜利后，吴石回到南京担任国防部史政局局长，经常假借宴会名义，邀请闽籍在南京供职的好友刘通、丁超五（曾任民革上海市委会主委）、吴仲禧（曾任民革广东省委会副主委）等多人，聚会一堂，谈论国事，抨击国民党政府腐败无能、独裁专政。

1948年秋，国民党参谋总长陈诚要将史政局保存的一批军事机要档案直接撤运台北。而吴石却建议将档案暂移福州，他给陈诚的理由是："进则回京容易，退则转台便捷。"陈诚同意了吴石的建议。于是由郑葆生（吴的随从秘书）、王强（吴的随从参谋）和柯玉锜（曾任吴随从副官和参谋）三人组成保管小组。王强从1946年起就先后在重庆、南京、福州担任吴石的随从参谋，是他信得过的一个人。

原来，此时的吴石已通过在香港的民革中央主席李济深同中共建立联系，计划下一步自己出任福州绥靖公署副主任时，待机起义，并将绝密档案交给解放军。吴石的建议被国民党当局采纳后，立刻紧急成立了包括王强在内的四人遣送小组，率警卫五名，于1948年12月下旬自南京押送机要档案五百余箱，经车、船联运，于1949年元旦抵达福州，保存在于山戚公祠大殿内。为确保安全，王强等四人住宿于殿前的平远台内，全副武装地警卫，日夜守护在殿堂内外。

国共谈判破裂后，在台湾的国民党政府电促速将存储档案运台。吴石则以"军运紧，调船难"为借口，仅以百余箱参考资料、军事图书权充绝密档案，列为第一批，派小组中的外省籍成员率警卫先将这批档案运到台湾。其目的是拖延时间，争取留下由王强保管的二百九十八箱绝密部分。这正是吴石要求王强征求刘通意见的那批机要档案。

1949年8月14日，吴石突然接到台湾"总统府"侍从室主任林蔚奉蒋介石手谕发来的急电，命令其即日携眷赴台。8月16日凌晨，吴石离开福州，飞往台湾。8月17日，福州解放。8月20日，王强在郑葆生、柯玉锜的协助和黄觉民、刘通两位前辈的明示、支持下，将保存无损的国民党军事绝密档案298箱，计分八大类，约六千八百余卷的档案呈献给福州军事管制委员会军事部。这批档案有相当高的价值，据王强说："后来有部分档案解密，从而得知里面有解放战争期间国民党军队对共产党军队的战略战术研究资料，以及国民党军队部署分布等情报。"

1950年6月10日，蒋介石以"为中共从事间谍活动"的罪名，下令将吴石等四人杀害于台北马场町。当时，对国共两党来说，吴石案是一桩震惊最高层的特大事件，知情人非常有限，双方都秘而不宣。

到了1969年，吴石遇害近二十年后，刘通在自己被下放闽西，病情加重之时，还拜托各位能铭记吴石为中国共产党和人民解放事业作出的贡献，"勿使日后不明不白"，由此足见刘通与吴石交情之深，也可见这位辛亥志士血液中流淌的真性情。

## 主要参考文献：

1. 中国人民政治协商会议福建省委员会文史资料编辑室编：《福建文史资料》（第六辑），福建人民出版社，1981年版。

2. 中国国民党革命委员会福建省委员会编：《福建民革志》，1994年版。

3. 福州市党派志编纂委员会编：《福州市党派志》，方志出版社，1999年版。

4. 民革中央宣传部编：《民革前辈与辛亥革命》，团结出版社，2012年版。

5. 郑立辑、福建省文史研究馆整理：《吴石诗文集》，2012年版。

6. 郑立著：《冷月无声吴石传》，中共党史出版社，2018年版。

7. 李承琦、陈天缦：《另一条战线上的斗争——析解放前夕福建民主党派的反蒋活动》，《福建党史月刊》，1992年第7期。

8. 董力人:《急公好义乐驱驰——辛亥革命老人刘通》,《闽都文化》,2017年第5期。

9. 杨东汉:《辛亥革命志士刘通》,《福州晚报》,2019年4月6日A03版。

10.《代号"密使一号"的潜伏者——吴石》,央视网,http: //m.news.cctv.com/2016/07/03/ARTItg610KW3LM2jfI4nRvwt160703.shtml。

刘公武(1903—1988),又名庚舜,号耕芜,别名允刚,湖南华容人,1956年加入民革。中华人民共和国成立后,曾任湖南省军政委员会参议、省政府参事室副主任等职。民革第五、六届中央委员。民革湖南省委会第六、七届副主委,名誉副主委。第六届全国政协委员。

# 刘公武
## 力推和平解放的湖南人民自救会总干事

1948年4月的南京，不是阴雨连绵，便是雾锁山川，少有一片湛蓝的天空。4日，清明节前一天，国民党第六届中央执行委员会临时全体会议在南京丁家桥中央党部礼堂举行，在这幢法国宫殿式建筑里，讨论总统、副总统候选人问题。会上，国民党各个派系的中央委员们各执己见，吵得不可开交。黄埔系多数人主张"蒋总裁不当总统为宜"，做有实权的行政院院长，但CC系和戴季陶则气势汹汹地主张推蒋做总统候选人。两种意见尖锐对立、争论不休，一时不能做出决定。

而后，在第二次大会上，赫然公布了中常会提名蒋为总统候选人的决议案，全场鸦雀无声。这时，湖南籍的中央监察委员刘公武打破了沉默，走上台前慷慨陈词。他认为中常委这个决议案"公然违背了蒋总裁自己宣示的旨意，故不能同意"，并表示，中山先生的建国大纲规定了军政、训政和宪政三个阶段，现在国民革命成功，已进入宪政时期，国民党还政于民是理所当然的……言犹未了，CC派要员潘公展十分激动地跳起来恫吓、斥责刘公武不该反对中常会的决议案，要求制止其发言。刘公武冷笑对之，主持会议的孙科示意发言可以继续。刘公武率直陈言道："蒋总裁功成不居，正表明现在不是蒋家天下……"

发言即出，立时博得了一阵掌声。散会后，有些人公开走来主动和刘公武握手，对其言论表示赞同。

## 赤诚报国，不避艰险

刘公武，1903 年 5 月 11 日出生于湖南省华容县的一个富商家庭。1918 年春，他到长沙求学，相继就读于第一师范附小、明德中学和省立第一中学。1923 年夏中学毕业后，考入上海沪江大学专习英文。1925 年春转入复旦大学教育系。不久，即加入中国国民党，参加五卅爱国运动，组织同学发起罢课，上街演讲，汇入了中国共产党领导的反帝爱国斗争洪流。次年春，担任复旦大学学生会执行委员长，因组织五卅运动周年纪念活动，被开除学籍。

1926 年，刘公武与共产党人何长工、蔡协民、欧阳悟一道，在华容县领导开展了轰轰烈烈的工农革命运动。惩治了素称"华容王"的土豪劣绅张巨卿和作恶多端的孙少海，使正义得到伸张。

11 月，在国民党华容县代表大会上，刘公武、何长工、蔡协民、欧阳悟、程学敬等被选为执行委员，刘公武又被公推为常务主任委员。代表大会召开后，华容县国共两党的合作出现了大好形势，农工商等各种民众团体都相继建立起来了。全县十个区、上百个乡都建立了农民协会，会员在十万以上，废除苛捐杂税，禁绝鸦片、牌赌，实行减租减息。

1927 年 3 月，刘公武同何长工等六人组成华容县惩治土豪劣绅特别法庭，至"马日事变"止共处决四十七名罪大恶极的土豪劣绅，民心为之一振。

1927 年 4 月 12 日，蒋介石发动反革命政变，接着湖南反动军官许克祥也发动了"马日事变"，疯狂地屠杀革命力量。刘公武遭到反动派的公开通缉，只好潜赴当时的革命中心武汉，又转往九江，由复旦同学徐文台介绍，担任了国民革命军总政治部《革命军日报》的编辑，大力倡言"东征讨蒋"。宁汉合流后，他被迫流亡南洋。

1927 年 9 月，刘公武到了马来西亚，先后担任柔佛茜咖吗埠华侨小学校

1931年2月刘公武任新加坡华侨中学校长

长,柔佛麻坡华侨中学教员。1929年留学德国柏林大学,在此结识了成仿吾、章文晋、冯玉祥夫人之弟李连山,并参加了成仿吾等组织的社会科学研究会,学习与研究马列主义。1931年辍学东归,受陈嘉庚之邀,任当地南洋华侨中学校长。

九一八事变后,刘公武义愤填膺,他怀着一片赤诚的报国之心,在南洋进行广泛的抗日宣传,在华侨中募捐,并带了一批华侨青年回国参加抗日。但当他回到上海的时候,却感到报国无门,于是又奔赴北京,应李连山之邀,合伙办了一家小型毛纺厂,幻想走实业救国的道路。但是当时洋货充斥中国市场,国产货卖不出去,加上日军侵犯长城各关口,北平危急,职工星散,刚刚筹建起来的厂子陷入了绝境,实业救国的幻想也破灭了。于是他投奔冯玉祥将军的抗日同盟军,被任命为总司令部上校秘书,然后调任干部学校任政治总教官。正当刘公武试图一展自己抱负的时候,冯玉祥被蒋介石所迫,为保存抗日力量,通电解散了抗日同盟军。刘公武奉命同干部学校副校长张克侠带领两百余名青年学生到塞外张北一带活动。因缺衣少食、无弹药供应而难以坚持,又遭到国民党第二十九路军围困，被强行接管。刘公武只好从北京转赴上海，继续抗日救亡。

1936年1月，刘公武在上海遇到同乡好友白瑜，经其推荐，担任国民党军事委员会政治处南京政训班中校政治教官，以后又担任中央军校政治教官，政治总教官，中央军校第二分校政治部主任，西南游击干部训练班政治部主任兼湘鄂赣边区挺进军政治部主任，中央训练团高级班少将教务组组长，湖北省政府委员等。

刘公武是抱着抗日救国的思想回国的，他担任军校政治教官之后，便有了一

刘公武在任中央军校第二分校政治部主任兼武冈县县长时与妻儿合影

个宣传抗日的讲台。七七事变爆发的第三天,刘公武就在武汉分校全体师生大会上讲话,赞颂卢沟桥英勇抗战,指出这是全民族抗战的号角吹响了。同年9月,刘公武在兼任武汉抗敌宣传委员会主任期间,多次到汉口中山公园宣传抗战和八路军平型关大捷,号召民众勇赴国难。

1939年,军校迁到武冈后,刘公武兼任了武冈县县长,做了很多安定地方、发展农林业生产的实事,并彻底解决了过去几任县长都无法解决的匪患。为了让军民了解抗日形势,在二分校主任李明灏的支持下,刘公武创办了《战斗日报》,自任报社社长,撰文宣传抗日。

## 坚持正义,约法三章

抗战胜利后,刘公武先后任湖北省政府先遣负责人兼第六战区敌伪物资接管委员会委员,湖南省政府委员,省政府秘书长,省民政厅厅长,国民党党部监察委员,三青团中央监察,"国大代表",国民党中央监察委员会委员等职。

刘公武虽然身在国民党政府内,但是始终坚持正义、秉公办事,不愿同流合污,保持了清正廉明的气节。

刘公武在湖南省政府秘书长任内,办理了轰动一时的邵阳抢劫金库案。作案人是省长王东原派系的人,王东原想大事化小,小事化了。但刘公武当面与王东原争执,坚持要惩办案犯,并利用舆论来揭露案情。王东原无法掩盖,只得同意对此案进行公审,枪决了主犯。

1947年,湖南发生了学潮。当时南京政府发出密电,严令进行镇压。王东原把这件事交给刘公武去办。刘公武为了保护学生,始则进行劝阻,劝阻无效后,他便立即通知保安团,禁止出动警察干涉,保护了学生游行队伍安全返校。

1948年,解放战争如暴风骤雨般迅猛发展,国民党的统治处于风雨飘摇之中。刘公武在参加国民党中央执、监委员联席会议上首先发言,慷慨陈述蒋不能

1946年，刘公武（左五）在汉口迎接章士钊

出任总统的意见，敦促国民党还政于民，清除腐败，以挽救国家民族危局，本文开头的这一幕闹剧，让他逐渐看清了蒋介石虚伪无常的本质。

是年冬，刘公武随同王东原从湖南省政府任内交卸下来，在南京遇见了自西北来的张治中。交谈中，刘公武婉言谢绝了张治中邀他"同去新疆"出任党职的厚意。张治中表示理解，并称赞了他在大会上反对中常会提名的敢言作风，唏嘘道："总裁最近对我说，他悔不该当上总统。"

回长沙后的一段时间，刘公武闭门谢客，整日在家读报，夜间收听新华社的广播。他曾对妻子说："我现在思想很乱，很多事百思不得其解。但现在自可定下三条：一是不再当官，二是不想出国，三是不去台湾。"

## 为民请命，推动和平

1948 年 7 月，程潜回湘主政，担任湖南省政府主席兼长沙绥靖公署主任。刘公武改任长沙绥靖公署高级参议。此时的刘公武，对国民党已经彻底失望，希望结束内战，走和平解放的道路。尤其是三大战役结束后，刘公武几乎是以半公开的身份从事和平运动。随着力量对比发生变化，程潜决心顺应历史潮流走和平道路。

1949 年 4 月，刘公武建议程潜发动社会各界，使争取和平成为湖南上下一致的要求和行动。程潜采纳了刘公武的意见，并嘱咐他去与国民党耆老仇鳌商量进行。

在 4 月 21 日召开的各界人士会议上，大家一致认为湖南经过八年抗战、三年内战，人民受害最深最大，必须避免战祸，方能保持地方元气，当即成立了湖南人民和平促进会，推仇鳌为主任委员，并推定常委若干人，刘公武被推为常委兼总干事，初步商议采取有效的自保办法。当天出版的《中央日报》（长沙版），刊登了题为《长市绸缪自保定明举行扩大和平会议刘公武呼吁湘人靠拢来》的报道，文中记述："昨日'湖南人民和平促进会'治安会议席上，近来很少在集会场所露迹的刘公武氏，以警辟的语调，吁请号召全省人民起来，反战求存，以免三千万生灵遭空前浩劫。……刘氏认为长沙自保运动，虽然已在进行，但力量脆弱，不如人民都站起来，坚决反对战争，使军队向老百姓看齐，政府向老百姓看齐，因为全体人民的力量，是任何威力都要低头的。刘氏最后并建议成立一个新的组织，包括各党各派各阶层，成立一个'反战求存'的机构，'湖南人民团结起来，靠拢来，邀唐生智、陈渠珍等人来省，共谋大团结，也许一些小纠纷，便可迎刃而解，尤其希望大家以牺牲小我，救全大我之心，保持和平的秩序。'刘氏语毕，获得全场掌声。"

4 月 22 日，为了适应各方面的要求，湖南人民和平促进会改名为湖南各界争取和平联合会，会议决定请唐生智对付白崇禧，依靠社会民众，以舆论为后盾。于是，改推唐生智为主任委员，并提出湖南不设防、不备战，湖南人大团结、实行自保自卫等主张和口号。联合会组成后，一方面积极推动各县市建立自保委员会，组织自卫武装，维护地方治安；另一方面敦请唐生智来长沙，与程潜共商争取和平解放的大计。

4月24日，南京解放的当时，蒋介石在老家溪口重申对中共作战的决心，叫嚷什么"愿以在野之身，拥护李代总统领导作战，奋斗到底"。

4月25日夜，刘公武回到省政府办公大楼，看到灯光通明，似乎在开什么会。上楼后，只见长沙绥靖公署自副主任李默庵以下将级官员10余人，都是戎装盛服，聚集在会客室交谈，情况颇不寻常。李默庵看到刘公武来了，立即拉着他到另一房间密谈。李默庵追问："你们现在这样搞，是不是已和共产党拉上关系？"刘公武不以为然，回答说："你这是什么话，我们是湖南人，应当对湖南负责，地方不能再经战争，受到糜烂，所以主张和平，怎么能说要同共产党拉上关系呢？你这不是怀疑我们搞阴谋活动吗？老实说，你们这么多人来包围颂公，要他对总裁的话公开表示响应，这是不适合湖南情况的。"李默庵与他话不投机，没有再谈下去，刘公武借故离开，直奔省参议会议长唐伯球家，告以上述情况。刘公武认为此时情势紧迫，敦促他立即去见程潜，决不能采此下策，唐伯球就急忙驱车奔向省政府。程潜见他慌忙到来，便问："深夜来这里，有什么紧要的事吗？"唐就把刘公武所谈相告，程坚定地对唐说："我不会这么蠢，决不会听他们这伙人的。"唐转述了程所说的话，刘公武等也就放心了。

4月29日，唐生智抵达长沙，随即发起组织湖南人民自救会，以自救的名义来迎接和平解放和对付白崇禧。湖南各界争取和平联合会集体加入湖南人民自救会。刘公武继续出任常委兼总干事。从此，湖南争取和平解放的运动，声势越来越大，表明了人心所向，不可阻挡。

## 斗智斗勇，筹划起义

1949年，桂系为控制湖南，由李宗仁以代总统的名义，调程潜去广州任国民党政府考试院院长。消息传出，舆论哗然，大家唯恐程为所动。这时，刘公武、唐伯球、段梦晖、蔡杞材、杨任严、杨宙康等组成的一个小组，通过中共党员梁君大的联系，得到中共湖南省地下工委的指示：一定要稳住程潜不能走。一天下午，刘公武等陪同仇鳌，以地方士绅的身份，前往省政府会见程潜，恳切挽留。程潜态度坚定，当即表示："你们放心，我是不会走的。在这个时候，我还会去挂这个空头衔吗？"消除了大家的一场虚惊，平息了谣言。

另一方面，为了粉碎这一阴谋，唐伯球、陈云章等人策动省议会、各人民团体发电要求挽留程潜。刘公武认为这还不够，建议加上青年将领的签名。当时青年将领的主要人物李默庵、宋希濂等都驻防在外地，仓促之间，无法联系。刘公武以他和李默庵的私谊，便代李签了名，并策动宋仁楚代其胞弟宋希濂签名。于是，一份有李、宋等将领签名的挽留程潜的电报，就这样发出了。李宗仁考虑到李默庵、宋希濂都是蒋介石的亲信，桂系正得利用他们，终于复电省议会，同意程潜留任。

白崇禧从武汉败退长沙后，撤换了省政府秘书长和民政厅厅长，代之以桂系人来担任，企图在湖南继续与解放军作战。

5月下旬，刘公武得知省会警察局长吴利君要拖走警察部队，当即建议程潜先发制人，将吴的职务免掉，又由刘公武去说服原省警务处处长李肖白出任警察局局长。当刘公武得知宪兵团已有两三个月没有发粮饷，军心不稳，便去找省议员陈云章，要陈出面向长沙市工商界筹集应变款给该团及时发饷。刘公武的这些活动，对于后来保证平稳实现湖南和平解放非常重要。

刘公武心向人民，坚信自己的抉择是正确的，认为湖南只能走和平起义的道路。有利于和平解放的事，无不悉力以赴、四处奔走。所以，白崇禧恨透了他，几次派人企图挟持他去台湾。为了安全，刘公武全家分散躲避起来。他本人避往长沙东郊杜家山朋友家中，妻子儿女则躲到民主东街小学。

不久，刘公武的老上级李明灏受周恩来的指示，专程到长沙为程潜和陈明仁搭桥引线。李曾与刘公武在唐生明家秘密谋面，并一同去会见了刚从邵阳秘密回到长沙的程潜。刘公武被程潜指定为参加湖南和平解放谈判的五名代表成员之一。

8月4日，程潜、陈明仁发表起义通电。5日，唐生智、仇鳌、刘公武等各界人士一百多人联名通电响应。当天，中国人民解放军进入长沙市，群众夹道欢迎，锣鼓喧天，鞭炮齐鸣，人们从战火破坏的噩梦中苏醒过来，热烈庆祝湖南和平解放的胜利。

## 同心同德，无私奉献

中华人民共和国成立后，刘公武以一片爱国之心，不断追求进步，与中国共产党同心同德、合作共事。作为一位著名的爱国民主人士，刘公武为湖南民革事业的发展殚精竭虑，为社会主义建设献计献策。他只有无私的奉献，从不计较什么个人得失，不攀比职位升迁。他有生之年的一个最大的心愿，就是希望祖国早日完成统一大业，并为此进行了不懈的努力。

1949年9月，湖南和平解放仅一个月，他就把大儿子刘顿送到解放军部队。抗美援朝时，为了支援中国人民志愿军，他鼓励和动员社会各界人士捐款捐物，自己带头将积蓄捐给国家。

1952年，刘公武响应号召，担任省军政委员会派出的土改工作队队长，因为政策掌握得好，工作细致，他圆满完成了任务。1958年"大跃进"时，参事室要办一个酸碱厂，没有厂房，刘公武就主动租赁了铁佛东街两间小房住，腾出自己的房子办了工厂。三年困难时期，刘公武在参事室本可享受高干待遇，政府给他发《特种购买证》，他却坚持不要。刘公武说：现在大家都在过苦日子，我不能搞特殊，要和群众同甘共苦。1981年，政府分给他一套四室一厅的新房，提供给他各种优厚待遇，他坚决不要。

**主要参考文献：**

1. 赵焱森主编：《华容之子——纪念刘公武先生诗文集》，湖南人民出版社，2011年版。

2. 中国国民党革命委员会湖南省委员会编著：《民革前辈与湖南和平解放》，团结出版社，2019年版。

3. 刘晓:《父亲刘公武投笔从戎的抗日经历》,《文史博览》,2005年第19期。

刘积学（1880—1960），号群士，河南新蔡人，1948年加入民革。中国人民政治协商会议第一届全体会议代表。中华人民共和国成立后，曾任中南军政委员、河南省人民政府委员、省政治学校校长、河南省文史研究馆副馆长等职。民革中央团结委员。民革河南分部筹委会负责人，民革河南省委会副主委。

# 刘积学
## 单独通电，逼蒋下野

1948年7月，在豫南重镇信阳国民党第五绥靖区司令官邸，身材魁梧、佩戴国民党中将军衔的第五绥靖区司令张轸正在官邸会见远道而来的访客。

张轸这几天心情很不好，整天愁眉不展，忧心忡忡，他前不久又一次在战场上领教了共产党部队的威力，本来内心就不想和共产党部队作战，现在这种局面使他越发的烦躁。

来客简单寒暄了几句，便递上一封信，张轸看了信件之后，紧锁的愁眉逐渐舒展开来。

这封信由何人寄出？信上又所说何事？为何能让张轸紧锁了多日的愁眉舒展？

写信的人正是张轸的老朋友——河南著名民主人士，孙中山坚定的追随者，时任河南省参议会议长的刘积学。在信里，他为张轸指明了一条解决当前困局的出路——顺应民心，早日起义向中国共产党投诚，而中共派来与他沟通的代表正在等待合适时机与他面谈。

### 追寻真理，投身革命

刘积学是前清举人，在旧制度下的中原小城中，他出身名门望族，读的是四书五经，却转而坚定地追随孙中山先生，投身革命，展现了中原腹地传统的读书人，在时代浪潮跌宕中追寻真理，以爱国爱民为己任的不屈精神。

虽然刘积学出身名门，但幼时家境清贫，靠父亲炸油条卖小吃的收入才得以上学。他自幼勤学刻苦，二十多岁便考取了癸卯科举人。因其受新学影响，又深知寒门学子不易，1902年，他和友人在开封成立了一个半日学堂。半日学堂有"读书谋生各得半日"之意，专为家境贫寒的青少年所设。后来，刘积学和友人又成立了一个学会，除传授知识外，还传播革命思想。

1905年，孙中山先生在东京成立中国同盟会，刘积学经人介绍加入了同盟会。1906年同盟会河南支部成立，刘积学曾主持过该支部工作。

1907年12月，在河南旅日女革命志士刘青霞的资助下，同盟会河南支部机关刊物《河南》杂志创办，刘积学任总编辑。

《河南》旗帜鲜明地宣传孙中山的民主革命思想，批判改良主义，发行近万份，风行国内外。你有枪和炮，我有笔如刀，《河南》杂志成了刺进清政府心脏的一把钢刀，对辛亥革命起了思想上推波助澜的作用。

当时，《河南》杂志聚集了大批爱国的文人斗士，鲁迅就是在《河南》杂志找到了文字救国的阵地，开始了人生中的重大转变，他的稿件贯穿着《河南》杂志的始终，《河南》杂志也记载和见证了他由一个热血青年成长为民主斗士的历程。鲁迅曾戏谑地评论《河南》杂志："那的编辑先生有一种怪脾气，文章要长，愈长，稿费便愈多。"

后因清政府阻挠，《河南》杂志被迫停刊，刘积学写下言辞激昂的《河南留日学生讨满清政府檄》，在东京同盟会出版的《天讨》专号上发表。他在文中历述清朝的腐朽统治，以唤醒国民，推翻清政府，建立民国。

1908年，同盟会派刘积学回开封筹划策动北方起义。策动新军失败后，同盟会支部把重点放在分派同志到省城外联系农民武装，策动就地起义。刘积学等人到汝、鲁等县发动农民武装，买枪弹，策应南阳义军。事败后，刘积学前往上海向陈其美、黄兴请援。武昌起义爆发，刘积学与河南同盟会会员刘基炎等在上海组织河南北伐军，后南北开始议和，军事行动便停止了。

1912年到1917年，刘积学被选为临时参议院议员。在此期间，他的一切言行，皆以孙中山的主张为依归。1914年，孙中山以同盟会员多丧失革命精神，在日本另组织中华革命党。刘积学率先参加了中华革命党。

从1917年到1921年，孙中山虽几次受到挫折，但刘积学始终忠实追随左右。1922年，刘积学任河南自治筹备处处长；1926年，担任河南省政务厅厅长；1928年，随北伐军到汉口，任河南宣抚使。

1927年，蒋介石背叛革命，新的军阀割据局面形成。刘积学认为蒋介石残酷不义，又排除异己，政治腐败，不肯去拜访蒋，亦不愿有所求，派系纷争，他更是很少参与，在南京终年闭门高卧，很少与外人交往。全面抗战爆发后，国民政府迁重庆时，他请假返回河南。1939年，刘积学辞去立法委员职务，专任河南省临时参议会议长，以他在国民党中的地位资历，本应有更重要的位置。

## 顺民意，归心中国共产党

蒋介石背叛孙中山精神后，对早年跟随孙中山革命的同盟会员、辛亥革命老人，采取了尊而不亲、贵不给权的方法，刘积学从1939年至1949年，在河南当了十年省参议会议长。

10年间，刘积学对国民党在河南种种祸害地方、乱抓滥杀的行为，十分愤恨不平。但因为手中没有实权，刘积学虽然不满，却又无可奈何，只能通过支持省参议会提出各种弹劾议案以及利用《中国时报》这个舆论阵地来扶持正义，以正风气。

在刘积学的支持下，河南省参议院对汤恩伯1944年日军进犯中原时，拥军挟民，却临战望风而溃的行为提出弹劾，以及对一些发国难财、贪污渎职的官吏提出弹劾。

河南名士韦品方，因不肯向军统特务妥协，惨遭杀害，在刘积学的带头主持和据理力争下，才迫使蒋介石勉强答应惩凶。

1945年12月，《中国时报》在开封创刊，刘积学应聘兼任董事长，并为《中国时报》书写了报头。

报纸创刊时，正值政治协商会议在重庆召开前夕，《中国时报》坚决主张和平，反对内战，成为抗战胜利后河南的进步舆论阵地。创刊第四天，就发表了支援昆明学生运动的《反对内战反对盲动》的社论。1946年1月10日，政治协商会议（旧政协）在重庆召开，《中国时报》当天发表社论《团结和平》，其后又连续发表了十余篇社论。1月28日，该报又全文刊发了中共代表团提出的《和平建国纲领草案》。在国民党统治区，当时敢于全文刊载《和平建国纲领草案》的只有三家报纸，其中一家就是《中国时报》。

《中国时报》不仅是个报社，也是中共组织的秘密据点和交通站。报社有不少编辑、记者是中共地下党员，在报社编辑部，经常有人来来往往，有人通过报社再到解放区去，也有人从解放区来报社栖身。刘积学担任《中国时报》董事长期间，用自己的身份和威望保护了报社。

其实，早在抗战期间，刘积学在目睹了蒋介石拥兵数百万，却坐令半壁河山沦陷，而中国共产党领导的八路军、新四军虽人数装备落后，依然坚持敌后艰苦抗战的情形后，就开始将希望寄予中国共产党，逐渐向共产党靠拢。

刘积学每次同老友夏述唐之子，中共党员夏一图见面时，都要谈及国民党军事失利不得人心。《中国时报》社长郭海长是中共党员，刘积学曾多次主动约郭海长谈话，了解共产党的统战政策，还曾营救和保护过一些进步人士和共产党员。

新蔡同乡任芝铭是中国近代民主革命家，心向中国共产党，介绍了大批青年参加革命，更是亲自护送女儿去延安参加革命。毛泽东曾在延安为他举办欢迎宴会，周恩来曾给他专门去信感谢对革命的支持，新四军四师师长彭雪枫路过新蔡时，也曾特意看望他。

1941年2月，国民党新蔡县党部查扣了由延安寄给任芝铭的印刷品，并电告驻漯河的蒋介石亲信汤恩伯："任芝铭系新蔡共产党首要分子。"汤设在新蔡的电台也报告："新蔡任芝铭年纪虽老，思想极新，确系共产党。"汤恩伯立即派兵将任芝铭拘捕，押解漯河。

刘积学得知此事立即向汤恩伯力保任芝铭,并设法营救。据夏一图所说,刘积学还曾营救过一位中共地委级梅姓女党员。

1948年初,《中国时报》收到国际新闻社从香港寄来的英文版毛泽东《目前形势和我们的任务》一文,刘积学看过译文后,立即向郭海长表示:如有必要,愿为效力。尽管此时河南参议会还请南京政府派兵"剿共",刘积学本人却已决定归心中国共产党。

## 晓大义,力促张轸起义

1949年5月,国民党河南省政府主席兼第十九兵团司令官张轸率部两万多人在武汉附近的金口地区举行起义,使武汉三镇顺利获得解放。在此过程中,刘积学配合中共组织做了不少对张轸的策反工作。

张轸是国民党军界的一位元老,早年参加辛亥革命、反袁斗争、北伐战争、台儿庄战役和远征军等,先后任国民革命军师长、军长、战区副总司令等职务,是一位爱国将领,曾与中共有过合作,和周恩来、林伯渠、邓颖超等都有过接触,对共产党的政策和主张有一定的认识。

解放战争时期,张轸先后担任国民党第五绥靖区司令官、郑州绥靖公署副主任等要职,率部同解放军在中原地区作战。其实,张轸本就不愿意打内战,1947年夏,蒋介石要张轸到前线去指挥打仗,张轸坚持不就,蒋介石一连八次电催,最后还是在程潜的力劝之下,才勉强到任。随着战局发展,张轸对国民党当局越来越失望,对内战越来越感到厌倦。

张轸的处境及动向,引起了当地中共组织的注意。从1947年冬开始,中共晋冀鲁豫党委派代表方敬之化名张子庸,通过各种渠道,寻找争取张轸起义的工作线索。而刘积学作为张轸的好友,成了方敬之策反张轸的一个重要突破点。

1948年5月,方敬之计划去信阳策动张轸起义,需要有一名中间人引荐,考虑到刘积学是长者,又素为张轸所敬重,是最合适的人选。郭海长奉中共组织命令去劝说刘积学,刘答应帮助引荐,并规劝张轸起义,写了一封言辞恳切的亲笔信交给方敬之,于是便出现了前文张轸收到信件,愁眉舒展的一幕。

1948年7月中旬,方敬之和《前锋报》社长李静之带着刘积学写给张轸的亲笔信到达武汉。方敬之委托李静之先去信阳见张轸,安排会谈事宜。

张轸看了刘积学的信,又听李静之说共产党的代表"张先生"正在汉口等待和他会谈,便当即表示:"可以,叫他来吧!"

同许多国民党将领一样,张轸对起义也是犹豫不决。最初,张轸对方敬之很不满意,表面上是因为方的年龄太轻,骨子里的想法是"起义不能空着手,光杆司令起义,对战局也不会有什么大的影响。最好有十个师,至少也要有五个师,这才是对革命送的一份像样的礼物"。1948年7月,解放军进攻开封,国民党河南省主席刘茂恩化装逃跑,蒋介石震怒,撤了刘茂恩的职,任命张轸为河南省主席,张轸趁机收编地方武装,编成十个保安旅,约四万人。

张轸任河南省主席后,1948年10月间,省参议会随河南省政府迁到信阳,刘积学在信阳、汉口多次同方敬之谈话,加深了对中共政策的理解,迫切感到起义宜早不宜迟,多次劝说张轸起义越早越好。

1949年5月15日,张轸率部队在金口起义。16日,汉口解放;17日,武昌解放;18日,张轸率部队将领过江到汉口,受到解放军热烈欢迎;20日,张轸发表了告全国的起义通电;21日,张轸给毛泽东和朱德发了一封情真意切的电报,说明自己的起义决心。

毛泽东为张轸起义亲自撰写两封电报,赞誉张轸"贵将军一流人物"。

由于张轸率部起义,打乱了白崇禧的撤退部署,使其原本撤退前,破坏武汉三镇的重要城市设施及大型工厂、矿山、铁路、码头、桥梁、船舶的计划无法实施,武汉城市和工业基础得以保存。

## 不忘初心,以笔为刀

刘积学曾经对李静之表示:如有必要,愿为中共效力。他如此说,也是如此做的。除了想方设法营救被逮捕的民主人士和中共地下党员,配合中共组织策反张轸外,在他心里还有一个愿望,那就是单独起义。

1948年底,在反复规劝张轸起义,张因为种种原因,迟迟未能起义的情况下,刘积学见潢川专员职位出现空缺,便请张轸委任时任河南省参议员刘基炎为专员,让他二人以河南省参议会议长和潢川专员身份联名通电起义,后因张轸反对,未能实现。

1949年4月,中国人民解放军向江南进军,在信阳的国民党军政机关人员纷纷南逃。刘积学率河南省参议会独留信阳,并张贴标语,派代表出城欢迎。解放军进城后,刘积学即将所有文卷档案全部交出,其单独起义的愿望就此实现。

其实,早在1949年春节前夕,刘积学就曾带领参议会坚决留守信阳。当时淮海大战以蒋军数十万被全歼结束,白崇禧以为解放军要从平汉线南进,国民党在信阳的党政军各机关,在惊慌混乱中南逃武汉,过了几天,解放军并未南进,南逃的各机关才又返回信阳。

1948年秋,白崇禧(前排中)与"华中剿总司令部"将领在武昌蛇山奥略楼合影

刘积学一生以笔为刀，曾撰写《河南留日学生讨满清政府檄》历数清朝的残暴统治，也曾写信大骂军阀吴佩孚，痛斥他对革命及进步人士的迫害；1948年12月31日，他再次将自己手中的笔化为一把尖刀，刺向了蒋介石，独自发表了轰动一时的"亥世电"。

1948年12月下旬，白崇禧召集鄂豫皖湘赣五省议长在汉口开会，联名电请蒋介石暂回奉化，由李宗仁代行总统职务与中共和谈，时机许可再请蒋返京。

刘积学坚决主张蒋介石必须引咎下台，以谢国人，不肯在白崇禧拟就的电稿上签名，想要单独发出让蒋介石下台的电报，白崇禧亦不许。刘积学毅然返回信阳，于12月31日在信阳以河南省参议长的名义单独通电，逼蒋下野。

刘积学在"亥世电"中，言辞激烈，义正词严，痛斥蒋介石抗日不力，引发内战。"东北撤防，华中不守，阁下无一言罪己"；"概自政协分盛，内战继起，炮火所及，四民涂炭。谁为厉阶？诚难为阁下讳"；"中共求和之热诚，与双方条件之合理，举国翕然，独阁下为数人的利益所囿，致令功败垂成"。

要求蒋介石"即日引退，以谢国人，国事听国人自决，倘仍不省悟，或希冀美援为最后挣扎，或将国有物资运移海外，作卷土重来之计，徒增罪戾，人民绝不容许，将来阁下结果，非同人所忍言矣"。

"亥世电"一经发出，举国哗然。信阳的特务们闻讯大肆鼓噪，要速捕公审刘积学。幸好，张轸同意刘积学单独发电，派兵保护了刘积学。

## 投身新中国建设

1949年9月，刘积学以民革代表身份，出席了中国人民政治协商会议第一届全体会议。新中国成立后，刘积学曾任中南军政委员会委员、河南省政协副主席、河南省人民政府委员会委员、省政治学校校长、省文史研究馆副馆长、民革河南省委会副主任委员等职务。

1950年3月，在中共河南省委和民革中央领导下，民革河南省分部筹备委员会在开封成立，刘积学为筹委会召集人。

刘积学以民革河南筹委会代表的身份在河南省第一届人民代表会议上作了大会发言,在发言中,他表示,河南解放不到两年,经过劫匪反霸,建立各级民主政权,奠定革命秩序,重点试行土改,以及恢复发展工商业,整顿改造学校,无论就哪一方面看,都是有成绩的,而且成绩非常显著。这个会议的召开,说明了以毛主席为首的中共中央和中央人民政府,以及前中原临时人民政府和中南军政委员会的领导,是正确的。

从新中国成立至1957年,历次重大政治运动,刘积学都积极响应中国共产党的号召,或撰写文章,或发表讲话,热烈拥护党的各项政策。

河南土地改革开始后,他即在《河南日报》上发表了热烈拥护党的土改政策的长文。

刘积学对祖国统一大业也非常关心,曾多次写信和写广播稿,对在台湾的亲朋故旧,宣传中国共产党的政策,晓之以国家民族大义,说明爱国不分先后,爱国就是一家,希望他们对祖国统一大业作出自己的贡献。

**主要参考文献:**

1. 张宗汉、冯峰:《刘积学》,《中州统战》,1994年第4期。

2. 中国人民政治协商会议河南省委员会编:《河南文史资料》(第六辑),河南人民出版社,1981年版。

3. 胡照洲:《张钫将军与金口起义》,《武汉文史资料》,2009年第7期。

4. 魏红专:《〈河南〉杂志与近代名人》,《新闻爱好者》,2007年第5期。

5. 刘积学:《民革河南筹委会分部代表刘积学发言》,《河南政报》,1950年第7期。

许宝驹（1899—1960），字昂若，浙江杭州人，1949年加入民革。中国人民政治协商会议第一届全体会议代表。中华人民共和国成立后，曾任政务院参事、中国人民保卫世界和平反对美国侵略委员会常委等职。民革第二、三、四届中央常委，民革中央宣传部部长、学习委员会副主任、理论政策研究委员会副主任。第一、二届全国人大代表。

# 许宝驹
## 多才多艺的"小民革"和民联创始人

1948年11月23日，香港。一艘挂着一面外国旗子、外表上看起来没有什么特别的货船在夜幕下驶离码头，静悄悄地向着北方驶去。这艘船名为华中号，从外面看和其他往来于香港的轮船没有太大的不同，然而它搭载的旅客却大不寻常。这船上有一批旅客，大约三十多人，有男有女，有年长者，也有年轻人；他们有的西装革履，有的长袍马褂；身份也是五花八门，有的自称经理，有的说自己是教授。这些人表面沉静，却难掩内心的激动，似乎是奔着一个什么激动人心的目标而去。现在，如果说出他们的名字来，恐怕个个都是如雷贯耳：郭沫若、马叙伦、许广平、陈其尤、丘哲、沙千里、侯外庐、翦伯赞……他们在当时就已经是政治、经济、文化、教育界响当当的大人物了。这么多社会精英，齐聚这条船上，他们这是要去干什么呢？

早在半年多以前，中共中央发布了"五一口号"，号召各民主党派、人民团体、社会贤达迅速召开政治协商会议，成立民主联合政府。这个号召得到了众多民主人士的响应。于是，大批民主人士怀揣着对中国未来的憧憬，纷纷奔向中国的北方，去参加新政协会议。为了确保这批中国精英的安全，在周恩来的亲自部署和指挥下，他们分批从香港坐船北上。

在 11 月 23 日的这艘船上,有一位五十岁上下的绅士,他叫许宝驹。日后,那部享誉国内外的著名昆曲作品《文成公主》就是出自他之手。

## 出身名门,追求进步

许宝驹,出生于浙江杭州的一个名门世家。名门世家这个称呼对于他的家族来说,当之无愧!他的祖先于明代时开始在杭州定居,几百年来,家族兴旺,子孙中登科中举之人辈出,涌现出诸多名人,在当地传为佳话。许宝驹的祖父许祐身,官任苏州知府。父亲许引之,自清末至民国北洋政府期间历任中级官员,官至两浙盐运使。许宝驹兄弟姐妹共七人,也多为知名人士。许宝驹与两个弟弟被人称为"杭州许氏三杰",许宝騄是我国著名的数学家,许宝骙曾任《团结报》社长,其姐许宝驯多才多艺,是著名学者俞平伯的夫人。

家族传承,诗书济世。许宝驹是一个有理想、有作为的人。他年轻时就读于北京大学国文系,获文学学士学位。与当时的许多爱国青年一样,他积极参加反帝反封建的斗争。后来,他怀着满腔的报国热情加入了国民党。

他曾积极参与浙江的教育改革。他执教过的浙江省立第一师范学校曾经涌现

位于杭州横河桥的"钱塘许积厚轩老屋原址纪念碑"

出诸多推动近现代中国发展进步的大师，当年的教师中就有钱玄同、沈钧儒、鲁迅、许寿裳、李叔同、马叙伦等一大批近现代中国的重量级人物。这些人对许宝驹的思想产生了重要的影响。

当蒋介石、汪精卫相继叛变革命，背叛孙中山"联俄、联共、扶助农工"的三大政策时，许宝驹深为不满，政治上陷入了消沉和苦闷。

九一八事变爆发后，全国人民热烈响应中国共产党提出的团结抗日的号召。在这种背景下，许宝驹于1932年到达南京，与阳翰笙、王昆仑、孙晓村等国民党内的爱国进步人士频繁交往。在他们的影响下，许宝驹加入到全民抗日的大潮中，开始从事爱国反蒋运动。

## 参与创建小民革和民联

民革全称是中国国民党革命委员会。在历史上，还有一个被称为小民革的组织，它就是中国民主革命同盟，许宝驹就是其创始人之一。当时，全面抗战爆发后，重庆成了战时中国各种政治力量汇集的地方，许宝驹便先后在重庆参与成立了两个重要的政治组织：中国民主革命同盟和三民主义同志联合会。

1941年皖南事变之后，为了遏制国民党顽固派继续进行反共活动，维持第二次国共合作的局面，巩固抗日民族统一战线，中共南方局决定继续留在重庆同国民党当局打交道，保持国共联系的主渠道。在蒋介石加强了独裁统治的情况下，为了有组织地对国民党上层人士进行工作，周恩来提议组织成立一个秘密政治工作团体，以配合南方局的工作。后经王昆仑、王炳南、许宝驹、屈武等人筹划酝酿，1941年夏，这个组织在重庆秘密成立，它就是中国民主革命同盟。它是在中国共产党影响下的从国民党内部进行反蒋的秘密政治团体，其成员中有爱国民主人士、国民党左派以及在国民党政府内担任高级幕僚职位的革命人士，也有中共党员。其成员在国民党内部做分化瓦解的工作，发展进步势力，争取中间势力，孤立顽固势力。参加成立会的有王昆仑、许宝驹、王炳南、邓初民、阳翰笙、屈武、高崇民、刘仲容、赖亚力、侯外庐、闵刚侯、阎宝航、吴茂荪、曹孟君、谭惕吾等。主要负责人为王昆仑和许宝驹，王炳南以公开的共产党员身份负责联系。这个组织在抗日战争期间，积极支持中共的抗日民族统一战线政策，在坚持抗战、团结、进步，争取国民党上层人士，分化国民党顽固派等方面起了重要的作用。1945年8月，毛泽东到重庆与蒋介石进行谈判期间，多次约见许宝驹、王昆仑、屈武等人，并在红岩村与他们做了深入的交谈，对中国民主革命同盟的工作给予了很高的评价。

1943年2月，在中共中央南方局支持下，国民党民主派谭平山、王昆仑、陈铭枢、杨杰、郭春涛、朱蕴山等在重庆发起组织民主同志座谈会，以座谈时事的方式，联系和团结一些国民党上层人士。同年8月，在座谈会的基础上，由许宝驹等十人组成筹备小组，进行筹建组织的工作。不久，召开小组会议，将所建的组织定名为中国国民党民主同志联合会，并用此名义开展活动。后几经商讨，最后定名为三民主义同志联合会，简称民联。《双十协定》签订后的政治形势发展，使重庆的国民党爱国民主人士感到，应当立即正式成立民主派组织。1945年10月28日，在重庆上清寺特园召开第一次全体会员大会，宣告三民主义同志联合会正式成立。大会通过了政治主张、大会决议案和组织总章等文件，宣布接受三民主义，继承中国国民党第一次全国代表大会精神，推选许宝驹等十七人组成中央临时干事会。民联成立后，积极参加了反对内战、争取和平民主的运动。1947年底，民联与中国国民党民主促进会（民促）和其他国民党爱国民主人士的代表，在香港举行中国国民党民主派第一次代表会议，决定联合组成中国国民党革命委员会，同时继续保持民联组织的活动。

随着国内战争形势的变化，国民党反动派也加紧了对进步人士的抓捕，迫使很多民主爱国人士前往香港等地避难。1948年，许宝驹也前往香港，到香港后参加了民革在香港的活动。

## 北上解放区

1948年4月30日，中共中央发出"召开政治协商会议，讨论并实现召集人民代表大会,成立民主联合政府"的号召。在香港的各民主党派联合致电毛泽东,表示积极响应中共的这一号召。5月5日,谭平山代表民联,与其他民主党派领导人和无党派民主人士,联名致电中共中央主席毛泽东,响应中共"五一口号",拥护召开新政协会议。毛泽东复电,对各民主党派的热忱表示钦佩,敦请他们及早进入解放区,共同筹划新政协会议。于是,旅居香港的大批民主党派和无党派人士开始分批向解放区转移。

当时,香港处在英国殖民管辖之下,国民党和港英的特工人员相互勾结,对在港的民主人士进行严密监视,而内战还在进行中,陆上、空中都没有通路,只能走海上。但是,再多困难也挡不住这些爱国赤子的归心似箭,在周恩来的周密安排下,许宝驹等大批民主人士克服了种种困难先后到达解放区。1949年

1948年12月3日,华中轮经过11天艰辛航程,穿越台湾海峡、东海、黄海,战胜了七级台风,安全抵达东北解放区丹东市。图为大家登岸后合影,左起:翦伯赞、马叙伦、宦乡、郭沫若、陈其尤、许广平、冯裕芳、侯外庐、许宝驹、沈志远、连贯、曹孟君(王昆仑夫人)、丘哲、丹东中共领导

1月22日,许宝驹与先后到达解放区的民主人士李济深等五十五人共同发表了对时局的意见。在意见中,他们表达了"在人民解放战争进行中愿在中共领导下,献其绵薄,共策进行,以期中国人民民主革命之迅速成功,独立、自由、和平、幸福的新中国之早日实现"的愿望,意见中还声明,"我们今天要明白表示我们的信念。我们认为,革命必须贯彻到底,革命与反革命之间绝无妥协与调和之可能。……因此,我们对蒋美所策动的虚伪的和平攻势必须加以毫不容情的摧毁"。

1949年9月17日,新中国成立之际,中国民主革命同盟鉴于人民民主革命已获得基本胜利,同盟的历史任务业已完成,许宝驹等七位主要领导人遂代表该盟在新政协筹备会第二次全体会议上发表《中国民主革命同盟结束声明》,公开宣告该组织结束。其不少成员后来成为民革和其他一些民主党派的重要骨干。

## 多方面的贡献

1949年6月16日,许宝驹以民联中央常委的身份参加了新政治协商会议筹备会,被安排在负责起草共同纲领的第三小组。第三小组由周恩来任组长,北京大学教授许德珩任副组长,宦乡任秘书,组员的阵容十分庞大,有章伯钧、廖承志、邓颖超、周建人、罗隆基等共二十三人。共同纲领是一份具有国家临时宪法地位和作用的文件。起草这份文件是筹备新中国成立过程中的一项极为重要的工作。经过反复的协商、讨论和修改,9月29日,政协全体会议一致通过《中国人民政治协商会议共同纲领》。10月1日,刚刚当选为中华人民共和国中央人民政府主席的毛泽东发布公告,宣布中央人民政府"接受中国人民政治协商会议共同纲领为本政府的施政方针"。共同纲领分序言和总纲、政权机构、军事制度、经济政策、文化教育政策、民族政策、外交政策等七章,总计六十条,七千多字,是此后这类文件中最精练的,也是中华人民共和国在相当长时期内的施政准则和建设蓝图,凝结了以毛泽东为代表的中国共产党人、民主党派和无党派民主人士的心血，得到了全国各方面人士和海外华侨的一致拥护。在共同纲领的制定中，有许宝驹的努力和心血。

新中国成立后，许宝驹成为政务院首批参事。此后他还担任中国人民抗美援朝总会常委等职。

杭州自古人杰地灵，加之书香门第的熏陶，赋予了许宝驹才智与灵气。许宝驹的文学才华和文字功底深厚，至今仍可在《杭州市志》中查阅到他描写梅花的一篇文章——《西湖梅品》，文字如梅般清新淡雅。新中国成立后，他的这一才华也得到了充分的展示。他担任过民革中央宣传部部长，还担任民革中央理论政策研究委员会副主任，对社会主义建设基本理论、国家的本质、宪法及民主选举等问题进行研究。他撰写的《孙中山传略》，以六千多字的简练文笔，准确概括了这位伟人一生的功绩，许宝驹还深受其父的影响，从小喜爱昆曲。1959年，西藏地区发生反动分子武装暴乱，许宝驹为此创作了著名的昆剧作品《文成公主》。在剧本中，表现了他积极拥护平定西藏叛乱，希望西藏和平的爱国思想和热情，这个剧本后来被多次搬上舞台。

**主要参考文献：**

1. 民革中央宣传部编：《民革领导人传》（第二辑），团结出版社，2007年版。
2. 丁颖：《立国规模俟共谋》，《红岩春秋》，2019年第3期。

　　许麟庐（1916—2011），又名德麟，山东蓬莱人，1981年加入民革。中华人民共和国成立后，曾任中央文史研究馆馆员、中山书画社副社长、中国老年书画研究会副会长、北京花鸟画研究会会长、北京中国画研究会副会长、北京中国书画社名誉社长等职。民革中央团结委员，第六届中央监察委员会委员。

# 许麟庐
## 被誉为"京城柴大官人"的齐白石关门弟子

2010年许麟庐九旬新作展在北京开幕,时任中共中央政治局常委、国务院总理温家宝发来贺信高度评价了许麟庐的艺术成就,指出:"先生从事笔墨丹青七十载,继承传统,博采众长,勇于创新,独具风格,成就斐然。先生晚年佳作,参悟了人生与艺术之真谛,读来如沐春风,如饮甘泉。"

在国家文物局2013年颁布的《1949年后已故著名书画家作品限制出境的鉴定标准》(第二批)中,许麟庐被列为"代表作不准出境者"。

许麟庐作为齐白石得意弟子和京津代表画家,其精湛创新的齐派花鸟艺术得到了业内外高度认可。

## 东城齐白石

许麟庐出生于山东蓬莱的渔民家庭,四岁时家乡发生天灾瘟疫,随父亲许树亭及全家逃难至天津大沽口。许树亭聪明能干,利用十几年光景,创办了一家面向整个华北地区提供面粉机的企业。他一心想让儿子办厂经商,然而与父亲愿望相反,许麟庐从小就表现出对绘画的浓厚兴趣,一部《芥子园画谱》不知被他朝夕临摹了多少遍。

1932年,十六岁的他从天津甲种商业学校毕业后,却对商业毫无兴趣,整天徜徉于书肆画店,"步入社会虽历经多次谋生之职仍心系丹青如痴,此后移情书画之路,执迷不顾其他"。二十三岁那年,他结识了与张大千并称"北溥南张"的溥心畬,成为忘年交,受其指点,才情尽露,在书法绘画的理念和技法上有了长足的飞跃,同时迷恋和潜心历代书画。许麟庐看画好就买,要是看上的画不买到手,他夜里睡不好觉。

早在初中的时候,许麟庐常常去天津东马路看画。有一次,他惊讶于齐白石的一幅非常夸张的画,上面画了比真喜鹊还大的喜鹊趴在西瓜上,令他耳目一新,认为齐白石的画不得了,更是佩服得不得了:人家画鸟画的是小羽毛的东西,到

许麟庐与齐白石、李苦禅合影

了齐白石那里就变得加倍大，像八哥就画得比原来的八哥还大。这幅画给他留下了深刻印象，令他久久不能忘怀，从此齐白石的画在许麟庐心中扎下了根，与他产生了共鸣。"我那时根本不知道齐白石是谁，但他的画让我一下子佩服得五体投地，冲着他的画我就觉得我一定要拜这个人为老师，他对我的触动太大了。"

齐白石的学生李苦禅在天津开画展，许麟庐认为他"画也不错，画画的魄力也很大"，画展上两人交谈认识了，知道了李苦禅的老师就是齐白石。1945年，许麟庐到了北京，和李苦禅走得更近了，"因为秉性相投，相拜为兄弟"。又因为膺服齐白石的书画艺术，许麟庐产生了向齐白石拜师的念头，但齐白石门口贴着"心病发作，停止见客"的字条，满心欢喜的他因此吃了"闭门羹"。

后来在李苦禅的引荐下，1945年12月，二十九岁的许麟庐正式跪拜齐白石为师。许麟庐本名"德麟"，齐白石和许麟庐都敬仰吴昌硕，而吴昌硕别号缶庐，因此白石老人给他改名为许麟庐，寄予厚望。

许麟庐一心一意跟着齐白石学画。据他回忆："我觉得这个时候我终于找到了画画的方向。我跟着老师学，学他的用笔、用墨、用色。不仅学他怎样用笔，更学他的处事和为人。做人对一个画家很重要，一个好画家首先要有一个好的品质。从齐老师那里我学他怎么做人。"齐白石手教心授传真谛，从拜师到老人仙逝，许麟庐研墨理纸，整整侍奉了十三年，耳濡目染，受传心印，得齐派艺术真谛。

师徒二人在生活中就像父子一样，在向齐白石学习、为老师研磨理纸的日子里，许麟庐一家人细心照料老师的生活，老师爱吃虾、螃蟹，新鲜的虾蟹一下来许麟庐就买给老师尝鲜。每个月就连许麟庐的夫人也要去白石老人那儿好几次，给老人送去牛肉、芋头等。白石老人头上一直戴的帽子也是许麟庐夫人亲手做的。白石老人对许麟庐一家也十分关爱，给孩子钱、送画是常有的事。许麟庐的小儿子出生时，白石老人特意前去，并且给孩子十元钱当作见面礼。在众多学生中，白石老人最惦记的就是许麟庐，有什么事情都找他，感情深厚自然不言而喻。有一次，许麟庐父亲请白石老人吃饭，白石老人说"你是铁匠，我是木匠"，站在一旁的许麟庐心领神会，遂治印"铁匠之子，木匠之徒"，以示对恩师的敬仰。

许麟庐《荷花小鸟》

齐白石对许麟庐说:"你老跟我一样不行,你要学我的心,不能学我的手。不能跟老师一样,要另开门户,学我者生,似我者死。"在齐白石教诲下,许麟庐明白了:学画不能亦步亦趋,要另立门户,悟出了"寻门而入,破门而出"八字心得,一方面继承老师衣钵;另一方面,深研徐青藤、八大山人、石涛、扬州八怪以及吴昌硕、赵之谦诸家笔墨,尽揽前人精华,化成自己血肉,形成了独特的大写意画风。齐白石作画,逆笔涩行,如作楷书;许麟庐则反其道而行之,他以草书笔法入画,下笔如疾风扫落叶,成竹在胸,一气呵成。他注重师法自然,生活乐观,后来还创造性地将民间艺术和京剧艺术融入书画。

齐白石自己也曾说过最得意的学生是李苦禅和许麟庐,并对两人偏爱有加,妙手之作,经常转赠爱徒。一次,齐白石在珍藏多年的乾隆纸上画了两幅荷花,皆署"平生孤本",这对于一个范式往往有无数张相似作品的齐白石来说,着实少见。两幅珍品,两个爱徒,通过抓阄,一幅倒影荷花给了许麟庐,一幅花落一

许麟庐为人民大会堂创作《白梅图》

花瓣,一群蝌蚪顶瓣而游归了李苦禅。齐白石曾赠语"启予者,麟庐也",将其作为得意弟子之一,足见齐白石对许麟庐的喜爱。

因为艺术高超,当时许麟庐很快就有"东城齐白石"的美誉。"我的画脱胎于白石老人,在画中有他的影子,我没有离开他的笔墨,但我不像老师的样子。我在寻门而入,破门而出这个过程中融会了很多前人的画法,学习别人的长处,糅合到了自己的画当中来。画中要有传承,也要有自己的风格。"许麟庐作画时,一气呵成,笔力遒劲奔放,酣畅淋漓,神形兼备。无论大幅小品、花鸟鱼虫,貌似随意挥就,而又不失法度,处处见浓淡兼施之精,干湿互济之妙,疏密穿插之巧,真可谓满纸豪情,令人赞叹。作为齐白石的关门弟子,许麟庐颇得其真传,但行事低调,又被誉为京城的"国画大隐"。1962年,应张仃院长邀请,许麟庐还曾受聘为中央工艺美术学院客座教授,讲授中国美术史、中国绘画理论和技法。

## "京城柴大官人"

1953年,不谙商道的许麟庐卖掉父亲给他的面粉厂机器,放弃经理职务,在李苦禅倡议下在北京东单开了一家书画店——和平画店,这是新中国北京第一家书画店，也是新中国成立后由画家自办、自画、自卖的第一家书画店。为此，许麟庐成为"中国近现代艺术市场承前启后的推动者"。

画店从设想到开办始终得到了齐白石、徐悲鸿、陈半丁等画家的支持，并分别为其书写了店名牌匾。在许麟庐的张罗下，不足四十平方米的和平画店，成为当时北京名流的聚集之地，如郭沫若、徐悲鸿、傅抱石、张伯驹、李苦禅、启功、黄苗子、郁风、黄永玉，都是那里的常客，而其他如陈毅、邓拓、傅作义等人，文艺界的夏衍、老舍，以及电影界的金山、顾而已、赵丹、谢添等人也常光顾此处，张君秋等梨园名角也常常到此。经常看到这么多的朋友相互切磋，这令许麟庐眼界大开。

和平画店成立初期在美术界不仅轰动一时，更为重要的意义在于它给当时生活困难的画家找到了一个出路，当时很多画家生活拮据，许麟庐完全不顾市场经营的规则，也不考虑自己的利益，常常高价收购他们的画作，又低价卖给那些喜好画而囊中羞涩的人。那个年代的画家卖画都是卖了才给钱，行内称作"寄卖"。但许麟庐不同，他经营画店没有把钱放在第一位，而是想着帮助这些穷画家们度过困难的日子，所以只要自己能拿出钱来，就先把钱给他们。李可染有一年年关拮据，便拿了一卷画来找许麟庐，他见此二话不说就先给钱了。

许麟庐为和平画店定了两条规矩：一是童叟无欺，二是跟艺术家建立感情。不少曾经与和平画店有生意往来的人都评价许麟庐，懂行且心善。画店本身没有多赚钱，而且许麟庐家中儿女众多，全靠他一人支撑，也是很艰苦，然而许麟庐不仅让机遇不佳的朋友在家中留宿，还用自己的影响力资助了更多的人，甚至有人到他家吃饭，他也不问姓名一律招待。当时不少画家经济拮据，经常到许家作客，其中不乏新金陵画派的宋文治、魏紫熙、亚明，海上画派山水画巨擘陆俨少，戏曲人物画家关良等书画大家。和平画店就像一个驿站，各个行当的艺术家来到北京，总要去他那里坐坐，一壶热茶，三两知己，让人觉得像是到了家。

徐悲鸿的夫人廖静文曾回忆说："徐悲鸿时任中央美院院长，虽然经济条件比一般画家都好，可他酷爱买画，常常是刚领完工资就没有了，因为上月的画钱还没付呢。有一年中秋节，我连买过节月饼的钱都没有，俩人正发愁的时候，许麟庐提着月饼匣子和两只活鸡过来了。我一看高兴坏了，就说'麟庐你来了，我们可以好好过节了'。"钱瘦铁被打成"右派"，别人都躲着他，许麟庐把他接到家里，腾出画室给他住，一住就是一年。有人问他怕不怕，许麟庐说"怕什么，他就是画画的，图章刻得好"。为了帮助钱瘦铁，许麟庐还把他介绍给其他画家们，让他们用他的图章，这样多少有点收入。

1954年社会主义改造后，许麟庐将和平画店的所有书画作品无偿赠送中国美术家协会，他本人也调入中国美术家协会美术服务部工作。1956年，许麟庐被调入荣宝斋，又通过良好的人脉关系把荣宝斋变成了一个在那个年代难能可贵、可以会友叙旧的温馨"画家沙龙"。《水浒传》中英雄柴进，曾帮助过林冲、宋江、武松等人，仗义疏财，被称作"柴大官人"，许麟庐性格豪爽，喜欢交友，乐善好施，慷慨好客，"柴大官人"的称呼不胫而走。

从自己创办画店到荣宝斋工作，几十年间，许麟庐用自己的努力挖掘推送了一大批代表中国国画最高水准的艺术家。晚年的许麟庐曾写诗，总结一生："长于津沽，游于京华，年将九十，庸庸碌碌，不善辞令，以诚待人，感情用事，涂抹一生，殊不惊人，亲友厚爱，以慰余生。"这种"以诚待人、感情用事"的人生态度也让他的画作充满了真性情，他本人也经常说"人品至上，人没有豪气，画也没有豪气"。

## 经手苏轼《潇湘竹石图》

许麟庐不仅是书画大师，同时精于鉴赏，20世纪60年代起，经文化部部长夏衍批准每年拨出几十万元，为故宫、荣宝斋等搜购收集历代遗珍，他数年间走遍大江南北，鉴定古今书画不下万千。在荣宝斋资料库藏品中，经他之手收集、鉴定的作品数量占70%左右，许多书画价值连城，其中包括唐寅《墨梅图》和赵孟頫手卷等，而最让许麟庐大慰平生的成就，就是觅得的苏东坡真迹《潇湘竹石图》，后经邓拓之手而典藏于中国美术馆。

民国时期，曾任北洋军阀吴佩孚秘书长的白坚夫买到了《枯木怪石图》和《潇湘竹石图》这两件苏东坡的稀世珍品，后来他把《枯木怪石图》卖给了日本人，《潇湘竹石图》成为国内唯一的苏东坡画作。1961年，白坚夫经济困难，决定把《潇湘竹石图》卖掉。他曾专程到上海，却没卖出去，后来又来到北京。白坚夫把《潇湘竹石图》拿给他的熟人、国家文物管理局文物处处长张珩看，但是鉴定过程中有专家认定这是赝品。白坚夫一气之下，卷起画走了，去了荣宝斋。许麟庐接待了他，由于白坚夫要价较高，荣宝斋一时以难筹措到钱。

许麟庐把这个情况告诉经常来荣宝斋买画的大收藏家邓拓：前几天一位四川来的老先生曾拿着一幅苏东坡的手卷《潇湘竹石图》来荣宝斋询问价格的事。邓拓于是拜托许麟庐打听这位客人的去向。很快，许麟庐找到白坚夫，带着他和《潇湘竹石图》找到邓拓。展开画卷，"隽逸之气扑面而来，画面上一片土坡，两块怪石，几丛疏竹，左右烟水云山，渺无涯际，恰似湘江与潇水相合，遥接洞庭，景色苍茫，令人心旷神怡。徘徊凝视，不忍离去"。邓拓鉴赏良久，才兴奋地对白坚夫说："古书记载苏轼流传在世的画迹就只《枯木怪石图》《潇湘竹石图》两幅。若我能有幸珍藏一幅，乃我的幸事。我虽然十分喜欢，但囊中羞涩，老先生你准备要多少钱？"白坚夫最初要价两万元，经许麟庐、杨仁恺等撮合，白坚夫看到邓拓、许麟庐等对这幅画十分看重，认为自己遇到了知音，于是价钱

苏东坡《潇湘竹石图》

很快谈妥，双方同意作价五千元。当时五千元不是一个小数目，邓拓当即付给两千元。为凑足这笔钱，邓拓提出将收藏的字画卖给荣宝斋，许麟庐从其收藏中挑选出二十四幅，作价凑足了剩下的三千元。

后来到了1964年，邓拓又请许麟庐帮忙从自己收藏的古画中精心选出包括《潇湘竹石图》在内的一百四十四件佳品，经过仔细斟酌，小心押上他的收藏印后，无偿捐献给了中国美术家协会，苏东坡的《潇湘竹石图》成为中国美术馆的镇馆之宝。

## 主要参考文献：

1. 许麟庐著：《写意人生许麟庐》，荣宝斋出版社，2010年版。
2. 曹鹏：《京城画坛60年——许麟庐访谈录》，《中国书画》，2004年第7期。
3. 毛同恺：《画坛宿将许麟庐》，《世纪》，1997年第3期。
4. 陈晨：《从和平画店到和平艺苑》，《收藏家》，2017年第3期。
5. 尹利：《许化迟：齐白石就好像我的家人》，《收藏家》，2017年第5期。
6. 杨飞：《邓拓不惜血本换苏东坡名画》，《文史博览》，2013年第12期。

孙蔚如（1896—1979），原名树棠，字蔚如，陕西长安（今西安）人，1950年加入民革。中华人民共和国成立后，曾任国防委员会委员、陕西省各界人民代表会议协商委员会副主席、西北军政委员会政治法律委员会委员、土地改革委员会委员、陕西省政府财政经济委员会委员、陕西省人民政府委员、陕西省人民政府副省长等职。民革第四届中央常委。第五届全国政协委员。

# 孙蔚如
## 与中国共产党密切共事的陕西名将

1949年初，人民解放军百万雄师迫近长江，国民党统治区一片慌乱。已经宣告下野，遥控指挥国民党政权的蒋介石，派人到杭州威逼利诱在这里避居的陕西籍抗日名将孙蔚如举家赴台。就在这个关键时刻，孙蔚如的昔日部下、中共地下党员胡振家从上海专程来到杭州，向他转达了周恩来的关心和指示："请孙将军无论如何设法留下来！"

### 爱国进步，坚持中条山抗日

关中平原西起宝鸡，东至潼关，长达720华里，号称"八百里秦川"。孙蔚如就出生在关中平原中部长安县豁口村一个半耕半读家庭，他自幼跟随父辈接受启蒙教育，广涉经史子集，先后就读咸（阳）长（安）初等实业学校、长安高等小学、省立第三中学、西北大学预科。武昌起义爆发那年，孙蔚如自发协助西安革命军，火攻负隅顽抗的清军。1913年冬转入陕西陆军测量学校，期间秘密加入中华革命党。毕业后，孙蔚如被分到测量局地形科，测绘关中地区各县地图。孙中山在广州发动护法战争，陕西革命党人组织靖国军起义响应，孙蔚如毅然投笔从戎，在第三路第二支队当连长，曾率部重创听命于北洋军阀的甘肃军队。后来，孙蔚如改投坚持革命的杨虎城，二人初次相见，说起救国救民的理想，志同道合，从此结为生死之交。

1924年10月，冯玉祥发动北京政变，北方革命形势好转，杨虎城部队改编为国民军，杨任师长，孙任参谋长，从陕北一路转战南下，所向披靡。陕西督军吴新田、豫西军阀刘镇华等纠集重兵围攻西安，孙蔚如尽心辅助杨虎城坚守城池，经历了无数次大小战斗。有一次，敌人筑起土垒，集中炮火猛轰东北城角，守卫该处的陕军伤亡殆尽，孙蔚如立即组织敢死队反击，从早晨一直激战到下午，才将敌人击退，身边勤务兵十四人，伤亡十一人，城楼成为一堆瓦砾。西安守城历时八个多月，直到冯玉祥的国民军联军前来会师解围，陕军改编为国民革命军第二集团军第十军，杨虎城任军长，孙蔚如任参谋长，部队东出潼关，参加北伐战争。

北洋军阀倒台后，国民党新军阀混战愈演愈烈，陕军经年累月在外征伐，驻地漂浮无定，杨虎城为了军饷给养伤透脑筋，时而迎合蒋介石，时而附和冯玉祥，部队番号一改再改。孙蔚如面对战乱不已的错综局面，一度养病南阳卧龙岗，曾作七绝诗一首，抒发心中苦闷："二竖无端苦相侵，龙岗高卧度春深。中原板荡应如昨，犹忆先生梁父吟。"1930年5月，蒋介石、阎锡山、冯玉祥中原大战，杨虎城率部进攻洛阳、潼关，从西北军手中重新夺回关中，就任西安绥靖公署主任兼第十七路军总指挥，孙蔚如因功升任第三十八军军长，相对获得了一个稳步发展的环境。1936年12月，为了停止内战，推动蒋介石抗日，张学良、杨虎城联合发动西安事变。后来，杨虎城被迫"出国考察"，孙蔚如全盘接手陕西军队，同时担任陕西省政府主席。经过许多年患难与共，杨虎城认为孙蔚如"深沉稳练，工于心计，驭下宽厚温和，兼收并蓄，托以重任，当不辱命"。

全面抗战爆发后，第三十八军主力陆续开赴华北前线，孙蔚如勉励出征将士说："杨虎城先生领导我们发动西安事变的目的，就是要停止内战，实现抗日。现在经过各方面的努力，抗日总算开始了。杨先生此刻仍然远在国外，不能直接领导我们部队。这次你们到前方去，一定要牢记他的嘱咐，英勇杀敌，为国立功。我不久也可能到前线去，和你们一起作战。"第二年，孙蔚如辞去陕西省政府主

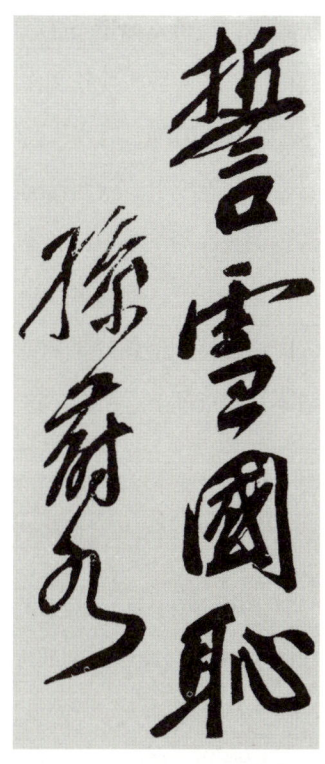

孙蔚如手书

席职务，专任第三十一军团军团长，奔赴中条山抗日战场。中条山位于山西省南部，东西绵延二百公里，不仅是黄河北岸的天然屏障，还是西出关中和南下豫西的依托，战略地位十分重要。这一年秋天，第三十一军团改编为第四集团军，下辖第三十八、九十六军，孙蔚如任集团军总司令，在防守中条山两年多的时间里，陕军官兵先后十一次粉碎日军攻势，被誉为"中条山铁柱子"。孙蔚如为了更好地训练干部，亲自兼任集团军总部干训班主任，提出"忠、勇、诚、义"四个字作为班训："忠，要忠于国家，忠于民族，不能学岳飞那样的愚忠。勇，要勇于作战，勇于改过，人非圣贤，孰能无过？诚，要诚以接物，诚以待人，诚者，信也，人无信不立，言而无信，何以为人？义，事之宜也，无理不为，见义勇为，国难当头，舍生取义。"

"立马中条，长风起，渊渊伐鼓。怒眦裂，岛夷小丑，潢池耀武。锦绣江山被蹂践，炎黄胄裔遭荼苦。莫逡巡，迈步赴沙场，保疆土。　金瓯缺，只手补；新旧恨，从头数，挽狂澜作个中流砥柱。剿绝天骄申正义，扫除僭逆清妖蛊。跻升平、大汉运方隆，时当午。"孙蔚如为干训班歌作词《满江红》，爱国军人之抗日豪情跃然纸上。陕西籍国民党元老于右任听到家乡子弟屡挫敌寇，喜不自胜，以《越调天净沙》小令一首赠孙蔚如："中条雪压云垂，黄河浪卷冰澌，血染将军青史。北方豪士，手擒多少胡儿。"在总结晋南抗日经验时，孙蔚如认为首先离不开人民的支持，他曾经举例说："日寇与我对战三年，两个指挥部相距不及百里，而敌不知我指挥部之所在。这全由军民一体，共保秘密，敌探不得进入之效。"

## 真情实意，团结共产党人

1940年11月，第四集团军调驻河南，守卫黄河南岸百余里河防工事。随着战事旷日持久，国民党顽固派不断挑起摩擦，纠纷不断加深，尤其是皖南事变之后，国民党顽固派加大了"限共""反共"力度，抗日民族统一战线岌岌可危。无论风云如何变幻，陕西军队始终与中国共产党保持友好联系。杨虎城早在大革命时期就曾接触过马克思主义学说，他能够坚守西安对抗北洋军阀，也离不开共产党员的出手相助。1927年在皖北时，共产党人魏野畴任军部政治处处长，南汉宸任干部学校校长，孙蔚如经常邀请他们为教导队学生讲话。南京政府发动四一二反革命政变，第一次国共合作彻底分裂，杨虎城没有实行暴力"清党"，由孙蔚如出面礼送共产党员出境，"反对右倾屠杀共产党"，"大家都是朋友，好合好散"。

第十七路军回到陕西后，南汉宸等人又纷纷到军中开展工作。陕南"剿共"期间，孙蔚如与红四方面军沟通，协商建立秘密停战关系，他致信红军将领徐向前、陈昌浩："当前日寇凭陵，国势阽危。凡有血气者，莫不痛心疾首。各党派对政治见解有所不同，尽可开诚商议，岂容兵戎相见，兄弟阋墙，而置外患于不顾！？"西安事变之前约半年，孙蔚如得知本家族侄孙作宾（中共陕西临时省委组织部长）要去陕北，托其捎话给中共中央："我们十七路军三十八军愿意同红军互不侵犯，建立联系，相互合作，共同抗日。"毛泽东对孙蔚如的态度"极表欢迎"，回信表示赞同："知先生抗日情殷，愿赋同仇，甚感甚佩。今则西北大局益急，舍联合抗日无以自救救国，自即日起，双方即应取消敌对行为，各守原防，互不侵犯。"

1937年底，浴血奋战的陕军得以休整补充，中共中央委托南汉宸率团慰问，第十七师师长赵寿山接受建议，颁布三大禁令（禁吸大烟、禁赌、禁嫖），四大口号（人事公开、经济公开、自我教育、自觉纪律），成立教导队，由共产党员和进步分子负责主持，培训干部，改造部队。不久，赵寿山升任第三十八军军长，并于1941年底秘密加入共产党。蒋介石听闻风声，要求第四集团军彻查"赤化"分子，交出共产党员名单，孙蔚如百般保护，甚至拍胸脯说："如果赵寿山是共产党，就杀我的头！"看硬来不行，蒋介石就以釜底抽薪的办法施加压力，先令赵寿山到重庆受训，然后调至胡宗南控制下的甘肃武威任第三集团军总司令，看似加官晋爵，实际架空。看到国共矛盾持续激化，孙蔚如忧心忡忡："日寇已成强弩之末，无力进犯。只要国人团结一致，一定会抗战必胜，建国必成；有人说共产党游而不击，我看不是事实。现在看来又有内讧的危险。"民主人士杜斌丞积极推动西北地区抗日民主运动，孙蔚如慷慨资助经费，仅一次就转给《秦风日报》两万元，用于宣传团结主张，期间并同李济深、沈钧儒、陈铭枢、杨杰等爱国民主人士不时交换意见。

1945年6月，蒋介石为了进一步加强集权，裁撤第九十六军，调升孙蔚如为第六战区司令长官，但只允许带走一个警卫团赴湖北恩施上任。第六战区实权掌握在陈诚亲信、副司令长官兼参谋长郭忏手中，孙蔚如当然知道蒋介石明升暗降的伎俩，只是国难当头，杨虎城又被蒋长期羁押，不得不隐忍从事。抗战胜利后，第六战区挺近武汉、沙市、宜昌，接受日军二十一万人投降，孙蔚如不禁感慨万千："胜利既得来非易，我们自应小心翼翼地去保持，胜利有若一朵自由之花，我们今天唯一的责任，就是悉心地卫护、灌溉，使它结成建国成功的幸福之果。"事与愿违，蒋介石集团坚持反共，百废待兴的国家又迅速滑向内战边缘，陕军第十七、五十五师相继举旗起义，与解放区军民打成一片。孙蔚如反对国民党一党独裁，对身边的进步干部从不避讳，往往把机密内容提前透露给秘书姚警尘（地下党

担任第六战区司令长官的孙蔚如

员),有时还要主动问起:"姚秘书看过文件没有?"通过高级参谋胡振家(地下党员),孙蔚如还与董必武保持往来,围绕国内外时局谈话交心。

1946年春,第六、九战区合并为武汉行营(后改称行辕),程潜任主任,孙蔚如任副主任,每天除去办公室转一趟外,其余时间都在读书看报,练习书法。解放战争后期,武汉行辕撤销,程潜调任湖南省政府主席、长沙绥靖公署主任,孙蔚如改任总统府战略顾问,完全成为有职无权的摆设,他交代警卫团官兵绝对服从程潜指挥(后来参加湖南和平解放),带着扈从人员移居杭州西子湖畔。

## 合作共事,心系神州统一

新中国成立后,孙蔚如应邀北上,看到人民政府气象万千,共产党作风大公无私,内心感到由衷敬佩,对马列主义、毛泽东思想有了更进一步的真切感悟。尤其在京期间,毛泽东设宴招待部分原国民党爱国将领,席间一番寄语,令孙蔚如一生难忘:"毛主席那和蔼的笑容,富有哲理的言谈,使我们深受教育。毛主席对我们说，人是可以改造的，不管什么人，只要给人民做过有益的事情，人民是不会忘记的。不管什么人，只要爱我们的国家，走革命的道路，而且一直走下去，都有光明前途的。"

孙蔚如始终热爱祖国，情系华夏统一大业。新中国成立初期，国民党残余军事力量盘踞台湾、海南、金门、舟山、大陈等沿海岛屿，依靠海空军优势，不时骚扰大陆，妄图死灰复燃。孙蔚如致信闽台前线，奉劝陕西同乡、国民党军队金门防守司令胡琏"抛却小信小义，毅然决然投向人民，共襄盛举"。胡琏是陕西华县人，属于陈诚嫡系将领，抗战时打过很多硬仗，虽然分属不同派系，但对孙蔚如一向尊重有加。武汉受降前后，胡琏每周要去孙家吃上几口正宗的陕西菜肴，饭后有时谈话至深夜，干脆吃完夜宵再回。孙蔚如分析国民党腐败透顶，暗示胡琏不值拼命卖力，要给自己留条后路。胡琏认同环境如此，但又表示："蒋介石、陈诚都是我的老师，他们对我很好，我不能做对不起他们的事；不过请你放心，我也不会告密出卖同乡老友。"

时过境迁，局势发生了变化，孙蔚如在信中这样写道："汉之张良、韩信，唐之李靖、徐勣，何非弃暗投明，终成令誉？是故豪杰之士，贵在知机，道德关头，应明大义。自留上海解放以来，目睹共产党员之艰苦作风，解放军之优良纪律，尤其毛主席所讲所行之民主主义，确是真正之三民主义，而更进步者。起义将领傅作义、陈明仁、卢汉等部，均各仍旧，与老干部一视同仁，全无隔阂。各地土改，已次第推行，贫富各得其所，一改过去之硬性作风。全国向荣，康乐在望。"1953年前后，担任过多年卫士的李映光探视孙蔚如，只见书桌上有几封写给于右任和胡琏的亲笔信，好奇地问："他们都在台湾，信能收到吗？"孙蔚如语气十分肯定："这是党中央交给的任务，于老和胡琏都来信了，这是我写的回信。"加入民革之后，孙蔚如身兼团结委员，撰写对台文章，呼吁国民党军政人员以国家民族为重，几乎成了家常便饭，即使当选陕西省各界人民代表会议协商委员会副主席，回到关中故土，祖统工作仍是他的重中之重。

1955年5月，周恩来公开宣称："中国人民愿意在可能的条件下，争取用和

1952年11月，民革中央常委邵力子在民革陕西省委会视察工作，前排左二为孙蔚如、左三是邵力子

平的方式解放台湾。"孙蔚如备受鼓舞，翌年听说胡宗南调任国民党军队澎湖防守司令，联想起胡氏昔日长久驻军陕甘，就再次提笔给胡琏写信："别来十易寒暑矣。过去虽政治上志趣不同，而友谊往还至今耿耿。此十年中，国家在共产党领导下之进步，举世皆惊。现存缺陷，即台湾一隅犹在分割，数百万人民还过着困苦生活为念耳。当此政府主张和平协商台湾问题之际，兄素重蒋氏托以心膂，应本爱国爱蒋之诚，促成这一伟大事业早日解决，则不特有功于国家，亦大有造于蒋氏。"后来，孙蔚如又致信胡琏，结合祖国大陆特别是陕西的巨大变化娓娓道来："工业建设，短短数年来，飞机、汽车皆能自造，他可概见。即就吾陕言之，截至今日，大学级已开学者有十四校院。预计第二个五年计划终可增至三十校院。轻重工业，东起渭南，西至宝鸡，除西安附近为重点外，沿途工厂栉比相望，人民生活百分之九十以上普遍提高。"

三秦大地生机盎然，关中平原欣欣向荣。在政协陕西省第一届委员会全体会议上，孙蔚如被选举为副主席，他说："接受共产党的领导，也就是忠于社会主义事业，服从全体人民的最大利益。我们对于党的态度，应当直率诚恳，实事求是，使党能够真正了解我们的工作、思想和生活的实际情况，从而使我们能得到党更多的更切实的帮助，更好地在党的正确领导下去进行工作。"针对中国共产党领导的多党合作和政治协商制度，孙蔚如举双手赞同，"互相监督，就是互相批评，从团结的愿望出发，经过批评或者斗争，在新的基础上达到新的团结。互相监督的目的是为了建设社会主义。互相监督是双方的，必须双方互相信赖，必须经常'反求诸己'，才能发挥积极的监督作用"。

## 奉献余热，广阔天地勤耕耘

1950年10月，中国人民志愿军跨过鸭绿江，抗美援朝，保家卫国。孙蔚如虽然兼任陕西省抗美援朝分会副主席，但从旧的纯军事眼光出发，认为此战没有胜利把握，嘴巴上不说，但心里不无担忧。然而经过第一、二次战役，中朝军队一举收复平壤，把"联合国军"赶回"三八线"附近，很快扭转了朝鲜战场的被动局面。随后进行第三、四、五次战役，志愿军凭借顽强的意志和坚定的信念创造了一个又一个战斗奇迹。孙蔚如打从心眼里刮目相看，在陕西省各界纪念志愿军出国作战两周年大会上，他饱满热情地说："两年来，中朝人民军队在反对美帝侵略的正义战争中，已经锻炼成为不可战胜的力量，并已取得了战争决定性的胜利，对朝鲜、对中国、对全世界的和平事业，都作出了无比重大的贡献，我们在庆祝中国人民志愿军出国作战两周年的时候，我们以无比的热忱，向英勇的中国人民志愿军、彭德怀司令员及全体指战员致敬！"

1953年冬，孙蔚如代表西北人民率团慰问朝鲜，任中国人民第三届赴朝慰问团第二总分团副团长。一行六七十人踏上朝鲜土地，银波郡有位军属老大娘拿出一套最好的御寒衣服送给慰问团："在我们困难的时候，中国人民派来了自己最优秀的儿女，和我们一道打败了美国强盗，又把他们的伙食节余下来，给我救济了五斗粮食，还帮助我填平了耕地里的十二个炸弹坑，使我们得了丰收，这套衣服代表了朝鲜母亲们对中国朋友们的深厚谢意！"孙蔚如接过衣服，说不出的心潮澎湃，军民团结一家亲，共产党领导的人民军队与国民党军队简直天壤之别。

1953年冬,孙蔚如赴朝鲜慰问中国人民志愿军

某部战士张祖元,把积攒下来的津贴装入信封塞给慰问团:"祖国——我的母亲,为了使你更快地迈步社会主义大道,我节省二十万元(相当于现在的人民币二十元)交给你,让你把咱们的家园建设得更富强、更美好!"孙蔚如除了感动还是感动,"我活了快六十岁了,从来没有受到人这样真诚的热爱,也从来没有受过这样大的感动"。作为一名曾经驰骋沙场的抗日将领,孙蔚如耳闻目睹志愿军扬威朝鲜半岛,民族自豪感油然而生:"朝鲜战争发于大陆初定之期,而一部志愿军击退以美帝为首十四国之联合军。蔚如曾亲赴朝鲜战场,见其战绩之艰苦,成就之伟大,不特远史所无,即近代两次世界大战中亦所罕见。"

回到陕西工作后,孙蔚如严格要求自己"活到老,学到老",拟定三项自学原则。首先是克服主观。"我自觉是主观较强的人,旧社会又使我教人时多,受教时少,更增长了这个倾向。因此,立意否定过去,克服成见,作马、恩、列、斯、毛的学术。一段理论,一个问题,先全面吸收,多方了解。然后,再拿出我学习以前的见解,分析钻研,互相对比,来批评自己哪些是对的,哪些不对。"其次是勤作札记。"我从前是记忆较强的人,掌故杂文,多能成诵,因此,读书治事,养成不借助于日记的习惯。年来记忆锐减,念旧还可,添新大难。我此次用札记替脑筋分担责任,一概念,一理论,一问题,稍涉奥繁,随手记之,也还生效。"再次是以问求学。"我自审有少疑少问的性情,对新社会的新人、新事、新知识,我觉得要学与问并重。此番自学,偶生疑难,便和同志朋友,饭后茶余,轻松地提起谈谈,每获得概念明确,论证深刻之果。"

1955年7月,全国人大一届二次会议审议通过"第一个五年计划",孙蔚如及时向广大陕西民革党员传达中央指示精神:"我国第一个五年计划的规模是很宏大的,任务是很艰巨的,也完全是适合我国当前的经济条件的。我们民革的成员,分布在各种不同的工作岗位上,在实现五年计划的斗争中,我们和全国人民一样,担负着光荣的任务。我们的业务还生疏,经验还不足,必须努力钻研业务,提高政治水平,认真学习辩证唯物主义,批评资产阶级唯心主义思想,努力改进我们的工作作风,克服工作中的缺点和错误,勤勤恳恳、老老实实地从自己工作的岗位上,保证五年计划的完成。"

## 主要参考文献:

1. 靳英辉、李长林编著:《孙蔚如将军》,陕西人民出版社,1996年版。
2. 陕西省政协文史资料研究委员会编:《回忆杨虎城将军》,陕西人民出版社,1986年版。
3. 十七路军中共党史资料征编领导小组编:《丹心素裹》,中国文史出版社,1987年版。
4. 陕西省户县政协文史资料委员会编:《赵寿山将军》,中国文史出版社,1994年版。
5. 中共陕西省委党史资料征集研究委员会编:《陕西靖国军》,陕西人民出版社,1987年版。
6. 陕西省政协文史和学习委员会编:《陕西文史资料精编:人物专辑》,陕西人民出版社,2010年版。

孙墨佛（1884—1987），原名孙鹏南，曾用名孙巍，字云斋、尧天，号眉园，笔名半翁，别号天舌山人，又名剑门老人，山东莱阳人，1956年加入民革。中华人民共和国成立后，曾任中央文史研究馆馆员、北京中山书画社副社长、中国书法家协会名誉理事等职。民革中央团结委员。

# 孙墨佛
## 坚决反对国民党发动内战的书画大师

20世纪八九十年代的中国书法界流传有"南仙北佛"之说,以长寿过百、人书俱老,名扬书坛,其中"北佛"指的就是孙墨佛。百岁老人孙墨佛以其功高、德高、艺高而被世人尊称为辛亥革命老人、百岁诗人、百岁书法家。他一生经历了清朝、中华民国和新中国三个时代,个人经历艰辛而曲折,极富传奇色彩。

### 钟爱书法,改名"墨佛"

山东省莱阳市西富山村有一座神秘幽静的大山——富山。富山,位于穴坊镇西富山村北,北东两面被五龙河环绕,海拔只有五十多米。因其四周皆是广袤的平原,一座不甚高大的圆形隆起,在人们心中也矗立成一座醒目的山。又因每年夏秋季节五龙河水暴涨,从河的东北岸看,山体好似浮在水面上一样,所以此山一度被称为"浮山"。康熙年间编修的《莱阳县志》中这样记述:"浮山在县南七十里,北临五龙河,峰岚圆秀,若浮水上,故名。"孙墨佛的故居位于西富山村西半部。孙墨佛故居大约建于清朝,至今约三百年。

孙墨佛的父亲孙雨亭是当地民办英才小学校的校长,他和夫人盖氏都为人良善,乐于助人,在乡里很有威信,被誉为"孙善人"。在父亲的教导下,孙墨佛年仅十一二岁,就为自家和乡里书写门联,受到长辈们的称赞,更激励了他好学上进的信心。父亲又请来当地名士翰林王塛教他临摹碑帖,讲析"八法"。孙墨佛初学魏碑,继临"二王",旁及篆、隶、章草等,中年转习狂草,晚年专攻孙过庭《书谱》。

孙墨佛本名孙巍,后来为表示热爱书法这一终生不渝的志趣,才将自己的名字改为"墨佛"。

民国初年,青年孙墨佛为四川成都诸葛武侯祠书写的楹联"一诗二表三分鼎,万古千秋五丈原",笔锋奔放不羁,酣畅淋漓,被人称赞,保留至今。位于山东济南大明湖的剑门书画馆里,陈列着孙墨佛先生的书法珍品二十六件,手札十二件。

## 投笔从戎救中山

1902 年,不到十九岁的孙墨佛考入清政府和德国一起创办的青岛赫兰大学(后和上海同济大学合并)读经济。血气方刚的孙墨佛目睹国弱民贫的现实,他不满足学校里"寻章摘句""舞文弄墨"的生活,眼见清廷腐败,国事日非,决心投笔从戎、拯民救国。

1924 年的孙墨佛

1908年，二十三岁的他毅然放弃了在青岛赫兰大学的学业，经刘大同介绍，参加了孙中山创建的同盟会，是山东省早期同盟会成员之一。后来，孙墨佛穿上军装，参加了1916年的讨袁运动。孙中山改组中华革命党为中国国民党，随即发起第二次护法运动，孙墨佛奋身忘我地工作，深受中山先生信任。中山先生说："你我都姓孙，祖上原本是一家啊。"并挥毫书写了"天下为公"四个大字赠送孙墨佛，令他十分感动。

1921年4月7日，孙中山在广州当选中华民国非常大总统。三十七岁的孙墨佛经总统府秘书长谢持介绍，担任了大总统府参军。那时，孙墨佛唯一的爱好就是从小养成的书法研习。然而，也正是因为这个书法爱好的特长，才让他有机会察觉了一桩几乎要改变革命历史的险恶阴谋。

1922年6月，深受孙中山器重的广东省省长兼粤军总司令陈炯明，表面上支持革命，遵从大总统指挥，实际上却暗藏野心，图谋称霸。他暗中与北洋军阀吴佩孚等秘密联络，谋划以"兵变"为名炮轰总统府居所，欲加害孙中山后取而代之。

6月15日，孙墨佛在老师刘大同家共进晚餐，席间已有几分醉意的刘大同对他说："你字写得好，陈炯明总司令要开一个追悼会，要多写些挽联，就请你帮忙了。"他当时诧异地问道："给谁送挽联？""当然是给最大人物了，你按要求做就是了，不必多问。"这样的称呼让孙墨佛大吃一惊，因为当时的"最大人物"就是孙中山。刘大同作为陈炯明的高级顾问，又是孙墨佛的老师，无意中对学生暴露了陈炯明即将叛乱的阴谋。

孙墨佛心中非常震惊，又颇感踌躇：刘大同并不是陈炯明的同类，而且又与自己有多年的师生之谊："刘某，吾师也；孙公，吾长也。师者，亲也；长者，公也。时至今日，千钧一发，不能因亲废公，不识大体，而置民族危亡和革命大计于不顾！"孙墨佛想定后，顾不上换衣休息，快步直奔总统府，先见孙中山的秘书长谢持，谢听后初不相信，孙一再相告，并晓之以有备无患之理，谢于是领孙谒见中山先生，中山先生听后十分惊讶，但以"炯明虽怀异志，尝思有以感化之"。长住在总统府的参军，先后数人不断反映"陈军有不轨行动，务请总统离府"。果然，不久就发生了陈炯明叛变，进攻粤秀楼的事件。

事后，每当别人谈及协助孙中山脱险这段鲜为人知的经历时，孙墨佛总是谦逊地说："我这样做不稀奇，换一个人也会这样做。那时的广州，革命的空气非常浓厚，革命斗志十分昂扬。我国一句老话，叫作'得道多助'。辛亥革命已经教育出一代人，帮助革命，献身革命的人千千万万，我不过是其中的一个而已。"

## 力主抗战反内战

1922年陈炯明叛乱后，孙墨佛跟随孙中山转移，受命"安抚使"到北方继续联络革命。1924年回青岛任《胶澳商报》总经理。1926年，先后任河南尉氏县、杞县县长。1927年调任河南省政府秘书。1928年，河南省政府主席冯玉祥创建"民权县"，众人首推孙墨佛任县长。他赴任后，亲自规划新县城，开辟商市，恢复农耕，整肃吏治，平反冤狱，复兴百业，仅用了一年多时间，使当地民生大为改观，孙墨佛赢得了百姓的衷心拥戴，被称"中州第一循吏"。

1930年，孙墨佛举家迁居北京，专事著述。先后纂成《书源》五十六卷、《孙中山先生年谱》十六卷。抗日战争期间，孙墨佛广泛接触社会各界人士，力主抗战。曾书"乾坤正气平三岛，海岱雄风震十洲"的挽联，表达他对壮烈殉国的抗日名将张自忠的敬佩之情。

孙墨佛非常不满蒋介石的"攘外必先安内"政策。他热切盼望全民一心，共赴国难，到处奔走，积极抗日。他接受山西、陕西的景梅九、焦子静几位老朋友的邀请，铤而走险，奔赴南京。后来，又溯江西上，经苏、皖、赣、湘、鄂、豫，进入潼关，到达西安。在西安，孙墨佛见到了同乡刘子衡。刘此时在八仙庵，二人志同道合，谈得非常投机，决定以讲学方式宣传抗日。孙墨佛在景梅九家又结识了林伯渠，交谈十分融洽，林老特邀孙刘二人得便到延安看看。这位刘子衡先生，大名鼎鼎，也是山东人，1936年毕业于山东大学中文系，曾为国民政府主席林森讲过《易经》，后在南京、西安等地为国民党高级官员、将领讲学，柏文蔚、冯玉祥、李济深、顾祝同、王耀武等都尊之为师，同时，刘子衡又和共产党的高级领导人周恩来、董必武等人交好，还曾帮助营救过许多被捕的中共人士与群众。孙墨佛虽长刘子衡十八岁，但孙极佩服刘，呼之为"刘先生"，刘则尊称孙为"大哥"。从此，孙刘二人风雨同舟，形影不离，热心宣传抗日道理。

抗日战争胜利后，孙墨佛力主和平建国，坚决反对内战。这时，刘子衡已看出蒋介石蓄谋发动内战，便力劝王耀武可以出国治病为由避开内战，王开始听从了，但后来又经不住蒋介石的压制和利诱，最后出任山东省主席，加入了蒋打内战的行列。刘子衡得知后极为生气，于是受李济深之邀，偕孙墨佛，三人至南京晤谈，打算继续劝说王"消极"内战。

李济深（左）、刘子衡、孙墨佛（右）于20世纪30年代的合影

1946 年秋，孙墨佛到济南去看王耀武。孙墨佛喜饮酒，王耀武则以好酒款待他。孙一边嗅着酒香，一边对王戏言道："你送我的是什么酒？莫非民脂民膏吗？若是，我则不敢喝！"王耀武听了，笑道："哪里哪里，是我用自己的钱给您置办的！"回头又对副官说："酒钱从我的钱里开！"孙墨佛听了边喝边说："也罢，即便是民脂民膏，让我喝了，也比他们喝了强！因为我喝多少，也是坚决不打内战的！"王耀武听了，脸上一阵红一阵白，很不自在。

11 月间，刘子衡在《大公报》上发表反内战文章《"打不得"九论》，引起南京政府的恼怒。此后，刘孙二人一直被特务跟踪。一年多以后，他们被迫到了徐州。1948 年 2 月 24 日深夜，在云龙山招待所正沉睡着的刘子衡、孙墨佛，突然被一阵乱枪声惊醒，接着流弹击碎了门窗玻璃，室内一片狼藉，刘孙二人立即意识到情况危急，巧妙地在室内掩蔽。此时，守卫的士兵奋力还击，双方对射良久，暗杀的特务仓皇逃去，守卫士兵二死一伤，刘孙二人幸免于难。

## 诗书相伴，翰墨流芳

新中国成立后，孙墨佛受聘为山东省人民政府秘书。1952 年，经周恩来和董必武举荐，受聘为中央人民政府政务院文史研究馆馆员，还被推荐为民革中央团结委员会委员，晚年被聘为中山书画社副社长。

在民革北京市委会的组织和推动下，具有一定书法绘画艺术修养的四十多位北京市民革成员和联系人士，于 1980 年 11 月 12 日成立了中山书画社。推选出张伯驹、黄翔、黄苗子、邵恒秋、陆鸿年、王遐举、孙墨佛、潘素、刘岱、尹冰彦、孙菊生、李百珩、蒋建国等组成了社务领导机构。

从八岁开始临池直至一百零四岁谢世，孙老每日临池几近百年，也算中华书法史上的一件奇事。他曾说："我青年时期跟着中山先生干革命，在他的教育和影响下，渐渐懂得做人就要不断追求进步，要不断努力工作。要为人民献出自己的力量。我一生就会写字，我就用写字来为人民服务。习惯成自然，年老了也闲不住。"

在孙中山革命思想的影响下,孙墨佛一生投身革命,奋斗不止。孙墨佛曾多次表达对中山先生的敬仰和怀念之情:"中山先生为革命奋斗了四十年,有两点精神十分突出。一是始终相信革命是民众的事业,必然获得成功;二是他的思想不断变化、进步,逐渐发展为三民主义。他追求进步的热情鼓舞着我,使我获益匪浅,终生奉为楷模。"他撰联挽孙中山先生云:"一曲悲歌哀悼东西中外无双士;满腔热泪痛哭上下古今第一人。"都是他对孙中山先生无限敬仰的写照。

孙墨佛毕生致力于书法创作和文史研究,在他担任中央文史馆馆员的三十五年中,不仅书法艺术和文史钻研硕果累累,而且为社会奉献了大量的文史墨宝。孙墨佛老人在一首诗中自述:"纸毫泼墨发云烟,唐帖汉碑在眼前。《书谱》临摹三百卷,诗篇记载五千年。龙跳虎卧金笺裂,凤舞莺翔铁砚穿。'六法'谁知三昧诀,吾宗虔礼万家传。"

孙墨佛一生著述颇丰,曾编纂《书源》三十六卷、《孙中山先生年谱》十六

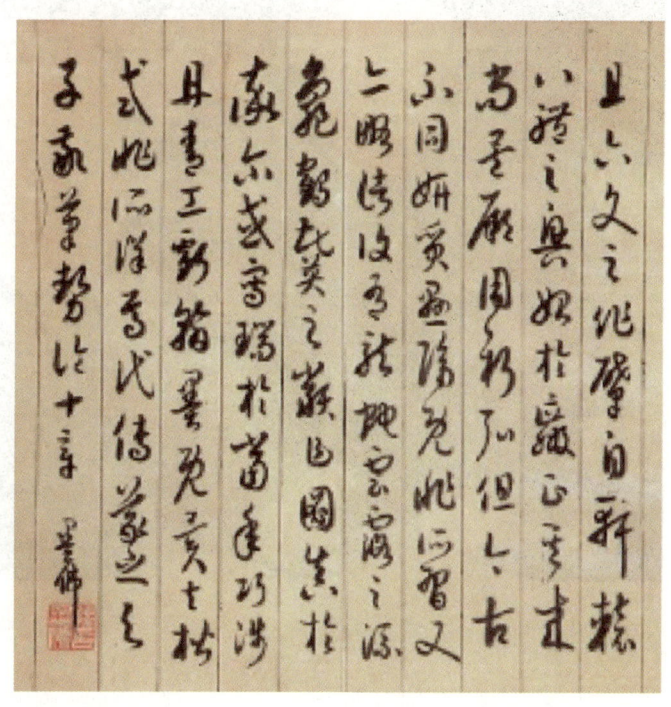

孙墨佛书法

卷、《莱阳县补遗》诗文各一卷,方言二卷、《古今题画诗万首绝句选》十六卷、《尚书正义》六卷、《风雪楼过眼录初稿》二十二卷、《南渡沧桑过眼录》十二卷、《民权县案宗卷改革新编》十卷、《南渡随笔》十二卷、《梦书生花馆诗钞初集》十八卷、《梦书生花馆文草》二卷、《耕余偶笔》二卷、《天舌山人书画题跋》四卷、《齐昌县志补》二卷、《潮州金石考》一卷、《黄梁诗草》七册、《孙墨佛题画万首诗选》等。自作诗词五千余首,均收入《天籁集》。孙墨佛将书写的五百余部全文《书谱》,都无偿地捐赠给全国各地文化教育部门。

孙墨佛的长子孙天牧也是著名的北派山水画家,绘画功底深厚。1985年,孙天牧也被聘任为中央文史馆馆员,父子同为中央文史馆馆员,至今也唯有孙墨佛和孙天牧了。孙氏父子的许多墨迹珍品,也捐赠给了中央文史研究馆或博物馆等文化单位,为中华民族文化事业的继承和发展作出了贡献。

孙墨佛、孙天牧父子研习笔墨

**主要参考文献：**

1. 羊曲：《诗人节雅集——记民革北京市委员会诗画社成立》，《团结报》，1956年6月30日第4版。
2. 林慧：《南仙北佛》，政协莱阳市委员会编：《莱阳历史文化溯源》，中国出版社，2009年版。
3. 《莱阳市西富山村：孙墨佛故居见闻》，https://news.artron.net/20191019/n1065977.html。
4. 民革中央宣传部编：《民革前辈与辛亥革命》，团结出版社，2011年版。
5. 心一：《访辛亥老人著名书法家孙墨佛》，《人民日报》，1981年9月22日第4版。
6. 王夕源：《山东辛亥革命老人孙墨佛》，《春秋》，2011年第5期。
7. 黄禹康：《辛亥革命老人孙墨佛》，《春秋》，2008年第4期。
8. 王树春：《孙墨佛其人其书》，《中国书法》，1997年第3期。
9. 黄禹康：《辛亥革命老人孙墨佛的传奇人生》，《党史天地》，2007年第4期。
10. 雨汀：《怀念辛亥革命老人孙墨佛》，《纵横》，2005年第4期。
11. 徐庆康：《孙墨佛、孙天牧父子的书画艺术》，《团结报》，2013年6月8日第7版。

李蒸（1895—1975），字云亭，河北滦县（今河北省滦州市）人，1950年加入民革。中华人民共和国成立后，曾任国务院参事室参事、全国政协文教组召集人、副组长等职。民革第三、四届中央委员，民革中央团结委员。第一、二、三、四届全国政协委员。

# 李 蒸
## 力促北平和谈的教育家

1946年12月18日,《西北日报》报道了这样一则新闻,标题是《纪念四十四周年西北师院校庆十里店公路更名为"李蒸路"》,报道正文中指出:

"联合会议通过,自十里店之枣林起,至师院止,一段马路,定名为'李蒸路'(因城内有云亭路,故以姓名称),以资纪念李院长之清操车劳,虽云亭先生曾经来电,谦挹辞谢,但已成定案,势在必行。"

用李蒸(李云亭)的名字命名兰州市的一条道路,目的是以此纪念他为了保存和坚持中国的高等教育事业,毅然离开北平,率领国立北平师范大学的师生员工来到祖国的西北;纪念他为抗日救亡运动和中国人民的解放事业输送了大批进步知识分子;纪念他把我国平津一带第一流专家、教授西迁到西北地区,大大地缩短了西北地区教育和沿海地区教育的差距;纪念他为中国近代教育,特别是为师范教育所作出的杰出贡献。

### 为人师表,坚决护校

在这则新闻发布的前一天,西北师范学院举行了校庆四十四周年大会,李瑞征代表兰州市政府等有关方面在大会上说:"西北师院担负着研究高深学术的使命,担负着培养西北师资的使命,又担负着恢复北平师大的使命……在这种困难情况下,担当起这种重大责任,完全是李蒸先生之努力。李云亭先生确实为西北下了很多的苦功。"在讲话的结尾,他用了"伟大"一词来形容李蒸的贡献。从担负着的三项"使命"和一个"伟大",可以看出李蒸为中国师范教育事业作出了不容置疑的贡献。

在李蒸的人生理念中,他认为人生的意义在于"服务"而非"享乐"。也正因为此,他在母校北平师大面临校务混乱,无人愿意出任校领导时,毅然回校就任代理校长,带领全校师生为学校发展共筹良策。而他在面对困难时,总有一种坚韧和执着的精神。

1932年,报刊上质疑师范大学制度的文章层出不穷,认为"师大无异于普通大学",应该改变教育制度取消北平师大,报纸上甚至刊出国民政府教育部让师大整顿、停止招生的消息。

李蒸看到消息后,当即致电教育部,表示坚决不同意,指出"国立北平师范大学,为今日中国仅存之师范教育最高学府,负有改进全国教育之使命",并详细论述了师范大学与普通大学的不同之处,力陈发展师范教育对于国家建设的重

1932年,担任北平师大校长时期的李蒸

要性。在他的奔走呼吁下，"国立师范大学应即停办"的提议未获通过。

抗日战争时期，李蒸带领北平师大迁往西北，初到西安，继至固城，再迁兰州，学校经几次改组，先后更名国立西安临时大学、国立西北联合大学、国立西北联合大学师范学院和国立西北师范学院（简称"西北师院"）。

在极其艰苦的条件下，李蒸从未放弃，克服西北交通不便、生活清苦等不利因素，尽量聘请全国知名学者来校讲学，并为学生筹建宿舍，改善教学环境。在他的心中，"教育事业是清苦的职业，升官发财都没有分儿，可是教育事业有精神上的代价，有永久不能磨灭的价值"。

这份不能磨灭的价值之一就是民族复兴的责任，李蒸反复向学生说"复兴民族，责任在办教育者身上"，"师大学生一人之操行将来可影响千百人，集数千百师大学生之操行，可转移一民族之风气"。1945年11月，国民政府教育部为表彰李蒸为北平师大、西北师院连续服务十五年以上及所作出的杰出贡献，授予他"乙字第一号奖状"。

抗日战争胜利后，转移到后方的学校纷纷返回原址复校。时任国民政府教育部长朱家骅对师大一直心存偏见，屡有改组师大的想法，拟借此机会予以撤销。

1945年9月，全国教育善后复员会议在重庆举行，教育部正式对北平师大下达了"不得复员，留在兰州"的命令。李蒸作为参会代表，亲历了国民政府不准师大复校的整个过程。这让他感到十分愤怒，也引起了师大学生、教师和各地校友的不满，迅速掀起了轰轰烈烈的"复大运动"。

为了北平师大的存续，李蒸竭尽全力多方奔走。一方面，他指点准备赴南京的请愿团代表到上海时去拜访曾任师大校长的国民党元老李石曾，请其在京沪呼吁。

另一方面，他自己亲自上阵，于1946年赶赴南京，会同师大校友进行多方的活动，特别联系在国民政府立法院立法委员中的北平师大校友，请他们给予支持，并向行政院提出"要求师大复员返北平"的请求。

此外，李蒸还与朱家骅据理力争，毫不示弱，在僵持不下时甚至拍桌怒道："好！我们一同去见总统……"朱家骅看到他如此坚决，态度逐渐软了下来。

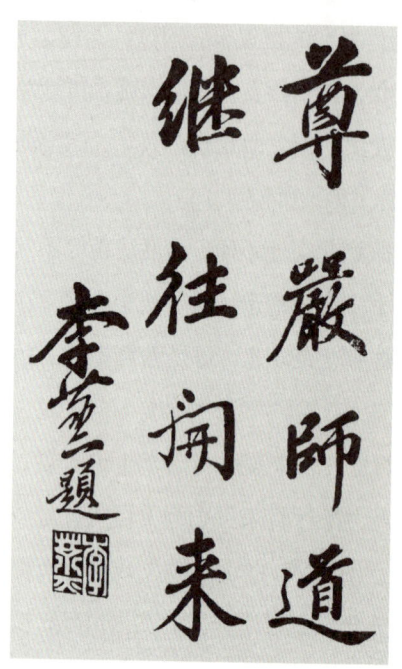

李蒸题写的"尊严师道　继往开来"

经过全校师生的共同努力，国民党政府教育部先是被迫答应恢复国立北平师范学院，西北师院的学生可以无条件转入，后又于1948年恢复为北平师范大学。

在保持师大独立、复校斗争中，有着一份李蒸的坚决护校之功！

正是李蒸在那段特殊岁月的努力，奠定了北平师大"于学术上，不在石破天惊之发明，不在凿空探险之奇迹。而在平实正确，求一人人共由之路，以奠全国中等教育之基"的朴实学风。他在得知"将十里店公路改名为'李蒸路'"后，致电坚辞，表示"感激之余，曷胜惶愧"，谦称："弟奉命迁校，幸赖全校师生同心协力，地方人士多方援助，始有今日之规模……惟望我全体校友加倍奋勉，建设最高学府，树立百年大业，以不负各方人士之期，弟虽远离，仍当竭尽绵力，续效微劳。"

而就在他坚辞之时，"李蒸路"三个大字之路牌，已经高悬于兰州市十里店路的街壁。

## 为保护师大,任职三青团

李蒸与全体师生不畏艰辛、共同努力,在短短几年内,把北平师大与后来的西北师院办成了闻名全国的一流学府,有力地驳斥了当时教育部取消师范院校的谬论,吸引了学术界和教育界的广泛关注,不仅在青年知识分子中声望日隆,也引起了国民政府的重视。

1944年,时任三民主义青年团(简称三青团)中央总干事会书记长张治中到西北师院视察,对该学校勤俭办学精神十分赞赏,李蒸的教育理念和为人师表的风范也给他留下了非常深刻的印象。

不久,三青团中央总干事会副书记长胡庶华辞职,这一职位出现了空缺。张治中立即想到李蒸,大力延揽他出任。

李蒸在师大任职十余年,对学校有着深厚的情感,十分不舍,本来不愿离开。但最终他还是决定离开自己为之付出心血的师大到三青团任职,而促使他下定决心的原因是为了师大的长远发展。

兰州西北师院滑翔训练班开学典礼(1994年)(机前站立者左侧为李蒸,右侧为徐英超)

李蒸分析当时的形势，认为抗战即将结束，北平师大将面临复校的关口，而朱家骅再次任教育部部长。他判断由于朱对师大一向不感兴趣，一定会在师大复校问题上制造麻烦。为了争取完成师大复校任务，李蒸最后还是决定去重庆就职。后来果不其然，如前文所述应验了李蒸的判断，而也正是由于他选择到三青团任职，更为熟悉国民政府的运作体系，从而为师大的"复大运动"贡献了自己的一份特殊力量。

自此，因张治中的赏识和引荐，李蒸从教育领域转到政界任职。1946年9月，他被推举为三青团中央总干事会常务干事兼北平支团筹备处主任，在三青团的工作也是与教育领域相关，负责为国育才、组训全国青年。此间，他始终关心教育事业的发展，时而在大学兼课，时而撰写有关师范教育的文章。

1947年9月，国民党六届四中全会暨中央党团联席会议决定实行"党团合并统一"，将三青团并入国民党，李蒸转任国民党中央执行委员。

随后，李蒸参加了在国民政府第一届立法委员选举，在北平市的竞选中，他因多年从事教育工作而素无积蓄，只能靠拍卖所存书籍筹措竞选经费，在北平的师大师生和校友，都自发地为他助选。他也因在教育界的突出贡献和清廉品行，获得了北平市民的信赖和支持。1948年，李蒸高票当选为"行宪"第一届立法院立法委员。

## 不当教育部长，出任和谈代表

1948年冬，南京国民政府改组，传出消息想要李蒸出任教育部部长。他此时已经对国民党政府失望透顶，愤然道："我无法接受这种任命。本来可以不打内仗，两党合作，共治这个国家，现在闯下这么大的祸，弄得这么糟，（我）无意做这种官。"这不仅是他的心声，也道出了当时广大知识分子长时期积压在心中的愿望。

1949年初，国民党当局和蒋介石迫于国内外的压力，发表求和声明。1月21日，蒋介石宣布"引退"，李宗仁任代理总统，决定与中国共产党进行和平谈判。稍后，国共双方就代表人选进行多次协商。张治中基于对李蒸为人和能力的了解，又一次力荐他作为谈判代表。李蒸虽然无意到国民政府任职教育部部长，但十分愿意为和谈出力，国共双方对他也均表示认同。时任行政院院长何应钦随后多次召集张治中、李蒸等人召开会议研究和谈方案。

3月24日，国民党行政院召开会议，通过了南京政府和谈代表团名单，张治中为首席代表，李蒸、邵力子、章士钊等为代表。两天后，中共中央决定同南京政府进行和平谈判，并确定了谈判时间、地点等事宜。至此，国共双方进行谈判的工作准备就绪。

4月1日，国民党政府和谈代表团飞抵北平。谈判初期，聂荣臻约请李蒸进行单独对话。后期，李蒸等代表团成员受到邀请，分批到香山与毛泽东进行会面。

11日清晨，李蒸与卢郁文一起乘坐汽车离开住地，经西直门前往香山，应毛泽东之邀进行座谈。

车辆到达香山双清别墅，两人打开车门刚一下车，就听到一声带着浓浓湖南口音的问候："欢迎两位大驾光临！"抬眼就见毛泽东已经迎出门，向车边走来。李蒸未料到毛泽东如此平易近人，赶紧揖手，应答道："主席迎接，岂敢！岂敢！"

进屋寒暄落座，愉快用餐后，双方才转入正题。

毛泽东首先亮明对和谈的态度："人民的要求，我们最了解。中国的老百姓不希望打仗，我们也不愿打仗，是没有办法才打的。我们共产党人是一向主张和平，否则也不会请你们来……希望大家共同努力，促成和平这一天早日来临。"

在谈到今后的建设问题时，毛泽东继续讲道："中国的经济遗产是落后的，但中国人民是勤劳勇敢的，以前是和日本帝国主义、和蒋介石打了这么多年仗，耽搁了不少时间。新中国成立指日可待，其后我们将面临一个百废待兴的局面，如果单靠共产党人，恐怕是不行的。我们必须广纳才俊，发挥各界贤达的力量。"

在会谈的最后,毛泽东对李蒸和卢郁文说:"二位是学教育与经济的,将来国家的建设,就要靠发展教育和经济。"

这一席话深深地印在了李蒸的心里,特别是毛泽东对于教育在国家建设中所发挥作用的深刻理解,让李蒸深以为然。

此后,为了促成和谈成功,李蒸与国民党代表团成员一起反复磋商,竭尽全力,最终与中共代表团共同拟定了《国内和平协定》最后修正案,共八条二十四款。

遗憾的是,南京政府4月20日通电,拒绝在和平协定上签字。和谈破裂,李蒸毫不犹豫地决心留在北平,选择和代表团其他成员一道宣布脱离国民党,接受中国共产党领导。随后,李蒸还与武和轩、范予遂、王又庸、孟云桥、黄启汉等五十三名国民政府立法院立法委员宣布起义,联合发表了《原国民党立法委员脱离国民党反动派宣言》,表示拥护中国共产党的政治主张。

## 参加新政协,任职参事室

1949年9月,李蒸作为代表出席了中国人民政治协商会议第一届全体会议,并当选为全国政协委员。10月28日,中央人民政府政务院第三次政务会议通过了首批政务院参事名单,李蒸位列其中。

因他长期从事教育工作,是教育领域的资深专家,1950年3月17日召开的参事全体会议一致推定李蒸为参事室学习组组长。

在参事室任职期间,李蒸先后参加有关留学生事务、全国防疫、文化行政、失业救济等方面的会议,参与审查有关文件和报告,尽己所长,为国家的各项建设献计出力;他还专门到中国科学院、文化教育委员会、文化部、教育部、出版总署和卫生部商谈各部门组织条例修改等事宜,帮助各部门完善组织管理机制。

20世纪50年代,李蒸曾参加了安徽的土改工作,写下了详细的工作笔记,既有工作情况,也有自己的思考。此后,他多次参加全国政协、中央统战部、政务院参事室组织的调研到祖国各地调研考察。

1956年，李蒸（左）视察修建中的宝成铁路

在调研中，他依然秉承自己严谨的治学风范，每到一地都认真了解情况，写下参观日记或感想心得。调研结束后，他还会将所发现的问题进行仔细梳理，有针对性地提出问题和意见，提供给有关部门决策参考。

1956年，李蒸到陕西调研，不仅考察了修建中的宝成铁路，还专程到访革命圣地——延安。在《陕西视察报告》中，他写道："延安于1937年1月党中央和毛主席到达后成为全国革命的领导中心。全国革命人士、青年学生由全国各地纷纷汇集于此，将昔日偏僻的小城突然变成了繁华之地。"字里行间透露出李蒸对延安乃至全国各地翻天覆地的变化，感到无比兴奋和自豪。

## 支持普选，爱国爱乡

1953年2月4日，全国政协一届四次会议在北京举行。周恩来就筹备召开全国人民代表大会、制定中华人民共和国宪法等问题作了政治报告。李济深也代表民革发表公开谈话，表示拥护实行人民代表大会制度、赞成人民代表大会选举法。

李蒸在上海民革组织作报告

李蒸因曾在国民党立法部门工作过，对在全国范围内开展普选，逐级选举各级人民代表大会代表的意义与作用有着专业而透彻的见解。他专门在当年5月号的《民革汇刊》上发表了《普选的意义与作用和我们应有的努力》一文，集中阐述人民代表大会制度的特点和优越性，指出"这是一个真正民主的选举制度"。

因为当时民革党员的文化素质较高，李蒸认为"我们民革同志们都有责任向人民群众进行选举法的宣传解释，以促进这次伟大普选运动的圆满完成"。因此，他呼吁民革应当动员起来，在中国共产党领导之下，积极参加各种选举委员会的工作。他强调："我们同志们能多有一个人参加选举工作，我们就能够发挥一分力量，以促进我们国家的建设工程！"

"爱国始于爱乡"也是李蒸始终坚持的一个重要理念。他在《滦县县志序》中回忆："余家世居滦县（今滦州），王辇庄即余诞生故里也。"新中国成立后，李蒸会同原滦州籍古人类学家裴文中及滦州学者等，共同撰文纪念滦州起义，从自身亲历亲见亲闻的经历出发表达对先烈的崇敬,为家乡的文化建设贡献自己的力量。

### 主要参考文献：

1. 李溪桥主编:《李蒸纪念文集》,中国社会科学出版社,1996年版。

2. 李蒸:《普选的意义与作用和我们应有的努力》,《民革汇刊》,1953年第37期。

3. 王英春:《毛泽东与卢郁文》,《党史博采》,2004年第1期。

李民欣（1890—1955），原名殿瞻，字泽霖，广东番禺人，1948年加入民革。中国人民政治协商会议第一届全体会议代表。中华人民共和国成立后，曾任中央人民政府财政经济委员会委员、广东省人民政府委员、广州市副市长等职。民革第一届中央常委、中央执行委员，第二届中央委员。民革华南临时工作委员会常委兼组织整理委员会主任，民革广东省分部筹备委员会常委，民革广州市委会第一届委员会主委。第二届全国政协委员。

# 李民欣
## 民革广州市委会首任主委

1949年1月7日,搭载第三批北上民主人士的苏联货轮"阿尔丹号"安全抵达大连港。李民欣带着行李,慢慢走下轮船。一同下船的,还有自己长期追随的李济深。早已在岸上等待的中共中央代表李富春、张闻天和早已到达解放区的朱学范热情地上前迎接,欢迎他们的到来。李民欣很是激动,新的革命历程即将在此展开。过了三个月,李民欣便接受了一个秘密任务,由北平飞往南京,代表李济深参与到国共和平谈判任务中去了。

### 先后参与民促民革的创建

李民欣原名李殿瞻,广东番禺沙湾镇渡头村人。受广东珠三角地区抵抗外国入侵和早期资产阶级民主革命思潮影响,自小学习军事,矢志报国。在就读两广陆军中学期间,改名为李民欣。他曾在袁世凯的北洋新军当见习排长,后转入北洋政府陆军部担任科员,在此结识了陆军大学任教的李济深。

李民欣曾于1912年加入同盟会改组的国民党,后来跟随李济深来到广州参加了国民革命军,并一直作为亲信,在李济深左右工作长达几十年。由于参加了李济深、陈铭枢、蒋光鼐、蔡廷锴等人率领十九路军发动的福建事变,李民欣与

1927年11月16日,李济深离开广东到上海参加蒋介石召开的党务会议。图为李济深(左一)与李民欣(右一)等人在去上海的轮船上合影

李济深同被开除国民党党籍,遭明令通缉。直至全面抗战爆发后,国共实现第二次合作,蒋介石迫于形势才撤销了对他们的通缉令。

1940年,国民政府军事委员会桂林办公厅成立,李济深担任主任,李民欣随李济深到桂林,任军委会桂林办公厅顾问。当时,桂林是沦陷区人员疏散的主要地区之一,何香凝、茅盾、田汉、欧阳予倩等一大批来自全国各地的抗战人士云集于此。李民欣协助李济深在此掩护爱国民主人士、推动进步文化界开展抗日民主活动。

抗日战争胜利后,中国面临着两种命运的抉择。随着国内革命斗争的开展,李济深、何香凝、蔡廷锴等人认为,此前在重庆国民党内一部分民主派分子为反对蒋介石而建立的三民主义同志联合会(简称民联),在国民党军界的影响力不够,需要另外筹建一个国民党民主派组织。

经过积极酝酿,1946年4月,以原十九路军骨干人员为主的中国民主促进会(简称民促,后改为中国国民党民主促进会)在广州发起成立,推举李济深为主席(实际由蔡廷锴代理),李济深、蔡廷锴、李章达、张文、李民欣、秦元邦、陈此生、谭冬菁、司马文森、叶少泉、余勉群为常务理事。民促发表宣言,宣布自己忠诚于孙中山的革命三民主义，反对蒋介石内战和独裁，要求国民党根据孙中山"天下为公"的精神结束党治，建立联合政府。

在这个过程中，李民欣协同李济深等人联络各地进步人士，并在广州配合蔡廷锴创办中南文化企业公司，筹备出版《现代》月刊。国民党反动当局明目张胆以"违法"为名，取缔查封诸多报刊，《现代》尚未出版就"胎死腹中"。随着白色恐怖笼罩整个广州，民促不得不转入地下，离开广州撤退到香港。《现代》也转移至香港创办印刷工业合作社，承印民主刊物，出版旬刊《自由》和会刊《民促》，继续开展争取民主与和平的宣传，推动当时爱国民主运动的发展。

民促的成立，加上之前成立的民联，为此后民革的成立做好了思想上和组织上的准备。

抗日战争胜利后，蒋介石一意孤行，发动内战，坚持独裁统治。各民主党派遭到公开镇压，国内政治形势急剧恶化。共同的斗争，使国民党民主派之间的联系日益密切，同时也深深感到，与国民党讲团结、恢复政治协商、组织联合政府已不可能实现了，要推翻蒋介石必须把国民党内的爱国分子组织起来，组成一个统一的组织，才能形成合力。

1947年，李济深在香港召集民促、民联高级干部会议，共商国民党民主派联合之事。李民欣与何香凝、蔡廷锴、彭泽民、冯伯恒等人参加了这次会议。会议决定：民联、民促仍各自维持原有组织分头进行活动，但由两会代表共同组成一个南方联合执行部统一协调双方的行动。执行部推李济深为主席，在香港总负责执行部计划，李民欣与何香凝、蔡廷锴、李朗如、黄精一、萧隽英、陈树渠、李杜、云应霖、陈此生等人为委员。执行部计划响应中共的各项言论及主张，策动民众团体，反对蒋介石把持下的国民党实行的各项反动政策，组建国外总支部，积极争取海外华侨的支持。

1947年10月，国民党宣布民盟为非法团体，以暴力手段强迫民盟宣布解散，尚抱有些许幻想的诸多民主人士更加清醒地认识到，民主与独裁之间已不存在任何调和缓冲的空间。1948年1月1日，民革正式宣告成立。宋庆龄被推举为名誉主席，李济深为主席，李济深、何香凝、冯玉祥、谭平山、蔡廷锴、李民欣等16人为中央常务委员。李民欣还当选为中央执行委员会委员。民联、民促在民革成立后继续保持各自的组织相对独立地开展活动。

民革成立后决定在香港创办宣传刊物《自由》半月刊，并在《自由》半月刊的基础上再办一份报纸。恰逢上海《文汇报》被国民党当局查封，部分《文汇报》同人来到香港，与李济深商讨合作事宜。民革中央鉴于《文汇报》的情况，同意民革与《文汇报》合作的方案，公推李民欣与陈劭先、梅龚彬、陈此生与《文汇报》方面洽谈合作事宜。为此，李济深还在4月召开了创办香港《文汇报》筹股会议。李民欣与陈劭先、吕集义、陈此生、梅龚彬等人就《文汇报》的工作开展纷纷提出建议。9月1日，由民革中央主办的香港《文汇报》正式出版，成为民革舆论宣传的重要平台，民革的政治主张在更大范围内得到了传播。

民革中央工作繁多但经费来源较为困难。蔡廷锴曾任财委会主任委员，因不善理财，经李济深同意，由李民欣接任主任委员，曾任十九路军财务负责人的邓瑞人接任副主委。一上任，李与邓就想出许多办法多方筹措资金，如举办画展、召开茶舞会等，短短时间就筹集到四千五百元港币，既为民革提供了较为充足的经费，还能用于支援学运开展。为了保证通信顺利，便于在国统区开展组织活动不被特务侦破，民革中央制定了周密的通信符号：民革中央化名国昌总公司，李济深化名为陈天任（董事长）；李民欣则化名为李运材（经理），负责的财委会化名为福安行。

民革的成立标志着国民党爱国民主力量和其他爱国民主分子实现了大联合，在政治上和组织上同蒋介石把持的国民党公开决裂，从而使国民党反动势力更加陷入孤立。李民欣本人，则成为既经历了民促创建、又参与民革创建的少数参与人之一。

## 北上解放区，参加筹备新政协

1948年4月30日，中共中央发布了纪念五一国际劳动节口号，包括民革在内的各民主党派积极响应，拥护召开新政协。到了下半年，解放战争已进入战略决战阶段，全国处于革命胜利的前夜，筹备新政协成为一项重大政治任务提上日程。

在中共中央直接部署、周恩来亲自指挥下，中共地下党组织分四批成功地将在港民主人士护送到东北解放区。李民欣与李济深、茅盾夫妇、朱蕴山、章乃器、彭泽民、邓初民、洪深、施复亮、梅龚彬、孙起孟、吴茂荪等人分属第三批，是四批北上人士中人数最多的一批。因为李济深是各方瞩目的人物，想离开香港困难重重，因此出行更加谨慎，周恩来提出"保密、谨慎、周到、安全"的八字原则，中共交通员将要离开的民主人士分别送到苏联货轮"阿尔丹号"上。登岸后，李民欣与李济深等被安排在当地最高级的大和饭店，周恩来还安排人员送来皮帽、皮靴、貂绒大衣等御寒用品。李济深、李民欣等人都颇受感动，对中共同志无微不至地关心和照顾称赞有加，连连赞叹"名副其实雪中送炭！"

1月22日，李济深、沈钧儒、马叙伦、郭沫若、谭平山等五十五人联名发表《我们对于时局的意见》，李民欣亦在联名之中。《意见》明确表明，各民主党派、无党派人士拥护中共中央"五一号召"、赞同毛泽东提出的八项和谈条件，表示"在人民解放战争进行中，愿在中共领导下，献其绵薄，贯彻始终，以冀中国人民民主革命之迅速成功，独立、自由，和平、幸福的新中国之早日实现"。这个文件标志着民革从与中国共产党的合作进入了接受中国共产党领导的多党合作的新时期。

4月，国民党派出了以张治中为首的谈判代表团前往北平，与中共代表正式谈判。中共中央知道这是蒋介石的阴谋，但为了减少不必要的牺牲，尽可能和平解决国内问题，于是决定委托民主人士前往南京做些说服工作。周恩来与李济深交换意见后，决定派出刘仲容、朱蕴山、李民欣、刘子衡四人一起秘密前往南京，敦促李宗仁、白崇禧等人接受和平谈判协定。四个人分工不同：朱蕴山代表民主党派，李民欣代表李济深，刘仲容联系白崇禧，刘子衡负责找国防部参谋长顾祝同。在南京期间，李宗仁还设宴招待了李民欣四人。由于此行秘密，感受到气氛的记者在报纸显要位置登出新闻，绘声绘色地描绘"神秘客"的行动，称"刘仲容由平飞抵首都，同来三人坚不露姓名"——四人的身份始终没有弄清楚。但李宗仁由于受制于蒋介石、白崇禧，不能自主，因而婉拒中共中央的挽留，四人见和谈无望，只好返回了北平。

回到北平的李民欣开始投身新政协筹备的具体工作中。1949年6月15日，新政协筹备会第一次全体会议在中南海勤政殿开幕，李民欣作为民促代表参会。会上，周恩来作了《新政协筹备会组织条例》（草案）的报告。依据这个组织条例，会议拟定了《关于参加新政治协商会议的单位及其代表名额的规定》，民促作为党派代表参会，得到八个正式代表名额和一个候补代表名额。

为了实现迅速召开新政治协商会议及建立民主联合政府的各项必要准备工作，筹备会决定在常务委员会领导下设立六个小组。其中，第四组的任务为起草中央人民政府组织法。该组组长和副组长分别由中国共产党代表董必武和中国民主建国会代表黄炎培（离北平时由张奚若代）担任。李民欣作为该组组员，与张文、沈钧儒、张东荪、胡厥文、王昆仑、谢雪红、罗隆基等共二十三人参加，就新中国的国家名称和性质、政府组织的基本原则、最高政权机关的产生办法以及人民政府委员会、人民革命军事委员会、人民监察委员会、人民法院、人民检察署的组织和隶属关系等问题逐一进行了讨论研究。起草委员会先后开会三次，研究讨论时间长达三个月，直至9月17日新政协筹备会第二次全体会议中，草案才原则性通过，提交新政协正式召开大会时讨论。

9月21日，中国人民政治协商会议第一届全体会议在北平正式开幕。李民欣作为民促的正式代表，与蔡廷锴、蒋光鼐、陈此生、李民欣、秦元邦、林一元、谭冬菁、司马文森、李子诵（候补代表）共同参会。会议期间，他还担任了会议下设的"中央人民政府组织法草案整理委员会"成员，参与到会议期间组织法草案的讨论与修改中。

10月1日，三十万军民集会于天安门广场，开国大典在此隆重举行。投身民主革命几十年的李民欣终于迎来国家解放、民族独立，亲眼见证历史性时刻，内心无比激动，感慨万千：自己也为这一历史性的胜利作出了自己的贡献。

## 兢兢业业从事新中国多党合作事业

中华人民共和国成立后，李民欣意气风发、斗志昂扬，以饱满的热情投身到新中国建设事业中，在中国共产党领导下合作共事、勤奋自励、兢兢业业。

政协一届全体会议结束后，政务院财政经济委员会成立，李民欣被任命为该委员会委员。在 10 月份举行的政务院财政经济委员会成立会议上，李民欣与宋劭文、薛暮桥、钱昌照、章乃器、俞寰澄、千家驹、胡子婴等人被推定为财经委员会组织条例草案起草人。此外，中央人民政府委员会第三次会议通过广东省人民政府主席、副主席和省政府委员人选任命，叶剑英为省人民政府主席，李民欣与李章达、陈汝棠、蒋光鼐等人担任省政府委员。

为更好地参加新中国政权建设，民革需要尽快解决组织统一问题。早在 1949 年 2 月底，民革中央就决定成立解放区会务整理委员会，公推朱学范、赖亚力、朱蕴山、许宝驹、陈劭先为委员，由朱学范负责召集，秘书长列席，正式开展组织工作。后来李民欣和余心清二人也被增加为委员，投身于具体的民革党务工作中。1949 年 11 月 12 日，中国国民党民主派代表会议（即民革二大）在北京举行，参加会议的有民革、民联、民促和国民党其他爱国民主分子共五十八人。会议决定，民革、民联、民促和国民党其他爱国民主分子统一成为一个组织——中国国民党革命委员会，民联、民促同时宣告结束。会议还选举产生了新的中央领导机构，由四十五名中央委员和候补中央委员组成了新的一届民革中央委员会，李民欣当选为中央委员。

李民欣在 1954 年当选第二届全国政协委员。他积极参加国家政治生活，围绕国家中心任务，阐述见闻、表达观点、畅谈感想，帮助民革党员及社会各界正确认识新中国建设事业中取得的成就和面临的困难，发挥正面宣传、思想引领作用。

1950 年，民革中央机关刊物《民革汇刊》创刊，李民欣不时在刊物上发表文章，参加笔会。1951年国庆前后，他按捺不住兴奋的心情，发表《欢呼建国两周年》，以详细的数据和新旧社会的明显对比阐述自己对新中国成立两年来国防建设和经济建设取得成绩的认识，鼓励民革党员要对国家充满信心，坚定抗美援朝运动必胜的理念。1952年10月，针对美国破坏朝鲜停战谈判、准备发动更大规模战争的行径，亚洲及太平洋区域和平会议在北京召开。李民欣积极参加了民革中央组织的笔谈会，号召为了要保卫和平，要动员、组织全世界人民，广泛展开和平运动，坚决拥护缔结和平公约，裁减军备，禁止使用原子武器和细菌战。

李民欣还投身于广东政务，在地方政治生活中发挥着作用。

1949年10月14日，广州解放，广东省人民政府、广州市人民政府成立，李民欣被任命为省人民政府委员、市人民政府副市长、市人民政协副主席。接着，民革中央决定成立民革华南临时工作委员会，机关设在广州市，管理广东、广西，并指派李民欣和李章达、陈汝棠、张文、萧隽英、陈此生、方少逸等十九人为临工会委员。李民欣还兼组织整理委员会主任。

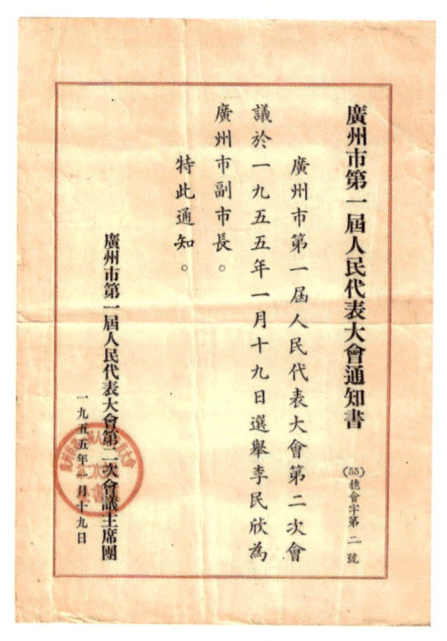

1955年1月19日，李民欣当选广州市副市长的通知书

1955年5月，民革广州市委会成立，李民欣任第一届主任委员。他在成立大会的发言中，号召广州民革党员，正确认识中国共产党的领导、正确认识中国人民政治协商会议制定的七项共同准则。他特别指出，广州的民革党员"更应提高国际统战的思想认识、做好国际统战工作"，因为广州是中国的南大门，万隆亚非会议之后，会有更多的外国人士来到中国参观。而要完成这样的任务，他认为，民革党员必须在自愿的基础上学习马克思列宁主义理论，联系实际，展开批评与自我批评，努力进行思想改造。

在社会主义欣欣向荣的大好形势下，李民欣希望能为民革工作再进一步发展开创新局面。不料1955年12月，因脑溢血猝然逝世，终年六十五岁。

## 主要参考文献：

1. 朱学范著：《我与民革四十年》，团结出版社，1990年版。
2. 民革中央宣传部编：《民革前辈与新中国》，团结出版社，2019年版。
3. 中国国民党革命委员会中央宣传部编：《中国国民党革命委员会的历史道路》，湖南人民出版社，1987年版。
4. 朱维群主编：《让历史告诉未来：中共中央发布"五一口号"六十周年纪念》，华文出版社，2008年版。

李任仁（1887—1968），字重毅，广西临桂（今桂林市）人，1948年加入民革。中国人民政治协商会议第一届全体会议代表。中华人民共和国成立后，曾任政务院政治法律委员会委员、华侨事务委员会副主任、中南军政委员会委员、全国人民救济总会广西分会主席、广西省人民政府副主席、广西壮族自治区人民委员会副主席等职。民革第一届中央执行委员，第二届中央委员，第三、四届中央常委。民革华南临时工作委员会广西执行小组召集人，民革广西省分部筹备委员会常委，民革广西省第一、二届委员会常委，第三、四届区委会常委。第一、二、三届全国人大代表。第一届全国政协委员。

# 李任仁
## 多方推动广西解放，争取桂系人员起义投诚

1949年9月27日，中国人民政治协商会议第一届全体会议在北京继续举行。在这天的发言中，从广西辗转到达北京、与国民党新桂系有着密切关系的民革代表李任仁介绍了广西内部分崩离析的情况，号召广西军政人员认清形势与李宗仁、白崇禧等彻底决裂。随后，中央人民广播电台播放了这一发言。由于李任仁在桂系军政人员中德高望重，号召很快引起反响，一些桂系高级将领先后率部放下武器投向人民，减少了广西人民的生命财产损失。后来，他们回忆说："我们起义投诚，首先是全国解放形势所使然，又是听了李任仁先生在全国政协发言的广播，还听到他当了广西省人民政府副主席，我们才放下了心的。"

### 坚持国共合作，致力广西教育

李任仁名任仁，字重毅，这个名字是父亲根据《论语》中"曾子曰：士不可不弘毅，任重而道远。任以为己任，不亦重乎；死而后已，不亦远乎"给他起的，希望他能具有任、毅的品格。

1905年，李任仁考取了秀才后，与同乡学友吕国器、吕璜、李天沛等回到会仙，创办会仙两等小学，第一班学生中有白崇禧、吕競存等人。1911年，李任

仁在平乐加入了孙中山领导的中国同盟会。1921年12月，孙中山先生出师北伐，进驻桂林，大本营设在靖江王府内。8日，李任仁以三中校长身份代表桂林教育界谒见孙中山先生，请孙先生出席9日召开的教育界大会并讲话，李任仁主持欢迎大会并致欢迎辞。

1925年9月，国民党桂林县党部正式成立，李任仁、裴邦焘等当选为执行委员，李任仁任执委会主席。李任仁、裴邦焘热情欢迎李征凤参加国民党县党部工作，同时发展了一批桂林籍共产党员加入国民党，其中罗瑞成、谢铁民、苏鸿基分别任国民党县党部农民部、宣传部、青年部部长。

1925年，孙中山在北京逝世的消息传来，桂林各界人民沉浸在悲痛之中。担任桂林县知事的李任仁建议在桂林靖江王府独秀峰山下修建中山公园、中山纪念馆和中山纪念塔，得到了白崇禧、刘斐等人支持。建筑竣工后，李任仁撰文叙述了中山纪念塔的建塔经过，并将此文刻于纪念塔底座之上，以资纪念。这不仅表达了桂林人民对一代伟人的崇功报德，更重要的是供后人瞻仰、缅怀孙中山先生的革命精神，唤起人们继承中山遗志。

1925年9月10日，李任仁（前排右一）与白崇禧（前排右三）、刘斐（前排右二）、李天沛（前排右四）出席中山纪念塔落成典礼

1927年四一二反革命政变后，蒋介石发动"清党"，对共产党人和国民党左派人士进行大搜捕、大屠杀。开始，李任仁努力营救被捕的中共党员和国民党左派人士，没有多久，连他自己也被"清党委员会"列入了黑名单，幸亏得到友人谢雪琴的报信，及时转移外地，才幸免于难。1927年的血雨腥风没能吓倒李任仁，之后的岁月里他仍同共产党人保持着紧密联系与合作，始终是中国共产党真诚可靠的朋友。

1931年7月，国民党政府任命李任仁为广西省政府委员兼教育厅厅长。在教育厅厅长任内，他延揽了一批进步人士，如陈此生、裴本初、张海鳌、官亦民等到教育厅工作，在他的领导下，进行了教育的行政组织和教育方针的改革，制定了《广西教育改革方案》《十二条教育施政纲领》等条例，指引广西教育的新方向，使广西教育出现了一个新面貌。

李任仁在教育厅长任内，着力办了两件事。一是基于广西普及教育和社会教育落后现状，努力增加普教经费，举办民众学校。1932年，省教育厅颁布了《广西省普及民众教育馆办法大纲》，全省各县纷纷成立民众教育馆。此外还创建了广西省第二图书馆和广西省博物馆，很受民众欢迎。二是在桂林雁山创办了广西师范专科学校。这可以说是李任仁倡导教育改革的一个成功实践。为改造和发展广西乡村教育，李任仁认为非重新培养一批适合于办乡村教育的新型人才不可。为此，1932年他向省政府提议创办广西师范专科学校（简称广西师专），得到批准。于是他积极筹办，聘请著名进步教育家杨东莼任首任校长，一批进步的著名学者教授也到校任教，如邓初民、薛暮桥、陈望道、马哲民、夏征农、胡伊默等，其中不乏共产党员。他坚决支持杨东莼的办学方针、教育内容与方法，把广西师专办成了一所新型进步的学校。在其存在的五年内，培养了一大批革命的知识分子。

正由于兴办师专并支持杨东莼的办学路线，李任仁遭到一些人的造谣攻击，说什么兴办师专是引进许多共产党人，要使广西"赤化"；支持杨东莼的办学路线，就是庇护杨东莼搞"赤化活动"。这些传言传到李宗仁、白崇禧那里，引起了李宗仁、白崇禧的不满。加上李任仁当时肺病复发，遂于 1933 年 8 月辞去广西教育厅厅长职务。李任仁曾愤慨地说："厅长可以不干，但教育要改革，人才要培养，从事反帝反封建的主张和行动，我是坚决不会放弃的。"

## 拥护抗日民族统一战线，支持广西进步文化事业

1931 年九一八事变后，民族危机日益严重。李任仁忧国忧民，为团结抗战而呼吁奔走。他旗帜鲜明地拥护中国共产党提出的建立抗日民族统一战线、实现国共合作共同抗日的主张。1935 年 11 月，在中国国民党第五次全国代表大会上，李任仁被选为候补中央执行委员。1936 年 5 月，他与陈此生、陈劭先一道秘密赴上海参加全国各界救国联合会成立大会，与沈钧儒、胡愈之等共商救国大事。大会通过《成立宣言》和《抗日救国初步纲领》等文件，响应中国共产党"停止内战，一致抗日"的主张。1936 年 6 月 1 日两广事变爆发，李任仁努力劝说李宗仁、白崇禧及蒋介石避免内战，团结抗日。7 月，他又与粤方国民党中委一起冒着风险到南京向国民党中央提出五项救亡方案，呼吁蒋介石团结各方抗日力量共同对敌。西安事变发生后，李任仁主张和平解决，对白崇禧说："现在是国难当头，必须团结抗日，不可同室操戈，让日本帝国主义坐收渔翁之利。"促使李宗仁、白崇禧最后决定，联名致电中共代表周恩来，表示赞同和平解决西安事变的主张。1937 年 6 月，李任仁与中共中央代表张云逸，就当前的形势和抗日诸问题进行广泛地交换意见，李任仁对中共建立抗日民族统一战线的主张深表拥护和支持。

抗战期间，李任仁不仅坚持团结抗战，积极参加抗日救国民主运动，而且是抗战进步文化事业的坚定支持者和参与者，为桂林成为全国著名抗战文化城作出了重要贡献。1937 年 10 月，集政治性和学术性为一体的组织——广西建设研究会成立了，李宗仁任会长，白崇禧、黄旭初任副会长，李任仁、陈劭先、黄同仇为常委。由于李宗仁、白崇禧要奔赴战场，黄旭初忙于全省政务，黄同仇不久调到安徽任职，建设研究会实际上由李任仁协助黄旭初领导，日常会务由陈劭先负

责。李任仁、陈劭先都是坚定的民主派，拥护中国共产党的抗日民族统一战线，与进步文化人有着广泛的联系。当时桂林是抗战后方，许多爱国民主人士和进步文化人士撤离到这里。李任仁、陈劭先利用建设研究会这个平台，广泛联系、安排了一批进步文化人士和共产党员担任建设研究会会员，建设研究会成了进步文化人士来往聚会的活动场所。在李任仁负责建设研究会期间，团结了各方民主力量，支持抗日民主进步活动，掩护受迫害的革命同志脱险，帮助李克农、夏衍、杨东莼、邹韬奋等人安全撤离桂林。千家驹说："凡是到过广西的进步朋友，没有一个不认识重毅先生，没有一个不得到他的关怀。"

广州沦陷前夕，中国共产党领导的《救亡日报》准备由广州迁到桂林复刊，得到了李任仁的大力支持，李任仁陪同夏衍，拜访当时广西省政府主席黄旭初。其后，为了与夏衍更好地沟通，李任仁与陈劭先研究决定，聘夏衍为广西建设研究会研究员。李任仁为了赞助《救亡日报》主办的《十日文萃》出版，欣然解囊相助。同时，他还与田汉、马君武、白鹏飞等十余人发起为《救亡日报》筹集基金，举行《一年间》公演，并担任发起委员会委员一职。1939年8月24日是《救亡日报》创刊两周年纪念，李任仁特为《救亡日报》撰文，强调"不断地扩大团结，扩大不屈不挠的精神，把中国从危亡中挽救出来"。

武汉、广州沦陷以后，大批文化人聚集桂林。1939年夏，为适应当时形势发展的需要，由胡愈之具体设计并倡议创办的文化供应社，从发起到集资，都得到李任仁等的大力支持，文化供应社董事会于同年10月22日成立的时候，李任仁被选为董事长，并推荐胡愈之担任该社编辑部主任，出版了大量的进步书刊，成为当时西南后方进步文化书籍的重要供应基地。1939年10月1日，中苏文化协会广西分会成立，李任仁当选分会会长。此后，他在中苏文化交流，介绍苏联社会主义，加强中苏友谊方面做了不少有益的事情。

1939年9月，为抵制国民党独裁统治，实行宪政，经中共和各党派民主人士提议，国民参政会第四次会议通过了要求国民党政府定期召开国民大会实行宪政的决议。为此，1940年2月，延安成立了各界宪政促进会，毛泽东发表了《新

1942年3月29日，李任仁与文化供应社股份有限公司全体人员合影

民主主义的宪政》演说。消息传来，李任仁以广西建设研究会常委和广西临时参议会议长的身份，联系部分参议员和进步文化界人士于1940年5月28日共同发起成立广西宪政协进会，李任仁被大家一致推选为广西宪政协进会会长，会上通过了《广西宪政协进会成立宣言》。《宣言》除在桂林各报刊发表外，还同时在重庆《新华日报》和香港《星岛日报》上全文发表，在海内外都引起了轰动。广西宪政协进会的成立和《宣言》的发表，在时间上和政治上与1940年2月20日在延安举行的宪政促进会成立大会和毛泽东在成立大会上题为《新民主主义的宪政》的演讲，形成密切配合、南北呼应的局面。重庆国民党中央得知广西成立了这个组织，大为惊恐，立即致电国民党广西省党部，命令取缔广西宪政协进会的活动。

针对国民党顽固派的独裁统治，李任仁公开发表文章，进行有力的抨击。1940年4月20日，李任仁为《救亡日报》撰写题为《文化建设与言论自由》一文，指出："有些人一听见学校里讲马克思学说，便认为大逆不道，非铲除不可，仿佛有了马克思学说，三民主义便不能立足似的，这可谓对于总理的三民主义毫无认识，毫无信仰……"难能可贵的是，李任仁的这些言论是在国民党顽固派发动了第一次反共高潮之后，国内政治形势进一步恶化的情况下公开发表的。

## 筹组民促广西组织，为新中国的建立贡献力量

1945年8月，日本宣布投降，抗战胜利，李任仁结束了逃难生活，于8月下旬回到桂林。全城一片焦土，老百姓只得在废墟上因陋就简，自力更生，重建家园。李任仁将龙珠路30号原陶庐的旧居加以修复，暂时有了一个栖身之地。10月中旬，李任仁在修复后的陶庐邀请陈劭先、陈此生、万仲文等六人，开了一个秘密会议，发起组建中国国民党民主促进会，主张国民党进行民主改革，团结反蒋力量，并内定由德高望重的李济深出任会长。1946年4月，中国国民党民主促进会（简称民促）在广州正式成立，1947年11月，与三民主义同志联合会等方面在香港联合召开了中国国民党民主派第一次代表大会，并于1948年1月1日正式成立中国国民党革命委员会，推选李济深为主席。在这次大会上，李任仁当选中央委员（保密未公开）。

1949年1月，中国共产党为了迅速结束战争，减少人民的痛苦，早日实现真正的和平，提出了在八项条件基础上，同南京国民党政府、国民党地方政府和军事集团进行和平谈判。李任仁极力赞同中国共产党的和平、民主、团结建设新中国的方针。李任仁曾利用自己与白崇禧的师生关系，相机进行工作，多次劝说李宗仁、白崇禧接受中共和平条款，推动广西和平解放。他还策动桂系高级军政人员并领衔签名上书李宗仁，劝其与中共签订和平协定。在李宗仁、白崇禧召开的讨论时局会议上，李任仁又挺身而出，对主战派的种种言论予以严正驳斥。此外，李任仁与中共地下党员有着密切联系。中共桂林地下党员李文澜受中共地下党组织派遣，通过与李任仁大儿子李达蹊的同学关系，与李任仁取得联系，收集

国民党新桂系的军政情报。据李文澜回忆："重老提供了许多重要的情报，包括桂系当局的军事部署等情况，都转给了地下党负责同志，这对加速解放广西是有作用的。"

1949年7月18日，李任仁作为民革代表，在中共的帮助和安排下秘密离桂赴穗、转香港。8月14日，李任仁与黄绍竑、刘斐等四十四人签署并公开发表《我们对现阶段中国革命的认识与主张》的联合宣言，正式宣布脱离中国国民党。李任仁赴北京出席中国人民政治协商会议第一次全体会议，这才有了本文开头的那次发言。其后，李任仁继续做了不少争取桂系人员起义投诚工作。

## 做共产党的诚挚朋友，勤恳为国为民服务

1949年10月1日，李任仁作为中国人民政治协商会议全国委员会委员，与毛泽东、李济深等一起登上了天安门城楼。19日，李任仁被任命为华侨事务委员会副主任。12月2日，中央人民政府举行第四次会议，任命张云逸为广西省人民政府主席，陈漫远、李任仁、雷经天为副主席。张云逸亲自到寓所会晤李任仁，邀请他回广西协助工作。10日，李任仁离开北京南返，回到桂林时，适逢桂林旧政权人员训练班开学典礼，李任仁参加并讲话，勉励学员以正确的态度参加学习，通过学习改造自己，以适应新社会和新工作的需要。

李任仁职务变了，地位高了，但是他谦虚谨慎、平易近人、生活俭朴的思想作风一直没有变。他对工作认真负责、勇于担当，坚持实事求是，密切联系群众，勤勤恳恳为国家为人民服务。

1953年，李任仁兼任全国人民救济总会广西省分会主席，负责领导广西的社会救济工作。他不顾年老体弱，率工作组进工厂、下农村，深入基层了解掌握实情，及时解决民众生产生活的困难。1955年11月，省人民委员会、省政协组织省人民代表和省政协委员到省内各地视察。在桂林市和桂林地区视察中，李任仁深入群众，进行调查研究，既详细了解各部门的工作成绩，又了解存在的困难和问题，并如实反映情况。有一天，他到市郊良丰视察，发现各种作物种得很少，

不如往年那样多,还有少许田地丢荒,他很诧异,便访问了几家农户,才知道农民生产积极性不高,农民家中的存粮也不多。李任仁是会仙乡人,距良丰很近,有的农民还认识他,主动找他反映情况。从农民反映的情况来看,主要是该乡在农业合作化过程中,刚建立起来的初级农业合作社还没有健全和巩固,甚至有的农户连初级社还没有参加,又奉上级指示,便急急忙忙地转入高级社。高级社是将耕地、耕牛、大农具都归集体所有,集体经营管理了,农民按集体规定干活,在分配上又不按劳分配,干多干少一个样。因此,生产的积极性不高,加上合作社的管理人员缺乏经验,对社员的生产和生活没有安排好,结果造成不少农户在生活上出现了困难。李任仁在调查中,认为这个乡的高级农业合作社搞得快了一些,不仅农民的思想跟不上,连管理工作也存在一些问题。回到南宁后,李任仁将视察所得,如实向有关部门作了汇报,并提出了自己的看法。为此,在后来的一次干部大会上,李任仁受到了一位省委主要领导的不点名批判。省民革的负责同志担心李任仁被扩大批判,劝说李任仁不要再谈这个问题。但李任仁事后对民革的几位负责同志说:"这明明是个严重问题,关系农民生活,我若不讲怎么对得起自己的良心,怎么对得起党和人民!"

李任仁心系广西建设,为改变广西贫困落后面貌,在1964年第三届全国人大一次会议上,他提出将北海的管辖权由广东划归广西的建议,得到了周恩来总理的重视和落实,北海于1965年正式划入广西行政区域。今天,北海已是广西重要海滨城市,成为北部湾经济区的重要组成部分,在旅游、外贸及海洋资源等方面发挥着重要作用,这与李任仁曾经的努力是分不开的。

李任仁始终是中国共产党领导的爱国统一战线忠诚的拥护者和执行者,他为巩固和发展爱国统一战线,为促进祖国实现和平统一贡献了力量。在担任华侨事务委员会副主任期间,李任仁关心海外华侨,贯彻落实侨务政策,宣传祖国建设的伟大成就,邀请桂籍华侨回国观光等方面做了不少工作。

1965年夏天,李宗仁叶落归根,回到祖国。李任仁接中央通知赴京迎接李宗仁,并与李宗仁见面会谈。在会上,他满腔热情地欢迎李宗仁,介绍祖国和广

1966年2月，李任仁、何若真与李宗仁、郭德洁在南宁交谈

西家乡建设的巨大变化和成就，并赋诗两首赞扬李宗仁的爱国情怀与行动。事后，李任仁从北京回到桂林，专程到桃花江畔的桂林中学视察（原抗战时期李宗仁夫人郭德洁女士创办的德智中学旧址），跟学校领导打招呼，要求做好迎接李宗仁和郭德洁到校参观视察的准备工作。1966年2月，李宗仁和夫人郭德洁回到家乡广西，李任仁和夫人何若真在南宁国际旅行社欢迎他们并促膝畅谈。

1968年8月18日，在南宁特大洪水袭来时，李任仁因住房被淹没不幸逝世，终年八十一岁。

### 主要参考文献：

1. 魏华龄、王玉梅主编：《李任仁诗文选》，（桂林文史资料第三十五辑），漓江出版社，1997年版。

2. 《中山精神的坚定践行者——纪念李任仁同志诞辰一百三十周年》，http://www.gxmg.gov.cn/html/dytd/bhy/2017/0320/9318.html。

3. 中国人民政治协商会议广西壮族自治区委员会文史资料研究委员会编：《广西文史资料选辑》（第四辑），1963年。

4. 中国人民政治协商会议广西壮族自治区委员会文史和学习委员会编：《辛亥革命在广西——纪念辛亥革命一百周年》，广西人民出版社，2011年版。

李明扬（1891—1978），又名敏来、健、逊吾，号师广，江苏萧县（今安徽萧县）人，1954年加入民革。中国人民政治协商会议第一届全体会议代表。中华人民共和国成立后，曾任华东军政委员会委员、华东行政委员会委员、江苏省政协副主席、省农林厅厅长、国防委员会委员等职。民革中央团结委员。第一、二、三、五届全国人大代表。第一届全国政协委员。

# 李明扬

## 粟裕称他为"最可信赖的战友"

1951年2月的一天，上海市市长陈毅来到今建国西路355弄3号李明扬公馆，向时任扬子木材厂董事长兼总经理李明扬祝贺六十岁寿辰，并转达了周恩来总理的亲切问候。李明扬很是感激，连声道谢。表面上，这位李明扬只是位看起来不起眼的木材厂董事长，但他其实曾经是一位民国时期军界的风云人物，有不少传奇，为新中国成立作出过贡献。

### "李明扬这个人正派，懂军事，在军界资格老，很值得争取"

李明扬，祖籍江苏盱眙，1891年生于江苏萧县（今属安徽）。清末，他在南京陆军第四中学学习期间，取号"师广"，有以汉代名将李广为师之意。受进步思潮影响，李明扬加入同盟会，投身孙中山领导的辛亥革命，参加了江苏起义军援鄂支队，由此进入军界。在武昌时，结识了同盟会知名人物李烈钧，成为故交，追随左右。讨袁之役中，李烈钧、李明扬等发动湖口起义，名扬全国。

李明扬思想开明。第一次国共合作开始后，他曾多次邀请周恩来到其部队驻地演讲，宣传革命思想。北伐时，蒋介石密令逮捕东路先遣军中的王尔琢等十余位中共党员，李明扬冒着风险帮助他们安全离开。周恩来对他人提起李明扬时曾

上海李明扬旧居

说:"李明扬这个人正派,懂军事,在军界资格老,很值得争取,至少要争取他成为我们可靠的朋友。"

全面抗战爆发后,蒋介石任命李明扬为徐州行政督察专员。当时,华北战事一再失利,日寇气焰甚是嚣张。李明扬深感愤慨,两次致电蒋介石,要求带兵上阵杀敌,均被蒋拒绝。第五战区司令长官李宗仁鉴于李明扬的资历,很是尊重,经从中说项,蒋介石又命李担任第五战区游击总指挥,拨了两个团的兵力供他指挥。

这一时期,李明扬与周恩来保持着书信联系。当时国共已经开始第二次合作,周恩来请他务必多多支持苏鲁皖边区的中共抗日力量。蒋介石给李宗仁发密电,要求当地如发现中国共产党抗日武装力量,就立即抓人缴枪,不得姑息。于是,李明扬多次找李宗仁谈论此事,各方面做工作,终于获得李宗仁同意,允许中共公开活动。1938年3月初,中共苏鲁豫皖边区特委得到了"人民抗日义勇队"的正式番号。利用这一合法名义,特委在沛县、滕县、峄县、临城等地发展抗日武装，到了1939年，开辟了以抱犊崮为中心的鲁南抗日根据地。

徐州沦陷后，李明扬未随第五战区主力西撤，而是率部队南移到泰州，正式成立了以李明扬、李长江为正副指挥的鲁苏皖边区游击总指挥部，与日伪军战斗。经过艰苦的努力，他们终于在当地站稳了脚跟，有三万多兵马，成为苏北颇具影响的地方实力派。泰州是苏北物资集散地，日军垂涎已久，但慑于李明扬部的驻防不敢贸然行动。李明扬还在当地创办了一所服务于抗日的学校。学校的课程、校歌、校训等都沿袭黄埔军校，教官也都是黄埔军校的毕业生，所以当地人称这所学校是"苏北小黄埔"。

1941年，在日伪多次劝降下，副总指挥李长江变节投敌，李明扬率余部退守叶甸、下河，继续坚持抗日。1945年5月，日军包围了李明扬军队驻地，李不幸被捕，关押在上海。无论日伪怎样劝降，他坚贞不屈、大义凛然，坚决不当汉奸。

1945年8月15日，日本宣布无条件投降，李明扬得以获释。9月9日，中国战区接受日军投降签字仪式在南京举行，侵华日军最高司令官冈村宁次代表日本政府在投降书上签字。李明扬亲赴现场出席观礼，与汤恩伯、王懋功、郑洞国等人共同见证了这一庄严的时刻。

## "黄桥决战，如果李明扬动一动，咱们就要喝长江水，就要被消灭"

1962年，八一电影制片厂摄制了一部名为《东进序曲》的电影，讲述的是新四军1940年前后东进抗日、创建苏北抗日根据地的一段历史。剧中刘世仪的原型便是李明扬。

1939年初，抗战形势趋于恶化，进入江南敌后的新四军向苏北挺进开辟抗日根据地。苏北地区日军、伪军以及江苏省政府主席兼鲁苏战区副总司令韩德勤为代表的顽固势力并存，驻军泰州的李明扬、李长江不满蒋介石的歧视与排挤，与韩矛盾很深。陈毅对错综复杂的形势进行分析后，提出了"击敌、联李、孤韩"的统战工作方针，"联李"成为工作重点。

> 李明扬将军是我们党最可信赖的战友
>
> 粟裕
>
> 一九四八年冬

粟裕题字

陈毅多次写信给"二李"，洽商互不侵犯、联合抗日，1939年8月到12月，还先后两次亲赴泰州登门拜会。陈毅特别尊重李明扬，尊称李是革命前辈，将其与朱德同称为反袁起义军的伟人，措辞很是恳切。在"二李"与韩的争斗中，陈毅暗中给予支持。有一次，陈毅还从新四军的战利品中挑选了一把指挥刀送给了李明扬。"二李"待陈毅为上宾，陈毅率新四军三位将领二进泰州时，李明扬在泰州街上贴出"欢迎四将军光临指导"的标语，并邀请陈毅到教导队训话。新四军与泰州"二李"部出现了团结抗日、和睦相处的祥和气氛。

当然，这期间也出现过摩擦。1940年5月，新四军苏北抗日挺进纵队在扬州吴家桥一带成功反击日军，李明扬同意将自己的地盘郭村借给新四军暂时驻扎休整，并约定了借期。借期到后，挺进纵队尚未撤出郭村，陈毅致函李明扬，请他以友情和抗日大局为重，体谅挺进纵队的困难，双方协商解决各种问题摩擦。李明扬同意了。但副总指挥李长江对新四军心怀疑虑，加上省主席韩德勤的不断挑唆、恩威并施，最终，李长江指挥军队攻打郭村，与新四军发生激烈战斗。战斗持续了七八天，新四军全力击退二李军队的进攻，乘胜反击追到泰州城下。在此关键时刻，陈毅指示部队收兵城下，三进泰州，向李明扬表示顾全大局，愿意放回俘虏、归还枪械，双方重修于好。李明扬大为感动，郑重允诺团结抗日，在韩德勤攻打新四军时保持中立。

当年 10 月，黄桥战役爆发。陈毅领导的新四军以七千余人的兵力，一举歼灭韩德勤所率精锐部队一万一千余人，稳固了苏北抗日根据地，打开了华中抗战的新局面。李明扬信守承诺，严守中立，始终未出兵协助韩德勤。他还向苏北税警团团长陈泰运暗中打招呼，让陈也不要出兵与新四军作战。

陈毅在回忆黄桥战况时，深有感慨地说："黄桥决战，如果李明扬动一动，咱们就要喝长江水，就要被消灭。"他强调指出，最后我们在苏北打败韩德勤，在苏北突破，就取决于李明扬、陈泰运对我们的态度，也取决于我们对他们的态度。

经此，李明扬与陈毅成为旧交。陈毅三进泰州也成为统战历史上的一段佳话，新中国成立后被搬上了电影屏幕。这里还有个小故事。据说，《东进序曲》上映后，备受各方好评。但李明扬对剧中"刘世仪"这个人物形象提出了异议，认为电影表现有"失实"之处，他将心中的"不快"向陈毅诉说。陈毅听后哈哈大笑，豪爽而真诚地说道："师公（李明扬号师广），放电影嘛就由他去吧，故事有点出入也在所难免嘛，秀才文人编剧本拍电影未必清楚那段史实，我和很多同志就从没把你当外人看待，我们的交情还不够深吗……"李明扬听后不禁释然。

## "我的选择和追求是正确的"

抗战胜利后，李明扬担任第十战区副司令长官兼淮南行署主任。1946 年，他到重庆见蒋介石。由于韩德勤告密，蒋介石以"通共"等罪名，软禁了李明扬。经邵力子、张治中等人从中说情，才被释放，被迫离开了军界。由于反对内战，李明扬遭到国民党特务暗杀，右手臂和右耳中弹，虽然伤势不重，但右耳从此失聪。1949 年，蒋介石下野，李宗仁任代总统，力邀李明扬担任国策顾问，李明扬向李宗仁建议要"以民心为依归，停止内战，以免生灵涂炭"。人民解放军渡江作战前夕，国共开展和谈。李宗仁请李明扬做其私人代表，设法过江去苏北淮阴会见陈毅，商谈请驻扎江北解放军在和谈未定之前，暂缓渡江事项，并希望即便和谈破裂，也能在南京举行局部和谈，妄想争得更有利的回旋余地。李明扬慨然允诺，冒着生命危险渡江前往。不过，当李明扬带回陈毅的答复后，李宗仁又犹豫不决，此后，和谈破裂，所谓局部和谈也没有实现。见和谈无望，李明扬毅然在徐州率部起义。

1949年9月，李明扬应邀赴北平参加中国人民政治协商会议第一届全体会议。当时，受邀参加会议的，还有程潜、陈明仁、曾泽生、吴奇伟等国民党军队高级起义将领，他们的到来受到中共的热烈欢迎。9月19日，距离会议开幕前两天，毛泽东专门来到北京饭店，看望住在这里的国民党起义将领代表，并邀请大家同游天坛，李明扬也在应邀之列。一行人信步漫游，谈笑风生，谈古论今，至祈年殿前，毛泽东提议大家拍照合影，留下了世人所熟知的珍贵照片。

9月21日，中国人民政治协商会议第一届全体会议在中南海怀仁堂开幕，李明扬以特邀代表人士身份参会。会议期间，他参加了中央人民政府组织法草案

1949年9月21日，中国人民政治协商会议第一届全体会议在北平召开。图为毛泽东与陈毅、李明扬（中）在会议期间

整理委员会，与董必武、史良、黄炎培、王昆仑、李民欣、傅作义等人一起参与到大会关于新中国中央人民政府组织法草案的整理审核工作中。9月30日，大会选举产生了中国人民政治协商会议第一届全国委员会，李明扬当选特邀界别委员。10月1日，李明扬登上天安门城楼，目睹了开国盛典。新中国的蓬勃朝气以及人民对新生的喜悦与憧憬，给他留下了深刻的印象。在给陈毅的电话中，李明扬说："老朋友，我的选择和追求是正确的，永不言悔。"

开国大典后，李明扬被任命为华东军政委员会委员，他选择回到上海居住，1950年出任上海市第一届第三次各界人民代表会议代表。

1950年11月，上海扬子木材厂董事会推选李明扬担任董事长兼总经理。该厂创办于1939年抗日战争时期，到解放战争时期，已是上海知名的由中国人自己生产经营的木材厂之一，在我国首先成立了第一家木材工业试验室。上海解放初期，该厂受战争影响短暂停工，李明扬应朋友邀请投资帮助恢复生产。新中国成立初期，上海经济受到通货膨胀的影响，工厂经济效益不容乐观，亟须摆脱困

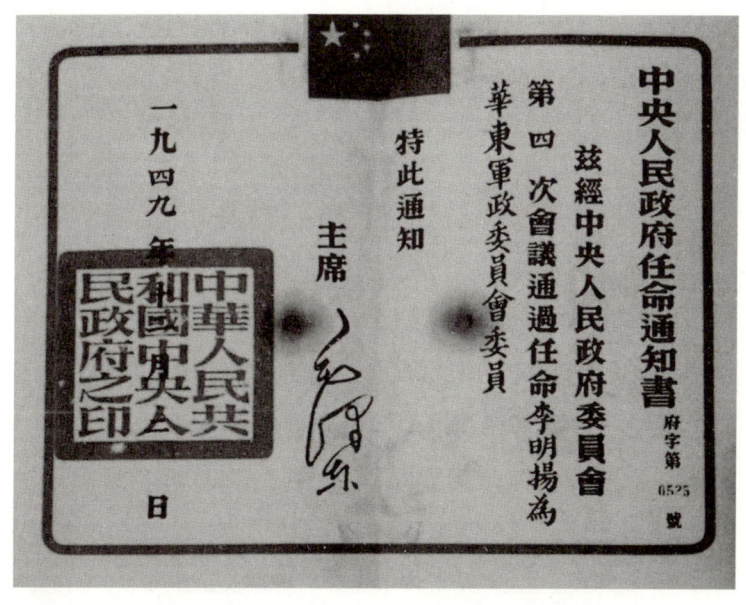

1949年李明扬被任命为华东军政委员会委员的通知书

境。李明扬到任后，聘请专业经营人才，争取贷款，使工厂增强了经济实力；又各方协调关系，成功运来大量东北原木，解决了生产原材料不足的困难。工厂的生产很快就有了起色。1951年9月，在李明扬积极参与和推动下，扬子木材厂正式被批准公私合营，完成了社会主义改造。工厂走上了良性发展轨道，生产不断提高，规模不断扩大。李明扬在木材厂一直工作到1953年，因工作需要才正式调离。在这段任职期间，上海市市长陈毅对他的生活给予了无微不至的关怀与照顾。在他六十岁寿辰之时，就出现了开篇那一幕。

1953年1月1日，江苏省人民政府于南京市正式成立，李明扬来到南京，被任命为江苏省农林厅厅长。1954年，李明扬加入民革，被任命为国防委员会委员。在1955年4月召开的中国人民政治协商会议江苏省第一届委员会第一次会议上，李明扬当选为省政协第一届委员会副主席。此外，他还担任了民革中央团结委员会委员。20世纪60年代，李民扬迁到北京生活。这时，陈毅因担任副总理兼外交部部长已经回到北京，虽然工作繁忙，但仍不忘旧交，每年春节等重要日子必抽空探望李明扬或请他吃饭。李明扬相继担任了第一、二、三、五届全国人大代表，围绕党和国家大政方针积极参政议政，建言献策，在推动祖国和平统一方面贡献了自己的力量。

**主要参考文献：**

1.《李明扬（1891—1978）》，http://www.shtong.gov.cn/dfz_web/DFZ/Info?idnode=69110&tableName=userobject1a&id=67146.

2.周勇、王磊：《周恩来与李明扬的交往轶事》，《文史春秋》，2004年第1期。

3.蔡志新：《陈毅五会李明扬》，《党史博览》，2000年第10期。

4.项东民：《英年早逝的朱毛红军参谋长王尔琢》，《党史天地》，2001年第2期。

5．丁龙嘉：《泰西、鲁南、湖西和鲁东南地区抗日武装起义》，《联合日报》，2017年8月26日第2版。

6．夏俊山：《抗战时期的陈泰运与税警团（上）》，《海安日报》，2015年7月1日第5版。

7．《永远的丰碑·红色记忆：苏中抗日根据地》，https://www.baidu.com/link?url=rh_9fWidgE8Pwh2N2e9DR0ah5UBE1AevY-GydJuumHvHUQVd5TFV4krSJKmjD0hKrf1jT844ejV5tj00M3HTR_&wd=&eqid=8f200bcf0001f9d2000000025fa4eab3.

8．沈毅：《陈毅三进泰州》，《江苏政协》，2000年第4期。

9．于跃跃：《黄桥战役：打开华中抗战新局面》，《学习时报》，2019年1月28日第6版。

10．朱安平：《〈东进序曲〉拍摄内幕》，《现代快报》，2009年2月7日第A15版。

11．郑建邦、胡耀平整理：《我的戎马生涯——郑洞国回忆录》，团结出版社，1992年版。

12．姚鹤年：《旧上海木材工业的形成和发展》，http://www.shtong.gov.cn/dfz_web/DFZ/Info?idnode=87432&tableName=userobject1a&id=133093.

李章达(1890—1953),字南溟,广东东莞人,1948年加入民革。中国人民政治协商会议第一届全体会议代表。中华人民共和国成立后,曾任中央人民政府委员会委员、广东省人民政府副主席、广州市副市长、广州市军事管制委员会委员、中南军政委员会委员、《联合报》社长、广东省各界人民代表会议协商委员会副主席、华南分局文教委员会主任兼民族事务委员会主任等职。民革第一届中央常委、中央执行委员,第二届中央委员。民革华南临时工作委员会委员。

# 李章达
## 助力东江纵队北撤

1949年9月21日,中国人民政治协商会议第一届全体会议在北平中南海怀仁堂隆重开幕。来自45个单位的600多位代表怀着激动的心情在签名册上签下自己的名字。这一刻,也掀开了古老中国的崭新历史。

后来,签名册按参会单位顺序装裱成厚厚的两册,木板封面上镌刻着人民政协会徽和林伯渠的题款,成为珍贵的历史存念。

翻开签名册,会发现有一位首席代表并没有签名。他是谁?为什么如此重要的时刻竟然没有写下自己的名字?

让我们先把时光拉回到1941年……

### 协助新四军秘书长脱险

1941年1月,蒋介石命顾祝同、上官云湘率7个师8万余人围攻奉命北移的新四军军部及所属部队9000余人。新四军英勇反击,但终究众寡悬殊,除2000余人突围外,大部牺牲或被俘。军长叶挺被扣押,政治部主任袁国平牺牲,副军长项英、参谋长周子昆被叛徒杀害。随后蒋介石宣布新四军为"叛军",取消其番号。皖南事变爆发,国民党顽固派第二次反共高潮达到顶点。

皖南事变中，新四军秘书长李一氓隐蔽在一个茅草遮掩的山腰中，躲过了敌人的搜捕，之后化装成难民，几经辗转，经江西、湖南，于2月初只身来到桂林，想通过八路军驻桂林办事处到重庆向周恩来报告被袭经过。

但此时八路军驻桂林办事处已被撤销，地下党员孟秋江请李济深通过关系安排李一氓转移。李济深随即委托时在桂林的李章达护送李一氓到香港，然后从香港转往上海，进入苏北根据地。

李章达是同盟会元老，参加过武昌起义和讨袁运动，曾担任孙中山警卫二团团长兼大元帅府大本营少将参军。1926年广州国民政府举行北伐时，李一氓任国民革命军总政治部秘书、宣传科科长，李章达任广州市公安局局长。李章达曾请客为李一氓等人送行，彼此都很熟悉，只是没想到再次重逢会是在如此境况之下。

得知李一氓的遭遇后，李章达精心安排，并亲自陪同护送李一氓由桂林搭乘火车至衡阳，再乘车秘密到达韶关。经李章达联系安排，2月24日下午，李一氓在韶关市郊一间瓦房民居里，见到了中共粤北省委书记张文彬。张文彬详细询问了皖南事变的具体情况，并拿出皖南事变后中共中央《关于项袁错误的决定》给李一氓看。自突围以来，李一氓已与中共中央失去联系近五十天，他迫切想知道中共中央对皖南事变的定论。看完《决定》后，李一氓即要求张文彬替他发个电报给中共中央，并马上草拟了电文："我已安全脱险到粤，经过间接关系找到了文彬同志，我对中央的决定完全接受和拥护。由孟秋江介绍李章达送我到韶关，即准备由韶关飞香港，转道上海回苏北。"张文彬收好电报说："我立即给你发。李章达已托朋友给你买飞机票，你到香港可找廖承志和潘汉年。我先走了，多多保重。"说完，与李一氓握手而别。

一周后，李章达趁刚好有位亲戚要到香港做生意，就以维持家庭生活为借口向别人借了一些钱，托蒋光鼐买了飞机票，将亲戚和李一氓送上飞机。行前，李章达再三嘱托同行的亲戚："这位朋友不会讲广东话，沿途要好好照顾他。"

李一氓到达香港后，很快找到了八路军驻港办事处负责人廖承志，并把皖南事变的经过写成电报报告中共中央。李一氓把电报编了号，在韶关请张文彬代发的编为第一号,在香港的编为第二号,一共发到六号,详细报告了事变全过程。

作为皖南事变最重要和最直接的见证人,李一氓的这六封电报使皖南事变的真相大白于天下。在此过程中,李章达功不可没。

## 助力东江纵队北撤

抗战胜利后,在广东最突出的政治问题就是东江纵队北撤问题。国民党反动派先是公开声称"广东无共军",后又污蔑东江纵队为"土匪部队",以便为他们纵兵"围剿"提供"合法"依据。

为了揭露他们的阴谋,李章达领导中国民主同盟南方总支部和全国各界救国会华南区总部(简称南总)等团体,一方面大力宣传东江纵队的抗日功绩,另一方面积极配合中共广造舆论,争取军调小组到粤进行军事调处。

1946年1月25日,以中共代表方方、美方代表米勒、国民党代表黄维勤(后为罗晋淳接替)三人组成的军事调处执行部第八小组抵达广州。当天,李章达就提请该小组从速派员前往东江解放区,对国民党当局军事进攻东江纵队的事实进行调查。同时,李章达还以南总负责人名义与彭泽民、徐傅霖、丘哲等联名致电军调执行小组早日制止国共军事冲突,"溯自去年缔结《双十协定》以来,国军对东江中共军之进攻,反变本加厉;借'剿匪''清乡'之名,以消灭异己为实","咸望贵组迅速行使职权,先令国军撤出军事区域,停止冲突,俾人民得返其家乡,恢复秩序"。

1月26日,广州各报均登载广东军事当局发言人的谈话,重弹"广东没有中共军队,只有些土匪"的老调,企图遮掩"剿共"阴谋。月底,李章达接受《华商报》采访,说国民党广东军事当局"想用'土匪'这一称呼来欺骗军事调处部执行小组的外国人,其实外国人比中国人自己还明白,只要请降落在香港的美机师出来证明一下,他什么面子也没有了",中共军队"在广九路打击敌人,与敌伪作艰苦的斗争,保护老百姓,抢救难友。这些事实都是有目共睹的。假如他们是'土匪',老早就给老百姓消灭了。这样艰苦奋斗拥护民众的'土匪',

我们正要培养他"。他还斥责国民党广东军事当局对中共军队的"有意污蔑"，指出"这实在是企图破坏协定，不近人情与毫无理智的举动"。

李章达得知国民党当局背信弃义向东江纵队大举进攻后，极为愤怒，亲赴国民党广州行营主任张发奎私邸，当面谴责国民党当局的卑劣行为。张发奎拒不承认广东有中共领导的游击队，李章达据理力争，与张"辩驳了一番"，力劝张正视事实，顺从民意，捐弃成见，息兵言和，让国人能够休养生息。张发奎尽管心有愤懑，但对这位孙中山时代的老长官却也无可奈何。双方话不投机，不欢而散。

就在军调执行小组进行调查期间，中共地下党得到一份情报，显示国民党出动了7个师的兵力准备"围剿"集结在惠（阳）东（莞）宝（安）三角地带的东江纵队主力，需要尽快送到军调执行小组中共代表、华南分局书记方方手中。但军调执行小组驻地沙面胜利大厦被军统特务严密监视，任何到胜利大厦找中共代表的人都有被捕或被盯梢的危险。承担这项任务的中共党员黄秋耘想出一个方案，就是由李章达以个人名义请方方到他的公馆（光孝路祝寿巷44号）吃饭，黄当面把这份绝密情报交给方方。黄秋耘先请示了广东地下党负责人李嘉人，李表示同意，只是担心李章达不肯冒这么大的风险。

黄秋耘见到李章达后说明来意，李章达毫不犹豫就答应下来，马上打电话请方方到家里来吃顿便饭。方方接到电话明白这绝非平常的应酬，立即换上带着少将肩章的军服来到李公馆。黄秋耘先做了自我介绍，说明是李嘉人让他来的。方方一边和黄秋耘握手，一边说："明白了。"李章达知道他们有事要密谈，说了句"我还有点事，失陪了，两位自便。回头还是请两位在舍下吃顿便饭"就出去了。

黄秋耘从口中吐出一颗小蜡丸，把里面写在航空信笺上的绝密作战计划交给方方。方方细看了一遍说："很重要！很重要！以后搞到这样的东西，要尽快交给我们。我们也有些问题要向中央军委请示汇报，请你交给地下电台发到延安去，密码照旧。一有复电，就马上交来给我。"黄秋耘提出他们之间见面过于频繁怕引起敌人注意，最好多用几种不同的方式接头。方方指了指李章达书桌上的大端砚，说："这个就可以作为我们交换信息的'信箱'。有什么东西，都可以放在端砚底下。每逢单日上午你来一趟,下午我派人来一趟,交换情报。回头你跟李章达说清楚。"

这时,李章达进来,方方对他表示了谢意,说有急事要赶回去处理,午饭就不吃了。李章达笑了一笑,没有说什么,但还是让黄秋耘留下来吃完午饭再走,"你跟在方将军后面走出去,肯定会被盯梢的"。饭后又坐了好一会儿,李章达让家人看过前后门都没人监视了,才让黄秋耘离开。

之后中共地下党通过李章达家的端砚传递过多次信息,甚至经常在李章达家里开会,从来没出过纰漏。

经过反复斗争,1946 年 5 月,国共双方就"东纵北撤"问题达成协议,决定由美方提供三艘登陆舰,载运东江纵队两千四百名战斗人员北撤烟台。上船时没有点名,实际上北撤人员有近三千人,包括一部分非战斗人员。这是当时全国三十六个特别执行小组中唯一达成协议的小组,李章达在其中秘密传递情报起了重要作用。

## 参与发起组织民革

1946 年 6 月,蒋介石悍然撕毁停战协定和政协协议,大举进攻中国共产党领导的各解放区,全国性内战爆发。

1947 年,随着内战日益扩大,国统区白色恐怖愈发严重,许多民主人士避聚香港。为了创建一个有较大影响的国民党民主派组织,李济深致函国内外的国民党民主派人士,请他们前来香港共商大计。在港的李章达"以政见相同,乐于参加"。5 月起,李济深多次邀请何香凝、蔡廷锴、彭泽民、李章达等在他的寓所聚会,商讨建立新的国民党民主派组织问题。10 月,商定由李济深、何香凝、柳亚子、冯玉祥、蔡廷锴、李章达等为新组织的发起人,开始进行筹备工作。

关于新组织的名称,大家意见纷纭,分歧较大。有人提出不用国民党的名字,另起党名;有人主张仍用国民党,但加上"民主派同盟"。宋庆龄从上海捎口信给何香凝建议考虑用"中国国民党革命委员会",何香凝即倡议以此为名。李章达同意何香凝的意见,并结合自己当年参与福建事变的经历说:"福建人民政府失败的原因很多，但其中一条就是不要国民党，改变旗号。这一来，国民党左派人士及中间派地方势力就不敢附和了。我们要吸取教训，采用'中国国民党革命委员会'为好，我们就可以用'民革'的名义号召国民党内革命人士起义。"经过反复讨论，"中国国民党革命委员会"的名称最终确定下来。

为了请宋庆龄亲自来港主持民革，由柳亚子执笔，李济深、何香凝、彭泽民、柳亚子、李章达、陈其瑗六位国民党元老签名，写成《上孙夫人书》。宋庆龄接信后通过中共香港地下党转告，她坚决支持民革的成立，但以她当时的身份，留在民革之外从事革命活动，要比参加民革更为有利。

1948年1月1日，民革成立大会在香港坚尼地道52号举行。李章达当选为中央执行委员会常务委员并兼任秘书长。当时，李章达因患心脏病卧床澳门，但还经常扶病到港参加各种会议和活动。

## 北上参加新政协

1948年4月30日，中共中央发布纪念五一国际劳动节口号，号召"各民主党派、各人民团体及社会贤达，迅速召开政治协商会议，讨论并实现召集人民代表大会，成立民主联合政府"。李章达对这一反映人民意愿的号召深表支持，极力拥护。

5月2日，中共中央就关于邀请各民主党派代表来解放区协商召开新政协会议问题电示中共上海局，指明拟邀请李济深、冯玉祥、何香凝、李章达、柳亚子、谭平山及其他民主人士前来解放区参加协商。此时，李章达的心脏病有所好转，他同在港的各民主党派代表认真讨论了中共"五一口号"。5月5日，李章达代表中国人民救国会，与李济深、何香凝、沈钧儒、章伯钧、马叙伦、王绍鏊、陈其尤、彭泽民、蔡廷锴、谭平山等民主党派负责人及无党派民主人士郭沫若，联名致电中共中央毛泽东主席，认为中共关于召开政治协商会议、成立民主联合政府的号召"适合人民时势之要求"，表示完全赞同。

针对当时"中间路线"一度甚嚣尘上的情形，李章达及时发表文章和谈话予以驳斥。他还同沈钧儒、谭平山、马叙伦、郭沫若、邓初民等，应邀出席《华商报》为此在香港举行的座谈会，对"中间路线"进行了有力的批判，深刻阐明了"中间路线"在中国走不通的道理。

8月1日，毛泽东复电各民主党派负责人李济深、何香凝、沈钧儒、章伯钧、马叙伦、王绍鏊、陈其尤、彭泽民、李章达、蔡廷锴、谭平山和无党派民主人士郭沫若，对他们赞同召开新政治协商会议、建立民主联合政府并热心促其实现表示"极为钦佩"，并再次提出希望各民主党派负责人及爱国民主人士，就召集新政协会议的时间、地点、召集人、参加会议者的范围等问题"共同研讨，并以卓见见示"。当时，方方、潘汉年受中共中央之命，约请在港的各民主党派负责人和爱国民主人士多次召开座谈会，听取各方面对如何进一步做好新政协会议准备工作的意见。李章达有会必到，并结合当时的形势提出很多建设性意见。

1949年初，应中共中央邀请，李章达前往北平参加新政协筹备会。这次从香港起程北上，李章达心潮翻滚，感慨万千，想到自己几十年来，风风雨雨，长期在民主运动的激流中拼搏，历尽艰辛，最后终于找到了正确的革命道路，加入了中国共产党领导的创建新中国的伟大事业，生平夙愿得偿，因而兴奋、激动。途经石家庄时，李章达和同行的民主人士受到了毛泽东、朱德、周恩来等中共中央领导同志的接见。2月26日，李章达应邀出席了中共中央召开的欢迎各界民主人士大会，随后，就全身心地投入准备工作之中。

6月15日至19日，李章达以中国人民救国会中央执行委员会领导人身份出席了新政协筹备会第一次全体会议。会议闭幕后，筹备工作由常务委员会和各小组继续进行。李章达被安排在第四小组，负责起草中央人民政府组织法。

就在紧张地进行筹备工作的时候，李章达突然心脏病复发，须请原经手治疗的医生诊治，不得不从北平返回香港就医。在港治病期间，他虽然抱病床榻，但还时时惦记着新政治协商会议的筹备情况。7月中旬，李章达与陈汝棠、郭翘然、梁若尘、萧隽英等参加《光明报》在香港举办的预祝新政协召开笔谈会。他满怀喜悦的心情，写了《中华人民共和国快诞生了》《纪念邹、李、闻、陶、杜诸先烈》等文章。

1949年10月,李章达离港赴穗任职,在途中休息

9月21日,中国人民政治协商会议第一届全体会议在北平正式开幕,李章达以中国人民救国会首席代表身份被应邀出席。但他因病滞留香港,错过了这一盛事,也因此成为本文开头提到的签名册上唯一一位没有签名的首席代表,签名册上还为他空着一个签名的位置。

9月30日,会议选举了中华人民共和国中央人民政府委员会。李章达虽因病未能赴会,但仍"以多年从事革命工作的显著劳绩和在人民中的卓著声望",当选为中华人民共和国中央人民政府委员。

## 为建设新中国鞠躬尽瘁

1949年10月7日,广州解放的曙光已隐约可见,广州新生的人民政权的成立也提到了中共中央的议事日程上。毛泽东亲自拟发电报给中共中央华南分局第一书记叶剑英、第三书记方方,建议"应加李章达、张醁村、吴奇伟三个党外人士为军管会委员"。10月15日,毛泽东再次拟发电报给中共中央华南分局,并

新中国成立后，第一任正、副广州市市长朱光、李章达、叶剑英、梁广（从左至右）

告华中局："我军即入广州。你们可以奉人民革命军事委员会命令，照前定名单（增加李章达、张骥村、吴奇伟三人）立即发表广州军事管制委员会的就职布告，及广州市人民政府（叶剑英为市长，李章达及我方一人为副市长，朱光为秘书长）的就职布告。待中央人民政府委员会开会时再行追认。"毛泽东亲自建议李章达参加广州军管会、担任广州市人民政府副市长，可见李章达在新中国政权建设、特别是广州政权建设中的重要地位和作用。

李章达对建设新中国充满期待。接到有关任职通知后，10月17日，李章达同饶彰风、郭翘然等离开香港回广州。他们一行经鱼涌、坪山，到淡水，然后从淡水坐船到惠阳，于10月下旬抵达广州。19日，李章达被任命为广东省人民政府副主席和广州市人民政府副市长。12月2日，被任命为中南军政委员会委员。李章达满腔热情地投入建设新中国的各项工作中去。

李章达非常关心民主党派的工作。遵照叶剑英的指示，他认真协助各民主党派切实解决干部和办公用房等实际问题，经过积极筹划，多方协调，广东各民主党派组织很快就相继建立起来。之后，中共中央华南分局统战部推动发起成立民主党派学习委员会，由李章达任主任。学习委员会在带领各民主党派进行集体学

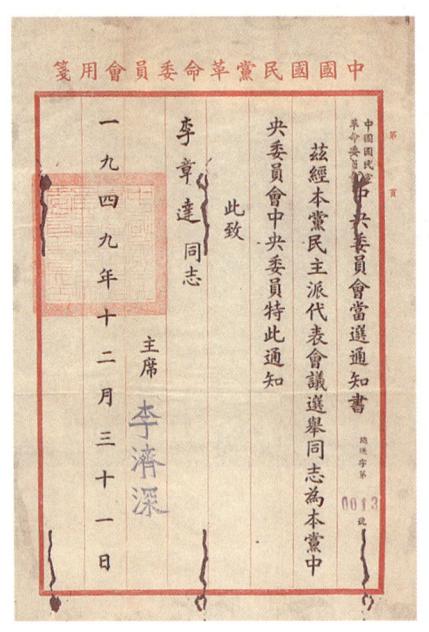

1949年，李章达当选民革第二届中央委员通知书

习的过程中，发挥了重要作用。

从 1950 年到 1953 年，广东开展了土地改革、抗美援朝、镇压反革命等一系列工作，以巩固新生的人民政权，恢复发展国民经济。作为华南地区民主党派组织和成员的带头人，李章达始终坚定拥护和支持中国共产党的各项方针、政策，引领各民主党派人士和无党派人士积极配合共产党，为广东省的社会稳定和经济发展作出了重要贡献。

广州解放初期事务纷繁，李章达不舍昼夜，全力以赴，为新中国、新广州的建设鞠躬尽瘁。1953 年夏，李章达带着重病主持广东省第二届第五次各界人民代表扩大会议筹备会议，并作长篇讲话，当天下午即身体不支入院。经多方检验、会诊，确诊为肝癌，随即送往北京医治。期间，李章达还经常问起时局发展和朝鲜问题，问起民主党派的问题。一个月后，李章达病情稍见好转，便迫不及待地要求南返广州。

10 月间，李章达从北京回到广州。他十分关心 10 月 27 日召开的广东省各届人民代表会议扩大会议。由于实在不能亲往出席，他给大会写了一封信："这

1950年李章达（右三）参加中南军政委员会第二次会议

次扩大会议的召开，事前曾参与计议，中间因病赴京疗治，筹备事宜，时在惦念。在京一月，健康显有进步，前天才从北京回来，遵照医生嘱咐，仍须静养，因此不能亲身赴会实感遗憾……"但后来他还是参加了总结会，并在会上作报告传达了中央关于国家过渡时期的总路线、总任务，并号召全体与会代表："我虽然病得很重，但必须向大家说为贯彻国家总路线、总任务而努力到底……"

一个多月后，李章达病情突然恶化，于12月9日在广州逝世。

**主要参考文献：**

1. 东莞市政协编：《李章达》，广东人民出版社，2016年版。
2. 甘兆胜、林亚杰主编：《广东民主人士名人传》，广东人民出版社，1998年版。
3. 民革中央宣传部编：《民革与新中国的建立》，团结出版社，2019年版。
4. 民革中央宣传部编：《民革前辈与新中国》，团结出版社，2019年版。
5. 民革中央党史编辑委员会编：《中国国民党革命委员会60年》，团结出版社，2007年版。

　　李锡九（1872—1952），原名李永声，曾用名李立三，河北安平人，1948年加入民革。中国人民政治协商会议第一届全体会议代表。中华人民共和国成立后，曾任中央人民政府委员、中央人民政府最高检察署委员、河北省人民政府委员、副主席等职。民革第一届中央监察委员会委员，第二届中央委员。民革北平市分会筹委会主委。

# 李锡九
## 周恩来称他"老成谋国"

人无法选择自己生活的时代，但可以选择自己的人生。有这样一位民革前辈，他的一生，经历了反对清朝政府、反对北洋军阀、反对日本侵略者、反对蒋介石独裁、参与新中国成立建设等几个历史阶段，在每一个重要的历史转折点上，他总是朝着进步的方向走，总是作出对人民有利的抉择。毛泽东对他高度评价，周恩来盛赞他"老成谋国"。他，就是在新中国成立前后作出了独特贡献的李锡九。

### 立志救国救民 投身革命

李锡九出生在河北省安平县。青少年时代，他目睹了清政府的腐败无能和西方列强的蛮横侵略，看到了社会动荡、家乡衰败、人民困苦，他同情那些受苦受难的劳动人民，立志救国救民改造社会，这也成了李锡九为之奋斗一生的根本动力和价值追求。

1905年，李锡九考取公费留学日本，很快，他结识了孙中山，加入了同盟会。回国后，李锡九着手筹建保定的同盟会组织。

辛亥革命爆发后，李锡九和同盟会北方组织的同志，积极奔走声援。中华民国成立后，李锡九当选为直隶省议员。1913 年被选为国会众议院议员。辛亥革命的果实被袁世凯窃取后，李锡九利用国会众议员的身份，与袁世凯的种种倒行逆施作坚决的斗争。

1917 年，孙中山在广州发动护法运动，李锡九南下参加非常国会进行护法斗争，还担任了非常国会护法委员。1918 年护法运动失败后，李锡九回到天津从事革命活动。

十月革命之后，马克思主义在中国得到更广泛的传播。1919 年，李锡九同韩子木、江著源等人组织了马克思主义学习小组，开始学习和研究马克思主义。1922 年，在李大钊的介绍下，李锡九加入了中国共产党，成为中共早期党员之一。此后，李锡九便一直以中共秘密党员的身份开展工作。

## 促进国共合作　推动国民革命运动蓬勃发展

1923 年，中共中央决定采取共产党员以个人身份加入国民党的形式实现国共合作，帮助国民党改组。

1924 年 1 月，李锡九以国民党直隶省临时党部的名义参加了改组后的中国国民党第一次代表大会。在讨论《中国国民党章程》时，国民党内部争吵十分激烈，李锡九慷慨陈词，坚决支持国共合作，驳斥反共言论。他的发言深为当时参加大会的毛泽东所赞赏。毛泽东特意走到他的位置前看了看他座位上的名字，当天晚上登门拜访，与李锡九进行了长谈。

会后，李锡九和于方舟、江浩三人回到天津，开始秘密筹建国民党直隶省党部。2 月，李锡九等人筹建了国民党直隶省临时党部和天津市临时党部，李锡九担任组织部部长，邓颖超任妇女部部长。李锡九还指导和参与了安平、饶阳等县党部的建立。

同时，李锡九和于方舟、江浩按照李大钊的指示，加紧筹建中共天津地方组织。9 月，中共天津地委正式成立，李锡九担任宣传部主任。李锡九还在安平、饶阳一带积极进行革命宣传，发展党员，参与筹建中共安平、饶阳县委。

李锡九与家人合影

作为早期的同盟会会员、国会议员,李锡九在北方很有声望。他积极宣扬孙中山的新三民主义,推动直隶和北方的国民革命运动蓬勃发展。

李锡九利用自己的私人友谊积极说服冯玉祥脱离直系的曹锟、吴佩孚。最终,冯玉祥改变态度,发动北京政变,扣押了总统曹锟,并电请孙中山北上共商国是。

1925年11月,中共中央、北方区委发动了"反奉倒段"的革命运动。为配合冯玉祥率领的国民军进攻驻守天津的奉系李景林部,刘格平受党组织派遣,准备组织工人暴动。李锡九亲自安排刘格平在天津的活动,与其反复研究暴动计划,组建了三百余人的天津工人别动队。12月23日,国民军向奉系天津守军发起总攻时,天津工人别动队迅速占领军警督察处,配合国民军击溃了李景林部。

李锡九还利用各种关系,为党做了大量工作。他积极营救五卅运动中被捕的共产党人,安排中共党员在直隶纸烟捐务处工作,为党组织的办公经费拨款等。

关于大革命时期李锡九在北方的革命工作情况,1979年,邓颖超在核阅中央文献研究室送来的"周恩来关于大革命时期中国共产党同国民党的关系"文稿时，强调："文稿中讲当时各省国民党的主要负责人大都是共产党员，在北方只提于树德不够，建议加上李大钊和李永声（李锡九的本名）。"她说："那时我在北方，对北方党的情况比较熟悉，北方是于树德、李永声、于方舟等，国民党顺直省党部成立得比较早，李永声的工作很活跃，他当时是中共秘密党员，一直以秘密党员的身份参加工作。应该尊重历史史实，他是第一次国共合作时期有贡献的历史人物。"

## 反蒋抗日　积极奔走

1926年3月，李锡九南下广州，在国民党中央党部工作，后担任国民政府监察院首席常务委员、武汉国民政府监察院委员兼军事裁判所所长。其间，他一直秘密参加中共地下党支部的活动。

1927年，蒋介石、汪精卫发动反革命政变，李锡九强烈谴责蒋介石的反共行径，被逮捕并关押在武汉军警督察处。后经国民党内一些老朋友营救，李锡九获得了释放。

李锡九回到北平，开始组建三民主义研究社，积极参加各种政治派别的反蒋活动，凡有此类活动必到场，国民党人称他有"反蒋癖"。

1933年3月长城抗战爆发，李锡九积极帮助孙殿英部策划抗日事宜，并介绍韩麟符、宣侠父等共产党员到孙部任职，帮助改造这支部队。5月，蒋介石要孙殿英进攻张家口攻打抗日同盟军。李锡九坚决劝阻，孙殿英表示决不向抗日同盟军开一枪。蒋介石又命令孙殿英让出沙城一线，李锡九出谋拒绝了这一要求。李锡九在孙殿英部的成功工作，大大地缓解了抗日同盟军的压力。

李锡九在北平的住所是中共北方局的一个重要活动地点。"一二·九"运动期间，一些进步教授和学联的负责人以及中共北平地下党人时常出入他家。当时负责北方局情报工作的王世英夫妇也以他家为交通站。李锡九还负责掩护北方局书记刘少奇等同志的活动。

西安事变发生后，李锡九在党的指示下在杨虎城所辖各部队之间进行斡旋，

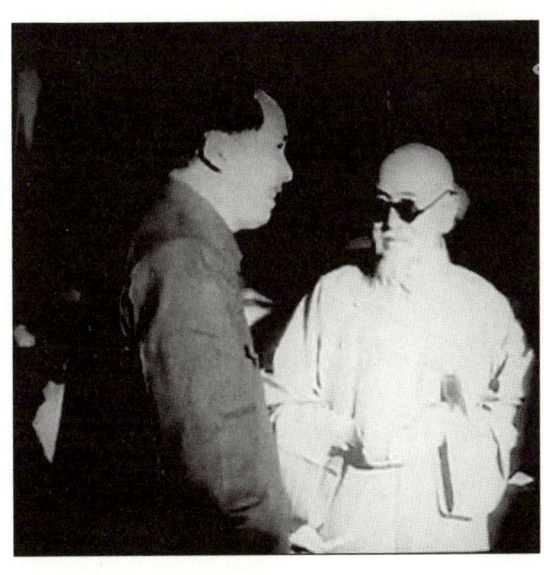

毛泽东与李锡九

为抗日民族统一战线和第二次国共合作积极奔走。不久，他不顾年迈和路途艰难，前往革命圣地延安。在延安毛泽东会见了他，同他叙旧并与他几次长谈。李锡九又把女儿李之光送到延安参加革命，在延安保育院工作。毛泽东得知她是李锡九的女儿，见面尊称她为"李大姐"，特地送她一匹马。

毛泽东对李锡九给予很高评价。1937年毛泽东在《辩证唯物论》一书中曾这样写道："对于真正的三民主义纲领，我们不但不反对，而且早已执行。并且十年来真正的三民主义传统也仅仅在于共产党一方面，国民党除若干分子如宋庆龄、何香凝、李锡九等人而外，抛弃了这个传统。"

抗日战争全面爆发后，李锡九奉中共中央指示，再赴河北孙殿英部从事抗日民族统一战线工作。周恩来在致朱德、彭德怀的电报中就说，已派边章五、李锡九、杨秀林、孙叔东分别与孙殿英、许权中、赵寿山、张荫梧接头，指示他们背靠太行山脉进行游击战争。据在中共陕西省委工作的徐彬如回忆："邓小平和卓琳从延安出来，经西安到前方去，在办事处同李锡九见面。因为李锡九同鹿钟麟私交比较好，邓小平请李锡九介绍了河北的情况，并请他给河北的有关人士写信，布置河北的工作，主要的是在国民党军队中开展工作。李锡九给邓小平写了介绍信。"

李锡九到孙部后被委为顾问，他以孙殿英的名义，召集了几百名学生筹办了豫西教导大队，训练部队开展抗日游击战争，后把其中进步人士转送延安抗日军政大学。

## 多方斡旋　争取国民党军队起义

抗战胜利后，李锡九反对蒋介石发动内战，他利用在国民党内的老关系，一直在华北国民党上层军政官员中进行统战工作，从事瓦解和争取国民党军队的工作。

李锡九直接参与了国民党新八军军长高树勋的策反工作。1945年10月，李锡九到高树勋部亲自与高面谈。高树勋最后下定决心举行起义，成为解放战争时期首位起义的国民党高级将领，李锡九在其中发挥了积极的作用。

李锡九还曾在北平通过耿毅做国民党华北补给区司令耿右麟的工作，使其将一批军用物资交给中国人民解放军。

平津战役开始以后，李锡九、耿寿伯和杜斌丞作为傅作义将军的秘密使者，赴西柏坡和中国共产党代表商谈和平解放事宜。

1948年冬，李锡九、耿寿伯等致电华北人民政府主席董必武并转毛泽东："锡九等于鱼晚抵易县，有要务亟待商决，请派负责人速来，并准备北上处理一切。时机稍延即逝，如何，盼覆。"

12月11日，经毛泽东同意，周恩来致电华北局薄一波、聂荣臻、董必武："转来李锡九、耿寿伯致主席鱼电悉。望速派汽车接他们至华北政府招待所住下，即以其所谈电告。"

当时负责接待李锡九等人的是华北人民政府建设局局长、李锡九的叔侄李子寿。李子寿回忆说："我和大伯已多年不见，这次不期而遇，谈及公事，他只简单告诉我：这次出来是为商谈北平和平解放问题，因事关重大机密，他未详谈，我也没有去询问。我派专人送他们去石家庄再转赴平山。大约一个月后，他们返回北平，途中取道保定，还是由我负责接待的。"

在多方的努力下，谈判取得了圆满成功，最终北平和平解放。

随后，李锡九又奉中共中央指示，去长沙做程潜的工作，向程潜传达中共中央要他"按兵不动，大军过江以后再起义"的要求。

1949年1月22日，李锡九参加了各界人士五十五人联名给毛泽东和朱德致敬电，祝贺中国人民解放军的胜利。之后，他又积极投身新政协的筹备工作。1949年6月，李锡九作为民革七位代表之一出席了在中南海勤政殿举行的新政协

李锡九在中国人民政治协商会议第一届全体会议上的发言稿

筹备会第一次全体会议。

9月，中国人民政治协商会议第一届全体会议召开，在全体代表中，党派代表共14个单位165人，其中民革正式代表16人，李锡九是其中之一。

李锡九在会上发言指出，《中国人民政治协商会议组织法》《中国人民政治协商会议共同纲领》和《中华人民共和国中央人民政府组织法》三个文件，深切地反映了全国人民迫切的要求，也照顾到各民主阶级、国内各少数民族和国外华侨的利益。他从民革的立场阐述了对新民主主义革命的认识。他说："中国人民为解除帝国主义、封建主义的束缚，建立人民自己的民主国家，奋斗已历百余年，我党创始者孙中山先生的革命理想三民主义，便是早年在这个奋斗的过程中提出来的。孙先生曾贡献其一生于中国人民革命事业，他的革命理想也与时代以俱进，不断地发展和改进其内容，在今天旧三民主义已成为过去的东西，而革命的三民主义亦须更进一步向前发展，新的三民主义应与新民主主义同其内容，真正能体会中山先生的革命精神的人，绝对不应'故步自封'，必须坚决地奋勇前进，赶上时代。"他指出，从今天起中国人民的革命事业，踏上了新的阶段，"我们从此开始建设我们自己国家的新工作，只要我们全国人民贡献其一切智能共同努力，一个符合人民愿望的新中国，必能很快地建设起来。"

## "鞠躬尽瘁，死而后已"

新中国的成立，使李锡九精神甚为振奋。虽然这时他已年近八十，但十分活跃，为革命工作奔走效力热情不减当年。

李锡九担任中央人民政府委员期间，积极为新中国的发展献计献策。周恩来曾盛赞他是"老成谋国"。诚如他自己所说："从自己一生经历中，深切体验到中国人民受尽帝国主义的侵凌和反动势力的压迫，革命也是屡遭挫败。现在中国已在毛主席的领导下成为强大的国家，人民做了主人。……我虽然老了，但决心贡献自己的力量，跟着大家一齐前进，'鞠躬尽瘁，死而后已'。"

出于这种信念，李锡九先后担任中央人民政府最高检察署委员，河北省人民政府委员、副主席，民革中央委员等职务，兢兢业业发挥余热。

1950年朝鲜战争爆发后，李锡九对美帝国主义悍然出兵朝鲜表示了极大的愤慨。在中央人民政府召开的会议上，他积极主张出兵朝鲜，抗美援朝。党中央作出抗美援朝决策后，他坚决拥护，在广播中、在各种场合的谈话中，他都表示拥护中央的决策，并且始终都充满着"我们一定能够胜利"的信心。他积极响应捐献飞机大炮运动，将最珍爱的米芾墨迹一册捐出义卖。

李锡九在河北省任职时间虽然不长，但他处处以国家利益为重，关心人民疾苦。1951年，在河北省政府召开的一次讨论全省预算的会议上，有人主张"河北省收入增多，应向中央多要些钱，多作些工作"。对这一主张李锡九当即发言说："如果收入多就要多花钱，那么中央拿什么来建设国防呢？""中国叫国民党反动派弄得乱七八糟，在毛主席的领导下好不容易统一了，我们必须全心全意地拥护中央方针政策，才能建国。"他还始终关注着人民的生活疾苦，不顾年事已高，担任省救灾委员会主任。凡是有关防灾、救灾、兴修水利等工作，无论大小会议或座谈会，他都要去参加。他特别关心有关群众福利的各项设施的建设，

八宝山李锡九之墓

即使在病中，也不断询问省内有关灾情情况。病故前一周，他还致信当时担任河北省政府主席的杨秀峰，关心省内发生的春疫和防病工作。

1952 年 3 月 10 日，李锡九病逝于北京，终年八十岁。周恩来总理参加了入殓仪式。中央人民政府副主席、民革中央主席李济深主持追悼会。

### 主要参考文献：

1．中国人民政治协商会议全国委员会文史资料研究委员会编：《辛亥革命回忆录》，文史资料出版社，1962 年版。

2．河北省衡水市地方志编纂委员会编：《衡水市志》，方志出版社，2002 年版。

3．李新主编：《国民革命的兴起》，上海人民出版社，1991 年版。

4．冯杰、赵立伟著：《浅论李锡九的革命活动及其贡献》，《河北大学成人教育学院学报》，2007 年第 3 期。

5．田野著：《双重身份演绎传奇人生》，《党史纵横》，2015 年第 4 期。

6．叶介甫著：《李锡九：双重身份的传奇人生》，《文史春秋》，2015 年第 3 期。

7．《中国人民政治协商会议第一届全体会议各单位代表主要发言》，《人民日报》，1949 年 9 月 28 日第 2 版。

李澄之（1901—1966），原名李澄，字若秋，山东临沂人，1948年加入民革。中华人民共和国成立后，曾任山东省各界人民代表会议协商委员会副主席兼秘书长、山东省中苏友好协会副会长、山东省政协副主席，山东省副省长等职。民革第三届中央委员，第四届中央常委。民革山东省分部筹备委员会常委，第一、二届省委会副主委，第三、四届省委会主委。第一、二、三届全国人大代表。

# 李澄之
## 随同周恩来赴重庆做统战工作

李澄之的父亲是前清秀才，在日本留学时加入同盟会。1916年，李澄之考入济南省立第一中学，五四运动爆发后，他带领同学们上街游行。1919年秋，李澄之考入北京师范大学英语系，毕业后留校任教。1924年，加入国民党。

### 两度从戎，投身革命

北伐战争开始后，李澄之毅然投笔从戎，离开北师大，到武汉参加北伐，历任国民革命军第九师二十六团、二十五团党代表，黄埔军校武汉分校政治教官，汉阳兵工厂党务特派员等职。北伐军到达山东后，留任国民党山东省党部常委。

大革命失败后，李澄之对蒋介石叛变革命、屠杀共产党人的做法十分不满，经常发表反蒋言论。为此，他的国民党山东省党部常委职务被撤销，李澄之回到北师大继续任教。期间，他同路友于等人联系国民党左派，成立中山主义大同盟，参加了冯玉祥、阎锡山联合反蒋的活动。

九一八事变后，李澄之与中共北平地下党组织取得了联系，利用北平市长秦德纯是其表姐夫的社会关系，做国民党上层人士的工作，进行抗日救亡活动。卢沟桥事变爆发后，李澄之再次投笔从戎，任国民革命军第一集团军司令部秘书，参加了津浦路北段对日作战。

## 担任山东省民众总动员委员会主任，被俘英勇不屈

1938年初，李澄之以国民政府教育部教育督导员的身份回到山东，任鲁南民众总动员委员会宣传部部长，积极开展敌后抗日救国活动。

1939年7月，山东国民抗敌协会成立，李澄之任会长。该会是在中共中央山东分局支持下，在国民党辖区内组织起来的，以国民党左派人士和民主人士为主组成的抗日爱国团体，辖一万余人的国民抗敌自卫军，李澄之兼任自卫军政委。

1939年7月26日，山东省国大代表复选大会，省民众总动员委员会成立大会，省工、农、青、妇、文化各界总会成立大会和省各界救国联合会在沂南青驼寺召开联合大会，李澄之和于学忠、徐向前、朱瑞、黎玉、罗荣桓等六十一人被选为山东国大代表。8月1日，大会选举了全省统一的政权机关——山东省战时工作推行委员会，李澄之被选为首席副主任，并被选为山东省临时参议会参议员、山东省民众总动员委员会主任。

1941年冬，日军纠集五万余兵力，在飞机、坦克的配合下开始对沂蒙山区进行大规模扫荡，妄图摧毁山东党政军领导机关及鲁中抗日根据地。12月30日，李澄之率省战工会、抗协的机关人员与山东党政军机关一起，由沂南县留田村向蒙山转移，在大青山一带，突遭一个旅团的日军包围。在激烈的突围战斗中，山东省战工委副主任陈明、德国记者希伯等一千余人壮烈牺牲。李澄之和中共山东分局机关党总支书记马楠等人不幸被俘，被日军一同押解到济南。

日军宪兵队队长武山英一把李澄之看作重要人物，将其软禁起来，企图拉拢利用他，诱降他出任伪山东省政府省长，被李澄之严词拒绝。中共山东分局通过地下工作人员，带给李澄之八字指示"不死不屈，相机逃出"。李澄之按照分局指示行事，不论敌人用何种手段，他都三缄其口，一语不发。武山英一费尽心机，图谋难以得逞。日军特务强迫他写材料，他不写。审讯他时，他坚定地说，"抗

战必胜，日寇必败"。日本特务机关无计可施，最后对他采取怀柔感化策略，将他安排到日军特务机关"泺源公馆"双料特务郭同震住处监管。这个郭同震就是后来号称"谍海枭雄"的军统特务谷正文。

在一年多的软禁过程中，李澄之与郭同震及日本特务机关斗智斗勇，始终坚贞不屈。在八路军山东纵队城工部的精心营救下，由爱国青年孟蒙把李澄之设法护送出济南城外。在泰山军分区武工队的接应下，李澄之终于逃出魔窟，先后到达鲁中根据地和滨海根据地。

回到根据地后，李澄之受到中共山东分局的信任。在根据地军民召开的万人大会上，一一五师政治部主任萧华同志公开宣布李澄之是清白的，是没有对敌人屈服的。

1945年1月，山东省战时行政委员会决定成立抗战建国学院，任命李澄之为副院长。6月26日，山东省临时参议会、山东省战时行政委员会召开联席会议，推选李澄之、范明枢等八人为山东参加延安解放区人民代表会议筹委会委员。8月13日，山东省政府成立，李澄之被选为出席延安解放区人民代表会议代表。8月22日，山东省政府决定成立山东大学，任命李澄之为山东大学校长。

## 随同周恩来赴重庆做统战工作

抗战胜利后，中共中央电召李澄之前往延安接受新的任务，毛主席亲切接见了他，陕甘宁边区政府还为他召开了欢迎会。1945年12月，李澄之作为中共中央代表团顾问，随同周恩来赴重庆做统战工作。

在重庆，李澄之经常以山东大学校长的身份，在各高等院校、文化教育艺术团体以及群众集会的公众场合演讲，介绍其在山东抗日根据地的亲身经历、所见所闻，如实地反映在中国共产党领导下，山东各党派、各阶级、各阶层广大人民万众一心抗御外侮的伟大战果，宣传共产党的各项民主政策和团结建国的方针。李澄之还利用秦德纯任国防部次长的关系，周旋于国民党上层人物之间，宣传共产党的政策和解放区的成就。他通过各种关系，深入了解国民党各派系之间的矛

1945年，中共代表团在红岩村合影。前排左二为周恩来，左三为李澄之，左四为董必武

盾和斗争，国统区各阶层的动向和要求，及时向党组织汇报，为中共在谈判中的斗争提供了极大帮助。

为了更好地进行工作，李澄之和夫人隋灵璧在重庆参加了有"小民革"之称的中国民主革命同盟。1946年春，蒋介石还都南京，国民党政府只供给中共代表团交通工具，其他民主党派概不负责。周恩来便请李澄之夫妇到各民主党派驻地联系，请各民主党派人士开列所需搬家交通工具及经费，然后再以中共代表团名义向国民党政府开列所需，从而使各民主党派人士得以顺利搬家。

国民党政府迁回南京时，李澄之随中共代表团一同前往南京开展工作。1947年3月，国共两党和谈全面破裂，李澄之返回山东，在周恩来安排下，负责同国际救济总署谈判，分发联合国运送给解放区的救济物资，并参加黄河故道修复工程的谈判。

李澄之(左四)出席山东省各界人民代表会议协商委员会会议

## 参与新中国建设,筹建民革省委会

1948年9月济南解放,李澄之被任命为济南市军事管制委员会文教部部长兼济南市文教局局长。他以大刀阔斧的风格、卓有成效的工作,使全市大、中、小学教育很快恢复,为迎接全国解放培养了大批有文化的干部。

1950年3月8日,山东省各界人民代表会议在济南召开,李澄之当选为山东省各界人民代表会议协商委员会副主席兼秘书长,并先后兼任中国人民赴朝慰问团第三分团副团长、山东省中苏友好协会副会长。

1954年,李澄之开始担任山东省副省长,分管农林水利和体育事务,为山东的农业、林业、水利和体育事业的发展作出了贡献,也为民革山东省委会的成立做了大量工作。

1950年9月，民革山东省分部筹备委员会成立，民革中央指派李澄之、范予遂等十一人为筹备委员，由李澄之负责召集。由于兼职太多、工作太忙，李澄之致电民革中央谦辞不就，改由原国民党中央常委、山东省党部主委范予遂为召集人。

民革山东省筹委会成立之初，党员发展比较困难，被物色的发展对象都不愿再同"国民党"发生关系，不愿加入民革。鉴于此，中共山东省委统战部出面组织有关人员召开座谈会，由统战部的领导和李澄之向大家讲解共产党的统战政策和民革的光荣历史。由于李澄之的工作，许多人打消了顾虑，加入了民革组织。

1954年10月，民革山东省第一次党员代表大会在济南召开，选举产生了第一届民革山东省委会，范予遂任主委，李澄之为副主委。

1958年10月，李澄之被选为民革山东省委会主委，先后当选为民革中央常委，第一、二、三届全国人大代表。尽管政务繁忙，李澄之仍经常挤出时间，参加民革活动，为统一战线工作和民革事业的发展作出了重要贡献。

**主要参考文献：**

1. 山东省地方史志编纂委员会编：《山东省志》，山东人民出版社，1996年版。

2. 中共山东省委党史资料征集委员会编：《山东抗日根据地》，中共党史资料出版社，1989年版。

3. 中共山东省委党史资料征集研究委员会编：《山东抗日战争实录》，山东人民出版社，2015年版。

4. 王志民主编：《山东重要历史人物》丛书，山东人民出版社，2009年版。

5. 临沂市地方史志办公室编：《沂蒙革命根据地志》，中华书局，2014年版。

6. 孙继业、孙志华著：《共赴国难》，东方出版社，2015年版。

7. 孙志华、齐鲁著:《齐鲁烽火:山东抗战全纪录》,中国文史出版社,2020年版。

8. 孙志华:《营救李澄之》,《团结报》,2018年12月13日第6版。

杨宪益（1915—2009），安徽泗州（今泗县）人，1949年加入民革。中华人民共和国成立后，曾任南京市政协副秘书长、《中国文学》杂志社总编辑、中国社会科学院外国文学研究所研究员、学术委员，中国翻译协会理事、名誉理事、中国作家协会理事、中国文联委员等职。民革第五、六届中央委员。民革南京市分部筹备委员，民革南京市分部第一届委员会常委。第六、七届全国政协委员。

# 杨宪益
## 向西方"翻译了整个中国"的革命者

他是一个集"士大夫""洋博士"和"革命者"身份于一身的知识分子，他又是著名的翻译家、文化史学者、诗人。他加入民联，利用特殊的外交和军事领域的人际关系，给延安送去了宝贵的军事和外交情报，为国民党中央编译馆完整留给新中国作出了贡献，也为古都大量文物能留在新中国作出了努力，他就是杨宪益。

## 从牛津到重庆

杨宪益祖籍今安徽泗县，1915年1月出生于天津日租界。他的祖父是淮安的知府，具有开明的改革思想，因此八个儿子都送去海外留学，分别在英法美日等国学习。他的父亲青年时代东渡日本，回国后任天津的中国银行行长。因为银行给北洋军阀提供财政支持的缘故，他的父亲和早期的北洋军阀首脑们都很熟悉。因为这个缘故，年幼时的杨宪益还穿过一件袁世凯赠送的黄马褂。

1934年，十九岁的杨宪益在天津英国教会学校新学书院毕业后到了英国牛津大学。这时的牛津每年只接收一位亚裔学生，在得知杨宪益只用了五个月学习希腊文和拉丁文就通过入学考试时，学校的官员认为他一定是侥幸过关，并坚持

青年杨宪益

让他推迟一年入学。杨宪益利用这一年时间游历了欧洲大陆,见识了赌场、夜总会、沙漠……喝遍了各种各样的小酒馆的酒,阅读了大量的书籍。他生性不羁,以违规为荣,在学校里干尽调皮捣蛋的事情。

一年后,杨宪益进入莫顿学院研究古希腊罗马文学、中古法国文学及英国文学。在牛津期间,他认识了后来与他相依相伴数十年的妻子,英国传教士的女儿戴乃迭。抗日战争如火如荼之时,杨宪益与吕叔湘、向达等友人在伦敦华侨中开展救亡工作,出版专给华侨参看的《抗战时报》。

从幼年起杨宪益就不是一个用功读书的人,在牛津他的学习成绩并不出色,他把精力全部投入到自己感兴趣的书籍和社会活动之中,但他的文采和聪慧在牛津却有口皆碑。"因为我知道,即使考头等对于我也毫无意义,我是要回中国的。"在牛津时,杨宪益就和钱钟书认识。向达回忆,钱钟书对当时在牛津的中国学生均不太看得上,只说除了向达以外,只有小杨(杨宪益)可以谈谈,由此可见他的文采和聪慧。出于好玩,杨宪益在牛津一口气把《离骚》按照英国 18 世纪的英雄双行体的格式翻译了出来,这一年,他二十四岁。这是他第一次接触翻译,他在翻译中显示出来的磅礴才华和独立性,让英国人大吃一惊。至今这首译诗还作为经典,屹立在欧洲各大学的图书馆书架上。杨宪益的《离骚》译作充满了嘲讽与夸张,他对《离骚》原作也并无尊敬之意。"我始终认为《离骚》是一首伪作,它的真正作者不是屈原,而是比他晚几个世纪的汉代淮南王刘安。"既然原作都是"赝品",译作就更可以天马行空了。著名的英国汉学家大卫·霍克斯对杨宪益这首译作的评价是:"这部《离骚》的诗体译文,在精神上与原作的相似程度,正如一只巧克力制成的复活节彩蛋和一个鸡蛋卷之间的相似程度一样。"

1940年,在牛津大学学习已达六年的杨宪益接到吴宓和沈从文的来信,邀他回国教希腊文学和拉丁文学,并附寄来西南联大的聘书。杨宪益欣然启程。正值二战紧张时刻,他绕道加拿大、美国,经香港终于抵达重庆。1934年漂洋过海时他独自一人,此次回国,却带回来一位女朋友——英国姑娘戴乃迭。几个月后,他们在重庆举办了婚礼,证婚人是中央大学校长罗家伦和南开大学校长张伯苓。

因为战乱,杨宪益夫妇不断地在中国西南的各城市之间奔波。所幸有朋友故旧。卢冀野(卢前)是著名词曲理论家、作家吴梅的得意弟子,抗战时期曾任

热恋时的杨宪益、戴乃迭

国民政府参议员。他与杨宪益在贵阳时期曾一起吃酒吟和,比较谈得来。后来卢冀野在重庆主持国立礼乐馆的工作,通过冀野的关系,杨宪益被推荐给了主持国立编译馆工作的梁实秋。梁实秋答应给杨宪益最高一级的教授薪水。当时的国立编译馆还只从事将西方经典翻译成中文的工作。梁实秋想开辟一个新领域,把中国的经典著作翻译成英文介绍到西方,于是聘请杨宪益和戴乃迭去工作。梁实秋希望杨宪益夫妇能领导一个部门,专门将中国经典翻译成英文。早在重庆中央大学分校教书时期,杨宪益就利用业余时间翻译了《儒林外史》和《阿Q正传》。梁实秋听说杨宪益的兴趣是中国古代史之后,建议他翻译司马光的《资治通鉴》,在戴乃迭的协助下,到1949年机构撤销之前,杨宪益译完了从战国到西汉的约三十六卷。

在重庆,杨宪益住在礼乐馆的宿舍小楼,同住一楼的还有著名理论家杨荫浏,交往密切的朋友有著名教授梁宗岱。新中国成立后,杨宪益介绍卢冀野加入民革组织。卢冀野认识董必武,1949年董必武到南京,柯庆施市长请董必武吃饭,杨宪益和卢冀野作陪。

杨宪益在重庆和印度首任驻华大使梅农(K. P. S. Menon)有过接触,成为好友。这也是一段由文化而滋生出的友谊,杨宪益对印度古代史和古代中印关系感兴趣,梅农就把自己的很多藏书相借。后来梅农的儿子20世纪80年代也当上了驻华大使。在重庆期间,杨宪益住在北碚,每次到主城区都要和英国驻华使馆的友人小聚,其中过从甚密的就是二等秘书约翰·布洛菲尔德(中文名蒲乐道)。通过蒲乐道的关系,他与使馆的武官阿德里安·威康·伊文斯成为朋友。因为这段友谊,1946年到南京后,源源不断的军事情报得以通过民联的秘密渠道,传递到中国共产党的手中。

1944年春天,日军占领桂林,前锋直抵贵州,距离重庆已经咫尺之遥。当时人心不定,有的人甚至想着与汪伪政府接触以保留后路。杨宪益认为,一旦重庆陷落,只能去延安,于是就给重庆的新华社写了一封信,询问能否去延安。新华社回了信,表示欢迎,但考虑到路途艰难,建议杨留在重庆为革命事业工作。

这也是杨宪益倾向革命、与中国共产党接触的开端。

## 在民联的秘密工作

民联是三民主义同志联合会的简称。1945 年 10 月 28 日由国民党爱国民主人士谭平山、陈铭枢等发起，在重庆特园成立。由于当时政治形势的需要，民联成员的活动大多是以单线联系的小组形式为主，南京作为国民党统治时期的首都，革命形势更加严峻，民主人士开展工作十分困难。1946 年 11 月，南京成立了另一个民联小组，由孙祥麟牵头，组成人员有杨宪益、邵恒秋和萧亦五。

这一年，杨宪益带着结婚五年的英国妻子戴乃迭和只有四岁的儿子杨烨经过颠沛的旅途，从重庆来到首都南京，谋求生计。但是残酷的现实，让他们举步维艰。自日本投降以后，一大批国民党接收大员们纷纷回到南京，抢房子，占地盘，等到杨宪益到南京时，几乎所有可用的房子都被抢光了。随着南京人口的激增，人们为住房大伤脑筋。这一段时间的生活经历，让杨宪益看到和感受到国民党政府的专制和腐败。为了养家糊口，他不得不同时兼四五份差事，他的爱人戴乃迭也同时干两份活儿，除了编译馆翻译委员会以外，还在美国救济总署工作。

杨宪益之所以参加民联并走上革命道路，不得不说的一个人物就是萧亦五。其实早在 1943 年底，在重庆时杨宪益就认识了萧亦五。1943—1945 年间，他们作为编译馆同事，经常交往。这位传奇人物出身于农民家庭，从最下层的兵一直当到了连级士官。1937 年，在八一三淞沪会战中与日寇血战，左腿负重伤。在讨饭时，他遇见了老舍。老舍发现他是个讲故事的天才，他讲述的自己的不幸遭遇深深地打动了老舍，老舍决定帮助他，设法把他带到了重庆。在重庆，老舍收留了萧亦五，并帮助他提高文化，鼓励他把自己的亲身经历写成文章投稿。于是先后在《新蜀报》《全民抗战》周刊、《大公报》上发表散文《忆仙鹤——伤兵医院杂记之一》《我当了兵》《九号晚上》等。老舍介绍他参加了抗敌文协，到国立编译馆民间文艺组工作，在那儿编唱词搞民间文艺，发挥他的特长。从此，萧亦五由一个"大兵"变成了"文化人"，终身从事发掘民间文化的工作。新中国成立后，萧亦五并没有转入民革，历任南京军事管制委员会文艺处民艺组组长，南京市文化局艺术科长，南京市文化局副局长，江苏省文联常委，北京文学艺术工作者代表大会代表，对南京文化名人和艺术的保护作出了不少贡献。

萧亦五介绍杨宪益认识了编译馆中的另一位年轻同事邵恒秋。三个人对政治形势的看法一致，决定在一起合作。到南京后，邵恒秋介绍他们认识了中共地下党员孙祥麟（武汉大学生物系教授）。据邵恒秋1999年访谈记录说，孙祥麟的公开身份是国民党农林部职员，实际上他是中共中央社会调查部的成员。根据杨宪益的回忆，孙祥麟有一天来说要带他去看一些朋友，他们就去了。孙祥麟介绍杨宪益他们认识的神秘人物，就是于振瀛。于振瀛是陕西镇坪人，当时是国民党的伪立法委员，但是跟中共地下党关系很密切，是左派人物，秘密身份是民联中央组织部长，新中国成立后任民革中央常委。于振瀛就跟他们商量，民革已经在香港成立了，协助共产党来推翻国民党蒋介石的统治。在南京也想成立一个组织叫三民主义同志联合会的分部……并力邀他们三人参加。于介绍，民联也是做同样的工作，主要的就是策反，推翻蒋介石的统治。邵恒秋、萧亦五跟杨宪益三个人就同意了。于振瀛就派这三个人成立了小组，三人就算是南京民联的创始人。

新中国成立后，邵恒秋曾以南京民联负责人的名义，给民革中央进行了书面报告。根据他的报告，当时的南京民联由于振瀛先生领导少数中级干部，对伪国民政府展开地下斗争。当时，为了巩固并发展自己的战斗阵容，决定就每一干部的生活环境及工作岗位，划分成若干战斗体。各个战斗体，只有一两人与于先生联系，彼此间则绝不发生关系。后来由邵恒秋争取萧亦五、杨宪益参加，作为这一作战单位的核心组织。他们在南京成立民联支部后，有各自的明确分工。杨宪益在自传中对这一段经历也有记载，几个人的分工是：邵恒秋的任务是组织起南京的地下政治力量；萧的任务是与他过去国民党军队的战友取得联系，策反一部分队伍到共产党这方面来；杨宪益的任务是通过跟外国使馆及国民党上层（包括大学教授）的联系，获得对中国共产党有用的政治和军事情报。

民联在特殊部门工作（地方军政人员策反、敌特组织调查）、国际情报和军事情报、物资调查等方面，发挥了很大作用。1947—1949年初，邵恒秋、萧亦五和杨宪益经常见面，不是在中英文化协会，就是在他们租的小古董店里，讨论问题、传递情报，阅读中国共产党的文件如毛泽东《新民主主义论》等。杨宪益的任务，主要是通过私人关系，掌握有价值的军事政治情报。例如，他通过个人关系掌握"美援部分数字及和谈期间之阴谋决定，其间曾得到四次较重要之资料"，"外侨中有间谍分子的调查资料"等。民联同期还通过特殊渠道掌握卫戍司令部江防计划及沿江大概布置、勘建队沿京沪浙（京指南京）部署情形及通讯密码、江南义勇总队组织计划等，均交中共组织。

将国立编译馆成建制地保存下来并移交新中国，是杨宪益作出的另一件较大的贡献。1949年初，随着国民党政府日益衰败，南京早已是一片混乱。1948年底到1949年初，国立编译馆的工作人员自动组织了一个类似工会的工人福利委员会，以保护自身权益。杨宪益人缘较好，学识又高，被选为该委员会的主席。编译馆馆长姓赵，知道国民党政府即将垮台，于是1949年春天悄悄跑到上海的大学里任教去了。全馆职工经过大会，决定选举一名临时的新馆长，杨宪益又当选了。3月底，绝大多数高官都已经离开南京，到广州、台湾、香港等地，教育部长杭立武据闻也要去台湾。编译馆得到消息，同事们公推杨宪益赶在教育部部长离开前能与其见面并留下一部分经费。杨宪益在重庆就与杭立武有交往，于是杭立武留下了一张支票，足够支付编译馆全体职工三个月薪金。杭劝说杨宪益离开南京，并慷慨允诺可以让他和夫人同乘一架飞机离开。但杨宪益拒绝离开南京，与国立编译馆一百多位编辑、翻译和行政人员一起等待新中国的到来。他与萧亦五、邵恒秋组织了一支纠察队，晚间进行巡逻，保护编译馆的财产，确保能够交到人民手中。

值得一提的还有杨宪益送交南京博物院四千件甲骨文骨片的故事。那时，南京刚刚解放，西方国家措手不及，纷纷关闭大使馆。加拿大驻华使馆的代办叫朗宁，是杨宪益夫妇的朋友。他撤离南京前，告诉杨宪益，他在收拾使馆财物时，发现一只旧木柜,内藏纸包的骨片,并刻有文字。朗宁认为这是中国文物,不能带出国,就问杨宪益怎么处理。杨宪益去看了这批文物,肯定是殷商甲骨文骨片,然后叫了一辆三轮车,送交南京博物院,曾昭燏院长专门致信感谢他,并告知这批甲骨文骨片已交到北京研究保存。

## 继续沉浸在翻译工作中

　　1949年4月底,南京解放。南京民联也随着民联、民促组织与民革合并。由于组织关系复杂,兼之合并党派事务较为繁杂,当时的上海和南京统属沪宁区临时工作委员会。9月14日,民革沪宁区临时工作委员会南京市办事处主任陈铭枢向李济深致电,表示在特派员朱蕴山的指导下,已于8月29日组成南京市办事处,指派杨宪益为秘书组组长,姚凌九为副组长。当时邵恒秋负责主要工作并担任学习组组长。杨宪益很好地负担起了秘书组组长的责任,几乎当时所有南京民革的重要文稿、宣言,都由杨宪益起草。1949年底,杨宪益被任命为南京市政

晚年杨宪益与戴乃迭

协副秘书长。

不久，民革中央派邵恒秋、杨宪益、李世军、安敦信、唐赞同、梁先泽、余立奎、王孝楚、王鼎臣等为南京市分部筹备委员，组织筹备委员会，并确定邵恒秋同志为临时召集人。民革南京市分部正式成立后，杨宪益任常务委员。

此时，钱钟书在北京主持英文毛选的翻译工作。向达跟钱钟书推荐杨宪益参加翻译小组。于是1950年左右，南京市委统战部通知杨宪益，说中央想调他去北京参与翻译毛选工作，杨宪益婉言谢绝。

1953年，杨宪益以特邀代表的身份，参加了全国政协大会。在政协会议上，杨宪益跟一群科学家、艺术家一起接受毛主席接见。后来他回忆说："他（毛主席）看上去非常健康，走过来，挨个和我们握手。周恩来跟在他身边，依次把我们向他介绍。"周恩来总理当时特别对毛主席说："这是一位翻译家，已经把《离骚》译成了英文。"毛主席热爱中国古典诗歌，《离骚》正是毛主席最喜爱的作品之一，他伸出汗津津的手掌和杨宪益热烈地握了握说："你觉得《离骚》能够翻译吗，嗯？""主席，谅必所有的文学作品都是可以翻译的吧？"杨宪益不假思索地回答。毛主席的反应是微微一笑，欲言又止。杨宪益后来回忆起来，深感遗憾没有机会跟毛主席就此进一步探讨。

杨宪益夫妇接到中国外文出版社的邀请来到北京，当时外文出版社刚刚创立英文版《中国文学》杂志，这也标志着向西方社会系统介绍中国文学作品的开始。杨宪益调任北京外文出版社翻译专家后，与夫人戴乃迭一起献身中国翻译事业，翻译作品遍及中国古典文学、现代文学、当代文学等各个门类，共计近千万字，被誉为"翻译了整个中国的人"。这一时期，杨宪益夫妇以惊人的速度翻译了大量作品。在此后半个世纪里，戴乃迭与杨宪益一同走进中国传统文学的宝库，联袂将中国文学作品译成英文，也将大量的英文、拉丁文经典翻译成了中文，比如维吉尔的《牧歌》、古法文版的《罗兰之歌》等。在杨宪益看来，有了戴乃迭的帮助，似乎没有什么是不可以翻译的。

杨宪益是把《史记》推向西方世界的第一人；他翻译的《鲁迅选集》，是

晚年杨宪益

外国的高校教学研究通常采用的蓝本;与夫人合作翻译的三卷本《红楼梦》,与英国两位汉学家合译的五卷本(译名《石头记》)一并,成为西方世界最认可的《红楼梦》译本……他还翻译了《离骚》《资治通鉴》《长生殿》《牡丹亭》《宋元话本选》《唐宋诗歌文选》《魏晋南北朝小说选》《老残游记》《儒林外史》等经典作品。

## 主要参考文献:

1. 杨宪益著:《杨宪益自传》,人民日报出版社,2010年版。

2. 杨宪益著:《杨宪益对话集:从〈离骚〉开始,翻译整个中国》,人民日报出版社,2011年版。

3. 蒯乐昊:《"他们不是死了,就是比我病得还厉害"——对话杨宪益》,《南方人物周刊》,2009年第31期。

4. 杨宪益著,薛鸿时翻译:《漏船载酒忆当年》,北京出版集团公司,2018年版。

吴石（1894—1950），原名萃文，字虞薰、湛然，福建闽侯人，1945年秘密加入三民主义同志联合会。1949年8月赴台从事秘密情报工作，担任台湾"国防部"参谋次长。1950年3月被秘密逮捕，6月10日，于台北就义。1973年，追认为革命烈士。

# 吴 石
## 牺牲在海峡对岸的重要潜伏者

1949年8月16日,清晨,福州,一架军用飞机即将起飞,一位国民党中年军人带着妻儿登上飞机。他转头望向这座城市,眼里流露出殷殷的不舍。"过不了多久,我就会回来的。"他在内心这样对自己说道。福州,这个他出生长大的地方,他亲手保护下来的地方,他多么不想离开它。

飞机起飞后,在空中盘旋了几次,飞向东南方,很快就降落在了台湾岛。第二天,福州解放,而这位军人却从此以后再也没能回来,可是他在台湾却引起了轩然大波。他,就是吴石,一个潜伏在国民党内的秘密战线工作者,一个蒋介石欲杀之而后快的革命志士。

吴石,出生在福建福州的一个寒儒之家。曾任国民党国防部史政局局长、福州绥靖公署副主任、国防部参谋次长等职。国民党民主派组织三民主义同志联合会(民联)成员。他虽然不是共产党员,但是却被共产党的革命主张所折服,主动靠近中国共产党,在隐蔽战线上作出了极其重要的贡献。

### 冒险为中共提供机密情报

吴石被人称为"吴状元",因为他在河北保定陆军军官学校毕业时名列第一。后来赴日本学习军事，毕业时又以第一名的成绩考入了日本陆军大学。吴石不仅学业好，在军事理论方面也有很多研究和著作，并且很擅长情报工作。蒋介石器重吴石的才华，委以国防部参谋次长的要职。尽管在国民党内位高权重，吴石却冒着生命危险，悄悄为中共服务了很多年。解放战争期间，吴石接受中共和三民主义同志联合会（民联）、民盟等地下组织的指示，利用职务之便将很多国民党的机密军事资料偷偷交给了中共，并参与了掩护中共地下工作人员发展组织骨干，策反国民党党、政、军上层人士等惊心动魄的工作，成为中共在国民党内极其重要的地下工作者。

他之所以作出如此重大的人生抉择，应该是胸中炽热的爱国之心使然。1944年，日军大举进攻湘桂的时候，国民党军队节节败退，担任第四战区参谋长的吴石纵然想力挽狂澜，无奈前线军队大溃退，想到那些官兵死的那样惨烈，想到大批难民死在逃难途中，吴石心痛至极，国民党军队的腐败涣散，令他气愤到了极点。吴石第一次对自己效忠的"党国"产生怀疑，他对家人说"我再也不干了！"愤而辞去第四战区参谋长之职。

上海愚园路俭德坊2号何遂寓所

1945年抗战胜利后，吴石随军队接收上海，在接收的过程中，一面亲见国民党官员贪污腐败中饱私囊，一面目睹物价飞涨人民苦不堪言。国民党政府的腐败令他非常失望，他对朋友说过：国民党不亡，没天理。这一年年底，吴石秘密参加了民联。

1949年1月，淮海战役结束，中国人民解放军向长江北岸挺进。通向南京的道路已经打开，但是能否顺利制定和实现制胜的军事部署，情报尤为重要。吴石本身就是军事战略专家，加上身居要职，因此判断情报价值驾轻就熟，探取情报的渠道也比其他人多。这样，他提供情报的价值自然不是一般人可比的。吴石的好友、同乡何遂是吴石与中共之间的重要联系人，何遂很早就与中共有密切的联系，他的儿子女儿都是中共地下党员。吴石的很多重要情报都是通过何遂位于上海愚园路俭德坊2号的家传递给中共方面的。1949年初开始，吴石经常坐火车往返于上海、南京之间，通过何遂的渠道不断为中共提供重要情报。两地间火车大约七个小时的路程，吴石大多乘晚上八九点的火车从南京赶往上海，于次日凌晨三四点抵达上海。吴石有时亲自把情报送到俭德坊，有时派他的亲信副官聂曦送去，再由何遂转交中共中央上海局。

3月，吴石冒着巨大的风险将一份绝密情报交给何康（何遂的儿子，中共地下党员），这是一份国民党国防部长江江防兵力部署图！这份情报的分量非同小可。何康回忆，吴石亲自到俭德坊把这份绝密情报交到他手里。这张长江江防兵力部署图的精细程度也令他非常吃惊，图上标明的部队番号细致到了团。他马上将这份情报交给了中共方面的联系人。这份情报在后来的战役中发挥了至关重要的作用。渡江战役时任第三野战军参谋长的张震将军两次提到这份情报的重要性以及对情报提供者的感谢。一次是在上海解放不久军地干部集会见面时，张震将军得知何康是上海地下党员，非常高兴地对他说："渡江战役前，我们收到了上海地下党送来的情报，了解了国民党长江江防兵力部署的情况，这对渡江作战很有帮助。"另一次是新中国成立后，何康已经担任国家农业部部长，张震将军又一次见到他，再次讲了类似的话，并提到准确的情报对确定渡江主攻方位的作用。

这背后的功臣吴石,如果能当面听到这些话,该有多高兴啊。

吴石很关心他提供的情报是不是能够被中共中央领导人直接看到。他曾经问过有联系的中共地下党员,当得到肯定的答复时,他十分欣慰。正是由于吴石提供的大量极为重要的情报,才使中共在战场上取得一次又一次胜利。

吴石在好友吴仲禧家暂住的时候,有一次吴仲禧的副官林云青,也是吴石的老乡,见吴石从楼梯上走下来,就试探着问他:"参谋长,前方为何老打败仗?"吴石幽默地回答说:"知己知彼,百战百胜,你当过参谋吧。"这话的弦外之音,聪明人自然懂得。正是吴石这样的地下工作者,帮助中国共产党做到了知己知彼。

## 策反林遵起义

林遵,福建福州人,国民党海军海防第二舰队司令。林遵的父亲曾供职于北洋水师,参加过中日甲午海战。林遵从小便对海军情有独钟,19岁时以优异成绩考入烟台海军学校。5年后,被派往英国格林尼治皇家海军学院留学。1934年毕业回国,在国民党海军中任航海官、副舰长。1937年又赴德国学习潜艇技术。回国后,历任海军多种职务,直到海防第二舰队司令,是一位非常优秀的海军人才。

抗战期间,林遵曾率领第五游击布雷大队与日军作战。抗日战争后期,他被任命为国民党驻美舰队指挥,率领"中华民国驻美舰队"回国。由中国的海军军官指挥一支舰队横渡太平洋,创造了旧中国海军史上的一个壮举。日本投降后,他率"太平""中业"两舰接收南沙群岛,将南沙主岛以所乘军舰舰名改为"太平岛",在岛上树立刻有"太平岛"字样的纪念碑,并举行升旗典礼。这两次任务的完成,为林遵在国民党海军中赢得了声誉。

论能力、论资历,本来应该被重用的林遵,却因为国民党派系的内斗,遭到排挤,只被安排到一个有职无权的海军点验委员会副主任的闲缺。这令林遵很是失望。

1948年2月,林遵突然接到任命,任命他为海防第二舰队代理司令,且以不久将提升为海军少将相许。这突如其来的任命和许诺，让林遵很是诧异。但是林遵马上就想明白了，这是让他去防止解放军渡江，是把他摆到内战前线。林遵本来就不倾向于打内战，同时他发现配给他的舰船都是一些破旧的小舰船。这摆明了上头也没打算认真防御，只把破旧舰船安排在长江防御，保存实力随时准备逃到台湾。这摆明了就是把第二舰队部署在长江一线去当炮灰！1948年内战形势已经很清楚，国民党的失败只是迟早的事，国民党的算盘不能救国，反而误国。这使林遵陷入了矛盾之中，他开始考虑自己的前途。

过去，每当林遵遇到难题时，总是去找他的同乡好友吴石商量。这次，吴石主动约他上门聊聊。吴石了解林遵，知道他是旧中国海军中比较进步的军官，有强烈的民族意识和爱国主义思想，是为了建设海军，不受外来侵略而投身海军的。现在林遵一方面受到排挤，一方面又要他为国民党火中取栗，必然很苦恼。而中共方面也一直想策反国民党海军。

在吴石家中，苍茫的夜色下，两位军人敞开心扉，彻夜长谈。吴石说，目前的形势，林遵可以有三个选择：一就是随波逐流，替蒋介石卖命，加官晋爵。这个选择当即被林遵否了。二是国人惯用的中庸之道，既不想为虎作伥，落得一世骂名，也不想甘冒风险，那就找个理由请辞。三是起义。吴石说，我看第三个选择才是你的选择。吴石真诚的分析令林遵心里逐渐明朗起来。他找到了自己要走的方向，那就是弃暗投明，举起义旗。经过一夜长谈，林遵的心明朗了，此时，天也快亮了。

4月23日，林遵率舰起义！这成为解放战争期间国民党海军最大规模的舰艇集群起义。吴石，又一次帮助中共隐蔽战线完成了一次杰作。

## 将珍贵的"末次资料"留在大陆

在今天的厦门大学图书馆里，有一批非常珍贵的史料，被称为"末次资料"。它的来历与日本驻华情报机构末次研究所有关，它的名字也正是由此而来。

日本一直抱着复杂的目的，投入非常大的人力、物力、财力研究中国国情，曾在中国设立很多情报研究机构。位于北京东城栖凤楼七号的末次研究所便是其中之一。它的负责人叫末次政太郎。末次研究所的研究成果便是被简称为末次资料的《日本末次研究所剪报资料》，它的内容主要是1912年至1940年这段时间内的中文、英文及日文报纸，总计有50多种，将当时中国出版的和海外输入的影响力较大的资料几乎都网罗在内。末次研究所对资料的态度是，既有日本方面的宣传报道，也有世界各国及中国的立场和对策，也不回避敌对观点报道。这些报纸立场各不相同，能够比较真实地反映当时的社会现状。这部资料共有755辑，15万多篇，约2.2亿字。抗日战争胜利后，国民党政府国防部缴获这些资料，存放在国防部史政局，并且组织人员续编了两年。因此，该资料基本覆盖了中国近代史的全部时段。"末次资料"的专题内容极为丰富，除中日关系上的大事几乎全部囊括外，一些专题也极其具体细致，如《招商局工作》《罢工问题》《治外法权问题》《鸦片》《排外与人民反基督教活动》《满洲驱逐朝鲜人事件》《通化大刀会暴动事件》《天灾与救济》《银问题》《中国黄河历代变迁史》等。特别是一些重要事件的资料非常全面，如《中日事变》（即卢沟桥事变）这个专题，年限为1937年6月至1940年7月，共3年1个月，搜集的资料多达107辑，条目有2.1万多篇，3200多万字。

1948年秋，国民党政权机关分水陆、陆路向台湾、广州撤退。此时，参谋总长陈诚打算将国防部史政局所保存的一批军事机要档案直接撤运台北。作为史政局局长，吴石非常清楚这份史料的巨大价值，他想把这份珍贵的资料留给将来的新政权，就盘算如何截留下来。他得知自己不久将出任福州绥靖公署副主任，便向陈诚建议："暂移福州。进则返京容易，退则转台便捷。"他这条建议实在巧妙，外人根本想不到他里面的名堂，于是很快被采纳。12月下旬，史政局专门组成遣送小组，从南京出发，押运500余箱机要档案，用军用专列先送到上海，再用轮船运往福州。1949年元旦，这批机要档案运抵福州马尾港，又租用民船运到福州台江码头，然后以车运、人扛的方式运到于山戚公祠大殿内保存起来，派人严加守卫。

福州于山戚公祠

1949年5月，解放军挥师南下，台湾的国民党当局电促吴石速将这批机要档案运到台湾。吴石便以军队运输紧张，船只调度困难，只能分批运送为借口，先把一百多箱参考资料、军事图书充当第一批绝密档案，派小组中的两名外省籍组员率警卫押运，送到了台湾，以此来拖延时间。等这第一批档案运走半个月以后，解放军就打到了福建以北了。为了防止档案被战火焚毁，吴石下令火速将全部绝密档案转移到位于仓山的福建省研究院的书库中，并向好友、研究院的黄觉民院长做好交代。1949年8月14日，吴石接到"总统府侍从室"发来的电报，要他携家属赴台。吴石临行前，把他的可靠部下叫到家里，下达了严肃的指示：南运的这批资料非常重要，一定要保管好，不得有任何闪失，留待福州解放时交给人民解放军，到时听从黄觉民院长的指示。福州解放后，吴石的部下王强等三人遵照老长官的嘱咐，与黄觉民院长一起，把这些珍贵的资料完好无损地交给了福州军管会。据说，吴石在台湾回答丢失"末次资料"的问话时，回答的是："飞机太小了，放不下。"

这批资料后来历经波折，最后落脚厦门大学，校长王亚南等人非常重视保管工作，一直存放至今，成为厦大图书馆的镇馆之宝。自从公开披露以后，"末次资料"被相关学者视为极其珍贵的史料。1984年，"末次资料"被专家鉴定为孤本珍贵文献。

著名学者季羡林对"末次资料"的价值有着一段精要的评价：这两套剪报资料虽然都是剪自报纸，然而这样齐全的资料在当今国内恐已难找到。简报的这段时间正是我国的多事之秋，危难深重之际，这一段历史实在值得我们认真研究，从中吸取经验教训，而要研究这一段历史，则这两组简报资料实在是万不可缺的。

吴石为新中国保留下了这份珍贵的资料，自己却毅然离开福州，奔赴台湾，从此再也没有回来。

1949年8月16日，吴石携妻儿飞往台湾。17日，福州解放。

## 孤岛潜伏视死如归

吴石判断台湾解放只是时间的问题，不久的将来中国就可以统一，他就可以和留在大陆的亲人团聚。他决心为解放台湾出力。而且此时他的挚友何遂，已经在台湾等待与他会合，谋划策应中共南下大军，实施获取重要军事情报、阵前起义等要事。

相比之下，吴石的许多留在大陆的挚友已经在迎接解放的路上了，与他们的轻松和欢愉相比，吴石则进入了危机四伏的台湾，执行特殊的使命，配合中共地下组织，做解放台湾的准备工作。

1949年底，蒋介石政权的残余力量已基本集中于台湾，令这个拥挤的岛屿突然变得十分敏感而危险。到处是特务、警察，每天都有人被逮捕、被枪决。台湾的特务之多，达到了令人难以想象的地步。台湾处于严重的白色恐怖之中。这对中共地下组织的安全构成严重威胁。

毛泽东和中共中央军委已经制定了趁蒋介石在台湾立足未稳于冬季立即攻取的计划，希望能够采取里应外合，分化瓦解，争取国民党军队起义的办法，用较快的时间在1949年冬季解决台湾问题，因为这种办法在北平及后来的湖南、新疆、绥远、云南、四川等地，都取得了巨大成功。

但是情况没有设想的那么顺利，1949年10月中国人民解放军攻打金门失利，

11月攻打舟山群岛再次失利,这两仗给中国人民解放军即将发起的渡海作战敲响了警钟。蒋介石集团只凭借台湾海峡就可以固守台湾,而海空力量薄弱的人民解放军要想赢得跨海作战的胜利,来自内部的精准情报就成为具有特殊意义的一环了。

潜伏在台湾的吴石有着完美的身份掩护,国防部参谋次长的身份,不仅使他得以进入国民党军事机构最高决策层,更为他的潜伏增加了安全系数。军队最高决策层的成员是敌对方的间谍,这实在让人难以相信,特务们也不敢这么揣测。

吴石并不是共产党员,到了台湾以后因为海峡的阻隔很容易中断与中共的直接联系。如果选择继续为共产党工作,就必须在组织上建立更紧密的秘密联系,那无疑是冒着极大的风险。但是吴石甘愿冒这种风险,主动与共产党接上关系,为共产党效力,为解决台湾问题,为实现祖国统一效力。

1949年10月6日,吴石和妻子、小儿子,一家三口到台北照相馆拍了一张并不齐全的全家福。没想到的是,这却成了他与家人的最后一张合照。

随着时间的推移,台湾的政治环境日益险恶。吴石最初都是派他的副官聂曦向在香港的中共情报机关报送重要情报。中共地下党组织觉得这样做太危险,容易暴露,吴石是中共掌握台湾情况的重要渠道,一定要保证吴石的安全和情报渠道的畅通。为此,中共方面决定为吴石这个高级情报关系,建立专门的秘密联络通道。经过华东局台湾工作委员会慎重考虑,选派中共地下党员朱枫赴台,作为吴石的联络交通,以迅速获取台湾方面的军事情报,同时联络中共台湾省工委书记蔡孝乾。

朱枫,女,名谌之,浙江镇海人。出生于富裕商人家庭。读书时受到进步思想的影响,参加过声援五卅运动,在镇海投身抗日救亡运动。抗战全面爆发后,自觉参加革命工作,组织抗日宣传。后在中共地下党的指引下,先后在金华、武汉、皖南新四军军部、桂林、上海等处,从事文化与贸易工作。1945年秘密加入中国共产党。1949年,朱枫奉地下党指示去香港工作。夏秋之交,她接到华东局的指示,要她立即去台湾工作,担任吴石的联络交通员。

吴石与夫人、儿子的合影

朱枫以探望女儿的名义到达台湾后,开始以陈太太的身份与吴石接头。此后,每逢星期六下午四点,朱枫都会到吴石家去,将吴石准备好的秘密文件取回,然后按照预定方案,通过秘密渠道传回大陆。

就在朱枫完成了多项重大任务后,准备离开台湾时,却由于叛徒的出卖,不幸被捕了。这个叛徒就是中共地下党在台湾的最高领导人——蔡孝乾。

蔡孝乾一共被捕两次,第一次逃脱了,第二次就彻底叛变了。在他第一次被捕逃脱后,他的公事包里的记事本留下的"吴次长"的记录,成了吴石的致命破绽,使国民党保密局将目标锁定在了吴石身上。

2月28日,吴石太太王碧奎被国民党保密局抓走。第二天,特务们再次敲开了吴家的大门。吴石被捕。

在狱中,吴石遭受反复的审讯、酷刑,却始终坚贞不屈。在国民党当局看来,对吴石的侦讯是最困难的。吴石除了被提审的时候,回到牢房,只要还能坐起来就是看书,并断断续续在一本书的背面写下了他的遗书。他在遗书中回顾了自己的一生,留下了对子女的嘱托,并写下一首诗:

天意茫茫未可窥，遥遥世事更难知。

平生竭力为忠善，如此收场亦太悲。

五十七年一梦中，声名志业总成空。

凭将一掬丹心在，泉下差堪对我翁。

吴石在保密局监狱的日子一共3个月零11天，每天他都要准备着随时可能到来的死亡。吴石知道，没有任何走出这个监狱的希望。

1950年3月底到4月初，随着对吴石等人侦讯的结束，对于吴石案相关人员的最后处理也提上了日程。这一案共4个人：吴石、朱枫、陈宝仓、聂曦。4月11日，对吴石等人的审判进入程序。经过一个多月的审理，6月初，审判组提出审判意见为：对吴石、陈宝仓、聂曦、朱谌之给予重判，免于死刑。意见转呈蒋介石后，蒋大怒。审判意见发生逆转。

1950年6月10日，下午4点。由蒋鼎文任审判长，韩德勤、刘咏尧等任审

位于北京西山国家森林公园的吴石等四烈士像

判官的特别法庭，在国防部军法局秘密开庭。整个宣判时间很短，审判长匆匆问过 4 名要犯的姓名、年龄和籍贯后就宣布了死刑判决，并称死刑已经最高当局核准，立即执行。紧接着一名书记官走进被告席，通知被判决的 4 人如有遗言可当庭书写，只有短短几分钟，吴石完成了他人生最后的诗作。

下午 4 点 30 分，吴石将军英勇就义。

由于隐蔽战线的特殊性，很多年以后，吴石将军才被国家公开追认为革命烈士。吴石的夫人王碧奎出狱后含辛茹苦抚养子女，后随子女移居美国并于美国逝世。1994 年 4 月 22 日，吴石和夫人的骨灰被一同安葬在北京香山公墓。

战争中，有无数人牺牲在硝烟弥漫的战场上，还有很多人默默无闻地牺牲在隐蔽战线，有的甚至就是牺牲在黎明即将到来之时。在北京的西山国家森林公园有一座无名英雄纪念广场，就是专门为纪念吴石等隐蔽战线的牺牲烈士而建的，台阶两边的花岗岩上镌刻着烈士们的名字，吴石等烈士的雕像巍然矗立，令参观者无不肃然起敬。

**主要参考文献：**

1. 郑立著：《冷月无声：吴石传》，中共党史出版社，2018 年版。

2. 郑立：《吴石史事的若干考辨》，福州新闻网，http://culture.fznews.com.cn/minhaishenzhou/2014-7-27/20147727oj5ui7oAff15859_5.shtml。

3.《余则成已经牺牲！》，《人民日报》微信公众号，https://baijiahao.baidu.com/s?id=1636040268137884622&wfr=spider&for=pc。

但懋辛（1886—1965），字怒刚，四川荣县人，1950年加入民革。中华人民共和国成立后，曾任西南行政委员会委员兼司法部部长等职。民革第三届中央委员，第四届中央常委。民革川康临时工会副主任，民革四川省委会主委。第一、二、三届全国人大代表。

# 但懋辛
## 推动四川地区起义的辛亥元老

1943年9月,国民参政会三届二次大会在重庆召开。会议期间,蒋介石宴请与会人员,并在宴请前后单独约请人员谈话,每人限时五分钟。谈话过程中有一人,规定的五分钟时间早已超出,虽中途几次请辞但蒋介石依然不肯放他离去。

他是谁?他又说了什么?让蒋介石如此有兴趣,一再打破时间限制倾听呢?

此人正是被柳亚子称为"西蜀全才"的但懋辛,早年曾参加黄花岗起义,主政过四川,在军界政界都很有威望。蒋介石问:"你对国内外的战争形势怎么看?谁胜谁败?胜了,我国如何善后?"但懋辛答:"毫无疑问,德、意、日必败,至于善后的问题,首先是国际上求得真友,当初我们结交苏联,帝国主义国家都不喜欢,日本人尤甚。欧洲战场开始后,同盟国、轴心国分成了两大阵营,美、英、法与苏联极端相反,而今同苏联在一条战线上成了战友。那么日本既然已经失败了,我们从此与苏联和好,又有何不可呢?这样做,英、美、法打不出喷嚏来。我们把外援结好了,国内的善后就好办了,那就是对共产党的八路军要用政治方式解决。经过长期抗战之后,要顾国家人民,不宜再打内战。"就是这个回答引起了蒋介石的兴趣,虽然但懋辛多次起身请辞,蒋介石却不肯放他离开,一再请他畅谈利害。

## 少年立志"以国家利益为重"

但懋辛，1886年1月生于四川荣县一个殷实人家。父亲以医道济世，悯贫怜苦、施药治病，很受乡里尊重。但懋辛幼时聪明好学，在私塾里熟读四书五经，涉猎经史，其父辈原本希望他一生都遂了自己的兴趣爱好，舞文弄墨。但19世纪末，清王朝的腐败统治，西方列强对中国的瓜分，使中华民族面临亡国灭种的危机。救国救民的责任感伴随着但懋辛的成长，使他少年时就立志学习军事，以拯救中华民族为己任，并时刻牢记着当时老师的教导"人生应不计较个人名利，当以国家利益为重"。但懋辛亲身参与了中华民族在20世纪的两次腾飞——辛亥革命和新中国的成立，并一生为国家的富强而奋斗。

1905年7月，但懋辛和同窗熊克武在日本留学期间，有缘拜会了孙中山先生。孙中山先生与两个年轻人热情交谈，希望他们尽快投身革命。孙中山说："当前国弱势危，实非军事不如列强，根子在于清廷腐败。如果学成报国，不仅报国无门，恐怕也来不及了！"但懋辛、熊克武性急地问："具体该怎么做？"孙中山说："必须驱除鞑虏，恢复中华，创立民国，平均地权。"与孙中山的一席谈话后，两位年轻人豁然开朗，决心立即投身革命。当年，但懋辛就在日本参加了同盟会，成为同盟会最早的骨干。从此，他追随孙中山先生，走上了革命的道路，为推翻帝制，缔造共和进行了不屈不挠的斗争。

1911年4月，但懋辛参加了著名的广州起义，在黄兴领导下，与同乡熊克武、喻培伦等十七人攻打两广总督署之后门，同清军浴血奋战，不幸受伤被捕入狱。

原本按计划，黄兴带队攻打总督府正门，但懋辛、喻培伦等十六人组成小分队由熊克武带领，袭击总督府后门，准备活捉两广总督张鸣岐。喻培伦用炸弹炸开了一个大洞，但懋辛冒着浓烈的硝烟率先冲进督府院内。不幸的是，他手臂中了一枪，鲜血直流。小分队与清军水师在莲塘街北口展开了激战。因为寡不敌众，熊克武扶着但懋辛向城北门撤退想突围,然而几经努力还是失败了,迫于无奈只得藏身一处厕所。但懋辛对熊克武说:"我两人一起出去,两人都有危险,我是光头,又负了伤,行动不便,你把辫子和扎起的衣服放下来,把有血的袜子脱了不要,去东一区去找巡官李天均(革命党人),他会想办法让你回到香港,之后再让李来救我。"熊后来得以顺利逃脱,但懋辛被捕。审讯中他机智应对,不卑不亢,就连巡警道台都为他的气度、风采所折服,故意上报说但懋辛是自首,为他开脱。

但懋辛经营救出狱后,同月回到四川,又参加了响应武昌起义的重庆起义,先后任蜀军政府的接待处长、参谋总长、中路总指挥、川南总司令等职。

辛亥革命后,胜利果实为袁世凯所篡夺,但懋辛因不满袁世凯亲信胡景伊篡夺四川督军一职并公开排斥革命党人,愤然辞去成都府知事兼四川团务督办职务,前往重庆熊克武第五师任参谋长。此后,积极投入到武装反对袁世凯的运动中。但懋辛曾任四川讨袁军总司令部参谋长兼前敌指挥官,率部在永川和泸州一带作战,重创敌军,挥师直指泸州。最后,四川讨袁军遭袁世凯急调滇、黔、陕、甘、鄂五省军队援川"会剿"而失败。一心立志革命救国的但懋辛并未放弃反袁义旗。当得知袁世凯要下令取消国会、废除《临时约法》、准备恢复帝制的消息后,但懋辛在四川革命党人上海会议上提出:"面对当前的严重情况,革命党人首先要团结起来,应摒弃前嫌,精诚合作,断不可分裂;为了培植和加强革命力量,我们应在边远地区发动,目前最好的去处是云南。"1915年底,他毅然参加到蔡锷发动的讨袁护国运动中,任护国军四川招讨军参谋长。护国战争胜利后,但懋辛又通电拥护孙中山宣布的讨袁护法运动。

1918年2月,但懋辛率领四川靖国军北路部队讨伐北京政府任命的四川督军刘存厚,夺取成都后代理四川省长,对稳定四川局势,发挥了积极的作用。此后,川军各派系之间常常发生战争,但懋辛提出加强川滇黔三省合作,联合组建建国联军,深得孙中山赞许。

1924年11月,但懋辛随孙中山前往北京"共筹统一建国之方略",极力赞成和拥护孙中山在国民党一大上提出的"联俄、联共、扶助农工"三大政策。此后，他致力于兴学倡教，其实早在 1905 年，但懋辛为熊克武、秋瑾等人从日本回国送行时，就曾紧握熊克武的双手发誓："一定要以我们自己的力量来创办新式学校启迪国人的民族意识，向国民传授新知。"为了兑现他当时的誓言，但懋辛先后在上海和重庆创办中国公学，实现培养人才、新民强国的愿望。

## "如此江山"，力劝蒋介石避免内战

"如此江山"是但懋辛曾赠与挚友喻培棣的一幅书法作品，书于抗日战争时期，那时东北沦陷，上海失守，国破家危，百姓处于水火之中，面对当时之时局，他愤慨地写下"如此江山"四个字。为了"如此江山"，但懋辛竭尽全力贡献着自己的力量。

1937 年全面抗战爆发后，杨森率二十军从四川出发参加淞沪抗战，但懋辛、熊克武亲赴战地慰问将士。上海失守后，但懋辛转到南京，被任命为军事参议院上将参议。他积极动员和团结四川各方面的力量支持抗战。前方将士急需枪炮，他就努力筹资购买，他曾和余际唐、喻培棣等集资兴办实业，以供抗日之需，而当时他家的经济状况却每日俱下，子女很少有合身的衣服。

"松菊犹存"是但懋辛为"如此江山"续写的后半句，松菊者，代表不可战胜的中华民族，不可战胜的四万万同胞的爱国精神。在抗战胜利后，但懋辛满怀欣喜补写了这后半句。可见其对胜利后的国家的未来、民族的复兴的无限憧憬。

这也是前文所提，国民参政会三届二次大会会议期间，蒋介石所提关于"胜了我国如何善后"这个问题，他不惧当时复杂的形势，直接说出自己的内心想法——"要顾国家人民，不宜再打内战"。

但抗战胜利后，国民党当局悍然发动了反共反人民的内战，破灭了但懋辛不打内战的愿望，使他逐渐看清了蒋介石的真面目，从而把希望寄托在中国共产党领导的人民力量方面。

1945年，但懋辛（前排右九）与存仁学子合影

## 尽心竭力促解放

1945年，但懋辛以陆军上将退役。1947年他被选为任四川第二行政区"国大"代表，1948年当选为"立法委员"。他反对蒋介石的独裁统治，积极开展民主活动。他参加金绍先等人在立法院组织的以反对独裁为目的的"二·五座谈会"，共商国是。在北平和谈期间，座谈会由他领衔发表了《拥护和谈的宣言》。

成都解放前夕，他协助中共组织在国民党军政界内进行策反工作，并积极参与了熊克武、刘文辉、邓锡侯、潘文华、鲁崇义等起义联系、策划工作，为成都地区的解放作出了可贵的贡献。

古人云："天下未乱蜀先乱，天下已治蜀后治。"但懋辛深知四川地位的重要、局势的复杂和解放的艰难；而成都作为国民党反动集团的最后堡垒，无论作为国民党政府在全民族抗战中曾经的战略大后方，还是解放战争尾声时其在中国大陆仅存的地区中心，成都无疑都是国共双方最后决战的中心舞台。蒋介石于1949年11月30日特意飞抵成都亲临坐镇，其到成都后费尽心机拉拢邓锡侯、刘文辉、潘文华三人。因为知道但懋辛在四川的影响力，以及其与刘文辉、熊克武关系紧密，在但懋辛重病卧床之际，依然有陌生人到其家胁迫其去台湾，后因但懋辛无法下地行走而作罢。据但懋辛夫人回忆，当时中共也曾派一汪姓工作者来和但懋辛接触，策动国民党胡宗南部鲁崇义、李振起义，及西南游击总司令王缵绪和市长冷薰南反正，他为此积极联系协调。

刘文辉等人的起义不仅严重打乱了蒋介石集团的步伐，使其企图与人民解放军进行"川西决战"，建立所谓"陆上基地"的部署与计划很快破产，而且有力地配合人民解放军截断了胡宗南部妄图逃窜康、滇的通道。

1949年12月30日，但懋辛同熊克武、刘文辉、邓锡侯等和成都各界人士代表前往北门外驷马桥，迎接解放军的到来，并发表声明表示拥护中国共产党和中央人民政府。

## 投身新中国建设的"三到老人"

但懋辛曾经对子女笑称自己是"三到老人"——活到老，学到老，干到老。曾经在他的诗句里有这么几句话，"多难兴邦须自立""学习学习再学习"，他如是说，也是如此做的。中华人民共和国成立后，他虽早已年过花甲，依然满怀热情投入了新中国的建设中去。

1949年10月18日政务院第六次会议提议，12月2日中央人民政府第四次会议批准，但懋辛任西南军政委员会委员兼司法部部长。但懋辛赴重庆履职时，随行人员担心途中会受到永川一带山上地主武装的骚扰，但懋辛说："国民党几百万大军都被打垮了，这点匪徒算得了什么！随着人民政权的日益巩固，他们自会消亡。"可见他对新中国充满了信心。

1950年1月，贺龙受毛主席、朱德总司令的委托，亲自看望但懋辛，请他对四川的工作提意见，但懋辛毫无保留、开诚布公地同他进行了交流。

但懋辛担任司法部部长的几年中，正逢土地改革、镇压反革命和抗美援朝三大运动。在土地改革和镇压反革命运动中，但懋辛发表了《怎样贯彻"镇压与宽大相结合"》的文章，《新华日报》连载三天。

1950年7月31日,重庆西南军政委员会第一次全体委员会议出席委员合影(前排右起第九为但懋辛、第十八为邓小平、第二十为刘伯承、第二十一为贺龙)

当时,西南司法部各项政治运动能顺利展开逐步深入,取得成绩,与但懋辛的带头作用是分不开的。有一次根据上级指示,司法部开展检查失密工作,在他听明工作人员的来意后,主动把办公桌的抽屉和文件柜打开,笑着对身边的工作人员说:"请把文件给他们看看吧!上级的指示,不管是谁都必须执行!我们是执法机关,只认法,不认人。如有违法行为,都应绳之以法,我也毫不例外……"他的这些表率行动,使当场的工作人员都深受教育。但懋辛在西南司法部工作时,还总与副部长黄远新共同协商工作,合作密切。他常说:"我们是非党干部,又是民主党派成员,接受党的领导要真,尊重党的干部要诚。只有这样才能团结一致把工作搞得更好。"

1950年7月,但懋辛到北京开会,由李济深、朱蕴山介绍,加入民革,任中央委员。但懋辛在担任民革四川省委会副主任委员和主任委员职务期间,坚持中国共产党的领导,积极推动民革工作,动员、团结民革成员和所联系的人士,参加社会主义革命和建设,进行自我教育,做了大量工作。

1950年,民革川康临时工作委员会成立,但懋辛任副主任委员。在学习《共同纲领》时,他说:"这么多年来,无论从共产党和国民党的政治斗争来看,还是从战场较量来看,都非要共产党来领导中国不可。"

1953年,毛泽东发表"为财政经济好转而斗争"的号召,民革川康临时工委在重庆开会,但懋辛在会上作了热情洋溢的发言,他说:"抗美援朝的决策很

但懋辛（前排左七）参加四川省政协第一次全体会议

正确，过去我们中国总是跪在列强脚下求生存，而现在我们敢于和世界上最强大的美帝国主义做斗争，把中华民族的气概提高了，正如毛主席说的中国人民真正站起来了……在短短3年时间里，理顺了财政，经济好转，全国人民步入正常生产轨道，生活有所改善，呈现出生机勃勃、民安国泰的景况。像这样治理国家，相信不用很久我国就会强盛，令人心悦诚服。"

但懋辛还十分关心祖国统一大业，多次敦促台湾国民党当局和在台的亲朋故旧，不要忘记孙中山先生的遗教，以国家民族利益为重，顺应历史潮流和人民意志，及早实现祖国的统一。

但懋辛曾说："一个人永远不要满意你自己。一个人要把心量放开，宇宙都在我心中，然后可以'视天下之溺如己之溺，天下之饥犹己之饥'。"但懋辛通易理、诗词，尤其擅长书法。无论是戎马倥偬之时，还是政务繁忙之际，他读书、写字的爱好从没有放下。

他不仅自己热爱学习，还用自身行动带动身边人。在司法部工作期间，对部里派给他的通讯员、驾驶员，不但关心他们的学习和工作，也关心他的生活。他的驾驶员惠延年同志回忆说："当时，但部长如此好学，我又怎能不学呢？！今天，我能看书写字，应该感谢但部长的引导。"在民革四川省委会工作期间，但懋辛有次身体不适，在省人民医院简单治疗之后，没有回家休息，而是坚持返回民革四川省委会机关并在干部学习会上发言，令在场的人很受感动。

**主要参考文献：**

1. 但汉然主编：《爱国志士但懋辛》，四川人民出版社，1995年版。
2. 文二编辑：《但懋辛：文武双全 潜行在历史深处的名将》，中国历史网，https://www.y5000.com/zgls/44943.html。

辛葭舟(1899—1966),原名辛在湄,山东章丘人,1951年加入民革。中华人民共和国成立后,曾任山东省人民政府委员、山东省财贸委员会委员、山东省交通厅厅长等职。民革第四届中央委员。民革山东省委会常委、副主委、代主委。第三、四届全国政协委员。

# 辛葭舟
## 子女为国捐躯的山东省交通厅厅长

### 毁家纾难，参加抗战

辛葭舟出生于章丘的一个名门望族。其父辛铸九是清末举人，曾任益都师范校长、峄县县长、清平县县长、山东省议员、济南商会会长、山东省图书馆馆长、山东红十字会会长。辛铸九还创办了经文绸缎店、裕兴化工厂、仁丰纱厂等五家企业，是著名的民族资本家。

1915年，辛葭舟考入山东省立第十中学，1919年转入济南省立第一中学，1924年毕业于北京朝阳大学法律系。历任江苏淮安关分关主任，山东建设厅科员、财政厅视察员，山东官钱局滕县分局局长、潍县分局局长。

1937年10月，日军沿津浦铁路南犯侵入山东境内。山东省主席兼第三集团军总司令韩复榘率部在鲁北地区稍作抵抗后，旋即下令部队撤往黄河南岸。12月23日，日军两个精锐师团强渡黄河，韩复榘率主力退至鲁西南，致使济南及大半个山东沦陷。

辛铸九没有跟着韩复榘撤走，他让儿子辛葭舟带着家人先撤。日军占领济南后，想让辛铸九出任伪省长。辛铸九以年老多病为由拒绝，日军宪兵特务把他抓起来关了三十多天，他毫不屈服，最后以五千大洋保释。辛葭舟带着四个子女南下,辗转来到滕县。

1938年1月,中共山东省委在徂徕山举行抗日武装起义,成立八路军山东人民抗日游击队第四支队,部队很快发展到四千余人,起义队伍吃饭、住宿成为大问题。省委决定兵分两路,实行南北扩展,开辟新的抗日活动区域。6月,苏鲁豫皖边区省委书记郭洪涛率第四支队一部进抵滕县。苏鲁豫皖边区省委统战部长郭子化和辛葭舟是北京朝阳大学的校友,统战部统战科长赵笃生是辛葭舟次子辛曙明就读育英中学时的老师。在他们的动员感召下,辛葭舟给省委书记郭洪涛写信,表达了投奔八路军的愿望。郭洪涛派一个小分队前来接应。

辛葭舟毅然毁家纾难,率次子辛曙明和女儿辛锐、辛颖参加了八路军,并将一麻袋大洋捐赠给省委,对解决部队的给养起了很大作用。省委领导赞扬他是"雨中张伞,雪中送炭"。赵笃生同志评价说:"疾风知劲草,世乱识忠臣。葭舟同志为抗日毁家纾难,可算是中国人民的忠臣了。"辛葭舟为了不给部队添麻烦,使子女能跟上部队长途跋涉,用自己的积蓄买了一头骡子,驮着他们一家四口人的行李开始了艰苦的军旅生涯。

辛葭舟全家合影(左四为辛葭舟,左二为辛锐)

## 一门忠烈，子女为国捐躯

辛葭舟参加革命后，历任八路军山东纵队贸易局局长，山东省战时工作推行委员会委员兼山东省贸易局局长，山东省参议会参议，山东省行政委员会委员，山东省政府委员，为保障八路军山东纵队的给养和山东抗日根据地的经济建设作出了贡献。

辛葭舟全家到达沂蒙山区后，时值山东抗日军政干校第二期招生。辛葭舟的两个女儿辛锐、辛颖和次子辛曙明进干校学习。干校毕业后，辛曙明被分配到八路军山东纵队任首长秘书，辛锐被分配到中共山东省妇女救国联合会任秘书。长子辛树声也在济南加入共产党，担任中共济南地下工委书记，大明湖畔的辛公馆成为中共济南地下工委秘密联络点。

辛锐多才多艺，自幼随知名画家黄固源学画，十六岁时就在济南举办过个人画展，中共山东省委机关报《大众日报》创刊号上的报头设计及毛泽东木刻像就出自她手。1940 年 11 月，中共山东分局组建姊妹剧团，辛锐任团长，创作演出了《反对下关东》《赶集》《劝架》《缠脚是苦》等剧，还领导剧团演出了《雷雨》《李秀成之死》《血路》等大型话剧，深受部队和群众欢迎。辛锐与山东省

大明湖畔的辛公馆

陈明（右）和辛锐（左）

战工会副主任兼秘书长陈明结婚后，担任中共山东分局秘书。

1941年11月，日军纠集五万人马，对沂蒙山区进行史无前例的大扫荡。八路军一一五师和山东纵队主力部队转到外线。山东分局直属机关坚持在沂蒙山区开展游击斗争，辛锐率五大队的一个分队二十多位女同志随部队转移。

11月30日黎明，陈明率山东分局机关、省战工会机关干部及一一五师警卫连和抗大一分校学员，与日军一个旅团在大青山遭遇，双方展开激战。陈明率部突出重围，到达大谷台附近后，再次被日军包围。陈明不幸负伤，壮烈殉国，成为山东根据地牺牲的最高领导人之一。

辛锐等人在大青山突围时也与敌遭遇，不幸小腹中弹，双膝重伤，被战士们抬上担架。她担心战士们抬着她突围会遭受更大损失，焦急地喊道："放下我，你们快走！"抬担架的同志仍然抬着她边打边冲。辛锐从担架上滚下来，厉声说："你们快走，冲出一个是一个！"她话音刚落，两名同志中弹倒地。辛锐命令道："我掩护你们突围，要执行命令！"言毕，她接连向敌群扔出两颗手榴弹，前面的几个鬼子应声倒地。那两名同志忍痛放下她，趁硝烟向山林方向突围出去。

日军狂叫着围上来："女八路！女八路！抓活的，抓活的！"面对蜂拥而至的日军，辛锐拉响了最后一颗手榴弹，与日军同归于尽，成为著名的抗日女英雄。

辛葭舟的次子辛曙明也在这次反扫荡中光荣牺牲。反扫荡结束后，姊妹剧团的战士们相约去看望安慰辛葭舟。进门之前，她们相互约定，见了老人不要哭。进屋后，还没等她们说安慰话，辛葭舟强忍着悲痛安慰她们说："参加革命，就难免有牺牲。辛锐没有了，你们不要难过，为国牺牲是光荣的。"听了老人的一番话，几个女演员从偷偷流泪到放声号啕大哭，除了哭声之外没有一个人讲话，直到最后默默地离开老人。

1945年8月13日，中国共产党领导的第一个省级人民政府——山东省政府成立，辛葭舟当选为山东省政府委员，并被推选为山东人民代表，赴延安出席全国解放区人民代表会议。

## 任山东省交通厅厅长，主持交通厅全面工作

解放战争时期，辛葭舟先后任山东省政府委员、山东支前委员会秘书长、支前委员会经理处处长，华东局驻东北委员会委员、山东省交际处处长等职。1948年8月，山东文物管理委员会在中共中央华东局暨山东省政府驻地益都县成立，辛葭舟任委员。1949年，山东省五万多随军常备民工在渡江战役胜利后复员，省政府成立民工复员委员会，辛葭舟任委员。济南解放后，辛葭舟历任山东省纪念革命烈士建筑委员会委员、山东省人民政府委员、山东省财贸委员会委员，为新中国的建立及建设作出了贡献。

1950年3月，山东省各界人民代表会议第一次会议选举产生山东省人民政府，辛葭舟当选为省政府委员、山东省公路运输局局长。1950年4月，山东省公路运输局改为山东省人民政府交通局，辛葭舟任局长。1951年4月，交通局又改为山东省人民政府交通厅，辛葭舟任厅长，主持交通厅全面工作，为山东交通运输事业的发展作出了重要贡献。

1950年3月，山东省各界人民代表会议合影，前排右四为许世友，二排右四为辛葭舟

中华人民共和国成立初期，山东交通运输基础十分薄弱，全省能正常通行汽车的公路里程仅 3100 公里，而且绝大部分是土路，有的遭战争破坏和洪水冲毁，坎坷难行。客货汽车只有 1800 余辆，其中国营客车不到 10 辆，货车 560 辆，其余都是私商汽车，严重制约了国民经济的恢复与发展。

在辛葭舟的领导下，山东交通运输得到迅速恢复和发展，取得了巨大成就。在三年恢复和第一个五年计划时期，山东原有公路先后修复通车，同时还注意了山区和革命老根据地的公路建设，山东的公路建设很快走在了全国前列。到第一个五年计划结束，山东客运线路发展到 180 余条，货物运输快速发展。内河和海运也发展迅速，沿海城市修建了许多港口。山东各地出现很多好的典型，有的推广到全国。交通部组织观摩团前来山东各地实地观摩，公路绿化受到国家经委的通报表彰。在省人民代表会议上，辛葭舟还积极建言献策，围绕交通运输业发展，提出了不少合理化建议。时任山东省委书记舒同曾当面勉励他，称赞他提的一些意见很好。

辛葭舟平易近人，作风朴实，廉洁勤政，深受大家尊重。虽然他出身于一个封建官僚、资本家家庭，但他生活节俭，廉洁自律，一件皮袄穿了十几年，打了不少补丁。逢年过节，他常常从工资中拿出钱接济身边工作人员。辛葭舟的父亲辛铸九既是书法家，又是文物鉴赏家。辛铸九去世后，辛葭舟将其精心收藏的古玩字画装了两地排车，无偿捐赠给国家文物部门，其中有一幅国宝级文物董其昌书法，再次显示了他无私的高尚品德。

几十年风雨同舟，辛葭舟对共产党产生了深厚的感情。他曾提出加入中国共产党的愿望，省委领导嘱咐他：你留在党外比在党内发挥作用还重要。他听从组织的安排，经常称自己是党外的布尔什维克，并以党员的标准严格要求自己。

结合他的家庭背景和经历，组织上希望他加入民革。1952年，辛葭舟欣然加入民革，并先后任民革山东省筹备委员会委员、民革山东省委会副主委，民革中央委员，全国政协委员，民革山东省委会代主委等职，为山东民革组织的建立和发展，为巩固和发展爱国统一战线作出了贡献。

## 主要参考文献：

1. 山东省地方史志编纂委员会编：《山东省志》，山东人民出版社，1996年版。
2. 山东省政协文史资料委员会编：《肝胆相照五十年》，中国文史出版社，1999年版。
3. 民革山东省委员会编：《山东民革50年》，齐鲁书社，2000年版。
4. 王志民主编：《山东重要历史人物》，山东人民出版社，2009年版。
5. 孙继业、孙志华著：《共赴国难》，东方出版社，2015年版。
6. 翟伯成：《开明士绅辛铸九与"民国第一案"——临城劫车案》，《齐鲁晚报》，2015年6月12日第E15版。
7. 《民政部公布第一批著名抗日英烈和英雄群体名录》，新华网，2014年9月2日：http://www.xinhuanet.com/photo/2014-09-02/c_126945267.htm。
8. 长霞：《丹心烁烁卫中华——记辛铸久一家的抗日事迹》，《济南文史》，2015年第3期。

张钫（1886—1966），字伯英，号友石，河南新安人，1956年加入民革。中华人民共和国成立后，曾任第二届全国政协委员、中央文史馆副馆长、民革中央团结委员会委员。

# 张　钫
## "给了蒋当胸一拳"的千唐志斋主人

1949年底，新中国刚刚成立，"宜将剩勇追穷寇"的人民解放军，正在全力向未解放地区迅速进军。面对势不可当的解放军洪流，下野的蒋介石顾不得颜面，直接从幕后走到台前，亲自坐镇成都，严令亲信胡宗南固守四川及大西南地区，企图利用大西南的特殊地形负隅顽抗。蒋介石说："保住西南地区，作为复兴基地，将来才能与台湾及沿海岛屿相配合，进行反攻。"

为此，蒋介石给胡宗南部署军事计划，还计划让辛亥革命元老张钫出山，坐镇豫陕鄂边区。蒋介石一方面不顾张钫再三推辞，任命他为豫陕鄂边区绥靖主任；另一方面亲自给胡宗南发电报："请转告张钫，请张母及家眷先到台湾居住，张母即是我母，并将机票和路费送往，火速办妥，不得延误。"

张钫何许人也？蒋介石为何这般重视，软硬兼施一定要让他出山？

### 投身辛亥革命，心系百姓疾苦

1886年，张钫出生在河南省新安县铁门镇。受孙中山革命思想影响，1908年加入中国同盟会。1909年，张钫加入陕西新军混成协炮队任排长。他与同盟会骨干在西安创建军事研究社，联络哥老会等民间反清力量，共谋起义，成为新军中革命党人的主要领导者。

1911年10月22日，张钫与张凤翙、张云山、钱鼎等领导陕西同盟会发动起义，响应武昌起义。11月，张钫任秦陇复汉军东征军大都督，率军东征。此后，三战潼关，一度进兵陕、渑，豫西民军万余望风来投，一时军威大振。张钫率领东征军保卫了陕西的东大门，歼灭、调动和吸引大批敌人，减轻了相邻省份革命党人的压力，为辛亥革命最终胜利赢得了时机，作出了贡献。

民国建立后，张钫任陕西陆军第二师师长。护国运动中，他积极奔走，多方联络，组织讨袁军，被孙中山委任为中华革命军陕豫联军总司令。后被袁世凯拘押，袁世凯死后获释。

1917年，张钫反对张勋复辟，任陕西讨逆军总司令。护法运动期间，张钫被推举为陕西靖国军副总司令，率军反抗北洋军阀，捍卫共和。靖国军解体后，

潼关东城门楼旧景。1911年，张钫率领秦陇复汉东征军曾与清军激战于此

张钫因父亲去世回乡服丧，筹款创办铁门小学，集资创立陕县观音堂民生煤矿公司。1924年，张钫为了调停胡景翼、憨玉琨战争的爆发，多次赴前线调处。

1925年开始，张钫应于右任之约，协助冯玉祥同广东国民政府合作并于1927年春和于右任、冯玉祥商讨策应北伐事宜。1928年，张钫任河南省建设厅厅长兼省赈务委员会主席。1929年、1930年两任河南省代主席。

蒋、冯战争时期，张钫帮助蒋介石收买冯部主要将领韩复榘倒戈，导致冯玉祥失败。蒋、冯、阎中原大战时，蒋介石密派他游说冯部将领孙殿英。张钫力劝孙殿英按兵不动，在挽回蒋军危局中起了重要作用，蒋介石因此盛赞张钫之功。

1934年，张钫的母亲七十大寿，蒋介石亲撰寿文为其祝寿，落款有文武要员四十多人，蒋介石为张母题词"彤管扬芬"。

1937年，全面抗战爆发，张钫任第十二军团军团长，奉命率七十六师开赴上海闸北参加淞沪会战。后被任命为第一战区抗日预备军总司令。他与中共鄂豫边省委达成改编协议，建立抗日统战关系，资助鄂豫边区游击队。

1942年，河南连遭水旱蝗兵多重灾害，1944年日寇大举西犯，大批饥民和黄泛区灾民涌入西安。张钫心急如焚，把自家4000亩水田全部低价兑出，购粮救济灾民。他还以河南同乡会会长身份，发动募捐；开办粥厂，组织义演，设立难民收容所；创办西北中学，安排难民子弟入学；培训移民干部和医生，组织难民向甘肃、宁夏、新疆迁移。张钫主持安置了上百万河南难民，河南同乡和广大灾民一直尊称他为"老家长"。张钫晚年谓平生有两大快事：其一，在灾民大规模进入西安时，他"电话警察局，请以余名转告全市居民，每户漏夜蒸馍六斤，拂晓送站救济难民，均能如时送到"。其二，"又在龙驹寨一小乡镇，筹款数百万，救济难民学生，并令其临时结队西上，余则乘车前行，请沿途预备食宿，幸使数万流离青年安抵西京。"

1946年，张钫与家人在西安私邸冰窖巷八号合影（二排右四为张钫）

## 蒋介石不择手段，张钫被迫出山

1949年5月，胡宗南所布置的保障关中的最后一道阵地——泾河阵地，被人民解放军攻破，胡宗南决定放弃西安，以主力据守秦岭。

胡宗南撤离前夕，派秘书长请张钫一起离开西安去汉中。张钫考虑到母亲年事已高，家中人口多，自己本非蒋氏嫡系，多年未带兵，又与已经起义的赵寿山、邓宝珊等人是多年老友，便竭力推脱。胡宗南紧接着派人送来四千块银元。张钫无奈，只得带家人同去汉中。

8月，当时西北军政长官马步芳请张钫陪他到广州去见国民党参谋总长顾祝同。顾祝同约张钫吃便饭，饭后顾祝同说："宗南来电报说，你在河南、陕西人地均熟，且旧部下多，号召力大，要求发表你出任豫陕鄂边区绥靖主任，帮帮他的忙。"张钫说："抗战军兴第二年我就把部队交出去了，抗日战争胜利后，我就在第一批退役军官中退了役。宗南保我当官，我只能心领盛情，事实上是没法做的。"

又过几天，顾祝同又约张钫见面，说："前谈之事，宗南来电说拨正规军队归你指挥，不是要你现去发动人马打游击。只要你去，一切都由他负责照料，决不使你为难。"张钫坚决拒绝，说："宗南自己训练的几十万大军，他自己都指挥不灵，我有什么本领能指挥他的队伍！这事决不能接受。"

蒋介石、胡宗南之所以此时竭力让张钫出山，一是张钫在豫陕等地影响太大，担心他留在西安有变；二是想利用张钫与西北马家的关系来缓和他们之间的矛盾；三是想借张钫与川军的关系，固守大西南。

因此，尽管张钫前后陈情，再三推辞，广州方面仍来电任命张钫为豫陕鄂边区绥靖主任。

蒋介石知道张钫事母至孝，特意给胡宗南发电报，请张母移居台湾。胡宗南登门拜访张钫，说："张先生，蒋先生让我转告你，咱们要打仗了，老太太留在这里难免要受惊，特让我送来飞机票和入台证，送老太太到台湾去。请你放心，蒋先生说你的母亲就是他的母亲，到台后的生活由他完全负责。"胡宗南把飞机票放在桌上，又说："请张先生准备一下，家里能走的人，都可以一起走。"

张钫心知，蒋介石并不是真的担心他母亲的安全，想把他母亲作人质，以防张钫有变。他愁容满面，静坐良久，未发一言。

张钫不敢和母亲说是坐飞机去台湾，只说是回西安，张钫母亲这才同意走。在白市驿机场的停机坪上，张钫和其子张广武将张母送到飞机旁，张钫坚持要亲自背母亲爬舷梯，于是，上边人拉下边人扶才把母亲送上飞机。临别时，母亲对张钫说："事办完早点回来！"张钫答应："好！好！"据张钫之子张广武回忆，"飞机发动后，父亲在汽车里放声大哭，我知道劝也没用，只能陪着掉泪，慢慢地我也意识到这就是生离死别的时刻。"

## 关键时刻斡旋，劝说众将起义

1949年底，人民解放军剑指西南，在重庆的国民党军政界陷入极度混乱，张钫决定将绥署移往成都。

12月9日，刘文辉、邓锡侯、潘文华在成都附近的彭县通电起义。刘文辉和邓锡侯将部队聚集在川西灌县一带，与解放军密切配合，对成都形成合围之势，并断了胡宗南向康藏西逃之路。

12月初，驻在郫县的国民党二十兵团二四三师师长段国杰来见张钫。段国杰是张钫原二十路军的老部下。张钫对段国杰说："你们驻在'两路口'，在这关键时刻，更有选择道路的好机会。"段国杰体会到了他的意思，进一步问："您看我们应该走哪条道路？"张钫说："刘文辉、邓锡侯、潘文华等已联名通电起义，你这个师还比较完整，最好与邓锡侯的部队靠拢。"张钫还提出想见二十兵团司令官陈克非。

次日，段国杰便陪同陈克非来拜访张钫。陈克非问："外间谣传，刘文辉、邓锡侯、潘文华等已经通电起义，不知是否属实？"张钫说："这是真的，通电是前几天发出的。"张钫沉默了片刻，看了看陈克非的脸色，又说："克非兄呀，我们的蒋先生这一辈子算完了。你看共军进关后，天津完了，北平也完了，国民党剩下的几十万精锐部队，又在淮海战役中被消灭了。兵败如山倒，我看老头子是无立足之地了。"他停了一会儿，又说："这不是我替共产党当宣传员。这是为了我们本身的利害，为了使老百姓少吃点苦，再不能叫部下白白送死了。"这番话对陈克非很有启发，震动很大。

不久，张钫便将绥署从成都搬到郫县。这段时期，张钫和段国杰等人每天来往不断，活动频繁，晚上也常谈话至深夜。尽管张钫年事已高，很是疲累，但他的神情较以前大为镇定，一直忙于策动和串联二十兵团和十五兵团起义。

12月23日，二十兵团司令部召开双方（即绥靖公署一方、二十兵团和十五兵团一方）少将以上人员军事会议，会议由张钫主持，从大门到后院岗哨林立，戒备森严。

张钫坐在长案一头正中，右边坐的是二十兵团的将领，第一位是陈克非，左边坐的豫陕鄂边区绥靖公署的将领，第一位是袁葆初，背后墙上挂有一张川康一带的军用地图。

张钫根据当时局势，围绕着战、守、走、死、降几个字讲话。张钫首先说："我是个老军人，都多年不带兵了，现在的仗如何打法，请各位发表意见。"会场一片沉默。"都不说，我就先谈谈。川西平原自古乃四面受敌，非用兵之地。如今共军已对川西形成合围之势，很危急了。西面邓、刘、潘各军已起义。我军方面，蒋先生原交胡宗南统一指挥，而胡除将他的第一军空运一部分到西昌外，丢下各军，他私自飞走，眼下川西一带虽号称几十万部队，但群龙无首，内无粮草，外无援兵。尽管说诸位是身经百战的将官，再打下去，只不过让川西老百姓多遭些殃，多死伤一两百万人，此外，还会有什么好结果？难道说这些年内战给老百姓带来的苦难还小吗？""那么，能战则战，不能战则守，前面我已讲过，咱们身处盆地，无坚可守，既不能战，也不能守，就请诸位研究一下如何走。"很久，仍无一人发言。

张钫用手杖指了指地图，又接着讲："大家都明白，东面、南面是刘伯承、邓小平的二野战军，北面下来的是彭德怀的一野；西面是起义的刘文辉、潘文华，邓的九十五军把着西去通往灌县的道路，就说打过去，重武器如何爬山？全毁了还怎样打仗？拿轻武器向川西北、甘肃南部进军，走当年红军走过的路，是绝对行不通的。刘文辉部守康定一线，胡宗南的部队也没冲过去；空运已不可能。看来，走是无路可走的，实际上也无处可走。"

话说至此，张钫心情沉重地叹口气说："不能走则死。诸位多系黄埔学生，你们校长发的佩剑上就刻着'不成功便成仁'，这是对军人的要求。那么，今天我们是不是应当杀身成仁呢？"

室内更是寂静无声，人人低头，个别人在抽泣。

沉默良久，张钫又说："如果有谁要自裁，我认为也是应该允许的。但是，古人云：死有重于泰山和轻于鸿毛之别。如今全国民众心向共产党，多少党国知名人士都到北平参加新政府了，在这种情况下自杀，无疑是轻于鸿毛的。大家不发表意见，我想谁也不同意这个做法。连年内战，是咱们蒋先生挑起来的，中间有好多次可以实现国共合作，让百姓获得休养生息的机会，他一意孤行，连遭失败，看事不可行，一走了事。但咱们都是带兵的人，袍泽多年，生死与共，能丢下将士们不管，任其背井离乡流离失所吗？我们在现在的情况下，应洞悉大势所趋，人心所向，找出一条正路来走。我看傅作义、程颂云、陈明仁、邓锡侯、刘文辉等所走的道路，就是一条光明正路，因为对国家、对民族、对人民大众和自己身家老小，走这条路都是有利的。我已老了，在座诸位正当壮年有为，前途无量，请大家三思。"

这时在场军官多数抬起头来，现出希望的神色，也有少数人落泪，但没有反抗的表情。

陈克非站起来说："张主任的话已说得很透彻，我不必重复。在目前四面被围、补给断绝的情况下，只有起义才是出路。为保川西百姓的生命财产，需要起义；为保部队官兵和随军眷属，也需要起义，这是义举。"在座将领均表拥护。

张钫看时机已成熟，便请邓锡侯的参谋长牛范九进入会场。牛范九拿出了一些信件和文件。一份是二野刘伯承、邓小平动员川西国民党将领起义的信件，另一份是中共中央制定的关于优待起义人员条例的小册子。当大家听到对起义人员保证生命财产之安全，以及既往不咎的政策，并在部队改编后，给旧军人以原级别之待遇时，人人流露出如释重负的表情。会议开始部署各将领回去如何传达起义命令，如何约束部队等。

会后，陈克非着手拟起义电稿，经张钫看后，12月24日送邓锡侯的司令部拍发。

## "老当益壮，为国立功！"

张钫顺应历史潮流，策动国民党第二十兵团和十五兵团起义，为中国人民解放军解放四川及大西南作出了重要贡献，地方得以幸免战祸，人民免受涂炭。正在苏联访问的毛泽东闻知消息，高兴地说："这是给了蒋当胸一拳！"

12月30日，贺龙率部进入成都，四川宣告解放。张钫应贺龙之约，由灌县移至成都，受到了热情接待与照顾。

原豫陕鄂边区绥靖公署警卫旅起义后，归中国人民解放军第七军编制，张钫之子张广居任一师师长。这支部队在共产党的领导下，在川西平乱与抗美援朝战争中作出了积极的贡献。

1950年，张钫与解放军第七军彭绍辉军长一同北上，先驻天水，后往兰州，受到了中共中央西北局习仲勋、汪锋等热情招待。

1951年春，张钫任第二届全国政协委员，受到了毛泽东、周恩来、朱德等同志的接见。周总理向毛主席介绍他后，毛主席握着张钫的手，称他是"中原老军事家"。周总理勉励他，今后要向前看，共商国是，共建新中国。张钫表示老了。朱总司令说："不要言老，要争取再活几十年，共建新中国！"张钫答："多谢诸位勉励！朱总司令和我同龄，我应老当益壮，为国立功！"

1956年，张钫经刘仲容、朱蕴山介绍加入民革。作为全国政协委员和民革中央团结委员张钫，积极奔走联系，为团结国民党及与国民党由历史关系的人士参加社会主义革命和建设，作了不懈的努力。

1959年后，张钫积极响应周恩来总理的号召，不顾年高体弱，撰写了近三十万字的回忆录，记述了从清末到1949年起义几十年间许多重大的历史事件和重要历史人物的活动，为后人留下了一份研究中国近现代历史的珍贵史料。

张钫酷爱金石字画，多次向党和政府提出将自己创建的千唐志斋捐献给国家，周恩来总理亲自批复同意接受。千唐志斋里珍藏着自西晋、魏以来历代墓志石刻1400余件，其中唐志最为丰富，多达1191件。这些墓志记载着形形色色的人物及其社会、政治、经济、军事、文化、外交等方面的情况，提供了极为难得的珍贵资料，起着证史、纠史、补史的重要作用，无声地记载了中国悠久的历史和灿烂的文化。

千唐志斋

## 主要参考文献：

1. 全国政协文史和学习委员会编：《风雨漫漫四十年：张钫回忆录》，中国文史出版社，2018年版。

2. 张治国著：《张伯英将军》，中国文联出版社，2002年版。

3. 王秋芳：《谁非过客，花是主人——记张钫先生赤诚爱国的曲折历程》，《团结》，2014年第5期。

4. 王元：《张钫风雨路漫四十载》，《各界》，2015年第1期。

张伯驹(1898—1982),原名家骐,字丛碧,别号好好先生,河南项城人,1956年加入民革。中华人民共和国成立后,曾任文化部文物局鉴定委员会委员、文化部顾问、中央文史馆馆员、吉林省博物馆第一副馆长、北京中山书画社第一任社长等职。

# 张伯驹
## 为国家民族收藏的"天下民间第一人"

1941年一天早晨,张伯驹在上海打算去银行上班,刚走到弄堂口,迎面冲来一伙匪徒,把他抓住塞进汽车,迅速离去。绑匪要求拿200根金条赎命,否则即"撕票",威逼张伯驹的夫人潘素卖画赎命。经好友孙曜东的一番活动,绑匪开始和潘素谈判。

张伯驹得知后,为了防止潘素变卖收藏,绝食多日,昏迷不醒。绑匪让潘素去见张伯驹时,他已经有气无力,憔悴不堪,但张伯驹却置生死于度外,悄悄对潘素说:"你怎么样救我都不要紧,甚至于你救不了我,都不要紧,但是我们收藏的那些精品,你必须给我保护好,别为了赎我而卖掉,那样我宁死也不出去。"

张伯驹被囚禁8个月。最后,绑匪给潘素传话:"7天之内若拿不出40根金条,做好收尸准备。"后来,经潘素、孙曜东斡旋,四处筹措了40根金条,才将张伯驹赎出,书画则一张未动。

"予所收蓄,不必终予身为予有,但使永存吾土,世传有绪。"这些斥重金购得、"宁死魔窟,绝不卖掉家藏"的藏品并没有被张伯驹收入私人库房。新中国成立后,自20世纪50年代起,张伯驹、潘素夫妻陆续将收藏的100余件书画文物捐献给国家。后来有人问张伯驹是否考虑将自己的收藏作品传世时，张伯驹回答："我的东西都在故宫里，不用操心。"

## "公子齐名海上闻"

张伯驹和末代皇帝溥仪之族兄溥侗、袁世凯之子袁克文、张作霖之子张学良被称为"民国四公子"。

四公子均为民国初年京津沪上层社会颇具传奇色彩之豪门子弟。张伯驹在《续洪宪纪事诗补注》写诗说："公子齐名海上闻，辽东红豆两将军；中州更有双词客，粉墨登场号二云"，并自注"人谓近代四公子，一为寒云（袁克文），二为余（张伯驹），三为张学良，四一说为卢永祥之子卢小嘉，一说为张謇之子孝若。又有谓：一为红豆馆主溥侗，二为寒云，三为余，四为张学良。此说盛传于上海，后传至北京。前十年余居海甸，人亦指余曰：此四公子之一也。"张伯驹又注曰"余登台演剧，以冻云楼主名，又有人谓为中州二云者。沽上词人王伯龙题词《丛碧词》云：洹上起寒云，词坛两俊人"。

张伯驹与四公子里的袁克文（寒云）关系也非同一般，这要从张伯驹的家世说起。

张伯驹生于清光绪二十四年（1898年），其父张镇芳乃清末进士，因膝下无子，将侄子张伯驹过继为嗣子。张镇芳在清末民初是一位声震四方、红极一时的人物，他是"三代帝师，一朝名相"孙家鼐的得意门生，受过良好教育，满腹经纶，且和袁世凯沾亲带故，张镇芳的姐姐嫁给了袁世凯的弟弟袁世昌。因为张镇芳在家中排行老五，袁世凯的儿子们称他为"五舅"。

凭借这两层关系，张镇芳在宦海中便如鱼得水，历任天津道、长芦盐运使、湖南提法使、署理直隶总督等职。民国成立后，任河南都督兼民政长。1914年调回北京。次年支持袁世凯复辟帝制，是袁世凯的"十三太保"之一。袁死后参与张勋复辟，任内阁议政大臣、度支部尚书，复辟失败后被捕。1918年获释，在天津任盐业银行董事、董事长。

张镇芳对张伯驹可以说是倾注了全部心血，精心栽培。张伯驹天资聪颖，7岁入私塾，9岁能诗文，素有"神童"的美誉，后又将其送往新学书院，和袁世凯的几个公子一起学习，受到了良好的文化熏陶。数年间，在各方的悉心调教下，张伯驹已是满腹文章，诸子百家，烂熟于心，唐诗宋词，倒背如流，并能触类旁通，运用自如。

张镇芳一生处于政治旋涡之中，虽然历经沉浮，但他也积累了大量的人脉关系，按照他的愿望，张伯驹最大的可能是进入军界、政界，或者金融界，期盼他在仕途上有所建树，子承父业，光宗耀祖。

1921年，张伯驹因捐款赈灾事，被授予二级大绶嘉禾勋章，任山西督军署参议兼驻京代表。张伯驹一度向往铁马金戈、碧血沙场的军旅生涯，然而张伯驹在军界里看不惯彼此钩心斗角、相互倾轧、争权夺利的卑鄙行径，更厌恶上层人物在权贵面前奴颜婢膝，对百姓敲骨吸髓的恶行，不满军阀的腐败生活，不愿同旧军人混在一起。特别是经历了袁世凯称帝、张勋复辟，接着是军阀混战，政坛风云变幻如儿戏。张伯驹眼见政治黑暗，又目睹张镇芳的官场沉浮，他叹道："内战军人，殊非光荣！"1925年他决然脱下军装，解甲归商，到父亲执掌的盐业银行作常务董事兼总管理处总稽核。张伯驹到盐业公司任职后，开始往来京、津、沪分行间，视察业务和考核账目。

张镇芳曾任长芦盐运使兼粮饷局总办，这是清朝的肥缺，积蓄了许多钱财。他还是中国盐业银行创始人和董事长，盐业银行与金城、中南与大陆银行是民国时期著名的北方四大银行，作为银行大佬公子和银行董事的张伯驹，手中自然不缺钱。由于银行工作更多的是挂名任职，张伯驹对银行的事从来不闻不问，他一不认官，二不认钱，独爱诗词、书画、戏曲，被称为"怪爷"。张伯驹说："我30岁开始学书法，30岁开始学诗词，30岁开始收藏名家书画，31岁开始学京剧"，从此过上了写诗作画、看戏唱曲的生活。

1927年，张伯驹在去盐业银行半途中拐到了琉璃厂，在出售古玩字画的小摊儿旁边溜达。一件康熙皇帝的御笔书法作品引起了他的注意，只见上面的四个

早年的张伯驹、潘素

大字"丛碧山房"写得结构严谨、气势恢宏。虽然此时他对收藏尚未入门，但由于旧学根底深厚，眼力已然不俗。他没费思量就以 1000 块大洋将其买了下来。回去后，张伯驹愈看愈爱，遂将自己的表字改为"丛碧"，并把弓弦胡同的宅院命名为"丛碧山房"，良好的文化修养，富裕的家庭，为张伯驹收藏创造了条件。后来他撰写书画收藏录，也取名为《丛碧书画录》，以此纪念自己初入收藏圈的机缘。自此他开始走上收藏之路，醉心古代文物，致力于收藏书画名迹。

1935 年，37 岁的张伯驹见到了当时仅有 20 岁、弹得一手好琵琶有"潘妃"之称的潘素，被她的芳姿和琴艺所倾倒，当场提笔写下对联，将"潘妃"二字嵌入其中：潘步掌中轻，十步香尘生罗袜；妃弹塞上曲，千秋胡语入琵琶。两人一见倾心，开始热恋。可是，潘素当时已被臧卓看中，而且已有婚约。臧卓一怒之下，把潘素软禁在一品香酒店。急切之中，张伯驹托人买通了卫兵，救出了潘素。

在张伯驹的精心培育和延请名师栽培下，潘素向朱德甫、汪孟舒、陶心如、祁井西、张孟嘉学画，向夏仁虎学古文，家藏名迹充栋，天天用功临摹，画艺大进，所做工笔重彩山水画，细密严谨，金碧绯映。以青绿山水名重一时。潘素也是张伯驹的知音，有力支持了他的书画收藏。

潘素山水画作、张伯驹书法

## 三购《平复帖》，买进《游春图》

"不知情者，谓我搜罗唐宋精品，不惜一掷千金，魄力过人。其实，我是历尽辛苦，也不能尽如人意。因为黄金易得，国宝无二。我买它们不是卖钱，是怕它们流入外国。"为阻止珍贵文物流落海外，张伯驹不惜花费巨额家资购藏古代书法名画，甚至变卖房产举债为之。

溥儒是道光皇帝曾孙，恭亲王之孙。此前，溥儒将唐代韩幹《照夜白图》卖与他人，致使这件国宝从此流失海外。溥儒当时还收藏着《平复帖》。《平复帖》是西晋大文人陆机真迹，距今已1700年，比王羲之手迹还早七八十年，是中国已见最古老的书法瑰宝，又是汉隶过渡到章草的最初形态，由此被收藏界尊为"中华第一帖"。

1936年，当听说溥儒将《照夜白图》售卖到国外后，张伯驹痛心疾首，"如果

《平复帖》

流失海外,将是千古之恨",深恐《平复帖》蹈此覆辙,马上派人向溥儒洽谈购买。没想到溥儒却故意刁难,提出要价二十万大洋,面对溥儒开出的天价,即使是富贵出身的张伯驹也感觉到了巨大压力,但他锲而不舍、拖住溥儒不让他卖给外国人。

次年,张伯驹又请张大千向溥儒说和,愿以六万元求购,但溥儒仍然要二十万元,未成。1937年底,溥儒母亲过世。张伯驹得知溥儒急需用钱,想借机求购《平复帖》。但他又觉得这是乘人之危,开不了口。便请教育总长傅增湘出面:"我先借他一万元。"谁知几日之后,傅增湘把《平复帖》抱来了。"溥儒要价四万,不用抵押。"终如所愿的张伯驹购得《平复帖》后,欣喜之下将自己的书斋命名为"平复堂",还特意请人刊刻了一枚"平复堂"的印章。

"白坚甫闻之,亦欲得此帖转售日人,则二十万价殊为易事",张伯驹坚决予以拒绝。张伯驹后来在《春游琐谈》中说:"昔欲阻《照夜白图》出国而未能,此则终了夙愿,亦吾生之一大事。"

抗战时期,北平沦陷后,为防再遭不测,他将《平复帖》等珍贵字画都一一缝在衣服夹层里面,须臾不离身。怕土匪抢,怕日本人来,怕意外的闪失,怕自己的疏忽，时时刻刻提心吊胆，终于把《平复帖》安全带到了西安。后来张伯驹记载："北京沦陷，余蛰居四载后，携眷入秦。帖藏衣被中，虽经乱离跋涉，未尝去身。"

1945年溥仪被俘，混乱中不少清宫旧藏珍贵文物散落民间，《游春图》被北京一古玩商马霁川从东北觅得。这是隋代著名画家展子虔唯一的传世作品，是中国早期青绿山水画的代表杰作，被誉为"唐画之祖"。

1946年，张伯驹得到消息，马霁川正为稀世珍宝《游春图》寻找买主。张伯驹立刻建议故宫博物院出面收购，长久得不到回应后，张伯驹担心夜长梦多、国宝流失，决心个人出面购买。同时四处游说有一幅《游春图》，此卷有关中华民族的历史，万万不能出境。谁为了多赚金子，把它转手洋人，谁就是民族败类，千古罪人。

经张伯驹的宣扬，马霁川不敢再私自卖给外国人，但开价800两黄金，最后协议成交的价格是200两黄金。此前，张伯驹刚以110两黄金收购了范仲淹的《道服赞》手卷，"屡收宋元真迹，手头拮据"，为能尽快得到《游春图》，最后张伯驹决定只好忍痛将自己位于弓弦胡同占地15亩的宅院以2.1万美元卖给了北平辅仁大学，这处宅院原为清太监李莲英私邸。

虽说卖了宅院，但钱还是不够，他只有向妻子潘素求援，出售了部分首饰，凑足了200两黄金。但因黄金成色不好，合计足金130两。他签字画押表示随后设法补齐余款，又请马保山担保，《游春图》才得以入手。

张伯驹购买了《游春图》，时任南京国民政府总统府秘书长的张群闻听此事，即派人找到张伯驹家，并转告张群的话说："愿以500两黄金再把《游春图》从张伯驹手中买走"。听了这位来客的话，张伯驹说："这位秘书长可真称得上豪富，500两黄金视若等闲，而故宫博物院却连维持正常的业务经费都没有，真是没法比呀！"接着，他非常气愤地告诉来客："凡经我张伯驹收藏的东西，一概不转卖给别人，不管他是谁！"断然予以拒绝。张伯驹因收藏《游春图》，而自号"游春主人"，一直都沉浸在能购得《游春图》这一古之珍宝的喜悦之中。

根据张伯驹《丛碧书画录》统计，他1960年以前共收藏有书画117件（张伯驹在《丛碧书画录》中说："宋元团扇、明清便面，皆属册类，对联则多不录。余所收便面、对联亦录亦不另列入）,可见其书画数量不止于此,另外1960年后收藏也未列入),其中,唐代以前6件,宋代13件,元代11件,明代40件,清代47件。宋元及之前的藏品共30件,约占其所有藏品的四分之一。宋元及之前的书画因"年代湮远,非经多见广不易鉴别",故而一定程度上讲,收藏宋元书画的质量和数量成为衡量一个收藏家眼力、实力和地位的重要参考因素。张伯驹先生所藏的30件晋唐宋元书画中,即包含了《平复帖》《游春图》《张好好诗》卷、《道服赞》手卷、《诸上座帖》《雪江归棹图》等为人们所熟知的煌煌巨迹。章伯钧先生曾说"（自己）有字画五千多件,即使都卖掉,也未必抵得上他（张伯驹）的一件",启功称誉张伯驹为"前无古人,后无来者,天下民间收藏第一人"。

## 为北平和平解放奔走

北平解放前夕,国民党企图将一切有地位、有影响、有才学的人都拉到台湾,自然也打起了张伯驹的主意,他们不时派人到张伯驹家里游说。司徒雷登也询问是否可携其珍藏文物暂去美国,并在美国举办展览,这都被他断然拒绝,"分明是因为我藏有《平复帖》《游春图》等无价之宝。这珍宝是属于中华民族的,是属于人民大众的,我岂能离开自己的国土"。

当时的北平城内,已经可以听到解放军的炮声,张伯驹坐卧不宁,他不只是担心个人的安危,更为千年古都随处可见的文物古迹而忧虑。他遂以昔日闻名的贵公子、文物鉴藏家等特殊身份,多方活动,积极促进北平的和平解放。

当时他住在帽儿胡同内,有国民党反动派的特务经常监视他,蓝衣社曾寄给他一颗子弹,警告他别多事,不要向傅作义劝降,但他大义凛然,从不畏缩,把自己的生命安危置之度外。据家人回忆:"当时民盟成员不时在我家开会,讨论如何能使北平免于战火劫难。父亲（张伯驹）与西北军人素有渊源,身为西北军人的傅作义将军也知道父亲是个正直的文人,很是敬佩他。于是,民盟的盟友就让父亲去劝傅将军,千万不能开战。父亲与邓宝珊将军和侯少白将军（傅作义的高级顾问）一直是好朋友,他们仨曾在不同的场合,多次劝说傅作义将军勿起干戈，以保护北平的百姓、文物和古建筑。为了劝说傅作义，父亲还忍痛割爱，将家里两盆最大的腊梅送到了傅府。一方面国共谈判在反复进行着，一方面朋友也在劝说着。傅作义权衡考量了一番之后，最后下决心走和平解放的道路。北平和平解放了，父亲是有功的，可是父亲极少与家人谈及此事。有老友劝他向政府要官，他淡淡地说：'我还是画我的画，我不要官，也不要钱。'"

被毛泽东评价"北平和平解放，张先生第一功"的张东荪在《围城题记》中也写道："戊子冬，北平围城。余与刘厚同、赵少伯、彭岳渔、张丛碧（伯驹）倡议罢兵，以保全人民古物。以余为双方信任，使出城接洽。当时虑或不成，栗栗为惧，乃幸而一言得解。事后友人义之，有此题咏颂。"

## 捐献"八大国宝"

中华人民共和国成立后，张伯驹对这个新生的政府产生了信赖与热忱，"这个政府可不像国民党，我们应该要重视、要热爱"。1950 年张伯驹担任了文化部文物局文物鉴定委员会委员，1952 年他接受国家文物局局长郑振铎的聘请，当了文化部的顾问。1952 年，张伯驹夫妇把展子虔的《游春图》、唐伯虎的《三美图》连同几幅清代山水画轴均以原价转让给了故宫博物院。自从张伯驹收到《游春图》后，不知有多少人愿出高价求购，他都不出手。但在这时能毫不犹豫地将这稀世珍宝转让给人民当家做主的新中国，非常难得。所以，时任文化部文物局局长郑振铎称赞张伯驹这是难能可贵的爱国之举。张伯驹还把自己珍藏的李白真迹《上阳台帖》赠予毛泽东主席（1958 年由毛泽东转给故宫博物院收藏）。

张伯驹将在西安创建的秦陇实业公司献给了国家。1952 年北京盐业银行公私合营，张伯驹任董事；1953 年银行重选董事时，张伯驹以个人无股票不能任董事为由，退出了银行。

1956 年，张伯驹与夫人潘素又从三十年的收藏中选出最顶尖的 8 件国宝，无偿捐献给国家，进入故宫博物院：晋代陆机的《平复帖》、唐代杜牧的《张好好诗》卷、宋范仲淹的《道服赞》手卷、宋蔡襄的《自书诗册》、宋黄庭坚草书的《诸上座》、宋吴琚的《杂书诗》、元赵孟頫的《草书千字文》、元俞和的《楷书》卷。文化部部长沈雁冰专门颁发了褒奖状:"张伯驹、潘素先生将所藏晋陆机的《平复帖》卷,唐杜牧之的《张好好诗》卷,宋范仲淹的《道服赞》手卷,蔡襄的《自书诗册》,黄庭坚的《草书》卷等珍贵书法等共8件捐献国家,化私为公,足资楷式,特予褒扬。"

1957年,张伯驹因为主张解禁传统京剧《马思远》而被错误地划为"右派",在私交甚厚的陈毅元帅帮助下,1961年张伯驹调任吉林省博物馆第一副馆长。

当时吉林省的文化底子相对薄弱,省博物馆的藏品羞涩。于是张伯驹再次慷慨解囊,无偿捐献了几十件自己的珍贵收藏,包括元代仇远的《自书诗》卷、颜辉的《煮茶图》卷、宋代赵伯啸的《白云仙乔图》卷、元代赵子昂的《篆书千字文》卷、明代薛素素的《墨兰图》轴、唐写《大般若波罗蜜多经》卷、明代董其昌的字对、唐人楷书册等。时任中共省委宣传部部长宋振庭说:"张先生一下子使我们博物馆成了富翁了。"

1964年至1965年间,张伯驹主持筹备编辑《吉林省博物馆馆藏画集》,在编辑的过程中,发现吉林博物馆缺少宋代绘画,为丰富馆藏,张伯驹、潘素决定

1956年7月,文化部为张伯驹、潘素捐献"八大国宝"颁发的褒奖状

将收藏的南宋杨婕妤的《百花图卷》捐赠给博物馆。《百花图卷》是已知我国现存最早的一件女性画家的作品，张伯驹曾说"余所藏晋唐宋元名迹尽归公家，此卷欲自怡，以娱老景"，但这样一件被他视为精神慰藉的作品，最后也捐了出去，成为吉林省博物院的镇院之宝。

"历名山大川，对金樽檀板，满路花绿野堂，旧雨春风，骏马貂裘，法书宝绘，渺渺浮生，尽烟云变幻，逐鹿千年，何足道俊才，老词人浊世佳公子"，张伯驹作为中国收藏界的前无古人，或许也是后无来者的最高峰，千金散尽捐出藏品，表现了崇高的爱国情操和无私的奉献精神，书写出近现代中国文化界的一大传奇。

## 主要参考文献：

1. 郑重著：《烟云过：张伯驹传》，中华书局，2015年版。
2. 张伯驹著：《张伯驹集》，上海古籍出版社，2013年版。
3. 潘素：《忆伯驹》，《中国美术报》，2018年4月16日。
4. 景爱：《留得英名在人间——张伯驹先生的若干片段》，《群言》，2002年第5期。
5. 闫立群：《京华名士长春春游——纪念张伯驹诞辰120周年》，《收藏家》，2018年第11期。
6. 叶艳宁：《民国文人的戏剧情结》，《吉林艺术学院学报》，2012年第5期。
7. 张传彩：《人望若神仙——父亲张伯驹的人生沉浮》，《文史博览》，2015年第9期。
8. 张恩岭、王丽歌：《张伯驹年谱简编》，《周口师范学院学报》，2019年第4期。
9. 郝炎峰：《为文物永存吾土而收为保存中华文化而藏张伯驹的大家之道》，《紫禁城》，2018年第3期。
10. 王雪飞、王志新、常桂云：《北京中山书画社发展历程回顾》，《团结报》，2009年12月5日第5版。

张宗祥（1882—1965），原名思曾，字阆声，号冷僧，浙江海宁人，1953年加入民革。中华人民共和国成立后，曾任浙江图书馆馆长、浙江省文史研究馆副馆长、中国美术家协会浙江分会副主席、西泠印社社长、浙江省历史学会会长、浙江省图书馆工作者协会主席等职。民革浙江省委会常委。

# 张宗祥

## 身兼浙江省图书馆馆长和西泠印社社长的国学巨匠

### 年少有志，与书结缘

1882年，张宗祥出生在浙江海宁的一个书香门第，父亲张绍基是清朝举人，因淡泊名利而未出仕。张宗祥幼年体质虚弱，患有足疾，影响了读书。后来，张宗祥的足疾逐渐痊愈。

张宗祥自恨因足疾而读书较晚，又愤于时事，于是发愤遍览群书，昼夜不辍，一个月经常有六七个夜晚读书至天明。张宗祥与同邑的蒋百里相交甚好，二人潜心好学，相互鼓励。张宗祥在《论衡校注》中记载了这段经历，"十二岁始跛而出就外傅，诵《大学》《中庸》；十五毕《尔雅》《论语》《孟子》《易》《诗》《书》《礼记》《春秋三传》……戊戌政变，年十七矣，双山书院购书数柜，供人阅读。余与蒋百里散课之后，即趋其中阅之，二人外无他人。庄、列、离骚、四史，争阅不释手。"经史之学的读书经历，为张宗祥的学术成就奠定了坚实的基础。

张宗祥原名思曾，1898年，在读《宋史·文天祥传》时，张宗祥对文天祥刚正不阿、宁死不屈的精神深感敬佩，于是毅然更名为"宗祥"，在参加书院考试时，便在考卷上以"宗祥"署名。1899年，张宗祥中秀才。1902年，张宗祥中举人。张宗祥先后任教于硖石开智学堂、桐乡县学堂、秀水学堂和嘉兴府中学堂，教授历史和地理，尤以讲授地理闻名，自编讲义，自绘地图。1907年，张宗祥至浙江高等学堂任教。1910 年，张宗祥赴北京殿试，得一等，任大理院推事，领四品衔，兼教清华学堂地理课。辛亥革命后，张宗祥在浙江军政府教育司工作，担任中等教育课课长。

1914 年，张宗祥进京任教育部视学，工作之余，与鲁迅、朱蓬仙、单不厂等一同钻研庋藏的善本、孤本。一次，张宗祥与鲁迅相约同往京师图书馆看古籍，两人正在讨论善本书目时，被教育总长傅增湘听见，从中了解了张宗祥的学术功底。此时，傅增湘正愁于物色京师图书馆的主任人选，于是就找到张宗祥，希望他主持京师图书馆的工作。张宗祥正在犹豫之中，鲁迅笑道："你真是木瓜，如此宝山，何以不去开发？"1919 年，张宗祥兼任京师图书馆主任。

在兼任京师图书馆主任的三年里，张宗祥检查旧目、修整残编、检校谬误、鉴定版本，摸清了典藏古籍的现状，编成《京师图书馆善本书目》四卷，并录副一份，纠正了以往著录中的不少纰漏。该书目的正、副本今分别藏于国家图书馆和浙江图书馆。在任期间，张宗祥还呈请教育部发文，征缴各地区官书局的书籍，并通过各图书馆、学校等征集文献，建议教育部颁发捐书奖章，响应者很多，充实了京师图书馆的藏书。为了方便读者阅读，张宗祥还首倡馆际互借互阅，与各分馆订立互借阅书的规则，使读者可以异地阅览图书，提高了图书的利用效率。

1922 年，张宗祥南返，担任浙江教育厅厅长，整顿教育，推行新学制，并筹建浙江大学。

## 补阙保管文澜阁《四库全书》

近代中国多内忧外患，乾隆时所立的收藏《四库全书》的江浙南三阁：镇江文宗阁、扬州文汇阁彻底毁灭，杭州文澜阁虽是三阁中仅存的一阁，但也几乎陷于毁灭，所藏《四库全书》在战乱中严重受损，散佚大半。

1922 年，张宗祥返浙任职时，时在北京的钱恂、钱玄同、单不厂等好友，务请他对文澜阁《四库全书》悉心关照。此前，钱恂曾担任浙江图书馆馆长，着手补抄《四库全书》，但因经费短缺，步履维艰。

张宗祥就任教育厅厅长后，此时的浙江图书馆馆长是章太炎。张宗祥十分关切文澜阁《四库全书》的境况，于是请章太炎办两件事：一是对钱恂所编缺书目录予以核对；二是印制一批抄本用的纸张。张宗祥心里清楚，此时最需要解决的，就是经费问题，正如他在《补抄文澜阁四库全书史实》中所言，"补抄工作环境的各种条件都不坏，所欠的就是经费。"

当时处于北洋政府统治期间，省款本来就不足，于是张宗祥想到了募捐，并提出了募捐的方案：（1）非本省人就是富可敌国也不募；（2）本省九府属每府皆能有人捐助最好；（3）每一股以500元为定额，如果财力不足可以几个人并成一股，不成股的不募。张宗祥奔走沪杭，在上海找了周庆云、张元济等好友，他们都表示愿意尽力相助。经过努力，很快就在上海筹集了6000余元；回到杭州，又募集了9000余元。

1923年春，张宗祥用这些募款组织机构，他本人总其成，动员缮写人员200余人，根据京师图书馆所藏文津阁四库本，共抄写211种4497卷，1924年12月竣工。之后，张宗祥又将丁申、丁丙的丁氏抄本择要运到北京校勘，计213种5660卷。至此，抄校文澜阁《四库全书》臻于完备，成为中国文化史上的一段佳话。

全面抗战爆发后，张宗祥组织文澜阁《四库全书》安全转运至重庆庋藏。抗战胜利后，国民政府打算将它运往南京。张宗祥时任文澜阁《四库全书》保管委员会主任委员，他竭力反对，坚持《四库全书》应还原阁，不得书阁分离。最终此议作罢，文澜阁《四库全书》交还浙江图书馆庋藏。中华人民共和国成立前，"国民党中央图书馆"有欲把这部《四库全书》运往中国台湾之说，张宗祥严正回绝，"你们要问过浙江父老"。如今，文澜阁《四库全书》仍然保存在浙江图书馆，成为"镇馆之宝"。

## 抄校古籍，造诣极深

张宗祥治学严谨、实事求是，尤工于抄校古籍。抄校并不是简单地抄写誊录，准确地说，是校勘考订之学，是版本目录学中造诣极深的学问，非常人所能及。

张宗祥在《浙江图书馆善本书目》序中提到，"善本之旨，在于正讹说，别异同，以征往事，非专以历年长久而宝之也。"张宗祥认为，读书贵精校，抄校必须选择同一本书不同版本中最佳者，即善本、孤本，在抄录中予以校勘辑佚。

张宗祥抄校古籍，从 1904 年担任学堂教师时便已开始。这一年，张宗祥即抄校了《孟子》。1913 年，张宗祥将"二十四史"全部点读完毕。1914 年，张宗祥在教育部工作之际，几乎每日抄书、校书。张宗祥的抄校效率极高，鲁迅给他取绰号"打字机"，意思是说他抄得快而且清楚。每逢得到善本、孤本，张宗祥就废寝忘食地赶抄。他常常是凌晨早起，喝一杯水，准备好十来支装满烟丝的烟斗，即开始伏案抄书。

一般情况下，张宗祥每天可以抄 16000 字，如果遇到时间紧迫的时候，通宵达旦则可以抄 24000 字，而且都是蝇头正楷。抄校时，如有客造访，张宗祥可以边抄边谈。张宗祥曾对学生钱宝琮说："写字只要眼到，笔即随到，口耳各有所司，与腕下无涉也。"据学生王质园回忆："（张宗祥）一面吸烟，一面挥毫，一面谈笑，瞬息不停，五官并用，无一字舛误。"

张宗祥的抄校也很有特点，有时先自一页纸中心写上抄的几个字，再自中心辐射四方；有时从一页纸的四角开始誊写，再由四角先后引向中心。他自称如此

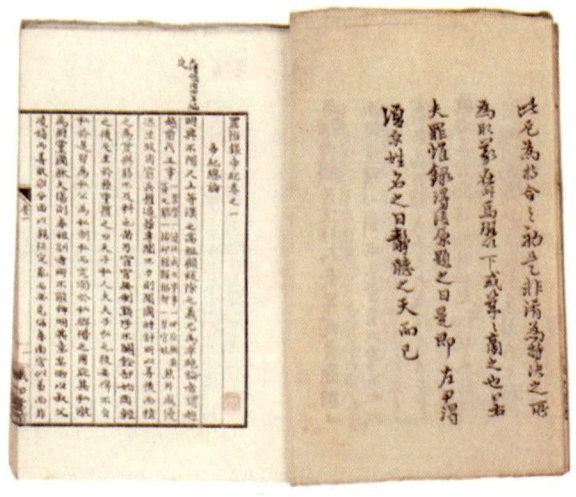

《罪惟录》（张宗祥辑校本）浙江图书馆藏

抄法，是检查错字的妙法。经张宗祥抄校的古籍，颇受出版者的欢迎。

张宗祥一生精心抄校古籍三百余种近万卷，已出版的有《说郛》《国榷》《罪惟录》《越绝书》等，抄校之处无一字之误，被誉为一绝。如今，浙江图书馆馆藏的古籍，绝大多数是20世纪50年代经张宗祥搜集整理而积累起来的，实为中华优秀传统文化的传承保护作出了突出贡献。

## 精工书法，徜徉墨海

张宗祥学识渊博，著述甚丰，有《书学源流论》《临池随笔》《医药浅说》《本草简要方》《铁如意馆随笔》《中国戏曲琐谈》等传世。张宗祥在文学、史学、书法、绘画、戏曲、金石、地理、医学等领域都颇有造诣，尤精工书法，是中国现代书法的开创者之一。

张宗祥的书法以行、草见长，出入碑帖之间，爽利劲健，自成风貌。

1918年，张宗祥撰写书法代表作《书学源流论》，后由上海聚珍仿宋印书局出版。在正式成书之前，《书学源流论》还曾以连载的方式，分四十二期在《新华日报》刊发。《书学源流论》从"源"和"流"的角度，讨论了历代书法的流变，包括"原始篇""物异篇""时异篇""势异篇""人异篇""溯源篇""篆隶篇"等。其中，既有与古代书法论文一脉相承的内容，如论书写工具的物异篇、论用笔之法的势异篇等，也有与新式"书法史"体例相契合的内容，如专题论述书体演变的原始篇、纵论古代书法通史的时异篇等。张宗祥认为，从"源"到

张宗祥所书的七言绝句行书扇面

"流",中国书法的发展像一条长河,从未中断。

在书法创作时,张宗祥尤为讲究用笔、用墨和章法。在用笔上,他十分注重起讫分明,笔笔都要交代清楚,反对刻意缭绕。同时,他强调要灵活用笔,中锋用笔不是绝对的,可以偶用侧锋。在用墨上,他提倡既不宜过浓,也不宜过淡。纸墨要相称,写旧纸最好用旧墨,写新纸最好用新墨,这样写出的字才能纸墨和谐,气韵生动。在章法上,他认为写字并不难,难在布局。他很赞赏清代书法家包慎伯倡导的"气满"之说,只有"气满",写出的字才能给人以浑然一体、一气呵成的整体之感。

## 曲艺中的爱国情怀

中华人民共和国成立后,党和国家高度重视戏剧艺术的发展。从小接触音律、继而喜好曲艺的张宗祥在1954年写就了《中国戏曲琐谈》一书。此外,他还改编剧本,现存有京剧《卓文君》、昆剧《浣纱记》等。

1950年4月,毛泽东主持中央人民政府委员会第七次会议通过了《中华人民共和国婚姻法》,并于1950年5月1日颁布施行。这是新中国制定的第一部法律,这

张宗祥(右)与周恩来总理在一起

部法律的核心内容，是废除包办强迫、男尊女卑、漠视子女利益的封建婚姻家庭制度，实行婚姻自由、一夫一妻、男女平等、保护妇女和儿童权益的婚姻家庭制度。

为了配合《婚姻法》的宣传，张宗祥编写京剧《卓文君》。他认为，历史剧是拣取历史上的人或事，来配合现代，作为启发和教育之用。因此，首先要考察现在需要的是什么，再到历史中找出对象来应用。如今《婚姻法》尚未广泛深入，旧社会遗毒尚未扫尽，而卓文君在两千年前，就已经能够突破所谓的礼教，抛弃豪门享受，不顾面子，去开酒肆，这是值得选取出来作为模范的。他把《卓文君》改编为"大归""琴心""私奔""当垆"四幕，并把重点放在后两幕，以卓文君为主要人物，意在改良社会风气。

1957年，张宗祥改编《浣纱记》。《浣纱记》是根据明代梁辰鱼的同名原著改编，原作共45出，改本为7出，依次为"谋吴""访施""教舞""进施""采莲""沼吴""泛湖"，与原著相比，张宗祥的改编，不仅仅是减少了出数，更有其深层次的突出主题的意图。在改编过程中，张宗祥将爱国主义的主线贯穿其中，他觉得梁辰鱼在编剧时，仅仅谈到复仇，是启发了一点狭义的爱国观念而已，现在则应该在帝国主义者侵略弱小民族这方面着眼。根据这一理由，他改变了立场，让勾践夫妇，仍以复仇为主；主要人物西施，改编成反抗强权的人物。从中可见，张宗祥流露出的民族气节和爱国热情。

## 浙图馆长与西泠社长

中华人民共和国成立前夕，国民党军队节节败退，已然失去立足之地。张宗祥作为文化界知名人士，时任南京中国农民银行主任秘书，毅然拒绝了国民党政府的南迁计划。张宗祥随即迁沪，迎接解放。上海解放后，张宗祥被聘为上海古代文物管理委员会委员，同时接受好友苏渊雷的邀请，共商恢复上海佛教协会。其后，上海市市长陈毅在接见知名人士时特别问到张宗祥，希望留在上海还是回浙江，张宗祥出于对家乡的情感，表示希望回到家乡。1950年，张宗祥受聘为浙江图书馆馆长。在馆长任内的十五年里，张宗祥主持推出了第一份专业期刊《浙

张宗祥（左）与沈钧儒（右）在一起

江省立图书馆通讯》，在图书馆界有着重要的影响力，并得到了《人民日报》的报道。同时，张宗祥还十分重视读者服务工作，积极筹备并召开了第一次图书馆读者恳谈会，听取读者的意见，及时改进图书馆的工作。

1956年5月26日，浙江省第一届人民代表大会第四次会议召开。张宗祥在会上提出了恢复西泠印社的提案，建议在复社的同时，恢复西泠印社的篆刻印泥，兼售书画及碑帖之类，使日本、韩国等友邦人氏游西湖者可随意购买。这个提案得到了浙江省和杭州市的高度重视。张宗祥虽然年事已高，但仍身体力行，为恢复西泠印社积极奔走，并将自己的一些藏品捐赠给印社，以此来重振西泠印社的名声和威望。1962年6月，西泠印社的恢复工作正式展开。政府返还了西泠印社的部分房产和原有物品，使西泠印社的活动场地得到了保障。1963年10月25日，在西泠印社成立六十周年大会上，张宗祥当选为西泠印社第三任社长，也是中华人民共和国成立以来西泠印社的第一任社长。张宗祥为西泠印社立下了中兴之功，在担任社长后他提出的第一个建议，就是每月举行一次社员聚会，讨论学术问题，这也使得一度沉寂松散的西泠印社，重新焕发了生机。晚年，张宗祥将生平珍藏的宋刻本等校本、图书以及古玩、瓷器、字画、名人刻章等捐赠给了国家。

张宗祥故居

中华人民共和国成立后,组织上为了照顾张宗祥的健康,每年冬天都邀请他到杭州大华饭店去住,但他从来没有接受过。政府的同志以为张宗祥不去饭店是离不开案头的工作,于是派人专程帮他搬书,他却不让人搬,表示他不愿意花国家的钱去住饭店。1963年春节,张宗祥的女儿从上海来探望他,他一时高兴就陪女儿到大华饭店洗了个澡,吃了顿午饭。饭店的同志看到张老光临,十分惊喜,盛情邀请他多住几天,可是他只待了半天,临走时还付了餐费和住宿费,始终不肯花国家一分钱。每年暑期,杭州酷热,组织上曾多次邀请张宗祥到莫干山避暑,他也都没有去。张宗祥说:"我吃的、穿的,连抽的香烟都是劳动人民流汗而来,他们在烈日下劳动,我岂能上山避暑。"张宗祥用一生恪守、践行他的处世宗旨,"人为群众服务而来,不是为个人权利享受而来"。1965年,张宗祥身患肺癌,此时的他仍然在辑校《明文海》,直至去世前一天。他在弥留之际,心里仍然想着抄写校订的工作,竟把白纱帐误认为是桌上的白纸,用手不时地在帐上作写字状。《明文海》是张宗祥生前整理的最后一部书,惜未能完成。1965年8月16日,张宗祥在杭州病逝。

如今,位于硖石镇仓基街的张宗祥故居已被列为海宁市重点文物保护单位,陈列有张宗祥的生平事迹、著作、部分遗物以及影像资料,供后人观瞻纪念。

**主要参考文献：**

1. 郑绍昌、徐洁著：《国学巨匠——张宗祥传》，浙江人民出版社，2007年版。

2. 曹锦炎主编：《张宗祥文集》，上海古籍出版社，2013年版。

3. 王学海、张宗祥书画院（纪念馆）编：《张宗祥研究》，上海文艺出版社，2016年版。

4. 张宗祥著：《张宗祥论书诗墨迹》，浙江人民美术出版社，1995年版。

5. 林乾良著：《西泠群星》，西泠印社，2000年版。

6. 陈源蒸编：《中国图书馆百年纪事》，北京图书馆出版社，2004年版。

陈铁（1899—1982），原名永桢，号志坚，贵州遵义人，1953年加入民革。中华人民共和国成立后，曾任国防委员会委员，西南军政委员会委员兼农林部部长、贵州省人民委员会委员、贵州省林业厅厅长、贵州省人民政府副省长等职。民革第三、四、五届中央委员。第二、三、四、五届全国政协委员。

# 陈 铁

## 黄埔骁将遵义举义旗

1949年底，遵义解放后，陈铁按照中共遵义地委与遵义军分区的部署，继续前往遵义西坪一带劝说尚未起义的国民党军政人员弃暗投明，参加起义。这时，中共遵义地委和分区获得一项紧急情报："有一些坚持反动立场的顽固分子阴谋武装暴乱，并企图以武力劫持陈铁上山，以作最后的顽抗。如陈铁仍然坚持起义，反动分子就要谋害他。"中共遵义领导机关获得此情报时，天色已尽黑，在这万分紧急的时刻，地委、分区和市军管会迅速做出决定：立即对陈铁采取保护措施。中共遵义地委书记兼军分区政委、遵义军管会主任陈璞如决定亲自率领部队连夜出发，救援陈铁……

陈铁，这位黄埔一期的抗日名将，向往光明一直是他的夙愿。那么，陈铁在与蒋决裂、准备起义的过程中经历过怎样的危险与困难呢？

### 从戎报国，忻口会战显英雄本色

陈铁中学毕业后曾在家乡团溪女校任校长兼教员，因愤懑于当地封建势力的争夺排挤，受轰轰烈烈的革命运动影响，不久便弃教从戎，开始了他近三十年的戎马生涯。1923年他考入黄埔军校第一期，毕业后任该校教导团排长、连长、副营长。北伐期间，任国民革命军营长、团长。1928年入陆军大学特别班。1931

年后历任旅长、副师长、师长等职。

全面抗战爆发不久,陈铁对日本侵略军烧杀抢掠的暴行无比愤慨,他率领由黔中子弟组成的国民革命军第八十五师沿津浦路北上抗日,英勇善战并屡建战功。1937年10月,在山西忻县以北的忻口战役,面对日本王牌军板垣师团的猛烈进攻,陈铁战前号召全体将士发扬为国捐躯的精神,与日军决一死战,写下了战史中可歌可泣的一页。

忻口会战是平津失陷、淞沪会战开始后,以保卫太原为目的的战役,历时近两个月。距五台山不远的忻口村,位于山西省东北部,成为中国军队抗击日寇、保卫太原的最后一道屏障。陈铁率领归属于卫立煌所属第十四军的第八十五师,曾在这里与日军激战月余。忻口抗战纪念墙的祭文《忻口抗战记》中写道:"我全体将士誓以血肉筑长城,连战连捷,率挫锐敌。尤以204高地战斗最为惨烈,一昼夜敌我互易阵地达十三次之多。"

八十五师增援的阵地,就是204高地左侧的平顶山,位于南怀化与忻口村间。战斗中,陈铁深入前沿阵地坐镇指挥,多次组织夜袭重创敌军。然而,过于惨烈的战况使陈铁在清点兵员时,禁不住抱着点名册痛哭起来。以后该师经过补充整训,继续坚持在晋东南、豫西一带抗击日军侵略。

《贵州草鞋兵》对陈铁在忻口战役的表现有这样的描述:"陈铁为了不让敌人得逞,白天固守阵地,晚上设法通过封锁线接近顽敌偷袭成功,重创敌王牌军板垣师团,与敌人成拉锯战,使阵地得而复失,失而复得,双方伤亡惨重。八十五师损失三分之二的兵力。在危急关头,陈铁将司令部勤杂人员(包括辎重人员和病号)组成敢死营,由陈匪百担任营长,陈铁亲自指挥,同心协力,奋勇杀敌……"

据资料记载,反复攻击南怀化阵地的日军,称夺回南怀化的八十五师为"铁军"。日军后来在中条山战役上,捡到八十五师所佩蓝底红色"坚"字(陈铁号志坚)三角臂章时,指挥官惊悚地说"又遇到'铁军'了"。因作战有功,陈铁于1938年升任第十四军中将军长,继续率部驰骋在抗日疆场上。

## 以民族大义为重，与共产党联系密切

在黄埔系战将中，陈铁素以果敢决断、勇猛善战著称。由于在抗战初期的不俗表现，陈铁多次得到蒋介石的赏识与嘉勉。

然而，蒋介石对这个昔日的黄埔军校的学生存有戒心，视陈铁为"圈外人"，先后责备过何应钦、蒋鼎文不该推荐他，说他懦弱无能。陈铁怀着怨气，于1938年在山西临汾向卫立煌请长假。卫劝他不要消极不干，还说"你不要离开部队，我们同共产党一道来对付他"。一有机会，卫立煌就介绍陈铁同共产党人见面。

在蒋介石的心中，始终有一个剪不断、理还乱的死结，使其对陈铁这个自己的"学生"爱恨交织，难以释怀。究其原因，不外乎以下几点：一、陈铁是贵州人，是何应钦的同乡及老部属。若何应钦的势力坐大，势必威胁到蒋的地位。因此，阻遏"贵州派"的崛起，攸关事大；二、陈铁与非"嫡系"且有"亲共"倾向的卫立煌走得很近，是其忠实部属。受其影响，陈铁消极执行蒋的既定方针，反对向八路军动武。更令蒋气恼的是，陈铁于1938年先后在垣曲、西安、渑池会晤朱德、彭德怀、王明、刘少奇等中共领导人，并多次应邀参观八路军驻地，还在自己的防区内为八路军提供便利……

陈铁虽然是国民党军队中长期工作的骨干，但他很早就与中国共产党建立了密切联系。抗战时期，他出于抗日救国热忱，积极拥护中共提出的抗日民族统一战线的主张，尽量避免与共产党部队发生正面摩擦，并与中共领导人有过多次接触，建立了深厚的友谊。1938年陈铁任国民党第十四军军长，驻守山西垣曲、阳城一带时，便与八路军联系密切。当年朱德总司令因军务路过西安等地，经常在第二战区副司令长官兼前敌总指挥卫立煌的总部休息叙谈，经卫立煌介绍，陈铁结识了朱德总司令。朱总司令曾多次写信派秘书与陈铁联系，使他们之间的关系逐渐密切起来。为了加强协作关系，当时，十四军与八路军建立了密码通信，两支部队在抗战中协调行动，抗击日军。次年夏天，彭德怀副总司令从延安到洛阳与卫立煌会谈，离别时卫对彭总说："请渡过黄河到垣曲西郊十四军军部吃饭，陈铁军长在那里接待。"彭总到垣曲后，陈铁热情接待，双方畅谈国内外形势及国共合作抗日等问题，谈得很融洽，陈铁还叫来同乡后辈，希望介绍到抗大学习。陈铁夫人张赋吟也陪同吃饭，临别时她告诉彭总说："现在外面空气不好，彭老总经过十四军驻地的沿途，志坚（陈铁）已做好保卫，祝总座一路福星。"在这之后，十四军驻中条山，八路军驻太行山，彭总每次去前哨指挥所都要到十四军军部去，与陈铁交换对抗战形势的看法。陈铁在彭总经过十四军的防区时很注意安全保卫工作，嘱咐十四军所辖各师的师长们，"我们首先要同太行山友军友好相处，我军驻地是第十八集团军（八路军）将领去洛阳、西安的通道和运送物资的必经之路，我们有保卫的责任"。

在1939年的一天，中共中央政治局委员刘少奇化装从延安到华北去，因要经过与八路军摩擦得很厉害的庞炳勋部驻地，刘少奇便带着延安的介绍信到渑池请卫立煌、陈铁护送其至安全地带。陈铁接到这一任务后，经过周密安排，亲自护送刘少奇通过了驻守在太行山南面的庞炳勋军驻地，为防止发生意外，陈铁还与刘少奇一道渡过黄河，亲自将他护送到河北安全地带。这在当时是有很大政治风险和生命危险的。正因此，后来陈铁长期受到蒋介石的怀疑、排挤和打击。

## 低潮撑持，愤懑中思考新出路

陈铁对于蒋介石的反感由来已久，认为蒋把军队当作私产，结党营私，排斥异己，气量偏狭，缺乏襟怀。陈铁这时期的心结，我们可以从他的表弟姚世达所写的《从国民党将军到新中国副省长》一文中得到佐证："1939年秋天，也是他（陈铁）离家十八年后第一次回家探亲。这时他已升任陆军第十四军军长，四十岁，比我长二十一年。他给我的最初印象是稳重、寡言、坚毅，不带军官习气。当时我在遵义城内老城小学教书，先后与一些进步教师共事，受国共合作抗日理论的影响，想出去。谈话时我说：'我想去成都考军校，读文家里供给不起我。'他说：'现在从军要有政治头脑。你就当一辈子的小学教员有什么不好？这次有位乡亲找我带他出去谋个工作，我就主张他不如进延安抗大。'"该文中还谈到

陈铁与夫人合影

陈铁反蒋的一些事，如陈铁曾多次说："我去进黄埔时，确实是满腔热情，一心追随孙（中山）先生。我们黄埔学生在北伐战争中，真是个个舍生忘死的。我当营长就跟随卫立煌。卫确是个战将，但不是江浙人。我一直是卫立煌的部下，又是贵州人。抗战八年中我们都和共产党在一起，蒋同何应钦本是有矛盾的，怎么会相信我？命运注定，只有同卫老总共浮沉了。"

蒋介石绝不会容忍卫立煌与陈铁的"叛逆"行为，于是派人搜集他俩"通共"的罪证。1942年初，八路军驻洛阳办事处处长袁晓轩叛变投靠军统，供出卫立煌、陈铁与中共秘密接触之事。蒋介石大为震怒，立即在重庆将卫立煌软禁，撤去他第一战区司令长官及河南省主席职务。陈铁在自己的老长官——原西安行营主任兼第十战区司令长官蒋鼎文的示意下，于1943年春辞去第十四军军长及兼职。陈铁寄寓西安期间，蒋介石对其仍不放心，指示胡宗南派人监视他的动向。直至1944年，陈铁的父亲病逝，才以奔丧为名返回遵义居住。

## 辽沈"拖后腿"，与中共地下党接触

1948年初，卫立煌就任东北行辕副主任兼东北"剿匪"总司令后，连续致电陈铁，要他出任副总司令。陈铁自知此行凶多吉少，但为了顾及友情，只好硬着头皮应承了。离开遵义前，陈铁对表弟姚世达、赵历成说："这次去东北，摆明是跳火坑的事，就是托不下卫老总的情。其实等我到沈阳时，他老先生早当俘虏了。"

陈铁在前往东北途中，在上海逗留很久。在此期间，曾与中共地下党接触，为他在贵州做策动起义的工作埋下伏笔。同年 6 月，他到东北履任，虽被"挂"上新职，整日却只打牌、会友。1948 年冬，辽沈战役结束后，陈铁由葫芦岛指挥所飞去南京，取道醴陵重新回到遵义。他明白国民党政府的统治即将成为历史，于是嘱托姚世达："前次去上海，与中共地下党接触。以后通信的事，就交给你。你不是能写几种字体吗？现在邮局检查严格得很。我是有人监视的。"当谈及辽沈战役时，陈铁兴奋地告诉姚世达："那回锦州吃紧，顾祝同、蒋介石再三督促他（卫立煌）出兵增援，他就是不出，找些理由推托。还当着韩权华（卫妻）叫我去示意廖耀湘那些将领也起来反对出兵。所以蒋介石火冒三丈，指着我说：'锦州失陷，杀你的头！'卫先生私下对我说：'锦州一解放，蒋老板就完蛋了！要把他拖垮，我们才出得了这口气。'"

## 回乡策动起义，营救进步青年

1949 年春，大势已去的国民党政权企图在川、滇、黔三省成立编练新军司令部，模仿曾国藩大练民团，企图征募乡勇成军，以作垂死挣扎。顾祝同认为此事非陈铁不可，向蒋保荐陈为编练新军司令，在黔北遵义编练新兵。面对这一任命，陈铁感慨道："已到临（解放的）坎坎了，还搞这些干什么！"而为了起义能有更充分的准备，便受命在遵义成立了第八编练司令部，拟编下辖 4 个军、1 个军士教导总队。这时，反复无常的蒋介石又电召陈铁到南京，令他撤销第八编练司令部，接任国防部次长之职，被陈铁拒绝，要求只保留军士总队，蒋介石这才勉强允许。陈铁又提名陈德明任军士总队队长，陈永祥任副总队长，辖 3 个团，李益昌、李念荪、熊先煜分别为一、二、三团团长。后又明确了军士总队由贵州绥靖公署补给，经蒋介石同意，国防部下令，编为二七五师，归入何绍周四十九军建制。

6月中旬，国民党贵州绥靖公署在贵阳成立，主任谷正伦在成立会上狂叫："决以全省力量支援反共战争。"此时陈铁仍稳坐遵义，似乎对局势视而不见。当局为了表示安抚，任他为绥靖公署副主任。陈铁颇不以为然，唯恐坚辞不就会惹人嫌疑，不利于起义的筹划，才勉强接任。其实，陈铁借出差之机，早与起义的国民党军人、老同学陈又新见面，并经陈引荐，到上海会见了中共地下党员闵刚侯。陈铁向闵介绍了贵州倾向进步的朋友、遵义进步组织的活动情况，表示愿意回贵州策动各方面进步人士为解放贵州、解放西南出力。而后，陈铁才回到遵义，等待时机。

回遵义后，陈铁召集军士总队长陈德明和李益昌、李念荪、熊先煜四人到家会见，兴奋地说："这次给你们找到出路了。"言明要军士总队在解放军挺进西南时迎接并宣布起义。

1949年11月初，中国人民解放军已进至黔东南镇远一带。14日，贵阳解放，贵州全省为之震动。遵义的国民党机关慌忙应对，准备负隅顽抗。陈铁突然把姚世达叫来，让他赶快通知进步人士陈福桐：据内线所报，遵义专员卢杰知道陈福桐与中共地下党有联系，正准备捕杀他，以杀鸡儆猴，情况紧急，请陈设法躲避一下。陈福桐接到消息后及时转移，这也让他了解了陈铁的政治倾向。

此时，陈铁正苦于找不到共产党方面的人员联系，经陈福桐介绍，陈铁与中共遵义地下党县委书记、第二野战军联络员杨天源取得了联系。在陈福桐与杨天源的安排下，陈铁和国民党的几位将军与中共遵义地委书记兼军分区政委、遵义军管会主任陈璞如见面会谈，商榷遵义的前途与命运。

那是1949年11月下旬的一天夜晚，在遵义老城水洞街国民党师长郭惠苍家的客厅中，一盏煤油灯燃着。陈璞如正慷慨陈词，与陈铁、吴剑平、柏辉章、何知重、蒋在珍、陈德明等七位国民党将军展开会谈。除在外地未能到会的朱振民将军外，会谈的还有遵义有名的袍哥大爷张肇奎，及在凤冈县有"土皇帝"之称的参议长史肇周。这一批人手中的军队不多，但在黔北一带有若干老部属，号召力很大，愿意坐下来进行谈判，体现了他们中多数人求和的诚意。这些国民党将军都是五六十岁的人了，而陈璞如时年三十二岁，他沉着老练地和他们交谈，介绍了中国人民解放军在全国各地取得一个又一个胜利的情况，更进一步说明政策，以解除他们不必要的疑虑。

同月 21 日，贵州绥靖公署副主任陈铁等八位国民党将军在遵义宣布起义。消息传出，无疑对那些尚在观望的国民党军政人员是当头棒喝，迫使他们迅速做出抉择。新华社西南前线 25 日电："人民解放军某部以 150 里的急行军，于 21 日下午六时解放贵州省北部的重镇遵义城……"当解放军开抵该城时，城内万余居民，手持火把、蜡烛出城数里欢迎。正是因为陈铁将军响应《中国人民解放军布告》及《约法八章》，按计划率二七五师在黔西宣布起义，使遵义的人民和城市免受战火涂炭，解放军顺利进入历史名城遵义。

## 家中遇险，重获新生

遵义解放之初，各地匪风滋蔓。国民党川军陈春霖部有一个营防守乌江，撤退时，他们怕陈铁身边的一个营去拦截枪支，准备假作拜望长官之意到陈铁家去。中共遵义有关方面得知情况后，为保证陈铁的人身安全，一支由一个加强连、配备有六零炮和轻重机枪的突击队立即组成，陈璞如亲自率领部队，一路风驰电掣，在午夜时分赶到了西坪附近。为避免引擎声音惊动敌人，陈璞如决定提前下车，分两路跑步前进。第一路三个排直奔敌人开会的一座古庙，迅速包围，实行逮捕。第二路一个排，随陈璞如到陈铁宅邸，保护陈铁一家。

到了陈铁宅邸门前，为他家布好岗哨后，陈璞如政委才命令警卫员叩开主人家的大门。经过通报之后，入内与陈铁相见。陈铁见陈璞如连夜远道来见，不明其中原委。陈璞如就将情报和盘托出，并且告诉他中共贵州方面的领导同志专门来电，传达中共中央西南局书记兼西南军区政治委员邓小平和西南军政委员会主席兼西南军区司令员刘伯承的意见，请陈铁先生到重庆共谋建设大计，并希望陈先生及早起程。此时，第一路部队回报，一批阴谋暴动的反动分子正在开会策动暴乱，并将施暴于陈铁先生，现已将他们抓获，无一漏网，并缴获了大量的枪支弹药和一部电台。陈铁闻后，对中国共产党、中央人民政府和解放军以及陈璞如本人给予他的关心与援救深表感激，决定当即随他们回城。约在凌晨五时，陈铁与陈璞如到达遵义地委，方才彻底脱险境。

陈铁与中国共产党建立起来的合作共事关系和他对革命事业所作的贡献，党和人民没有忘记。中华人民共和国成立后不久，陈铁受到了党和政府的重视和信赖，他先在重庆任西南军政委员会委员、农林部部长，后任国防委员会委员、全国政协委员等职务。1950年他到北京出席国防委员会会议时，受到毛主席的亲切接见。毛主席握着他的手说："你是陈铁将军，我早就知道你。"1955年，陈铁回到贵州，任民革中央委员、民革贵州省委会副主委、省政协副主席、林业厅厅长等职。

陈铁富有强烈的爱国主义思想，不但致力于行政工作，晚年尤其关心祖国和平统一大业。作为黄埔军校一期的老大哥，不断争取旧时老同学、老朋友，与他们保持书信联系，重叙友情，增进了解，共同期盼祖国早日统一。

**主要参考文献：**

1．惠世如等人座谈、陈克炜整理：《抗战著功绩 起义为人民——回忆起义将领陈铁同志》，贵州省政协文史资料委员会编：《风雨同舟四十年》，1989年。

2．杨德威：《陈璞如与陈铁的深厚友谊》，遵义市政协宣教文卫委员会编：《黎明风云——纪念遵义解放五十年》，1999年。

3．陈铁：《我所了解的卫立煌》，中国人民政治协商会议全国委员会文史资料委员会编：《文史资料存稿选编》（第十九辑，军政人物），中国文史出版社，2002年版。

4．晏东荟：《我和陈铁的交往——兼述陈铁起义》，中国人民政治协商会议贵州省委员会文史资料研究委员会编印：《贵州文史资料选辑》（第二十一辑），

1985年。

5. 朱振民:《陈铁的东北之行》,遵义市政协文史研究委员会编:《遵义文史资料》(第三辑),1984年。

6. 陈英:《忆陈铁》,遵义县政协文史资料征集委员会编:《遵义县文史资料》(第六辑),1993年。

7. 陈英:《七七事变后的陈铁将军》,遵义市政协文史研究委员会编:《遵义文史资料》(第三辑),1984年。

8. 姚世达:《从国民党将军到新中国副省长——和陈铁相处的日子》,遵义市政协文史资料委员会编:《遵义文史资料》(第十九辑),1991年。

9. 邹亚平、刘建整理:《赵健民同志谈争取贵州国民党将领陈铁等人起义的一些情况》,遵义军分区党史资料征集办公室、遵义市政协文史资料征集委员会合编:《遵义文史资料》(第三辑),1986年。

10. 陈福桐:《不战投明的国民党八将军》,《贵州文史天地》,1994年第3期。

11. 陈福桐:《迎接遵义解放》(下),《贵阳文史》,2009年第4期。

　　陈汝棠（1893—1961），广东高明人，1948年加入民革。中国人民政治协商会议第一届全体会议代表。中华人民共和国成立后，曾任广东省人民政府委员兼卫生厅厅长、广东省副省长等职。民革第一届中央监察委员会委员、第二、三、四届中央委员。民革华南临工委主委，民革广东省分部筹备委员会召集人，第一至三届民革广东省委会主委。第一、二届全国人大代表。第一届全国政协委员。

# 陈汝棠
## 为中共广东省委会议站岗巡逻的总队长

1940年冬,国民党顽固派再次掀起反共逆流。此时,韶关城南两公里外的国民党封锁线前,一辆从韶关城区驶来的商用运货车被拦停,荷枪实弹的执勤哨兵跳上车,仔细验司机的驾驶执照,并反复盘问乘车人员,只见车上三人身穿国民党军官制服,神情自若,对答如流,在翻看了车厢上的货物并无异样之后,哨兵给予车辆、人员放行。

其实,车上的司机助手就是国民党此时正在韶关城内四处侦缉,国民党CC系特务头子高信逮捕暗杀名单上的陈汝棠,而车上其余两人正是保护陈汝棠前往香港的中共地下工作者。

为什么国民党对陈汝棠欲除之而后快,而中共组织又大费周章地营救他呢?

原来,陈汝棠不是共产党员,却有一颗红色的心,被当时的国民党当局认为是一个"亲共分子""危险人物",从而决意杀害他以达到恐吓爱国进步力量的目的。

### 少年立志,将革命精神融入血脉

陈汝棠出身中医世家,年少时,因同学重病时发出的一句感慨"我们穷人命不值钱,痛一下就会过去的了"而被触动,决心学医,为造福民众出力,后因受孙中山弃医从政，改"医人"为"医国"的精神所感染，立志追随孙中山。自此，他将革命精神融入血脉，一生为国家和民族而奋斗。

1908年，陈汝棠考入广州陆军小学，在校加入同盟会，入会后即参加了广州黄花岗起义，因在广州开设昭生医社掩护革命党人活动，为孙中山所识。

自此，他开始追随孙中山革命，曾担任护国第四军团部卫生队长、粤军医院代理院长、新丰县县长、广东陆军医院院长、大元帅韶关大本营中将军医总监兼中央医院院长等职。后又参加北伐战争，任国民革命军第四军军医处长。

陈汝棠对孙中山提出的"联俄、联共、扶助农工"三大革命政策，深感认同。孙中山逝世后，陈汝棠联合李济深等发表声明，坚决拥护孙中山的三大政策，为实现孙中山的遗愿而奋斗。

1926年，蒋介石破坏国共合作，阴谋策划叛变，以高官厚禄企图收买陈汝棠。陈汝棠断然拒绝，他表示："我们都站在孙先生的立场上做事，联共是孙先生的三大政策之一，目前共产党并没有对革命不利"，并串联国民党革命左派，坚决反对蒋介石的叛逆行径。

陈汝棠早年便深受马克思主义的影响，他和中国共产党早期活动家陈勉恕是莫逆之交。在大革命时期，他曾两次提出加入中国共产党的要求。陈勉恕代表中共组织对陈汝棠说："党的同志认为你的社会关系十分有利于革命事业，应发挥对党的掩护作用。"

陈汝棠遵从中共组织的安排，利用他的特殊条件，为革命事业作出了特殊的贡献。

陈汝棠的昭生医社是当时共产党人和革命者经常活动的场所。中国共产党领导的广州武装起义，陈汝棠给予了很多支持和帮助，起义失败后，他又掩护陈勉恕等一批共产党员和革命志士撤退，并资助部分人士撤离到香港。

1929年，陈汝棠在家乡创办高明县立第三小学，传播社会主义革命思想，推行新文化教育。九一八事变后，国民党当局被迫释放政治犯，陈汝棠担保七十多位共产党员和革命人士出狱，并物色其中人员到高明县立第三小学工作。

高明县立第三小学旧址

1932年，陈汝棠在第三小学毕业的大龄学生中，组织成立力社，并在高明县立第三小学和力社的教师与社员中开展组织工作，在他的努力下，1936年，中共高明县立第三小学支部成立，该支部后又改建为中共西江工作委员会，标志着在大革命中遭受破坏的中共高明地方组织和西江地区中共组织的重建工作胜利开展。

七七事变后，陈汝棠把握时机，在广州建成了第四路军看护干部训练班，招收了大量的进步青年到护干班中接受训练，他把学员的思想政治工作放在首位，亲自为学员上了第一堂课，题目就是"怕与不怕"——抗日人生观。他说："一个热血青年只有建立了正确的人生观，才能在抗日前线流汗流血，消灭侵略者。"为了加强学员的思想政治工作，他还安置了一批共产党员在护干班中担任政治辅导员、政治教官和分队长等职务。

1939年春，护干班改编为广东省赈济委员会难民救济总队，陈汝棠为总队长。在陈汝棠的率领下，这支队伍遵循共产党的抗日救国主张和抗日民族统一战线的精神，活跃在抗日前线，深入敌后，扎根农村，英勇战斗，救死扶伤，组织群众，传播革命真理。

## 瞒天过海　做好党的掩护工作

曾参加过中共广东省委第五次执委扩大会议的刘田夫四十年后回忆道："我们共产党的一个省委会议居然能在国民党的一个机关中安全地举行，这全靠陈汝棠先生的帮助与支持。"

1939年11月，中共广东省委第五次执委扩大会议召开，而地点就选取在了陈汝棠所在的韶关曲江黄浪坝救济总队驻地。

为了确保此次会议安全召开，陈汝棠和救济总队的党员同志对会议代表的食宿生活、特别是对会议的安全保卫工作做了充分准备。会议期间，陈汝棠还亲自站岗巡逻。

在陈汝棠和全体救济总队的努力下，一个中共地下省委的重要会议，就这样神不知鬼不觉地在国民党的眼皮子底下成功召开并圆满完成了各项议程。

会议闭幕时，中共广东省委特意邀请陈汝棠到会与全体出席代表见面并讲话，他在讲话中表示："我是一名红色医生""中国共产党是一心为人民利益而奋斗的政党，是全中国人民的希望所在"，同时表达了他全心向往共产党的革命事业，并愿意终身为此而奋斗的理想和抱负。

1940年冬，陈汝棠接受中共组织的任务，掩护八路军驻北江的办事处撤离，他在很短时间就圆满完成了任务。国民党特务后来觉察了此事，加上他之前掩护中共广东省委会议召开等一系列的亲共行为，国民党当局决意逮捕并暗杀他，也就出现了前文国民党密谋暗杀陈汝棠，中共掩护他避走香港的一幕。

陈汝棠从救济总队撤离后，国民党广东省府即派詹涛接任救济总队长，詹涛到任后，大骂陈汝棠是"共产党的走狗"，说救济总队是一张染红的白纸。

## 肝胆相照，为革命事业继续奋斗

陈勉恕曾经对陈汝棠说过："陈汝棠同志，我们党为有你这个肝胆相照的忠实朋友而高兴，希望我们为了人民的根本利益永远站在同一战壕并肩战斗，直至取得彻底胜利！"

陈汝棠确实没有辜负挚友的期望，一直同共产党肝胆相照，并肩战斗，诚如他自己所说："我人在党外，心在组织，当一名党外的布尔什维克。"

他和各民主党派和爱国人士通力合作，团结在中国共产党周围，竭尽全力开展反独裁、反内战、反饥饿、反压迫的斗争。

1946年春，陈汝棠再到香港，他在香港爱国进步民主人士中开展革命活动，办报办学，担任《华商报》董事和卫生顾问以及开办达德学院、医护训练班等。

《华商报》是根据周恩来的指示，由廖承志负责筹办并在香港公开发行的一份报纸。陈汝棠在《华商报》主要通过开办医馆，为报社提供经济支持，以及利用这个医馆接触民众多的机会，宣传党的思想，把它打造成党领导的统战工作的一个宣传阵地。

陈汝棠还按照中共广东区委的指示，担任由周恩来和董必武亲自倡导和指导兴办的香港达德学院的董事，达德学院也是由中国共产党和民主党派合作在香港建立的一所大学。

陈汝棠在达德学院的主要工作，一是指导学院搞好环境卫生建设，指导设立学院医务室为教职员工和学生诊治疾病，保证师生的健康。二是参与学院筹集建设和办学资金以及财务管理工作，无私无畏，办事公道，对工作一丝不苟，处事热心公心，深受学院师生的好评。

不少原来救济总队的同志陆续来到香港，凝聚在他的周围，陈汝棠根据中共组织的指示，在香港组织成立了互济社。确定了两个任务：一是团结联系在香港及各地的原护干班成员和救护总队的同志；二是负责担任中共在香港开办的医护训练班的教学训练任务。医护训练班先后办了两期，每期六十到七十人。训练班结束时，中共中央香港分局领导同志亲自向参加训练的同学讲话，鼓励大家回内地参加解放战争，在战场上救死扶伤，迎接解放战争的全面胜利。

1947年12月31日，陈汝棠（二排左一）参加香港达德学院除夕联欢大会时合影

1947年冬，陈汝棠应邀担任民革筹委委员。1948年1月1日，民革宣布正式成立。陈汝棠被选为民革中央委员兼第一届民革中央监察委员会常委（代主委），还兼任中执委组织委员会副主任，1949年春，民革总部迁往北京，陈汝棠担任民革驻香港办事处主任。

不久，陈汝棠应邀从香港前往北京，出席了在北京召开的中国人民政治协商会议第一届全体会议，并当选为全国政协委员。

## 百废俱兴，打好卫生防疫战

中华人民共和国成立后，流行病的传播状况令人十分担忧。当时不仅医疗条件差，而且严重缺乏药品与医疗器械，加之人民群众几乎没有医疗卫生意识，如果某地发生疫情，则往往疫情很难得到有效控制，病人死亡率极高，这种情况下，提升卫生事业的水平，打好卫生防疫战势在必行。

1951 年陈汝棠担任广东省卫生厅厅长的工作证

陈汝棠作为当时国家急需但是为数极少的文教卫生工作领导兼专业人才，身兼数职、工作繁重。除担任广东省卫生厅厅长外，他还兼任中央医院院长，广东省人民医院院长、广东药学院首任校长、广东省科普协会第二届会员代表大会主席等职务。面对繁重复杂的工作，陈汝棠没有"胡子眉毛一把抓"，而是抓住重点工作和关键工作，从而带动全盘工作，而卫生防疫工作和爱国卫生运动则是他工作的重中之重。

1950 年 1 月，陈汝棠上任广东省政府委员兼卫生厅厅长后，面对国民党政府留下来的烂摊子，首先就是搭架子，把卫生厅的相关机构建立起来。在卫生厅的人员到位后，陈汝棠立即开始有计划地组织整个卫生厅的工作人员开展学习培训，并亲自讲授卫生行政和业务管理课。

当卫生厅的各项工作刚刚开始有序运作之时，雷州半岛地区出现了鼠疫病例。陈汝棠知道防疫工作关系重大，鼠疫传播速度极快，要紧急应对，防止蔓延流行。为此，陈汝棠亲自出面邀请广东省军区卫生处派领导出席协调卫生厅召集的协调会议。

这次会议决定由广东军区卫生处和省医疗防疫队共同组成广东军政联合临时防疫大队，赴湛江、廉江、遂溪及海康等地开展鼠疫防治工作。陈汝棠对于防疫工作有着丰富的经验，在防疫大队出发前，他亲自作了动员讲话，要求大家一定与当地政府紧密联系，要深入群众中间调查研究，要深入贯彻党的群众路线，紧紧依靠人民群众，针对不同情况采取不同的对策。

经过一段时间的努力，雷州半岛的鼠疫得到了控制，再没有发现新的染疫人员，由于环境卫生面貌大改观，当地政府和人民群众对广东军政联合防疫大队和各分队以及省卫生厅的工作极为满意。

1950年5月，省军政联合防疫大队解散。陈汝棠考虑到各地的卫生机构建立不久，各种疫情时有发生，卫生防疫工作一定要跟上搞好，同年7月，陈汝棠决定重编成立省防疫大队，主要任务是扑灭天花、鼠疫等烈性传染病，并支援海南岛建筑中线公路的工地卫生和防治疾疫工作。

为了从源头杜绝疫情的发生，陈汝棠主持开展了全省性的爱国卫生运动，1950年到1951年广东的爱国卫生运动规模之大、发动面之广、行动之彻底都是前所未有的。当时的广州鼠害、跳蚤等基本消除，良好的卫生条件，杜绝了很多传染病的传播。

例如：新中国成立初期，血吸虫病在广东一些地方流行，面对这种情况，陈汝棠思考一定要成立专门的防治血吸虫病的工作机构，以加强领导和群众运动相结合的根本办法，努力解决防治血吸虫病这个难题。在明确了钉螺是血吸虫的唯一传播媒介，消灭钉螺是防止血吸虫病流行的关键环节后，陈汝棠发动在全省血吸虫疫区开展一场消灭钉螺的群众性爱国卫生运动。于是从1951年起，省卫生厅坚持每年都抓这项工作，后来陈汝棠离开卫生厅后，他的继任者继续将此政策贯彻下去，广东终于在1974年基本消灭了血吸虫病。

### 为统一战线工作努力奉献

陈汝棠一方面做好卫生防疫工作，另一方面继续做好统战工作和民主党派的工作，担任民盟华南临时工作委员会主委，民革第二、三届中央委员。在中共广东省委的领导下，做好民盟南临委和民革广东省委会的工作，巩固中国共产党领导下的革命统一战线而努力，提出了不少好的意见和建议。

1954年8月，在广东省第一届人民代表大会第一次全体会议上，陈汝棠就加强党的统战工作作了专题发言。也就是那次会议上陈汝棠当选了广东省副省长，分管文教卫生科技工作。同时，他还以民革广东省委会主委的身份担任了广东省政协常委。

1955年初召开的广东省第一届人民代表大会第二次会议上，陈汝棠就农业合作化问题代表民主党派作了发言，他说："我们民革的同志，在农业合作化与资本主义工商业的社会主义改造上，要起着积极的推动作用，并且切切实实地为之服务……"

其实，在陈汝棠担任副省长分管教育之前，他就陆续担任了华南联合大学副校长；广东省社会主义学院（广东省政治学校）首任副校长；广东药学院首任校长，暨南大学建校委员会副主任等职务。

对于办教育，陈汝棠坚持深入调查研究，有针对性地对工作提出指导意见，他采取的措施主要有三点：一是认真贯彻党的教育指导思想和教育方针。二是抓政府教育部门和各院校领导班子的建设，配备好有坚定正确的政治方向、对人民负责及对党和政府负责结合统一的领导班子。三是在教育质量上要力求做到高质量：培养出思想品德好、明确全心全意为人民服务、业务知识扎实、有为人民服务的真本领、身体素质好的好学生。

在他的领导下，广东的教育事业迅速发展。到1957年底，广东全省文盲由占总人口的78%下降到52%。各级各类学校的在校学生数显著增多。

陈汝棠生活简朴乐于助人，对于生活困难的求医者，他总是尽可能给予医治，赠医赠药，不收分文，有时还倒贴自己的薪水帮助贫困的人家渡过困境。即使是在陈汝棠当了省级领导后，对紧急找他寻求帮助的群众也是尽可能地伸出援手。在他家乡高村出版的一本名为《高山明珠》的教材中，有一篇《陈省长是我们的救命恩人》的文章，就是获资助的病人家属时隔半个多世纪所写的感谢信。

1955年，美籍华人李惠英女士被邀请到陈汝棠家中做客，在她的预想中，陈汝棠长期从医，又在国民党政权中做过官，现在是副省长，生活条件应该很优越。但是当她走进陈汝棠的住宅，便被眼前简单的家具、朴素的布置所惊呆了，她万万没有想到共产党政权的官员生活如此勤俭简朴，此事对她影响很大，促使她成为海外女作家如实报道新中国的第一人，她的报道对外界认识新中国起到很好的引导作用。

陈汝棠晚年时的照片

**主要参考文献：**

1. 谭世荣著、中共佛山市高明区委党史研究室编：《陈汝棠传》，中华书局，2013年版。

2. 李景昌：《抗战时期我党护送陈汝棠撤离韶关》，《广东党史》，1995年第4期。

3. 郑海航：《热血丹心照后人——缅怀革命先辈陈汝棠》，《岭南文史》，1994年第4期。

陈良佐（1887—1968），字辅之，广西宾阳人，1949年加入民革。中华人民共和国成立后，曾任中南军政委员会土地改革委员会委员、中南军政委员会参事、广西省人民政府参事、广西林业厅厅长等职。民革中央团结委员。民革广西省分部筹备委员会筹备委员，民革广西第一、二届省委会常委。

# 陈良佐
## 为推动广西和平解放而负伤

1949年9月,英勇的中国人民解放军向国民党反动集团盘踞的广东、广西发起进攻,两广解放指日可待。29日,在北京召开的中国人民政治协商会议第一届全体会议通过了具有中华人民共和国临时宪法性质的《中国人民政治协商会议共同纲领》。也是在这一天,新桂系的白崇禧听到他正准备杀一儆百的陈良佐从广西梧州逃脱看押的消息后,勃然大怒,把桌子上的茶杯摔了个粉碎。让"小诸葛"如此大动干戈的陈良佐,是广西民革组织的负责人之一,他是因推动广西和平解放,才遭到白崇禧的如此特殊"关照"的。

### 参加辛亥革命,寻求救国之路

陈良佐出生于广西宾阳县的一个普通农家,从年轻时就一直寻求和探索救国之路。1908年,他投笔从戎,进入广西讲武堂学习。在广西讲武堂期间,经常听到蔡锷讲述孙中山和同盟会的故事,为陈良佐参加辛亥革命奠定了思想基础。

1909年,陈良佐作为广西讲武堂优秀毕业生被保送到保定陆军速成学校(保定军校的前身)深造一年,毕业后到济南陆军第五镇见习。

1911年武昌起义后,陈良佐随同济南陆军南下,在汉口与几个进步的战友

此碑为陈良佐敬撰并题，现立于广西梧州市全国重点文物保护单位中山纪念堂大厅左边墙上

一起加入革命军，与广西讲武堂的梁瀚嵩、白崇禧、黄绍竑等热血青年一起参加了武昌起义保卫战。1911 年 12 月，陈良佐跟随黄兴由武汉抵达南京，参加临时大总统典礼筹备工作。

1912 年元旦，陈良佐作为典礼筹办工作人员，参加孙中山就任临时大总统典礼，亲耳聆听了孙中山的演讲，让他对三民主义、"人尽其才，地尽其利，物尽其用，货畅其流"，国富民强、天下为公等有了更深刻的认识。

在保定陆军速成学校期间，陈良佐认识了广西老乡兼学长李济深。1914 年，陈良佐追随李济深考入陆军大学，学制三年。李济深在陆军大学第三期毕业后，留校任教官。陈良佐是陆军大学第四期，对陈良佐而言，李济深亦师、亦兄、亦友。

1916 年，陈良佐从陆军大学毕业，与黄旭初（后任广西省主席）等同学一起分配到广西武卫军任参谋。1917 年，陈良佐追随孙中山，率部参加护法战争，长达三年之久，升任旅长。

1926 年，陈良佐率部投奔李济深，参加北伐战争，转战于湖北、江西、安徽等地，历任北伐军旅长、师长，总参谋部少将局长。1928 年任军事委员会少将参谋、总参谋部高级参谋，1930年任中将参谋长。1935年，他由军界转入政界，先后担任靖西县、武鸣县县长及梧州、浔州、桂林民团指挥官兼行政监督。

全面抗战爆发后，1938年10月，经时任广西省政府主席黄旭初推荐，李宗仁指派陈良佐出任安徽省民政厅厅长，协助安徽省政府主席廖磊开展抗日工作。第二年，廖磊积劳成疾，因病去世。李宗仁电令陈良佐任安徽省代政府主席兼安徽省民政厅厅长。

这期间，作为国民党安徽省代政府主席兼民政厅厅长的陈良佐不顾非议，大量任用中共地下党员及进步人士担任要职，开设安徽省政治军事干部训练班，培养抗日骨干，提出"行新政，用新人"的口号，先后办了六期训练班，共培养一万多名学员。他热情接待来访的美国进步作家史沫特莱，并邀请新四军参谋长张云逸、战地工作团团长朱克靖前来给训练班讲课。陈良佐积极推动安徽省抗日力量的壮大和发展，为大别山敌后抗日根据地的巩固作出突出贡献，得到社会各界的高度评价。

## 追求民主进步，加入民促

1940年，受国民党内部派系斗争影响，陈良佐回到广西桂林，出任广西省政府委员兼广西合山煤矿公司总经理。他以高度的爱国热情，动员全体员工夜以继日地生产，保证后方的能源供应。1944年，日军兵临城下，合山煤矿停止生产。在日军占领广西大部分地区的情况下，陈良佐再次受命于危难，出任广西省民政厅厅长。

国难当头。1944年10月30日，陈良佐毅然从合山赶赴宜山，出任广西省民政厅厅长。因广西省主席黄旭初患病，无法理事，陈良佐又改任广西省政府代主席兼广西省民政厅厅长。

11月初，桂林受到日军的猛烈进攻，两万守军英勇战斗，五千多将士阵亡。4日，桂林城防司令部参谋长陈济桓将军举枪自杀殉国。柳州沦陷，宜山告急。陈良佐组织广西省政府及所属各单位撤离宜山，经都安、隆山、武鸣向百色转移。

一路上躲避日军的围追堵截，历时十三天，才撤退到百色。

随后，桂林绥靖公署、广西军管区司令部、国民党广西省党部、广西银行、中国银行、中央银行、交通银行、第四战区司令部等机构也相继撤到百色。在陈良佐领导下，广西省政府在临时省会百色渐渐恢复运作。

桂林沦陷后，李济深接受周恩来建议，回到家乡苍梧料神村开展抗日民主运动。何香凝、梁漱溟等一批民主人士也沿着漓江顺流而下，疏散到距离苍梧不远的昭平、八步一带，生活十分艰难。陈良佐利用自己的身份，通过不同方式，给民主人士雪中送炭，帮助他们渡过难关，携手抗敌。

为了更好地发动群众抗日，陈良佐非常重视《广西日报》（昭平版）的复刊，电令从省政府拨款支持。1944年11月1日，《广西日报》（昭平版）第一号顺利发刊。进步人士莫乃群任总主笔，中共地下党员、时任《中国工业》杂志主编张锡昌在纪念增刊中发表了《保卫桂东南的号角响了》一文，号召群众奋起抗日。《广西日报》大力宣传团结抗战、抗战必胜思想，在抗日战争的关键时期，鼓舞了桂东人民坚持抗战的决心，在桂东抗战史上起着不可磨灭的作用。

抗战胜利后，陈良佐获得国民党政府颁发的抗战胜利勋章及嘉奖证书。

抗日战争期间，陈良佐接触到大量的进步人士和中共地下党员，通过他们阅读到不少进步报刊，使他对时局的发展，对中国共产党有了更新的认识。

1945年10月，李济深、何香凝等酝酿建立中国国民党民主促进会（简称民促），重申孙中山"联俄、联共、扶助农工"三大政策，反对蒋介石独裁内战。1946年3月12日，中国国民党民主促进会在广州正式成立。时任广西民政厅厅长的陈良佐，在桂林与李任仁、陈此生、陈劭先、万仲文、黄中廑等共同发起民促广西地方组织，并秘密到上海向李济深请示工作。他是民促最早的会员之一及民促广西组织的六个发起人之一。

## 筹组广西民革组织，推动广西和平解放

为了联合国民党内民主力量，李济深等人决定将民促、民联及其他国民党爱

国民主人士团结起来，组成一个统一的国民党民主派组织。1948年元月，民革在香港正式成立。李济深介绍陈良佐、李任仁、陈雄、梁瀚嵩等人秘密参加民革。

1949年1月，黄旭初派陈良佐赴香港联系黄绍竑，商讨广西的走向。在香港期间，陈良佐找到民革中央委员兼驻港办事处主任、香港《华商报》董事陈汝棠及中共香港分局的谭天度。陈汝棠希望他回到广西，与李任仁、梁瀚嵩等负责筹组广西民革组织。谭天度也劝陈良佐回广西后，尽可能地支持中共地下党的各种活动。

陈良佐回到桂林后，一方面与李任仁等人商量筹组广西民革组织事宜，另一方面与中共地下党开展合作，秘密开展对广西军政人员的策反工作。并且，向时任广西省参议会参议长蒋继伊建议，以广西省参议会名义，向李宗仁、白崇禧提出反对内战的议案，拟出《希望和平的意见书》。虽然反战议案在省参议会讨论时因遭到反动势力的反对，没能在参议会上通过，但影响相当大，蒋继伊和不少参议员都站到了反战的立场上，后来冒着危险在《希望和平的意见书》上签了字。

反战议案被国民党特务CC系罗绍徽、廖百芳提前暗中获悉，立即向白崇禧告密。从此，陈良佐成为国民党特务重点关注对象。

1949年1月，蒋介石宣布下野，李宗仁任代总统。李宗仁上台后，电邀李济深、章伯钧等人共策和平，并派张治中、黄绍竑等为代表，赴北平进行和平谈判。4月20日，国共和谈破裂，黄绍竑担心继续留在南京会受到国民党特务迫害，24日，他取道桂林，出走香港。黄绍竑在桂林机场与广西省政府主席黄旭初见面，未及细谈，又匆匆离去。

黄旭初是新桂系的第三号人物，与李宗仁、白崇禧一齐起家，连任广西省主席十八年，在新桂系中有很大的影响力，广西政务系统有很多黄旭初的亲信。如果黄旭初能加入民革，或促成和谈，对广西政局影响甚大。

陈良佐曾经做过广西省代主席，深受黄旭初信任。李济深和黄绍竑希望陈良佐能说服黄旭初加入民革。1949年1月至9月间，受黄旭初委派，陈良佐多次往返桂林、香港两地。他利用这个机会，积极协助共产党和民革组织，推进广西和平解放进程。

4月26日，陈良佐从广西飞往香港，与黄绍竑见面，他们分析当时的中国局势，商谈如何促使广西和平解放。当黄绍竑得知李宗仁没有遵从蒋介石的指示飞往广州而飞回桂林，认为这是促进广西和平解放的良机，让陈良佐赶快回桂林说服李宗仁、白崇禧等人，并且给黄旭初写了亲笔信，交由陈良佐带回。他们一直密谈至晚上九点多，陈良佐才告辞出门，准备次日回广西。陈良佐从黄绍竑住处出门时，因天黑看不清路况，不慎摔倒，左腿严重摔伤，无法行走。陈良佐只好留在香港医治腿伤，把黄绍竑的密信交给陈雄带给黄旭初。

陈良佐非常挂念广西局势，左腿伤势稍有好转，立即拄着拐杖，乘飞机回桂林。此后，陈良佐为和平解放四处奔走，一直没有时间好好诊治他的左腿，致使落下了严重的后遗症，走路一直离不开拐杖。

5月初，陈良佐回到桂林后，立即找广西省政府秘书长黄中廑了解广西政局，得知黄旭初接到黄绍竑的信后，暗中邀集所有在桂的高级政务人员、参议员联名签署《希望和平的意见书》，并亲自递交李宗仁，希望李宗仁能够争取重签和平协定，让广西不再遭受战火。但由于遭到白崇禧、李品仙等主战派的反对，和平解放广西没有实现。陈良佐又多次找黄旭初，希望他能支持在广西筹组民革组织。在陈良佐的劝说下，黄旭初一度倾向于支持民革组织的建设，同意先把中国国民党革命委员会的牌子在广西地区挂出来。

陈良佐还利用担任广西省干训团教育长的便利，多次向广西高级军政人员宣传打内战只会让广西生灵涂炭，和谈才是出路。国民党陆军中将、华中军政长官公署第五督导团团长刘清凡在陈良佐的影响下，后来在西隆通电起义。

为了加快广西解放步伐，陈良佐开始筹划武装起义，迎接广西解放。恰好此时，合山煤矿公司因工人罢工已经停产，公司董事会推陈良佐复任总经理。陈良佐利用职务，计划在工人中安插中共地下党员和游击队员，并联系梁瀚嵩一起发动武装起义。

梁瀚嵩与陈良佐均是广西民革的发起人之一，两人交往多年，私交也甚好。

梁瀚嵩因掩护中共地下党和游击队，引起反动势力的忌恨。5月29日，梁瀚嵩在家乡宾阳县黎塘村，与中共地下党员唐启明等人一起与前来逮捕他们的保安团激战两日一夜，不幸牺牲。

梁瀚嵩突然牺牲，令陈良佐悲痛不已。又因腿伤未愈，行动不便，6月中旬，陈良佐先回梧州家中疗伤，想等腿伤好转后，再赴合山谋划武装起义事宜。

回到梧州不久，陈良佐即被白崇禧以"陈良佐煽惑议会，扰乱人心，违反国策，阻挠戡乱"之罪名，令第三区行政督察专员冯璜将他扣押到行署监狱。7月，陈良佐提出自愿被软禁在广西银行梧州分行二楼（今梧州市大中路梧州交通银行）的住处，以方便治疗伤腿。广西银行梧州分行经理扈寅送八千元港币给陈良佐当生活费。冯璜派出六名看守，两人一班，日夜看守陈良佐，但允许亲朋好友探望。由于陈良佐在梧州人脉资源深厚，尤其深得梧州工商界民主人士的拥护，前来探望的好友川流不息。他们经常留在这里打麻将，让守兵渐渐放松警惕。

9月27日，陈良佐经过中医调理，腿疾渐好，在梧州民主人士左镜明的帮助下，乔装出走，脱离虎口，29日抵达香港。

黄绍竑在北平得知陈良佐乔装逃脱，平安撤到香港，特地来函慰问陈良佐，并附有致黄旭初及第七军军长李本一的亲笔信各一封，希望陈良佐设法把信转给他们，策反他们。可惜，陈良佐直至10月中旬才接到黄绍竑的信，已无法把信转给黄旭初和李本一。

中国人民解放军势如破竹，迅速歼灭了新桂系的军队，白崇禧、李品仙逃往台湾，李宗仁飞往美国，黄旭初经海南转赴香港，曾经显赫一时的新桂系集团土崩瓦解，随着蒋家王朝的覆灭而消亡。

10月，叶剑英和陈赓指挥人民解放军第四兵团、十五兵团及两广纵队、粤赣湘边纵队进攻广东。13日，解放军顺利占领广州。19日，中央人民政府任命叶剑英为广东省人民政府主席兼广州市市长、中南军政委员会副主席。叶剑英随即开始重新组建政府，并邀请香港的民主人士回广州参加工作，陈良佐也在邀请之列。10月底，陈良佐携妻儿从香港到广州工作。

中共中央决定由张云逸牵头组建广西领导班子。1949年12月，张云逸到广州，邀请香港和广州的爱国民主人士到广西工作。陈良佐作为广西人，为广西解放出过力，而且在安徽工作期间，曾经一起并肩抗日的中共地下党员贺希明、廖原等都回到了广西工作。于是，陈良佐与陈此生、雷沛鸿、莫乃群、陈雄等老朋友一起，随同张云逸坐船到南宁，投身到广西重建工作中。

## 筹建广西民革，关心祖国统一

1950年2月8日，广西人民政府正式宣布成立，陈良佐先后担任中南军政委员会土地改革委员会委员、民革中央团结委员会委员、中南军政委员会参事、广西省人民政府参事、广西省政协委员等职。

陈良佐对广西民革工作相当重视。1950年9月，民革广西省分部筹备委员会在南宁成立，陈良佐和陈此生、李任仁、吕集义、陈雄、赖慧鹏、万仲文等14人担任筹备委员。民革广西分部主要工作是对原有的民革、民促、民联会员进行

1956年3月24日，林业部苏联专家首席顾问射尔盖夫与林业部、广西林业厅、桂林地区行署等领导合影于桂林龙陷岩。手执拐杖者为陈良佐（时任广西林业厅厅长），其右者为谢尔盖夫

1966年2月28日,李宗仁(前排右四)和程思远(后排右三)在广西南宁会见老朋友。前排右三为陈良佐先生

重新登记和审核,并发展新党员,先后建立了民革南宁市、桂林市、柳州市、梧州市委员会和支部基层组织。

广西民革组织成立之初,条件相当艰苦。民革桂林市委会成立时,一时找不到合适的办公地点。于是,陈良佐将自己位于桂林三多路的一处私宅,慷慨捐赠给民革桂林市委会办公使用,得到民革组织及原广西民革主委韦瑞霖的高度赞扬。

1954年4月10日,民革广西省第一次代表大会在南宁召开。大会选举产生了第一届民革广西省委会成员,陈此生任主任委员,吕集义任副主任委员,陈良佐任常务委员。

1955年2月,根据广西省人民政府的安排,陈良佐出任广西省林业厅厅长。为了让广西山常绿,水常清,陈良佐非常重视科学造林。1956年3月,林业部首席顾问、苏联林业专家谢尔盖也夫到广西考察。陈良佐挂着拐杖陪同谢尔盖也夫及陪同人员跋山涉水，考察七坡林场、良丰林场及临桂、灵川县的集体造林情况，掌握第一手资料。

陈良佐要求广西林业厅的同志要依靠共产党的领导，依靠科技人才，依靠机械化开展科学造林。在资金不足、人力缺乏的情况下，自力更生，发动群众植树造林。短短几年，广西林业面积大幅度增加，为建设绿水青山的生态广西、环保广西打下良好基础。

1956年12月7日，民革广西省第二次代表大会在南宁召开，陈良佐继续当选民革广西省委会常务委员。大会审议通过了《民革广西省第二次党员代表大会决议》，决定今后工作重点是进一步团结、教育、改造原国民党及与国民党有历史关系的中上层人士，努力工作，改造思想，积极参加社会主义建设，努力争取用和平方式解放台湾。为此，民革广西省委会决定成立社会联系工作委员会，并委派陈良佐兼任社会联系工作委员会主任委员。

为了做好社会联系工作，陈良佐经常发信给港澳及海外的原国民党军政人员，介绍新中国的建设成就，希望他们以祖国统一大业为重，积极发挥各自作用。

1957年，陈良佐被打成"右派"，撤销广西林业厅厅长一职，仅保留广西政协委员及参事室参事的职务。自此十年，陈良佐在参事室默默工作，但仍然为民革出力，提供历史资料和理论研究成果。他先后撰写了《辛亥革命前线回忆》《陆荣廷的讨袁护国》《陆荣廷重返广西前后几件事》《新桂系从倾巢入湘到回师驱逐滇军出境》《新桂系的和谈骗局》《李宗仁竞选副总统》《梁瀚嵩其人和他被新桂系杀害的经过》《新桂系统治安徽初期的片段回忆》等大量回忆文章，记述了他数十年的革命生涯，那些亲身经历的历史重大事件及细节，为后人研究辛亥革命、国民党旧桂系、新桂系的历史留下许多宝贵的史料。

## 主要参考文献：

1. 佟义东著，中国国民党革命委员会广西自治区委员会编：《民革老人陈良佐》，漓江出版社，2014年版。

2. 黄绍竑著：《五十回忆》，岳麓书社，1999年版。

3. 民革中央宣传部编：《民革前辈与辛亥革命》，团结出版社，2012年版。

4. 尤文远、马永祥主编：《保定军校千名将领录》，方志出版社，2001年版。

5. 广西壮族自治区人民政府参事室编：《广西壮族自治区人民政府参事传略》，2013年版。

陈劭先（1886—1967），原名承志，字劭先，江西清江人，1948年加入民革。中华人民共和国成立后，曾任政务院政务委员等职。民革第一届中央常委、中央执行委员，第二、三、四届中央常委。民革中央团结委员会副主任、主任。第一、二、三届全国人大人大常委会委员。第一、三届全国政协委员。

# 陈劭先
## 桂林文化供应社社长

20世纪40年代的一天，在广西桂林一个大礼堂内，白崇禧正在做演讲。突然，他毫无征兆地说出了"蒋委员长"四个字，在场的听众，除一人之外，忽地全部站立起来，行礼致敬。面对此景，那个坐着的人泰然自若，一点儿也不惊慌和害怕，鄙夷之情溢于言表。这个人，就是陈劭先，一个终其一生反对蒋介石的人，一个被誉为"国民党真正的左派"的人。

### 主持广西建设研究会

1937年七七事变发生后，桂系军阀李宗仁被任命为第五战区司令长官。在赴徐州上任之前，李宗仁决心对广西做一个认真规划，以保证自己将来还有一席之地可以和蒋介石抗争。他准备搞一个公开合法存在的组织——广西建设研究会（以下简称研究会）来团结一班"同情"他们的人。对于这个名称，李宗仁认为，在抗战期间，抗战和建设两者之间并无矛盾，而且还有些学术团体的味道，即使蒋介石不同意，也无法加以指责。对于会务主持人选，李宗仁考虑再三后，认为陈劭先最合适，因为陈是老同盟会会员，早在1928年就开始坚决反蒋。除此之外，他还认为，陈劭先和国民党内外的部分反蒋人士有一定的联系，这对于广泛团结反蒋人士会有作用。

陈劭先何许人也？他1886年10月10日（旧历）出生于江西省清江县义成圩，1910年加入共进会。二次革命失败后，受通缉而亡命日本，在孙中山的监誓下加入中华革命党。1922年陈炯明叛变，孙中山在永丰舰上流着泪向前来晋谒的陈劭先陈述事情经过。陈劭先感念先生的信任，冒着生命危险手持孙的密令绕道敌后去赣南求援。后来，他痛恨蒋介石背叛革命，从此在国民党内部开始了反蒋民主斗争。

当李宗仁的邀请电报到达时，陈劭先正在南京，刚刚获释（西安事变前，他因反蒋活动，在从香港到上海的外轮上遭到国民党特务绑架，后被押到南京）。陈劭先认为，虽然他和李宗仁的反蒋在本质上不同，一个是为了推翻蒋介石，一个是为了和蒋介石争权，但却都是反蒋的，就接受了邀请。7月10日，陈劭先到达桂林，出任广西绥靖公署顾问、广西省政府顾问，并着手组建广西建设研究会。

经过充分准备，10月9日，研究会正式成立，李宗仁亲任会长，白崇禧、黄旭初任副会长；李仁任、陈劭先、黄同仇三人担任常委。由于李、黄二人一个另有他职，一个不久外任，研究会实际上就由陈劭先负责。

主持研究会是陈劭先在广西的两大功绩之一。研究会下设秘书、编译、图书三室，设研究机构，研究人员人数没有限制。同时，作为李宗仁的座上宾，陈劭先也知道研究会的真实目的。于是，他抓住这些有利条件，广泛延揽来桂进步民主人士（研究人员最多时三百多人）。特别是武汉沦陷后，大批进步文化人士撤退到广西，如胡愈之、范长江、夏衍等，都被聘为研究员。太平洋战争爆发后，何香凝、梁漱溟、柳亚子等人从香港来到桂林，陈劭先也邀请他们参加研究会活动，这为掩护和团结这些民主人士提供了有利的条件。陈劭先还利用研究会所办多种刊物，宣传坚持抗战、坚持民主团结等政策，使研究会不仅成为中共统一战线的一个重要组织，而且对唤醒民众抗战意识作出了贡献。研究会的刊物由于宣传民主，反对投降，坚持抗战，非常受欢迎，订阅用户也非常多。其中《建设研究》的一个订户的投递标签这样写着:"延安。毛润之先生。"其受欢迎程度以及立场可见一斑。此外,陈劭先还通过研究会,发动社会力量,借机开展合法的反蒋活动。例如,针对蒋介石抛出的"五五宪草",研究会广泛发动讨论和宣传,最后形成一个宣言,寻机在香港《星岛日报》全文披露,对蒋介石假借孙中山五权宪法之名、阴谋替自己的独裁制造法律根据的伪宪草给予了一定的打击,成为研究会历史上一笔漂亮的记录。

李宗仁重视陈劭先,中国共产党也非常重视。在整个抗日战争期间,中共中央非常重视文化战线的斗争作用,把它看作同军事战线相辅相成、不可缺失的一部分。由周恩来领导的中共中央南方局把陈劭先等民主人士看作朋友,借助他们为进步文化人士提供掩护,开展文化抗战。陈劭先积极配合,明确表示拥护中国共产党抗日民族统一战线的方针政策,做了大量的掩护工作。例如,皖南事变发生后,一部分人准备去香港。当时乘飞机需要有人作保,且一人只能保一人。陈劭先自己保了范长江,然后当面迫着广西省党部书记长签字保了夏衍。当八路军办事处从桂林撤退时,特务突然把办事处包围起来,要绑架其负责人李克农。陈劭先知道后,就冒着风险,赶紧到广西省政府借了一辆黄旭初的小汽车,上面插着省政府的旗号,把李克农接走并送到安全的地方,成为李克农后来成功脱险中的重要一环。

虽然研究会是官方所建,特务们大多数时候不敢加以干涉,但由于进步活动较多,陈劭先和研究会还是受到了恶毒攻击和蒋介石的"关注"。曾任广西绥靖公署政治部主任、《广西日报》社社长的韦贽唐就公开说,"建设研究会和文化供应社的存在是广西和中央合作的障碍",要求撤销;有人到处收集研究会和陈劭先等人的言论和活动材料,作为升官发财的垫脚石。有一次,陈劭先和梁漱溟等正在研究会会议厅谈话时,研究会成员甘介侯来了,听到陈、梁等人正在谈论民主政团同盟的活动,以及人民对蒋介石的不满等情况,就写信向行政院院长孔祥熙告密,说研究会图谋不轨。蒋介石听闻后,先后派了陈立夫、朱家骅、徐恩曾等到桂林,以视察为名了解情况。徐恩曾还特地找陈劭先谈话。陈劭先毫不畏惧。

他当着徐恩曾的面，严厉驳斥他对研究会的污蔑，义正词严地问他，研究会主张坚持抗战反对投降、坚持团结反对分裂、坚持民主反对独裁有什么不对。徐恩曾无言以对，只好灰溜溜地走了。

除了制造上述性质的麻烦，敌对势力还攻击研究会出版的书和刊物，企图夺取舆论导向大权。

斗争最激烈的是《时论分析》。这个刊物，以每月国际、政治、经济、文化等方面发生的问题为中心，介绍国内外报刊相关评论文章。这样做，一方面，可以节省大家浏览各种报刊之劳；另一方面，也可以介绍一些进步刊物的言论，使之与反动言论互相对照，以正视听。由于倾向中共的态度日益明显，编委会内部敌对势力开始不满，尤其是苏国夫与谭辅之等人，在编委会内部引发了激烈的斗争。大家经常为了一篇稿子，甚至一些字句争得面红耳赤。苏、谭想借职务之便夹带一些有反动言论的文章，但总把关是陈劭先，他看稿非常认真，总是毫不客气地给以删掉。文字上不能得逞，苏、谭就通过黄旭初找陈劭先的麻烦，离间他们，使陈劭先不能顺利工作。但陈劭先从不畏惧，同他们进行着有理有据的斗争，使研究会及其刊物在抗战期间始终发挥着正向作用，直到后来研究会名存实亡。

### 撤退，到后方去继续战斗

对于抗战，陈劭先始终充满信心。他认为，日本发动侵华战争，无论是对中国，还是对日本自己，都没有任何好处。因为战争是把双刃剑，双方都要付出高昂的代价，所以，日本的侵华战争不会长久，所以，中国一定会胜利，中国人一定要团结，同仇敌忾把侵略者赶出中国，不达目的，决不放弃。

1944年日军大举入侵豫湘桂，陈劭先撤退到昭平。为了保护大量涌入昭平的人流，以及广西绥靖公署秘密存放在昭平的各种战备物资，使昭平免遭日寇或者土匪的威胁，一到昭平，陈劭先立即与中共中央南方局派到桂林领导文化工作的三人小组成员之一张锡昌商量，与昭平县县长韦瑞霖研究，成立昭平县民众抗日自卫工作委员会，还成立了青年教导队，开展对日寇的武装斗争。

当时昭平没有报纸，消息不灵通，陈劭先就与欧阳予倩、千家驹等人商量，筹办《广西日报》（昭平版），他自任主任。在他的努力下，十多天后，《广西日报》（昭平版）就正式出版，成为昭平历史上第一份日报，也是一份进步的报纸。借此，大家每天都能看到抗战消息和政治形势，很受鼓舞。后来，有人回忆说，"报纸的国际新闻报道特别出色，这使我这个处在敌后的地下党员，对于即将来临的前景有了准备。"

敌对势力非常反感陈劭先等人的活动，想尽一切办法搞破坏。青年教导队刚刚成立，就被他们夺走。气愤之余，陈劭先把参加青年教导队的进步青年撤出来，分散到桂东各地的中小学担任教师，宣传组织群众，准备重新组建人民的抗日武装队伍，不让敌人的阴谋完全得逞。

除此之外，陈劭先还积极从事建立进步组织，以紧密团结反蒋力量。早在太平洋战争爆发后，他就和在桂林的李济深等人经常聚会讨论时局，认为要改变国民党当局的错误政策，恢复孙中山的联共政策，必须联合国民党内的爱国力量，从内部进行斗争。现在，鉴于形势的需要，必须成立一个新的组织，以团结国民党中的左派，共同反蒋。他们酝酿成立国民党民主促进会（简称民促）。

陈劭先在抗战胜利后与夫人张佩瑜合影

为了做好这件事，陈劭先做了大量的工作，包括物色成员、筹措经费等。抗战胜利回到桂林后，他更加努力，和李任仁、陈此生等共同签名发起成立民促。他还委托人把民促的发起文件带给当时在中山大学法学院任院长的梅龚彬，请其签名，并托梅在广东扩大发展，正式成立民促。他自己则继续留在桂林，做各种反蒋和团结进步人士的工作，做文化供应社的工作。

## 文化供应社社长

文化供应社是抗日民族统一战线的产物；主政文化供应社是陈劭先在广西时期的第二大功绩。

陈劭先深知，进步的出版事业也是进行政治斗争的一条重要战线。出版和发行进步书刊，一方面可以揭露蒋介石政府的妥协投降政策，另一方面可以教育和争取广大群众支持共产党的坚持抗战政策。1939年夏，胡愈之根据周恩来的指示，倡议集资创办文化供应社（以下简称供应社），陈劭先热烈赞同。为了使供应社顺利成立，他利用自己的关系，说服李宗仁、白崇禧、黄旭初等桂系军阀投资，使供应社既有了足够的资金支持，又获得了官方的庇护。这些也为供应社后来开展文化抗战活动提供了掩护和有力的支撑。

1939年10月22日，供应社正式成立，陈劭先任社长，胡愈之为编辑部主任（后来由傅彬然接任）。供应社名义上为集资，但"实际上是由八路军桂林办事处领导""所用干部大部分都是李克农同志推荐"。作为社长，陈劭先对供应社的关心和支持不遗余力。为了推进图书的销售和影响，他运用地方行政力量，发动广西全省基层组织建立起文化室，把供应社出版的渗透进步思想的书刊，深入发行到每个角落，开展宣传教育活动，这对于鼓舞民众抗战情绪、推广进步文化，助益颇大。有时候供应社经费困难，连发工资都成问题，他就利用自己的关系向广西银行贷款，或向其他方面借债，有一次甚至把夫人的私人储蓄都拿过来解难。"由于文化供应社的成立，进步文化人有了自己的出版机构，不仅以出版园地养活了许多文化人，出版了许多好书，而且直接安置了许多文化工作，既解

1942年春，陈劭先与文化供应社全体人员合影

决了文化人的生活问题，又给他们开展革命进步活动以隐蔽的场所。"

在大家的积极努力下，自成立之日至1941年夏两年多的时间里，供应社出版大小书稿近五百种，共九百余万字，内容涉及通俗读物、青少年读物等，成为抗战时期广西最大的一家地方出版发行企业和国统区出版进步书刊较多的单位，与《国际新闻》社和《救亡日报》社并称为桂林三大进步团体。由于思想进步，内容精彩，图书广受好评和喜爱。一天晚上，陈劭先带着同事闲逛，看到门市部购书人群涌动，就笑着说，我们这里是"门庭若市"，然后用手指着不远处中国文化服务社（广西官方办）的门市部说，他们的叫"门可罗雀"。大家听后，都哈哈大笑。

1940年，重庆下令查封各地革命书店，桂林新知书店门市部名列其中。陈劭先知道后，赶紧召集会议想办法。经过商议，他把新知书店门店接过来改设在供应社营业处，新知书店一部分工作人员转入供应社工作，包括一部分存书在内。重庆知道后，派人前来调查此事。陈劭先不慌不忙，和其他人联手出面平息了此事。此外，他还通过供应社，合资挽救了中共湖南省委《观察日报》所属的印刷厂，承担了皖南事变后延安出版的《解放》杂志和重庆新华日报社《群众》杂志印发海外的工作（直到后来香港沦陷时为止）。后来，民盟在桂林出版的《民主》杂志遭遇打击后，也是他出面，通过供应社和供应社的建设印刷厂为其提供总经售处和印刷厂，使之得以继续走进读者手中。

随着在国统区革命出版战线上所起的作用日益显著，供应社渐渐为蒋介石所不容，打击随之而来。1942年末，重庆方面通知黄旭初，声称要对供应社给予资助。陈劭先坚决反对这种名为资助、实则想暗中把控的阴谋，托辞要与董事会商量而加以婉拒。次年初，国民党中央宣传部部长吴铁城电告黄旭初，告知将由宣传部接办供应社，原有主要工作人员均应辞职。面对重庆方面的步步紧逼，陈劭先和李任仁配合，向黄旭初提出劝告，请其阻止重庆插手。

考虑到事情已为蒋介石所知，且自己一贯坚决反蒋，陈劭先知道强硬拒绝是不行了。他主动提出改组供应社，自己和其他几位抛头露面的同志辞职隐退，然后再物色合适的人选来接替。这种以退为进的办法，使供应社得以保全。事实上，他也并没有完全退出，而是以常务董事顾问社务，成了不挂名的社长。

1944年桂林疏散时，供应社也跟着疏散。抗战胜利后，一回到桂林，陈劭先就立即着手恢复工作，很快就重建了供应社桂林门市部，除经售保留下来的存书外，还着手重印了一部分重要图书，并经销了重庆、上海、香港等处的进步书刊，成为桂林仅存的一家书店，也成为唯一输送进步书报的渠道。

1946年李公朴、闻一多血案发生后，桂林也一样杀气腾腾。陈劭先预感到供应社将遭到毒手，就嘱咐工作人员要提高警惕，注意安全。同时，他未雨绸缪，把供应社尚有重印价值的图书纸型全部装箱，委托供应社营业部主任兼总发行所经理赵晓恩随身运往香港，在香港另谋发展。他还写信给陈此生、萨空了等人请求帮助，对供应社的热爱和重视真是如父母之对婴孩。后来，胡愈之从陈嘉庚那里筹募到一笔资金，成立香港文化供应社，了却了陈劭先的一桩心愿。

1947年7月，随着解放战争的推进，特务手持黄旭初手令闯入供应社宿舍和陈劭先住处，逮捕了几名工作人员。陈劭先据理力争，但毫无用处。他由此明白，桂林已经不能再待下去了。

## 参与筹建民革

1947年冬，陈劭先离开桂林前往香港，以继续开展革命斗争。

此时的香港，李济深等人正在准备筹建民革。听闻此事，陈劭先非常兴奋，特地找到朱学范表示赞成，并以实际行动团结一切当时在香港的国民党人士中的爱国力量，为民革的顺利成立获得了必要的力量支持。

民革筹建过程中，关于组织的名称引起了激烈的争论。多数人都很讨厌"国民党"三个字，希望能够和其脱离关系。何香凝坚持保留，陈劭先也表示赞同。他说："国民党是孙中山先生亲自创办的，有推翻清朝、建立民主共和国的光荣历史，'国民党'三个字是被蒋介石等少数人搞臭的，现在大家团结起来，遵照孙先生的遗志办事，就能在广大民众间树立新的形象。"

对于孙中山，陈劭先有着深厚的感情，由此也对蒋介石极其反感，坚决不与蒋共事。1944年，国民党中央全会改选，他被桂系提名为中央委员人选。对此，他坚辞不就，请求除名，桂林只好临时修改提名名单；1946年，蒋介石筹备所谓"国民大会"，邀请他作为社会贤达代表参加，他气愤地把通知退回说，我不是无党无派的，我有党派，那个党就是中国国民党。对于他的态度，大家看在眼里，从内心深处尊重他、崇敬他。因此，当他也表态要保留"国民党"三个字时，作为孙中山的忠实信徒，他的意见以及他表现出来的对民革的信心，极大地感染了周围的人。

1947年11月13日，民革召开第一次筹备会，陈劭先被指定为组织工作委员会副筹备主任，朱学范为主任。实际上，由于劳协方面工作任务繁重，朱学范出差参加国际会议用时较长，无法全身心在香港处理民革方面的事务，因此成立初期民革在香港的组织工作,都是陈劭先在负责。对于陈劭先的付出和工作,朱学范认为非常"出色",他回忆说:"全亏陈劭先等人的帮助,才完成起草民革第一部党章的工作。"

1948年1月1日,民革在香港宣告成立,陈劭先当选为常务委员和执行委员会委员。在新的岗位上,陈劭先开始了新的工作。

李济深认为,开展民主运动应先从办报入手。民革一成立,李济深就决定创办《自由》半月刊,后来又拟议办报,但万事难备,东风也欠。3月中旬,原上海《文汇报》总主笔徐铸成来港求见李济深。李济深认为,徐的到来为民革办报提供了有利的条件,双方可以合作办报。3月17日,民革就此事开会讨论,大家一致赞同,并公推陈劭先、李民欣、梅龚彬、陈此生与徐铸成洽谈合作事宜。当时,在寸土寸金且特务横行的香港,做这件事情很不容易。陈劭先和徐铸成多次就此事相商于自己的家中。每次,陈夫人都会做好一桌饭菜,然后再热上一壶酒,供二人不醉不休。对此,徐铸成多年后仍感激在怀。9月9日,香港《文汇报》正式出版,陈劭先任社务委员会主任,徐铸成任副主任。到1948年底,该报日发行量曾突破2.5万份,对于推动民主运动、推翻蒋介石反动统治,起了积极的鼓动作用。

## 为建设新中国而努力

对祖国深深的爱,是陈劭先参加革命、历经艰险却从不改赤子之心的最根本的出发点,也是他能够认清形势、最终选择接受中国共产党领导的根本原因。早在1944年,他就和别人讲,根据他长期的观察,国民党是没有希望了,他已经把打败日本帝国主义、建立新中国的希望寄托给了共产党,他对于只有共产党才能救中国一点儿也不怀疑。现在,一想起几十年辛苦奋斗的目标终于在中国共产党的领导下要实现了,新中国就要成立了,陈劭先就不由得一阵阵激动,热泪盈眶。

1948年12月16日,陈劭先和李济深等人离开香港,起程北上。次年1月

1948年11月，陈劭先北上参加新政协前与夫人张佩瑜、儿子陈尚明、陈尚久合影于香港

7日，陈劭先等人到达大连，见到了前来迎接他们的朱学范等人。分别一年多，一见面，陈劭先就把民革在香港的工作情况向朱学范作了介绍，然后又迫不及待地向朱学范询问他们在哈尔滨参加座谈《关于召开新的政治协商会议诸问题（草案）》的情形，并从朱学范那里借走了有关文件，不顾旅途疲劳立即认真学习。

1月12日，李济深等五十五人在沈阳发表题为《我们对于时局的意见》的声明，陈劭先名列其中。通过声明，公开明确表示拥护中国共产党的领导，拥护中共毛主席提出的八项条件。6月15日，新政协筹备会第一次会议在中南海勤政殿开幕，陈劭先作为民革代表参与其中。会议将参加筹备工作的各党派及各方面代表，组成六个小组，进行具体筹备工作。陈劭先任第三小组组员（周恩来任组长），参与起草新政协共同纲领；后任第五小组副组长，参与起草新政协大会宣言。9月21日,陈劭先以代表的身份参加了中国人民政治协商会议第一届全体会议。当听到毛泽东在开幕词中的庄严宣告时,他难以控制地流下了热泪,感叹孙中山的"民族主义思想的目标"终于实现了,中国人民从此站起来了。

陈劭先饱经忧患,曾先后到过日本、中国香港、南洋等发达地区,对他们的贫富悬殊现象有着较为深刻的理解,认为那些地方社会制度非常不合理,这不仅更加坚定了他对孙中山"联俄、联共、扶助农工"三大政策的信仰,也坚定了他对中国共产党的信念。因此,新中国成立后,他怀着无比欢快的心情,积极投入到各项建设和运动之中。

他孜孜不倦地学习党的路线、方针、政策,使自己的思想适应时代的需要。他说,学习!学习!再学习!这是新社会求进步人们的一种优良风气。民革二大后,陈劭先当选民革中央常委。他怀着饱满的政治热情,努力为民革工作。1952年5月,他受民革中央常委会委派,前往山东、上海、浙江、南京等地,视察了解民革地方组织参加"三反""五反"、民主改革运动以及巩固与发展组织的情况。每到一地,他都积极和地方联系安排日程,宣讲政策,为地方开展工作给予细致的指导。民革中央团结委员会成立后,他历任副主任和主任。他谦和、正直、忠厚、豁达、顾全大局、讲团结。他的好思想好作风,影响和团结了一大批人,使他们愿意紧紧地团结在民革这个大家庭里。

为了给百废待兴的新中国提供建设人才,陈劭先要求在美国学航空的大儿子陈尚明回国,让他参加人民空军的建设,并设法让二儿子陈尚久到解放区参加工作。他为一家人能在共产党的领导下为祖国的革命和建设而献身感到高兴和自豪。他兴奋地告诉自己的子女,中国共产党救国家于危亡之中,救人民于水火之中,推翻了蒋介石的反动统治,建立了中华人民共和国,人民站起来了,他几十年反蒋的夙愿现在得以实现,这是他一生中最最欣慰的事情。他说得如此诚挚和动情,以至于多年后他们仍感到历历在目。

面对热火朝天的建设热情和人民喜气洋洋的精神面貌,陈劭先还特别希望那些台湾的亲朋故旧,能够亲身到祖国大陆来走走来看看,希望他们能够遵循孙中山关于"世界潮流,浩浩荡荡,顺之则昌,逆之则亡"的遗教,并发扬孙中山爱国革命不断进步的精神,为祖国统一大业、为振兴中华作出贡献。

## 主要参考文献:

1．《陈劭先纪念文集》,中国人民政治协商会议广西壮族自治区委员会文史资料研究委员会编:《广西文史资料》(第23辑),1986年版。

2．宋泉:《论陈劭先的民主思想与文化供应社的出版活动》,《华中学术》,2015年第2期。

3．李敏:《论桂林文化城在抗战时期的独特地位及形成原因——从"北有延安,南有桂林"说起》,《广西师范大学学报》,2015年第4期。

4．徐铸成著:《旧闻杂忆》,辽宁教育出版社,2000年版。

5．李建平:《桂林文化城成因初探》,《社会科学家》,1988年第3期。

6．赵晓恩:《抗战时期的桂林文化供应社》(上),《中国出版》,1985年第4期。

7．赵晓恩:《桂林时期的桂林文化供应社》(下),《中国出版》,1985年第5期。

陈其瑗（1887—1968），字志璱，广东广州人，1948年加入民革。中国人民政治协商会议第一届全体会议代表。中华人民共和国成立后，曾任政务院政治法律委员会委员、内务部副部长、华侨事务委员会委员，全国侨联副主席，北京市侨联第三、四届主席等职。民革第一届中央常委、中央执行委员，第二、三、四届中央常委。第一届全国人大代表，第二、三届全国人大常委会委员。第一、二、三、四届全国政协委员。

# 陈其瑗
## 担任香港达德学院院长的归侨领袖

1948年12月，陈其瑗作为民革中央委员，接受了中国共产党的邀请，自香港秘密北上，重返久别近二十年的故土。临行前，陈其瑗百感交集，朗声宣告："其瑗立下誓言蓄须，到新中国成立才能剃去！"

不到一年，陈其瑗这一誓言得以兑现。在喜气洋洋的第一个国庆节到来之际，理发师为他剃掉了长髯飘然的胡须。陈其瑗"剃须贺国庆"的美谈传颂京华……

## 早年探寻救国之路

1912年，北上求学的陈其瑗顺利完成了在北京大学采矿冶金工程科的学习。读书期间，陈其瑗立下志向，决心以矿业救国，把自己的一生都贡献给国家。在毕业后的短短几年内，他不辞辛苦，做过很多份工作：在广州增步工艺厂当厂长，在北京交通银行文案处做文案工作，在广东铁路局机务处任处长，在广东培英学校任校长，等等。这一时期，陈其瑗工作十分繁忙，经常各处奔波，可对于很多事情却感到了深深的无奈。在北洋政府统治下，当时的社会，虽然旧的封建帝制已不复存在，但新的共和制度并没有完全建立，中国仍旧处于帝国主义和封建主义的压迫之下，广大人民依然遭受着压迫和苦难。渐渐地，陈其瑗开始认识到"非革命则矿业无望"，他从内心深处期待：能够有一条适合中国发展的道路，真正可以救国救民的道路……

1922年，陈其瑗在孙中山大元帅府财政部任职，后来又担任了广州市财政局局长、广东省财政厅厅长。由于经常同孙中山接触，陈其瑗有不少机会聆听孙中山的教诲，使他"在革命工作中，敢于向旧势力抗争"。1924年1月，国民党一大在广州召开，孙中山在这次大会上重新阐释了三民主义，确定了"联俄、联共、扶助农工"三大政策，正式开启了第一次国共合作。三民主义让陈其瑗看到了救国的希望，孙中山为实现中国独立、民主和富强而努力奋斗的精神深深感染了他。陈其瑗下定决心，要追随孙中山先生，寻找救国救民的途径，为革命事业奋斗到底。

陈其瑗时常利用业余时间，到黄埔军校、农民运动讲习所、省港罢工委员会讲课，结识了邓中夏、恽代英等共产党人，思想上深受他们的影响。

1927年，轰轰烈烈的大革命宣告失败，第一次国共合作全面破裂。陈其瑗对于国民党反动派的做法表示强烈不满，明确反对他们背叛革命、积极反共的分裂行径。最终，国民党反动派将他开除党籍。

这一年的冬天，广州街头像往常一样熙熙攘攘、人声鼎沸，谁也没有注意到一个身影匆匆走在人群中，这人便是陈其瑗。由于遭到国民党的通缉，陈其瑗不得不被迫离开广州。他先是去了澳门，又于1930年流亡到了美国。陈其瑗这一走，就侨居海外长达十七年之久。

在美国，陈其瑗的日子并不好过，时常受到美国特务机关的恐吓和迫害，生活不断受到干扰。这期间，陈其瑗在纽约等地华侨学校当过教员、教务主任，还做过工人、演员。

虽然身在他乡，但陈其瑗时刻心系祖国，与危难中的祖国同呼吸共命运。他受到中国共产党抗日民族统一战线政策的感召和全国人民抗日救亡高潮的影响，更加关注国内形势和战局发展。利用在华侨报纸当编辑的机会，他公开宣传中国共产党抗日救国的政治主张，激励侨胞积极抗日。1936年，陈其瑗与华侨领袖司徒美堂一道，发起成立纽约全体华侨抗日救国筹饷总会，动员华侨团结起来，投入反帝抗日救国的活动中，还负责接待了国内来的蔡廷锴、杨虎城等爱国进步人士。1937年全面抗日战争爆发后，陈其瑗号召广大华侨发扬革命救国的精神，用实际行动给予抗日战争各种援助。他发动大家为八路军募捐棉衣，想尽办法、不遗余力从道义上、物质上支持国内抗战。

1938年1月，陈其瑗得到消息：著名外科医生诺尔曼·白求恩受加拿大共产党和美国共产党的派遣，将要组成医疗队赴华，支援中国人民进行抗日战争。医疗队共由三人组成，白求恩当时已经有四十多岁，还要带着很多医疗器材和药品，路途遥远又危险重重，要想顺利到达中国非常不易。陈其瑗在美国共产党中国局参加工作，他立即联系了香港的共产党员郸荣，请他负责接待白求恩一行，并务必设法将白求恩医疗队安全送达抗日战区。郸荣接到任务后，周密制定了安全路线和措施，为医疗队妥善安排了住宿与船只。在日机的狂轰滥炸下，医疗队横穿豫晋陕三省，历经艰难险阻，最终平安抵达延安。当白求恩到达延安后，激动地说："我真正到了中国了。"

## 回港创办达德学院

1945年，陈其瑗陪同赴美国参加旧金山会议的董必武出席活动。董必武向他介绍了国内政局，并邀请他回国办学，为国家培养人才。1946年，董必武又写信给他，邀请他直接回到香港从事教育事业，为解放大业发挥更多作用。陈其瑗非常热爱教育事业，也愿意献身教育工作。他认为今后的教育事业更为重要，"正需要在民主和科学的大旗下，培育千千万万有为青年，为建设新中国服务"。

就这样，当年7月，陈其瑗回到了香港。

这一时期，国民党反动政府屡屡进攻解放区，全国性内战一触即发。由于受到国民党政府的迫害，很多爱国民主人士、文化教育界人士和进步青年流亡到了香港。为了妥善安置这些人员，并为了满足人民解放战争和未来新中国建设对人才的需要，创建一所正规的高等学府迫在眉睫。

在向中央请示后,中共广东区委书记尹林平约见了陈其瑗,沟通了意见,又与在香港的民主党派负责人、爱国人士共同商议了建校事宜。当时在香港的李济深、何香凝、蔡廷锴、朱蕴山等人都表示支持创办一所大学。

8月,香港达德学院筹备小组正式成立,陈其瑗为筹建学院四处奔走。经过多方努力,10月10日,达德学院宣告开学。学院由李济深任董事长,陈其瑗为院长。达德学院因创办仓促,又受场地、校舍、经费、设备等限制,规模较小,但仍然按照高等院校本科的要求,设置了政治、经济、文哲三个系,并邀请国内

陈其瑗(右)与郭沫若在达德学院

著名的专家学者在学校任教。一些著名的政治活动家及学术泰斗，也在院内以讲座形式讲学。按照陈其瑗的话说："在董事、职教员、学生、工友的努力及各界的赞助下，达德学院才得以在风雨飘摇中建立起基础。"

达德学院师资一流、名师云集，老师们不仅在学术上有很高的成就，而且还是民主革命运动的战士。梅龚彬、翦伯赞、胡绳、钟敬文、千家驹、许涤新、黄药眠、陆怡、陶大镛、章乃器等70位著名专家学者都在学院教授课程。同时，何香凝、李济深、蔡廷锴、谭平山、马叙伦、冯乃超、乔冠华、茅盾、周而复、郭沫若、夏衍等社会活动家及学术精英也应邀到校讲学，受到了学生的热烈欢迎。

达德学院把"研究高深学术，养成为人民服务之实用人才"作为办学方向和培养目标；把"爱国、进步、民主、团结"作为校风。陈其瑗在开学伊始，提出了学院五个方面的教学方针：（一）广义的爱国教育；（二）和平民主的民主教育；（三）进步的民主教育；（四）人本的自由教育；（五）集体的互助教育。陈其瑗还在《我们的教育方针》一文中对这五项内容进行了全面阐述："我们的爱国教育，是基于国际平等和民族自决的原则而且是富于正义感的教育，是为争取中国自由独立培养建国人才的；我们的民主教育，是反官僚、反独裁的，是为人民服务和注重人民生活的教育……"

学生们在这样的教育环境下，大多数人政治敏感，追求真理，勇于实践。后来，许多师生响应号召，回到各地参加革命斗争，为祖国的解放事业和新中国的诞生作出了贡献。据统计，当时共有18名校友为革命付出了宝贵生命。学院被称赞为"南方的革命摇篮"，当之无愧。

陈其瑗对学院倾注了全部心血。他作风民主、平易近人，深得全院师生爱戴。很多学生生活困难，衣食住行都成了问题。虽然陈其瑗每月工资只有350元港币，自己的生活也只是勉强维持，但他仍然用微薄的工资，帮助学生渡过难关。他在学院开展了勤工俭学活动，通过募捐助学，对于有特殊困难的学生免缴学杂费，让他们可以继续上课。自学院创立以来，先后共开办15个班，培养了约800名学生。

陈其瑗60岁时，为答谢祝寿师生，曾赋诗一首："据鞍矍铄少年从，两载耕耗事倍功。身健幸差同董老，齿齐羞与伍衰翁。学如不及惊时逝，知也无涯警自封。留得青山常自在，新民种子播南中。"

1949年2月，港英当局以"达德学院进行极'左'性质的共产党政治训练和宣传，学生重视遵循共产党路线，情感上强烈反蒋反美"为由，下令关闭了这所学院。学院存在的历史虽然短暂，只有两年半的时间，但却为国内的民主革命事业培养出一大批干部，在民主教育事业的历史上，写下了光辉一页。

## 为新中国鞠躬尽瘁

在香港办学期间，陈其瑗还积极从事民主革命活动，为民革的建立和发展作出了积极贡献。他与李济深、何香凝等人一起，创建了民革。在民革第一届中央执行委员会上，陈其瑗被推选为中央常务委员。

1948年8月，民革中央就新政协问题进行集体讨论。陈其瑗、李相符等人提出建议："将来联合政府成立后，要实现新民主主义，以无产阶级为领导。"李济深认为这个建议很重要，迅速向各民主党派座谈会作了专题汇报。

1948年12月，陈其瑗响应中国共产党的号召，与一众民主人士离港北上，共商建国大计，筹建新中国。回到解放区后，他怀着满腔热血和报效祖国的赤诚之心，以华侨民主人士身份，参与新政协会议的筹备工作，加入到建设社会主义新中国的行列中。

中国人民政治协商会议第一届全体会议期间，陈其瑗参加了人民英雄纪念碑的奠基典礼，深切缅怀革命先烈。想到自辛亥革命以来，中国走过的艰辛道路，陈其瑗热泪盈眶，不禁感慨：而今的中国人民终于站起来了！

新中国成立初期，陈其瑗历任政务院政治法律委员会委员、中央人民政府内务部副部长等职，并被选为全国侨联副主席、北京市侨联主席、全国人大常务委员会委员。工作中，他勤勤恳恳、兢兢业业，怀着对国家和人民高度负责的精神，不辞劳苦完成各项艰巨任务。他有时一天工作达十个小时以上，经常深入实际开展调查研究。

陈其瑗（前排左一）作为海外华侨代表出席第一届政协会议

1949 年底至 1950 年春，全国多地遭受水灾。新中国刚刚成立，救灾工作是一项关系到社会稳定和新政权巩固的头等大事。陈其瑗正兼任内务部社会司司长，原本组织上考虑他年纪大、身体差，不让他下去查灾情。但陈其瑗却认为这是一个很好的锻炼机会，主动要求到灾区开展调查研究。他找到当时的内务部部长谢觉哉，说道："我长期住在国外，对国内基层不了解，需要下去锻炼锻炼，实际到第一线查看灾情。"根据他的要求，最终派他到河北省了解灾情。看到农村救灾的情况，经过深入实地的调查，他进一步感到了中国共产党的伟大，正像他在调研报告中写道："这次我真正见到中国共产党领导下的各级政府，真正做到在大灾面前'不饿死一个人'的承诺。"为了支援灾区，他带头捐钱捐物，把节约下来的钱全部交给灾区人民，公家发的服装费也都拿出来用作救灾专款。

陈其瑗是归侨领袖，深知华侨与祖国的命运紧密联系在一起。他关心重视侨务工作，热心支持侨界人士发挥作用，坚决反对歧视归侨、侨眷的做法。随着回国工作、学习的华侨不断增多，为了更好团结各阶层的归侨、侨眷和海外侨胞，为社会主义建设服务，建立统一的全国性的侨联组织已成为各地侨联和广大归国华侨的迫切要求。1949年7月8日，中国解放区归国华侨联合会举行华侨人士座谈会，决定进一步扩大原有华侨组织，将解放区归国华侨联合会改组为归国华侨联谊会，并成立了归国华侨联谊会筹备委员会。筹备委员会推举彭泽民为主任，陈其瑗、胡愈之、连贯为副主任。经过两年多的辛苦筹备，1951年下半年，北京归国华侨联谊会正式成立。联谊会在宣传党的方针、政策和新中国的成就，维护华侨、归侨、侨眷的合法权益等方面做了大量卓有成效的工作。

1952年初，美国在朝鲜北部和我国东北地区散布大量携带鼠疫、霍乱、伤寒等传染病的动物和昆虫。3月，中国政府组成了美帝国主义细菌战罪行调查团，分赴朝鲜和中国东北进行调查。团长由中国红十字会会长李德全担任，副团长由中华全国民主青年联合总会主席廖承志和时任中国人民救济总会监察委员会主任的陈其瑗担任。调查团先后组织了七十多位全国各地的高级专家，冒着危险进行了实地勘察。调查期间，陈其瑗看到了东北人民强大的防疫力量，他得到一个结论："伟大的人民群众的决心和智慧是不可战胜的力量。"一个半月后，陈其瑗等人发布了《美帝国主义细菌战罪行调查团调查报告》，公布了真相。报告详细描述了调查团的调查过程、数据和分析结论，证实了美帝国主义散布病毒和细菌的滔天罪行。他还强烈谴责美帝国主义违反国际法，呼吁全国和全世界人民反对细菌战。

虽然身为领导干部，陈其瑗生活极其简朴。他觉得："要建设一个强盛的国家，国家工作人员首先要艰苦朴素。"陈其瑗每月工资有三百元，但只将三十元作为生活费，见到谁家有困难，无不热情相助，很多人都得到过他无私的帮助。他不用厨师，坚持到职工食堂就餐；杂务工作也不用勤务员，能自己做的都自己做。他一直携带在美国当工人时用过的工具，家里的家具、电灯坏了，就亲自动手修理一下。冬季取暖时，每天需要烧几块煤，陈其瑗都要立下规定，绝不多烧。董必武曾在挽诗中赞他："衣食皆从俭，工薪总拟轻。"

陈其瑗经常用"天行健，君子以自强不息"来勉励后辈，儿子还因此以行健命名。他热爱学习，学习范围十分广泛，对于民政工作、华侨事务、教育理论、宗教问题、文学艺术、科学技术，都有精辟的见解。解放之初，每逢聆听报告、

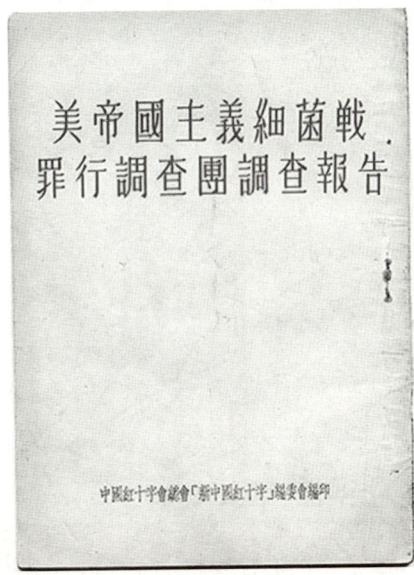

《美帝国主义细菌战罪行调查团调查报告》

开会讨论或学习发言，他都认真记录，丝毫不怠慢。多年积累下来，他的笔记本装满了两个皮夹。他曾说这些笔记："不仅备忘，而且成为'知识的源泉'，研阅，什么学问都有。"

在谢觉哉眼里，陈其瑗是一位真正的革命者。1959年，在董必武和谢觉哉的介绍下，陈其瑗实现了他多年的心愿，加入了中国共产党。

## 主要参考文献：

1. 民革中央宣传部编：《民革领导人传》（第二辑），团结出版社，2007年版。

2. 屈武：《在民革中央纪念陈其瑗同志诞辰一百周年座谈会上的讲话》，1987年3月16日，民革中央官网：http://old.minge.gov.cn/minge/txt/2008-09/10/content_2465692.htm.

3. 武连元：《在陈其瑗同志诞辰一百周年纪念会上的讲话》，1987年3月16日。

范予遂（1893—1983），又名煜遂，山东五莲人，1949年加入民革。中华人民共和国成立后，曾任华东行政委员会政法委员会委员、山东省人民政府委员、山东省政协副主席等职。民革第二、三届中央委员，第五届中央常委。民革山东省分部筹备委员会召集人，第一、二、五届省委会主委。第二、六届全国政协委员。

# 范予遂
## 当面主张蒋介石下野的"立法委员"

**参加讨袁护国和五四运动**

范予遂，1893年5月出生于山东省诸城县范家车村。七岁入私塾就读，1907年，到王家楼子跟随其姑父前清举人王纪龙读书。受表兄同盟会会员王乐平的影响，范予遂开始接触到孙中山的民主革命思想。经王乐平介绍，他加入了同盟会。

1911年10月，武昌起义打响。农历辛亥腊月十六，诸城革命党人响应武昌起义，驱逐知县，成立政府，宣布独立。范予遂毅然剪掉发辫，参加革命军，保卫诸城独立。腊月二十三日，清兵攻陷诸城县城，大肆捕杀革命党人，范予遂被迫离开家乡，到外地求学。

1913年，范予遂从青州农业职业学校毕业，又考入青州师范和留日预备学校。1916年3月，山东革命党人响应讨袁护国运动，配合孙中山领导的中华革命军东北军入鲁部队，成立讨袁护国军，在周村发动起义，宣布周村独立，范予遂参加护国军并任交涉员。

护国运动结束后，范予遂回到济南，考入省立一中。1917年省立一中毕业后，范予遂考入北京高等师范学校。他积极参加社会活动，组织工学会，提倡读

1919年5月,北京高等师范学校学生欢迎范予遂等八勇士获释凯旋

书、工作、劳动并重。范予遂还和王统照等山东旅京大学生创办《曙光》杂志,宣传新文化运动,发表介绍苏俄情况的文章和列宁著作译文,为推动马克思主义的传播发挥了作用。

1919年5月1日,北洋政府在巴黎和会上外交失败的消息传来,激起当时北京高师爱国学生的强烈愤慨。5月4日,北京高师学生会与北京大学等高校的学生代表集会,决定发起游行示威活动。范予遂等北京高师学生打着条幅和旗帜最早抵达天安门广场,游行示威,发表演说,抗议"巴黎和约",随后冲进曹宅,火烧赵家楼。范予遂等北京高师八名学生被北洋军警逮捕关押,后经多方营救获释返校,被称为八勇士。

## 筹建国民党山东省党部，参与改组

1921年，范予遂从北京高等师范学校毕业后，先后在济南担任省立一中教务主任，省教育厅指导员、省视学主任等职。1923年8月，出席在昆明召开的全国教育会议。

1924年1月，国民党一大闭幕后，王乐平受孙中山委派回鲁筹备成立国民党山东省党部，范予遂被推荐为筹委会委员。1925年，国民党山东省党部成立，范予遂当选为国民党山东省党部委员和常务委员，兼任农民部部长。1925年冬，王乐平受到山东督办张宗昌的缉捕，离开山东到广州，范予遂负责国民党山东省党部的党务工作。

1926年1月，范予遂赴广州出席国民党二大。同年10月，代表山东省党部出席了在广东召开的国民党中央执行委员会、监察委员会和各省、市党部代表联席会议。

1927年2月，范予遂离开济南，到武汉参加北伐，先后担任国民党中央宣传部干事、武汉政治分会首席秘书，国民党汉口特别市党部常务委员兼组织部部长和汉口《民国日报》总编。1928年2月，国民党二届四中全会在南京召开，成立民众运动委员会，范予遂任委员。

1928年6月，范予遂参与中国国民党改组同志会，任组织部干事，从事反蒋活动。1929年春，去日本留学。1930年2月，改组派干将王乐平在上海被蒋介石派人刺杀，范予遂回国参加王乐平葬礼。在国民党四大上，范予遂当选为候补中央委员。

1932年2月，范予遂担任河南省道清铁路局局长，兼任国民党中央组织委员会委员。1936年2月，他辞去局长职务，赴英国伦敦大学政治经济学院学习。同年，当选为国民党中央党部党务委员会委员。

1932年，范予遂当选国民党中央组织委员会委员

## 冒险赴任山东，坚持敌后抗战

1937年全面抗战爆发后，范予遂感到国难当头，主动弃学回国。1938年7月，第一届国民参政会在武汉召开，范予遂当选为国民参政会参政员、驻会委员。汪精卫投靠日本后，曾写信拉拢他去香港，他严词拒绝，并强烈谴责汪的叛国行为。

1942年2月，范予遂被派往山东担任国民党山东省党部主任委员。临行前，蒋介石召见他，送他六千元路费和一本密电码，要求有事随时向他报告。

范予遂化名樊世昌，化装穿越敌占区，来到鲁南沂蒙山区的国民党省政府驻地。他率领国民党地方武装，配合鲁苏战区主力部队，坚持敌后抗战两年多，先后多次粉碎驻鲁日军的"扫荡"，期间与八路军一一五师及中共山东分局领导的地方抗日武装没有发生大的摩擦。因受蒋介石怀疑，1944年8月，范予遂辞去国民党山东省党部主委职务，由何思源接任。

范予遂离开山东后，到重庆从事国民参政会的工作。他赞赏西方的议会道路，希图在抗战胜利后，通过议会的方式，实现民主联合政府，进而实现孙中山的宪政和新三民主义。他努力从事促成实现议会道路的工作，在报纸上发表文章，编写《国民参政会》和《中国宪法》等小册子，极力宣传议会思想。

1945年5月，在国民党六大上，范予遂当选为中央执行委员。抗战胜利后，他看到蒋介石丢弃孙中山的新三民主义，违背"实施宪政，还政于民"诺言，积极准备内战，十分痛心。1945年10月，他致书蒋介石，要求放弃内战，承认共产党的合法存在，政治解决国共争端，改组国民参政会，增加共产党和其他政党的名额，成立民主联合政府。

## 主张蒋介石下野，联名通电起义

1947年9月13日，国民党六届四中全会在南京召开，范予遂当选为国民党中央执行委员会常务委员。1948年1月，范予遂当选为中华民国第一届立法委员会委员。尽管内战已经全面爆发，他依旧主张成立联合政府，实现国内和平。

1949年元旦前夕，南京总统府张灯结彩，蒋介石特意在官邸举行晚宴，邀请在京的党政军要员前来吃"团年饭"。副总统李宗仁、行政院院长孙科、监察院院长于右任以及国民党中常委张群、陈立夫、张治中、范予遂、蒋经国等四十余人出席。

蒋介石开言道："现在局势已经到了严重的地步，这是党国生死存亡的关键时刻。应该怎么办？目前党内有人主张与共产党和谈。我对这样一个重大问题不能不有所表示。现拟好一篇文告，准备在元旦发表。现在就请岳军先生宣读，征求大家的意见。"

张群念完文告，全场鸦雀无声。蒋介石扭头问坐在身边的李宗仁："德邻，你对这篇文告有何意见？"

李宗仁答道："我与总统并无不同意见。"

蒋介石又将目光投向诸位："你们呢？都谈谈自己的看法吧！"

CC派头目谷正纲明白蒋介石投石问路的用心，抢先发言："总统不能下野呀！总统万万不能走啊……"陈立夫也随即表态："只有总统当政，方可挽救党国于千钧一发之危！"

范予遂则主张蒋介石下野，明确表态："总统以国事为重，急流勇退，适当其时。"中央社社长萧同兹也认为："下野谋和，倒不失一计上策，亦可以孚众望呀！"张治中等高级将领也表示赞同蒋介石下野。会场秩序顿时大乱，双方展开辩论，有的赞同，有的不赞同，闹得不可开交。

蒋介石火冒三丈，破口大骂："好了！都不要再吵了！我并不是要离开，只是你们要我退职！我之所以下野，不是因为共产党，而是由于本党中的派系！"

事情发展到这个地步，蒋介石骑虎难下，不得不宣布下野隐退，头也不回地愤然离场。

1949年4月，国共和谈破裂后，为逃避去台和躲避特务的暗杀，范予遂趁国民党政府向广州撤离的混乱机会来到上海，与陈铭枢、郭春涛等民革友人取得联系，在朋友马鹤龄家躲藏起来。

中华人民共和国成立前夕，范予遂联合国民党"立法委员"五十三人，于9月19日联名通电起义，发表了《脱离国民党反动派宣言》，表示拥护中国共产党的政治主张。公开声明："我们认为只有像中国共产党这种刻苦努力，践履笃实，以虚心学习求进步，以相互批评和自我批评纠正错误的作风，才能真正建设成一个崭新的国家。我们在这里看到了中华民族的新生，亿万人都感到莫大的兴奋！所以我们就应该与国民党反动政府断绝一切关系，而诚心诚意地接受中国共产党的领导。"

随后，范予遂与在北平的邵力子、张治中取得联系并应邀赴北平。1949年12月，范予遂被任命为民革中央组织部副部长。期间，受到周恩来总理的接见，周总理勉励他"学习，学习，再学习"，使他受到很大鼓舞。

## 筹建山东民革组织

1950年9月，范予遂受民革中央委派回到济南，担任民革山东分部筹委会

1950 年，范予遂（前排右一）出席山东省各界人民代表会议

召集人，负责山东民革组织的筹建工作。当时，山东民革党员较少，又是革命老区，组织发展工作十分困难。他以饱满的政治热情和使命感，带领筹委会一班人，依靠各级党委，广泛联系原国民党军政人员，物色和吸收了一批符合条件的党员。很快，就从最初的几名民革骨干，发展到两百余名民革党员。

1954 年 10 月，民革山东省第一次党员代表大会召开，选举产生了民革山东省第一届委员会，范予遂当选为主任委员。他带领全省各级民革组织和广大党员，积极履行民主党派职能，成为社会各界公认的民主党派代表性人士。1956 年，在政协山东省一届二次全会上，范予遂当选为山东省政协副主席。期间，范予遂还担任过民革中央委员、全国政协委员、华东行政委员会政法委员会委员、山东省各界人民代表会议代表、山东省人民政府委员等职务。

范予遂十分关心祖国统一大业，亲笔撰写了《和平统一，造福人民》《致台湾当局诸老友》《致台湾"立法院"老朋友的公开信》等数十篇对台宣传稿件，并给在台湾、海外的张群、何应钦、王立哉、谷正纲等原国民党要员写信,向他们宣传祖国的大好形势,宣传中国共产党的路线、方针、政策,希望他们回来看看祖国的巨大变化,早日回归大陆或为祖国统一大业尽力。

范予遂为人正直,敢于直言。在"大鸣大放""帮助整风"时,他批评了"宁左勿右"的倾向,提出协商在决策之前的建议。1957年,范予遂不幸被打成右派,并受到降职、降级、降薪处分,但他始终忠诚于中国共产党,忠诚于人民,从来不口吐怨言,表现了极高的政治素养。

### 主要参考文献:

1. 范予遂:《辛亥革命对我的影响》,《春秋》,2011年第5期。

2. 范予遂:《我任国民党山东省党部主任委员的回忆》,山东省政协文史资料委员会编:《文史资料选辑》(第七辑),山东人民出版社,1979年版。

3. 山东省地方史志编纂委员会编:《山东省志》,山东人民出版社,1996年版。

4. 山东省政协文史资料委员会编:《山东文史集粹》,中国文史出版社,1998年版。

5. 山东省政协文史资料委员会编:《肝胆相照五十年》,中国文史出版社,1999年版。

6. 民革山东省委员会编:《山东民革50年》,齐鲁书社,2000年版。

7. 王志民主编:《山东重要历史人物》丛书,山东人民出版社,2009年版。

8. 孙志华、齐鲁著:《齐鲁烽火:山东抗战全纪录》,中国文史出版社,2020年版。

林一元（1906—1988），广东罗定人，民革创始人之一，中国人民政治协商会议第一届全体会议代表。中华人民共和国成立后，曾任政务院参事、广州市房管局局长、广东省人民政府参事等职。民革第一届中央候补执行委员，第二、三、五届中央委员，第六届中央委员、中央监察委员会常委。民革华南临时工作委员会委员，民革广东省委会主委，民革广州市委会代主委。第六届全国政协委员。

# 林一元
## 与新四军和平相处的太湖县县长

1948年8月23日这天的深夜,大批国民党特务出动,秘密逮捕了广州民主人士余勉群、秦元邦、叶少泉等人,对他们进行严刑拷打,并到文德东路六和新街十四号搜查,特务们把楼上楼下搜了个遍,然而并没有搜捕到目标人物。

原来,特务们想要搜捕的这个人当晚正住在朋友家,在朋友机智掩护下,他逃过了魔掌。

特务们想要搜捕的目标人物是谁?为何要逮捕?当时,正值民革、民促在广东如火如荼开展斗争之时,国民党反动派则恼羞成怒,企图制造白色恐怖,迫害民主人士。这次他们要逮捕的这位民主人士就是为民促成立前前后后持续奔走忙碌,后来又亲历了民革的建立、新政协的筹备等重大事件的民革前辈林一元。

### 投笔从戎,投身革命

1906年3月15日(清光绪三十二年二月二十一日),林一元出生于罗定县素龙镇龙税乡。他自幼勤奋好学,爱读进步书报,1926年在广东大学(中山大学

民促在广州文德东路六和新街14号的秘密联络点

前身)预科毕业即投笔从戎。

1926年7月,林一元参加了北伐战争,任国民革命军团政治指导员。1927年八一南昌起义时,任叶挺十一军政治部总务科科长。1932年参加了十九路军淞沪抗战,任十九路军七十八师驻粤办事处中校主任,筹募华侨捐款。1933年又参加十九路军发动的抗日反蒋的福建事变,任人民革命军第一方面军第三军政治部主任。福建事变失败后,林一元返回家乡。

1938年,林一元与区寿年(四十八军副军长兼一七六师师长)一起随第二十一集团军总司令兼安徽省政府主席廖磊进入大别山区工作,初任豫鄂皖边区战地服务队队长,后又兼任四十八军一七六师政治部主任。为了做好战地服务队工作，林一元深入农户，发动那些身壮力健的青年加入战地服务队，他奔忙于村野间，迎着黎明去，踏着星星归，工作起来常常是昼夜不分。在林一元的艰苦努力下，运输队、担架队、向导队等各种战地服务队很快便组织起来，并且在后来桐城、安庆对日寇的几次作战中，起到了应有的作用，成了前方作战部队的得力助手。

1940年春，林一元任太湖县县长，他为政清廉，作风简朴，处事公正，在位一年多时间里政绩显著，深受太湖人民拥戴。同时，他还拥护国共合作，团结抗日，与新四军和平相处。林一元到任不久，便将所有关押的政治犯一律释放了。那时，太湖县境内经常有新四军五师、七师活动。一天，龙山宫大山上，游击队打了约半小时的枪，城镇乡村，风声鹤唳，林一元则置若罔闻，泰然处之，照常办公。又一次，太湖护城堤坝上，有新四军便衣队活动，他接到情报，听之任之，没有发动一兵一卒。此外，林一元思想行为较为进步，从他一次看书的即兴之作"风雨飘摇历经秋，真理终能得自由，红日东升天下白，青山不老看沉浮"中就不难看出他追求真理、力争进步的情怀，而这却是与国民党贪官污吏的反动思想行为是不相容的。因与国民党顽固派不能同流合污，后来林一元以"职身多病，不克胜任"为由辞去县长一职，偕同家眷和两个从员，两袖清风，悄然而去。

## 参与组建中国国民党民主促进会

林一元与著名抗日爱国将领蔡廷锴同是广东罗定人，曾跟随蔡廷锴参加"一·二八"淞沪抗战，之后又参加了反蒋抗日的福建事变及抗日战争。抗日战争后期，在中国共产党的领导下，何香凝、李济深、梁漱溟、蔡廷锴、朱蕴山等在广西、广东一带酝酿，建立民主派组织。1946年，林一元跟随蔡廷锴在广州筹备成立中国国民党民主促进会。

据林一元回忆，抗日战争后期，全国人民对蒋介石的专制独裁统治深恶痛绝；尤其对他主张的"消极抗日，积极反共"反动政策更感愤懑。国民党内有识之士，纷纷秘密酝酿筹组各种党派、团体，以期促使蒋介石放弃他的反动政策，实现全国人民要求认真抗日，实现民主的良好愿望。时任军委会桂林办公厅主任的李济深曾同何香凝、蔡廷锴、陈此生等国民党爱国民主人士商议筹组一个实行孙中山三大政策，主张国共合作抗日，以期真正实现民主的组织，后来因为桂林的迅速沦陷，李济深、何香凝等均被迫疏散而搁浅。不久，李济深回到广西苍梧原籍后，曾借视察各地的机会，亲自到广东罗定县与蔡廷锴磋商成立组织一事，取得了一致意见。李济深从罗定返回苍梧后，即着胡希明、余勉群两人草拟组织章程，适值那时何香凝亦从广西八步寄来一份章程草案，于是便将两份草案合并，并派余勉群将合并的章程草案带往罗定县由蔡廷锴研究和签订。

1946年，蒋介石撕毁《双十协定》，发动内战的狰狞面目愈来愈暴露，因而加强进步力量的团结，反对蒋介石独裁统治的要求就更加迫切。李济深于途经广州赴重庆时曾留下字条给蔡廷锴，大意是：兴华公司招股事宜（指成立组织）由蔡廷锴、李章达负责，并指定蔡廷锴为第一召集人，李章达副之。蔡廷锴得李济深指示后，便于孙中山逝世纪念日（3月12日）在广州市光孝路祝寿巷四十四号李章达住宅召开首次筹备会，到会的有蔡廷锴、李章达、梅龚彬、吴仲禧、李镇靖、张励、张文、谭启秀、云应霖、余勉群等人。会议决定组织名称为中国国民党民主促进会（以下简称民促），并同时宣告成立；会议还决定由李章达征求蒋光鼐（曾任第七战区副司令长官）参加，蒋光鼐不但表示赞同并捐助巨额会费，还答应尽力协助民促成员的地下活动。

4月14日，民促第二次会议举行，地点和人数与第一次同，决定了如下事项：1. 出席今天会议的同志均为中央理事会理事；2. 增加李民欣、陈此生、司马文森、秦元邦、谭冬菁、叶少泉、林一元等为中央理事会理事；3. 公推蔡廷锴为主席（李章达因要负责民主同盟以及救国会等工作较忙，不再担任民促工作）。

不久，蔡廷锴与李章达、李民欣等商议决定在广州出版一份报纸（日报）作

民促部分成员合影：（前排左起）张文、陈此生、蔡廷锴、李章达，后排李民欣（左二）、秦元邦（左三）、司马文森（右一）

为民盟、民促的机关报，并租定广州惠福东路 66 号作为报社地址。不料正在安装印刷机器的时候忽被蒋帮特务侦悉致被国民党军委会广州行营勒令封闭，还限期蔡廷锴、李章达出境，至此，报纸便"胎死腹中"。蔡廷锴等亦不得不将民促中央理事会同时迁往香港。

为加强民促工作起见，除以谭明昭为民促中央理事会秘书长负责处理日常事务外，还在广州秘密设立民促广东分部理事会，初定蒋光鼐为主任理事，后以蒋不便出名兼任，改以谭启秀为主任理事，理事余勉群兼秘书组主任，理事秦元邦兼任宣传组主任，理事林一元兼组织组主任，理事叶少泉兼财务组主任，理事还有陈任之、陈治平、梁甲荣、黄华润等，他们共同负责在省内各地秘密吸收成员，开展宣传、联系等各项革命活动。

## 见证民促与民革合并

1946年初，民促中央理事会秘密迁港后，即积极开展工作，10月间，蒋介石通过国民党军委会广州行营主任张发奎电邀蔡廷锴往南京会见，妄图分化蔡廷锴与李济深的关系，以达到扼杀民主革命活动的目的。因此，一些同志担心蔡到南京会被蒋软化；更多同志则认为蒋介石流氓成性，怕蔡自投罗网被蒋扣留，所以都不主张蔡廷锴南京之行。但是蔡廷锴却有他自己独特的见解，认为蒋不但软化不了他，也不会把他扣留，而且他还可以借此机会经过上海与中共代表和各方面进步人士密切联系，到南京时又可以亲自观察当时形势，为民促发展工作奠定一定基础。因此，蔡廷锴毅然决定由香港到广州与张发奎会晤，答允亲赴南京见蒋。张即为蔡准备好飞沪机票。

同蔡乘机飞上海的除夫人罗西欧外，还邀林一元以私人秘书随行。此行，蔡廷锴先后到了上海、南京、杭州，与各方人士进行了无数次的会面，最后回到香港。蔡一行三人安然归来，同事们悬挂在心中的巨石才放下，一致钦佩蔡老的高瞻远瞩，胆识过人，也赞许林一元的忠实勤勉。

1947年蒋帮特务暗杀李公朴、闻一多后，不少民主人士纷纷到达香港。三民主义同志联合会（简称民联）领导人谭平山抵港后与李济深、何香凝、蔡廷锴、李章达等在李济深公馆频繁座谈，交换对时局意见，一致认为必须加强爱国反蒋活动，建立一个统一的组织，于是决定成立民革，并增加冯玉祥等六人为发起人，并定同年11月12日孙中山先生诞辰纪念日成立筹备委员会，以民促、民联两组织成员为民革基本成员，12月25日召开临时代表大会。

1948年1月1日，大会发表成立宣言，民革正式成立，林一元被选为第一届候补中央委员（因要在广州从事民主活动，故当时化名为林原）。民革成立后，民联、民促仍保留组织，开展工作。

## 北上解放区

1948年4月，民革中央决定成立民革广东省组织，并指定谭启秀为广东省分会主任委员，秦元邦、林一元、余勉群、叶少泉、黄华润（以上民促），方少逸、江苇、黄鼎臣（以上民联）等为委员，以余勉群兼秘书组主任，秦元邦兼宣传组主任，林一元兼组织组主任，叶少泉兼财务组主任，至此民促广东省分部工作完全归到民革广东省分会去了；另外还决定成立民促广州市分部，以黄华润为主任理事，理事有陈文钦、李蓬勃、刘俊、陈炯文、吕雄才、何景燊等。

由于广东方面的国民党反动派压迫剥削人民群众的残暴行为日益加剧，民革、民促展开反对内战、反"三征"（征粮、征兵、征伕）、反迫害（反对国民党特务逮捕、迫害学生）的正义斗争，使国民党反动派恼羞成怒。1948年8月13日深夜，国民党反动派秘密逮捕了余勉群、秦元邦、叶少泉等同志，加以严刑拷打，并到文德东路六和新街十四号搜查。林一元原住在文德东路某园蔡廷锴家，因目标太大，故迁寓于文德东路六和新街十四号。当晚，林一元正好在同乡好友吕雄才同志家住宿，当特务来搜捕时，由于吕雄才的机智掩护，得以幸免，隔数日便出走香港。在白色恐怖的严重威胁下，广东民革、民促的组织活动不得不更加隐蔽。

1948年8月下旬，林一元在广州摆脱国民党反动派的追捕，脱险到港，即往蔡廷锴寓所，向他汇报广州工作情况和脱险经过，并到蔡廷锴的青山别墅密谈（当时香港情况复杂，国民党特务和港府密探互相勾结，故一切行动须保密）。当蔡廷锴说到中共中央邀请各民主人士前往东北解放区商议筹备召开新政协的决定，问林一元是否愿意前往，家庭有何顾虑时，林当即表示愿意同去，并说家人已全部迁回罗定原籍。事后，蔡廷锴便请在港的华南分局领导同志转报中共中央给林一元以他的秘书名义，随同赴东北解放区，参加开国第一个重要会议的筹备事宜。

第一批北上解放区的有沈钧儒、谭平山、章伯钧、蔡廷锴，林一元是以经中央批准的蔡廷锴秘书名义随行。9月12日黄昏，他们先到香港湾仔谭天度同志家里，化装成商人，13日早启航。他们乘坐波尔塔瓦号货轮过台湾海峡时遇到强台风，失去控制，被冲到澎湖列岛一带，几致触礁。全体船员投入抢险，蔡廷锴等乘客也披挂上阵，浑身湿透，经船员和乘客奋力抢拼，才摆脱险境。9月18日是中秋节，苏联船主入乡随俗，杀猪加菜。蔡廷锴及秘书林一元自告奋勇，下厨帮工。他们把苏联人准备抛入大海的猪肚猪肠捡起，洗净后烧出两盘地道的粤菜。大家边吃边赞，有人还请他们传授厨艺。9月27日，"波尔塔瓦号"到达朝鲜罗津港登陆，后乘火车到达哈尔滨市，住在东北局招待所马迭尔旅馆，受到东北局领导同志的热情接待。

10月21日至23日，东北局的领导同志高岗、李富春、高崇文等代表中

民主人士在哈尔滨下榻的马迭尔宾馆

共中央与到达哈尔滨的沈钧儒、谭平山、蔡廷锴、章伯钧、朱学范会谈中共中央关于召开新政协的章程草案的初步意见，经过和其他民主党派及负责人的反复协商，11月25日取得了一致意见。林一元作为列席会议的人员参加了一系列的会议。

1949年1月14日，中共中央主席毛泽东发表《关于时局的声明》，提出以八项条件为和平谈判的基础。1月22日，已到达东北解放区的各民主党派、民主人士李济深等五十五人发表了《我们对于时局的意见》的声明，坚决支持和热烈拥护毛泽东主席《关于时局的声明》。签名的五十五人中，有民促成员蔡廷锴、李民欣、林一元三人。

1月30日北平和平解放后，在沈阳的民主党派、民主人士先后乘车入关，到达北平。民促、民革、民联的中央理事会亦先后迁来北平。此时，林一元才取消林原化名。

## 参加新中国建设

6月15日，新政治协商会议筹备会在北平开幕，民促派蔡廷锴、蒋光鼐（蒋未到前由秦元邦代）、陈此生、李民欣等四人为代表，参加新政治协商会议筹备工作，蔡被选为常务委员。林一元则安排在常委会领导下的六个小组中的第五组任秘书，兼负责大会与民促、民革、民联三单位的联系工作。

经过三个多月的筹备，中国人民政治协商会议第一届全体会议于1949年9月21日在北平开幕。林一元作为民促代表出席了会议。

中华人民共和国成立后，林一元历任中央人民政府政务院参事，广州市地政局副局长，广州市房管局局长，广东省人民政府参事，广州市第一、二、三届人民代表，民革广州市委员会代主任委员，民革广东省委员会第一、二、三、四、五、六届委员、常委、主任委员、顾问，广东省政协第二、三届委员，第四届常委兼副秘书长等职。

后来，当林一元讲起自己在中南海办公期间终生难忘的事时，曾提到自己与毛泽东主席的一次交谈。那次，在中南海的一次干部晚会上，大伙儿在跳交谊舞，林一元坐得离毛主席不太远，毛泽东看到便起来拉林一元和他一起坐，极其和蔼而又慈祥地问林一元过去的经历。当谈到1927年参加南昌起义进入广东潮汕失败的经过时，毛主席便指出，当时的起义部队应该首先在江西建立根据地嘛，为什么急急忙忙进军潮汕呢，这不是给了敌人以逸待劳的机会，起义部队结果失败了。谈到十九路军在福建组织人民政府很快失败的经过时，毛主席在问了林一元的意见后，他说根本的原因，恐怕是没有充分发动群众，革命没有群众做基础怎么行？毛主席接着说："当时我们党是'左'倾错误占主导地位，没有很好支援十九路军，也是你们很快失败的原因之一，否则十九路军就不会那么快被瓦解，革命的形势也将完全不同了。"最后，林一元回顾了历史说："过去各方面反对蒋介石的斗争，都先后失败了，只有今天，在您领导下的新民主主义革命才取得了伟大的胜利，您的教导是历史的总结呵！"毛主席很诚恳地说："革命是要大家来的嘛。"

## 主要参考文献：

1. 林晓梅：《林一元传略》，中国人民政治协商会议罗定市委员会文史资料委员会编：《罗定文史》（第十八辑），1994年版。

2. 林一元：《关于中国国民党民主促进会的回忆》，中国人民政治协商会议广东省委员会文史资料研究委员会编：《广东文史资料》（第四十辑），广东人民出版社，1983年版。

3. 石光树编：《迎来曙光的盛会——新政治协商会议亲历记》，中国文史出版社，1987年版。

4. 林一元：《民主人士和社会贤达秘密北上》，杨胜群、陈晋主编：《亲历者的记忆：协商建国》，生活·读书·新知三联书店，2009年版。

5. 林一元、余勉群：《蔡廷锴传略》，中国人民政治协商会议广东省委员会文史资料研究委员会编:《广东文史资料》（第二十三辑），广东人民出版社，1979年版。

6. 民革中央党史编辑委员会编:《中国国民党革命委员会60年》，团结出版社，2007年版。

郑坤廉（1907—1950），广东中山人，1948年加入民革。中国人民政治协商会议第一届全体会议候补代表。中华人民共和国成立后，曾任政务院参事、华侨事务委员会联络处副处长等职。民革第一届中央执行委员，第二届中央候补委员。

# 郑坤廉
## 继承丈夫遗志的"女将军"

1945年，国民党政府控制的一些右翼报纸，出现了通栏标题："女匪首郑坤廉率领匪众上了十万大山"。为何一个进步女学生，曾经的中山大学校花，却成为了"女匪首"，甚至后来郑坤廉在香港，还被民主人士冠以"女将军"的美誉呢？

## 抗日救国，爱国女学生结识抗战将领

郑坤廉，1907年出生在日本神户。父亲郑焕之（又名郑其宝），广东中山籍人，很长一段时间在日本当洋行职员。父亲有八个女儿，而郑坤廉排行第六。郑坤廉童年在日本就学，日语讲得很好。1922年15岁的她，跟随父亲回到中国，在广东中山的三乡中学读书，后又到广州的中学读高中。

郑坤廉自幼聪颖可爱，分外受姐妹和父母的喜爱。八姐妹一直和睦相处，在这样一种团结友爱的家庭环境中成长起来的郑坤廉，自然养成一种朴实、诚信、率真的品格。孙中山从事革命期间，经常到日本开展活动。当时在日本读书的郑坤廉的姐姐曾以小学生的身份参加过欢迎会，也见过孙中山、廖仲恺、陈其美等人，听过他们的演说和讲话，郑坤廉的父亲也倾向革命。虽然那时候郑坤廉还没有入学，但是受到家人的熏陶，也常常听到诸如"革命""民国"等词语，把秋瑾视为自己的偶像。随父母回到中国后,郑坤廉一直生活在革命最前沿的广东,在中山大学就读期间,她勤奋学习,成绩名列前茅,课外爱读进步书刊,不懈追求真理。九一八事变后,她带头参加了中山大学和广州中等以上院校联合举行的万人抗日救国示威游行和请愿活动,要求政府停止内战,实行抗日,组建抗日救国会和抗日义勇军,实行抵制日货。1931年10月10日,中山大学和附中学生抵制日货的游行竟被当局军警开枪镇压,造成流血事件,中山大学学生紧急动员,举着血衣游行,要求严惩凶手。国民党地方当局一方面宣布查办一名公安分局局长以缓和民愤,另一方面又宣布全市戒严,追查学生领袖,迫使中山大学学生会领导成员纷纷离校,郑坤廉这时也随中山大学同学一起离校到广州附近的番禺、南海等地宣传抗日救国。1932年爆发"一·二八"淞沪抗战。郑坤廉参加中山大学慰问团到上海前线慰问抗日部队,在上海她结识了时任十九路军六十一师副师长的广东同乡张炎。

后来,张炎率部在竹园墩小场庙抵抗日军的战斗中负伤,从火线上被抬下来,后又被转移到广州医治。郑坤廉得知这一消息后,亲自前往医院照料他的伤势。在此过程中,郑坤廉被张炎坚强意志和爱国热忱深深感动,张炎康复后,在三姐郑坤礼建议

上海市民众热烈支持十九路军抗战,张炎表示誓死保卫上海

下,1933年元旦,郑坤廉嫁给了张炎,并跟随张炎所在的十九路军前往福建。

1933年,张炎接任国民党独立第四十九师师长,成为十九路军的主力部队之一。福建事变失败后,张炎对于蒋介石的不抵抗政策十分愤慨,毅然放弃蒋介石所许诺的所谓十九路军副总指挥一职,携郑坤廉出国考察欧美和苏联。

在英、法、德、意、荷兰、丹麦考察时,张炎和郑坤廉夫妇意识到,救中国首先是要民族彻底独立和解放。在德国柏林,张炎和郑坤廉结识了中国共产党在德国的外围组织——反帝大同盟的重要成员乔冠华和一批进步的留德学生和爱国民主人士,并参加了很多抗日团体的活动。从这些交往和活动中,张炎和郑坤廉也加深了对中共抗日救国主张,特别是停止内战,共同抗日建立抗日民族统一战线方针和政策的了解。后来,乔冠华建议他们两个去苏联看一看,了解一下这个世界上第一个社会主义国家的情况。张炎和郑坤廉在苏联不仅考察了工厂、集体农庄和学校,也考察了苏联红军,接触了在苏联留学的中国青年学生。苏联之行,使他们夫妻受到很大教育和启发,他们感到,一个由共产党领导的国家,很有希望,由共产党领导的军队,也是大不一样。

张炎(右)、谭启秀北上抗日前,两对夫妇留影

## 伉俪携手，南路抗日救亡谱华章

1936 年，国内的局势恶化，面对国难当头，中华民族处于生死存亡之际，张炎和郑坤廉毅然结束考察，回到中国。由于蒋介石对张炎一直存有戒心，并没有起用他，而是把他放到南京中央陆军大学特别班第四期受训。七七卢沟桥事变后，中国共产党通电全国，呼吁团结抗日，实现国共第二次合作。张炎闻讯十分激动，认为应该是动员全民族起来挽救祖国危亡的时候。他和郑坤廉一起，回到广东，组建民众抗日自卫团队。1938 年 10 月广州沦陷后，张炎调到高州就任广东省第十一区游击指挥部司令。虽然张炎名为广东第十一区民众抗日自卫团统率委员会主任、游击司令，后又名为广东第七区行政督察专员兼保安司令，但实际上给他提供的只是一个地盘，没有兵，没有粮，没有枪，没有钱，也没有干部。但是郑坤廉随着张炎，就在这片土地上，书写了抗日救亡的壮丽篇章。

郑坤廉支持张炎把广州湾（湛江）及香港的房产变卖，毁家纾难，拿钱作抗日救亡经费，带动全社会"有钱出钱，有力出力"。郑坤廉随张炎回到广东工作，她首先就意识到：张炎这次是领了一个民众抗日自卫团统率委员会主任的空头衔回来，没有实权，也没有多少经费。因此工作重点是要发动当地群众起来抗日。她提议张炎要一边抓军队打仗，一边抓舆论阵地，建立一支宣传队伍。为了能广泛接触当地群众，他们一起到了电白，深入每一个乡镇召开群众大会，宣传抗日救国。几个月下来，电白的群众都赞扬张炎将军没有官气，平易近人，称赞郑坤廉不骄气，亲近百姓。

同时，郑坤廉还提议创办一份报纸，打造宣传的阵地。她找到按周恩来指示回广东参加抗日救亡运动的共产党员陈信材、彭中英等人创办了南路地区第一份民办的进步报纸《南声日报》。《南声日报》开始时每天印三千份至五千份，主要报道国共合作共同抗日的形势，宣传抗日民族统一战线的主张，反映南路人民抗日爱国的实际行动，受到各阶层人民广泛关注。由于报纸针砭时弊，批评国民党政府一些不利于抗战的政策，因此也引起一些人的嫉恨，常用新闻检查的手段加以压制，甚至要查封报馆。遇到这种情况，郑坤廉就请张炎出面公开维护，支持办报。

郑坤廉在南路协助张炎做了大量抗日宣传发动，唤起民众的工作，特别对青年学生工作和妇女儿童工作做得有声有色。从1938年春到1940年夏，仅短短两年多时间，整个南路地区的抗日救亡运动成绩斐然。郑坤廉还让张炎赴港取得她在中山大学校友曾生支持，得到八路军香港办事处主任廖承志接见和吴有恒帮助，以香港学生赈济会回国抗日服务团第一团名义先后派来一大批优秀的地下党员和得力干部帮助打开局面。当时由张炎和郑坤廉主办的著名的南路学生总队和南路妇女总队发展到一千多人，培训出一大批抗日骨干，成为南路抗日救亡的火种。

1940年4月27日，发生了一次震撼广东的事件——周、文事件，即共产党员周崇和与文允武被捕的事件。

1939年，蒋介石集团发动反共高潮，公开诬蔑八路军"游而不击"，1940年1月15日八路军总司令朱德副总司令彭德怀发表通电驳斥这个破坏团结抗日的谣言。为了反击国民党反动势力的造谣污蔑，中共南路特委决定在纪念黄花岗七十二烈士的3月27日散发上述通电，同时散发中共中央揭露蒋介石分裂破坏抗战要求严惩平江惨案凶手而发表的《第十八集团军致国民党中央的通电》。3月27日上午，南路学生总队第四中队共产党支部书记周崇和带了传单秘密到谢鸡、新桐一带散发。当他走到新桐中学附近时，被埋伏的国民党特务当场逮捕，另一名共产党员文允武也同时被捕，随即被押送到茂名。

事情发生后，广东的国民党当局想利用这件事，污蔑中国共产党，杀害抗日青年，从而迫使张炎下台。事实上，广东省国民党当局从1940年起就意在控制和监督张炎的行动，四处散布谣言，说张炎"通共""赤化南路"，千方百计地要找突破口找所谓"罪证"搞垮张炎。茂名县按张炎的命令，把扣押起来的周、文二人上解到张炎任专员的七区专署来。而国民党当局南路行署主任罗翼群得到密告后，急忙以南路行署名义，命令张炎要将周、文二人转解信宜，交行署审理严惩。张炎为此连夜召集高层干部开会，讨论怎么办。但会上两种意见对立争持不下。一个意见是主张执行省府命令送人，维持局面；另一个意见是释放周、文，保护骨干以利团结抗日。张炎感到左右为难，担心做出轻率决定，刚刚形成的抗日局面陷入被动。

郑坤廉了解情况后，倒了一杯热茶，坐到张炎身边劝说道："光中，周、文二位青年为什么投奔我们？南路成千上万热血青年为什么拥护你？还不是因为你爱国抗日，一身正气吗？如果我们将周、文上送，势必伤透这些青年骨干的心，也违背了你一贯做人的宗旨。"她把茶递给张炎又劝说道："罗翼群对你早就虎视眈眈，司马昭之心路人皆知，你能吞得下这口气吗？"张炎听了郑坤廉的建议后，决定周、文二人既不解交南路行署，也不上解省府，就在当地处理。会后张炎、郑坤廉找到共产党员黄景文商议，有意制造了周、文二人越狱逃跑的假象，保护两人安全撤到广州。由于张炎顶风释放了两名被捉的共产党员，虽然国民党反动派没有抓到什么把柄，但依旧以此为借口，污蔑张炎夫妇，甚至列出了黑名单请省政府抓人。张炎和郑坤廉在掩护30多位共产党员撤退后，毅然辞职，回到香港。

## 吴川起义，张炎遇害

1942年，国民党第四战区司令张发奎把张炎夫妇请到广西，委任张炎为第四战区参议，在这段时间，李济深等爱国民主人士和张炎、郑坤廉夫妇接触颇多。1944年，日寇打通湘桂线，桂林陷落，广东、广西的国民党军队不战而溃退，张炎和郑坤廉没有前往大后方重庆，而是重返家乡吴川，举起了抗日救国保家乡的义旗。他们同共产党的南路游击大队联合起来在廉江钧镰岭与日军打了一仗，缴获不少武器。1944年12月，张炎在吴川樟山村家里的后山上，召开了一次著名的"七人军事会议"，郑坤廉是参加会议的七个人之一。会议决定由张炎主持，在吴川举行抗日武装起义。起义时发表宣言，拥护中国共产党，同共产党合作抗日，坚持抗战。起义部队在受到邓鄂为首驻在高州的广东国民党军队和以梁朝矶为首驻在玉林的广西国民党军队合击，张炎只带领随从人员冒险前往广西找李济深，结果落入敌军圈套被捕，被蒋介石下令杀害。国民党当局为了掩盖他们杀害抗日名将和爱国民主人士的罪行，不断出动飞机散发传单，污蔑张炎为"奸匪"，又在报纸上以通栏标题诬说郑坤廉为"女匪首"，率"匪众"上了"十万大山"，甚至登报"悬赏国币50万元缉捕郑坤廉"。直至1948年南路人民解放军派出一支东征支队挺进粤中时，国民党报纸还煞有介事地说是郑坤廉指挥的"替夫报仇"的队伍，甚至有些中外记者慕名而来寻找部队采访，要求一见郑坤廉。以至于后来郑坤廉到了香港，还因此得了一个"女将军"的雅号。"眉痕憔悴郑将军"就是当时著名民主人士、诗人柳亚子赠给她的名句。

其实，张炎在广西遇害以后，郑坤廉带两个孩子秘密转移到了湛江南三岛一个小渔村，再由中共地下党帮助秘密转移到澳门和香港。

沈钧儒（前排中）、郑坤廉（后排左三）等人在香港九龙塘郑坤耻家中合影

## 秘密北上，共建新中国

郑坤廉到香港先后加入民盟、民革的工作，接触在香港的全国各民主党派、各人民团体和无党派著名人士，以及文化界、新闻界、教育界、企业界人士，积极投身于爱国民主运动，参加每两周举行一次的民主党派、民主人士座谈会，揭露蒋介石反动集团屠杀迫害爱国民主人士的丑恶面目。使不少民主人士认清形势，抛弃中间路线，旗帜鲜明地站到共产党一边。在香港，郑坤廉除从事爱国民主运动，还受宋庆龄、何香凝等人的影响继续做她一贯喜欢做的妇女儿童福利和教育事业。她在南路时就十分重视战时中小学教育，办过战时儿童保育院，南路所属各县都有分院，收养了大批为国捐躯的抗日军民的遗孤，将他们培养成才。到香港后，郑坤廉依然关心民生，处处了解平民百姓的疾苦。她同陈信材、陈泽等人一起创办了南光中学。办这个中学的用意一来是纪念张炎将军——张炎字光中。二来用这所中学支持工农子弟入学，作为团结、联系群众，服务社会，进行革命宣传的阵地。后来这个中学又成为中共南路地下党和革命部队在香港的交通联络站，游击区人员来往落脚点。

1949年，郑坤廉北上到达解放区后，在山海关留影

1948年12月26日夜，郑坤廉随李济深、茅盾、柳亚子等30多人，在中国共产党地下党的支持下，巧妙地摆脱了敌特的监视，传奇性地秘密离开香港，乘船北上，进入东北解放区。郑坤廉同其他爱国民主人士一起，受到了热情的欢迎。李济深、蔡廷锴总是特意让她同坐一桌，向有关领导介绍她的身份和经历。

1949年，郑坤廉以民革成员的身份，被推选为候补代表在北平参加了中国人民政治协商会议第一届全体会议。新中国诞生后，由周恩来总理亲自安排郑坤廉的工作：全国政协委员，民革中央委员，中央人民政府政务院参事，全国华侨事务委员会联络处副处长。不幸的是，1950年她在回广州后，突发疾病去世，终年43岁。郑坤廉病逝后，安葬在广州十九路军烈士陵园。1957年，党和政府将张炎的遗骸从广西接回广州，与她合葬于广州银河公墓，两位革命的伴侣再次走到了一起。

### 主要参考文献：

陈向兰著：《郑坤廉传奇》，中国文史出版社，2003年版。

载涛（1887—1970），姓爱新觉罗，字叔源，号野云，清末宗室成员，1956年加入民革。中华人民共和国成立后，曾任中国人民解放军炮兵司令部马政局顾问、全国政协民族组副组长、北京市民族宗教事务委员会副主任等职。民革第四届中央委员，第一、二、三届全国人大代表，第二、三届全国政协委员。

# 载 涛
## 甘做人民"弼马温"的晚清贝勒

　　1950年8月10日,载涛接到毛泽东主席签署的《中央人民政府人民军事委员会委任令》,被委任为中国人民解放军炮兵司令部马政局顾问,成为解放军高级干部。这位晚清重要政治人物、光绪帝的胞弟、宣统帝的叔父是如何成为了新中国的高级干部的呢?这一切都要从清朝结束说起。

### 立场坚定,不做汉奸

　　1912年1月,中华民国临时政府在南京成立,革命风暴席卷全国。2月,清帝溥仪被迫下诏退位。此后载涛停止了政治活动,深居简出,依靠清室优待条件所规定的清室家用补助条例拨给的补助费,在王府内过着骑马学戏、养花玩鸟的遗老寓公生活。他以"平淡天真"为座右铭,多次婉拒当权者请其出山之邀。

　　载涛的身份十分特殊,在那个动荡的时代,他成为一些力量争取的对象。载涛的立场非常坚定,多次拒绝出任伪职,无论生活多么艰苦,也不做汉奸。1932年3月,日本侵略者扶植溥仪为"执政",在长春成立伪满洲国傀儡政权。1933

年3月改称"满洲帝国",立溥仪为"皇帝",载涛曾被接往"新京"朝贺,但他拒绝出任伪职。在1944年前后,一队日本兵突然来到贝勒府,载涛把一个军官模样的日本人让进大书房。没过多久,这群日本人悻悻离去。事后涛贝勒告诉家人,关东军伪"满洲国"要他去东北当什么"满蒙骑兵总司令",以助溥仪侄一臂之力,被他断然拒绝。1945年夏,日本投降前夕,伪华北政务委员会委员长王揖唐曾专程登门邀载涛"出山"收拾残局,遭载涛拒绝。载涛曾嘱托后人,我们中国是个多民族国家,政权更迭改变不了中华民族的属性,不管到什么时候都别忘记自己是中国人,别当汉奸。

抗日战争胜利后,载涛收到请柬,负责接收平津河北地区的孙连仲等人在翠华楼设宴款待慰问这位皇叔,称赞他的民族气节,不与敌为友,独善其身。

为了生活,载涛变卖了豪宅、院子。抗战胜利后,载涛的经济状况更加困难,一度靠出租余屋的房租收入度日,后因物价飞涨,继又将山老胡同的院子卖掉,搬进自己过去的马房居住。在北京解放的前一年里,他每天早起,从家中挑些破旧衣物,到德胜门外摆地摊卖破烂,勉强使一家人得以玉米面糊口度日。

## 人民的"弼马温"

新中国成立以后,载涛依旧赋闲在家。早年在北京军咨府就与他有来往的李济深前来造访。李济深熟悉载涛,知道他在晚清宫廷的地位、作用,也了解载涛"平民化"后思想发生的变化,于是向周恩来建议,邀请载涛参加中国人民政治协商会议。周恩来很快批准了这一建议。

1950年6月14日至6月23日,全国政协一届二次会议在京召开。载涛遇到了周恩来,他既高兴而又有歉意地说:"载涛先生,首届全国政协会议没请您参加,我把您这位几十万满族人民的代表给忘记了。"载涛不知所措。周恩来看出了他的心思,微笑着对载涛说,"大家都在为新中国出谋献策,你也提一个议案吧"。

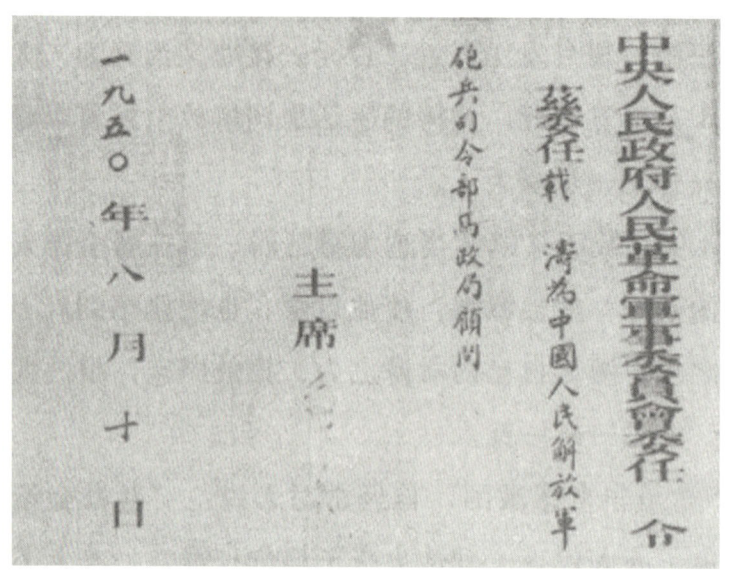

毛泽东签署的委任令

载涛找到了李济深和著名爱国将领蒋光鼐。他问:"我该怎么办呢?"李济深、蒋光鼐说:"发挥你的专长,你懂马,就提个军马方面的议案吧。"当晚载涛就认真地作了一番思考,拟就了一份改良马种、以利军用的议案。

议案送到李济深、蒋光鼐手中,博得一致称赞。载涛又邀请他们同署,两人愉快地答应了。这份议案是这么写的:

案由:拟请改良马种,以利军用案。

理由:查现代军事,以机械化为主体,但我国幅员广袤,交通甚多不便,对于军事运用,仍须依赖马力;我国马种马力向未讲求改良,效力比较落后。载涛对于马政稍有心得,愿贡献我人民政府采择研讨,以利军用。如蒙议决,自行拟具详细意见书,交由军委会审核办理。

提案人:载涛

副署人:李济深　蒋光鼐

议案送到了周恩来同志手中,很快呈报给了毛泽东主席。毛泽东批阅了这份议案并对载涛的拳拳爱国之心和广博的军马知识十分赞赏,提议任命载涛为军委总后勤部炮兵司令部马政局顾问,并把这个议案转给了朱德总司令。

1950年8月10日,中央人民政府革命军事委员会委任载涛为中国人民解放军炮兵司令部马政局顾问。命令如下:

"中央人民政府人民革命军事委员会任命:兹委任载涛为中国人民解放军炮兵司令部马政局顾问。主席毛泽东。"

马政局的任务是指导军马的驯养训练,培育和选择优良种马供应部队之需用。载涛少年时喜爱骑术,1904年至1906年进陆军贵胄学堂学习,丰富了对军马训练和育选良种等知识。接受了顾问职务后,他施展所长,勤奋工作,对改良马种的建议尤多献替。当时的军马场都远在边疆地区,年近花甲的载涛不辞劳累地走遍东北的牡丹江和西北的青海、甘肃、新疆等地的军马场,进行视察和指导,向当地的指战员讲授驯马及选种配育等技术,备受欢迎。

在载涛住宅门首的匾额上有4个大字:"平淡天真",落款是载涛手书,有人问他:"您是不是有隐居之意?"载涛坦诚地说:"是的,新中国成立后我是准备隐居的。但想不到毛主席、共产党不嫌弃我,周总理礼贤下士,又把我请出来了。"

载涛抬高他的声音:"说句笑话,任命我为马政局顾问,论职务,那不过是'弼马温'的官职,但就是这样的差事,我也感到十分荣幸,因为这也算是对人民的一点贡献!"

国家领导人对载涛的生活也很关怀。1953年,载涛当选为全国政协委员。一天,他正在开会,突然接到家里人打来的电话:"北房东南角上塌了个大窟窿。你赶快回来设法修修吧!"载涛风趣地对家人说:"天不作美,房子塌了,我怎能修得起啊。"这件事后来被毛泽东知道了,在一次有教育人士参加的座谈会上,毛泽东说:"听说载涛生活不宽裕,房子坏了,没有钱修。从我的稿费中拿出2000元,给先生修房。"座谈会结束以后,毛泽东的这笔稿费即由章士钊专程送到载涛家中。载涛接到这笔钱,感动得说不出话来。

1960年春节期间,周总理接见溥仪和载涛

## 加入民革

中华人民共和国成立后,李济深担任了中央人民政府副主席,全国政协副主席,全国人大常委会副委员长等职务。在筹备第一届全国人大会议期间,需要物色一个满族代表,李济深找张联棻商量。张联棻推荐载涛,载涛欣然同意。1954年,载涛以满族代表身份,当选全国人民代表大会代表及全国政协委员、政协民族组副组长。

载涛在原国民党内有许多老友知己,李济深、楚溪春、张联棻都是他的好友。中华人民共和国成立以后,政治上安定,大家心情都很舒畅,他们之间交往更密,经常促膝谈心。载涛当选为全国人民代表大会代表、全国政协委员之后,他们更是常在一起聚会,或参与讨论国家大事,或学习时事政策,各抒情怀。在朋友们的热情介绍下,载涛对民革有了进一步的了解和认识。于是,载涛在朋友们的鼓励下,第一次提出了申请加入民革的要求。

1956年10月19日，69岁的载涛申请加入中国国民党革命委员会，申请表上写着："姓名：载涛；别号：野云；性别：男；年龄：六十九岁；信仰：佛教；民族：满族。"家庭出身一栏，他填了四个字："清代贵族"；"现职"栏内，他工工整整地写了三个职务："军委炮兵司令部马政局顾问"；"全国人民代表大会代表"；"政协全国委员、政协民族组副组长"。

　　家里人曾不解地问道："你填这个干什么？"载涛笑了笑，高兴地说："我要加入国民党革命委员会。"他的夫人颇不以为然地说："那么大岁数了，还加入民革干什么？"载涛自豪地说："我也要革命啊！"他这话说得那样纯朴，那样豪迈。

　　在他的申请书上介绍人李济深、张联棻作了如下的表述："本表申请人虽系清代贵族，从辛亥革命后，已被平民化。中华人民共和国成立以后首先加入全国政协，后任马政局顾问，对改良马种的建议，尤多献策。后又当选为全国人民代表大会满族代表，有代表性。思想上有进步要求，特为介绍加入我党组织。"

　　载涛不仅自己追求进步，他还劝溥仪早日成为"新人"。1957年3月，他接受国家领导人的嘱托，曾至东北抚顺战犯管理所看望正在改造中的侄子溥仪，临别再三叮嘱"一定要好好学习，好好改造，争取早日成为新人"。

　　载涛还根据亲身经历撰写了一些回忆录，为研究清末历史留下宝贵的资料。他的子女与孙辈也由人民政府安排了工作，获得了新的生活。

**主要参考文献：**

1. 王乃文口述、辛芳整理：《从"皇叔"到全国人民代表——爱新觉罗·载涛外传》连载之六，《团结报》，1983年9月10日第7版。
2. 娄献阁、朱信泉主编：《民国人物传》（第十卷），中华书局，2000年版。
3. 李新芝、刘晴主编：《周恩来纪事1898—1976》（下），中央文献出版社，2011年版。

4.《历史巨人毛泽东》编委会编：《历史巨人毛泽东》（上、中、下），当代中国出版社，2003年版。

5.谭玉琛主编：《毛泽东与党外人士》，河北人民出版社，1993年版。

6.溥仕：《先父载涛在抗战中的一件事》，郑怀义、张建设著：转引自《末代皇叔：载涛传》，文化艺术出版社，2006年版。

7.刘绍唐主编：《民国人物小传》（第4册），上海三联书店，2014年版。

翁文灏（1889—1971），字永年，号泳霓、悫士，浙江鄞县人，1956年加入民革。中华人民共和国成立后，曾任民革第三、四届中央常委，民革中央和平解放台湾工作委员会副主任等职。第二、三、四届全国政协委员。

# 翁文灏
## 从海外归国的前"行政院院长"

1949年4月23日,解放军兵临南京城下,在隆隆的炮声中,曾任国民党政府行政院院长一职的翁文灏前往上海,此后辗转在我国台湾、香港,以及法国等地,度过了近两年的搬迁生涯后回到新中国。他为何离去,又为何返回祖国呢?这一切都要从这个享誉世界的科学家从政说起。

### 中国第一位地质学博士,因车祸而入仕途

翁文灏于1908年留学比利时鲁汶大学,获地学博士学位,是中国第一位地质学博士。1912年回国后,在北京地质研究所任职,后兼任北京大学、清华大学教授及地质调查所所长等职。期间,他埋头科研与教学,是中国第一本《地质学》讲义的编写者、中国第一张彩色中国地质测量图的编制者、中国第一位考查地震灾害并出版专著的作者之一、中国第一部《中国矿业纪要》的创办者之一;也是中国科学社、中国工程师学会、中国地质学会等学术团体的主要负责人之一,担任过国际地质学大会副主席,是民国时期中国最具国际影响的科学家之一。

翁文灏出任国民政府行政院秘书长，正式踏入仕途

翁文灏崇尚科学，对事认真负责，对人温和厚道。翁的好友兼上级丁文江曾这样评价他，翁是个性极强的人但主张温和，是极明察的人但待人很厚道，是极清廉的人但处世很平易。

如果没有抗日战争的影响，或许翁只是科学家，是时代的洪流把他和许多一样爱国的知识分子卷了进来。翁文灏曾说过，他原是一个毫无大志的小百姓，家里省吃俭用，只想在自己范围内尽一些力，做一些与自己兴趣相合，于社会无害的小工作。然而，现实并没有按照翁文灏自己的期冀往下发展。九一八事变发生后，1932年春天，由蒋介石秘书钱昌照推荐，翁文灏作为若干专家学者之一，赴庐山为蒋介石讲学。

翁文灏和蒋介石都是宁波人，他们一见如故。翁对蒋从地质学的角度，讲中国的资源，讲国家的建设。据钱士湘（钱昌照之子）后来回忆，蒋介石对翁文灏说：我要成立国防设计委员会，我兼委员长，你当秘书长行不行。翁文灏说，我在地质所有那么些同事，他们生活和经费都很困难，你让我来当官，我心不忍。

蒋介石说没问题，给你五万块钱，给地质调查所五万块钱。翁不愿做官，但蒋就一再请他务必来，最后他很勉强地兼职，而且说地质调查所所长的职务还不能辞，还做这个所长，兼南京国防设计委员会秘书长。

1934年春节，翁文灏从浙江武康境内调查开采石油一事，不料遭遇车祸，正是这件事让翁文灏的人生发生了巨大的转变。据张英（翁文灏外甥）回忆，蒋介石找了很多好的医生，包括派了德国专家和协和医院最好的大夫，全力抢救。因为蒋介石的这次救命之恩，翁文灏决意从北平搬迁到南京，正式坐镇资源委员会。

1935年10月，翁文灏担任国民政府行政院秘书长，自此中断了地质科学的研究工作。抗日战争期间，他任经济部部长兼资源委员会主任委员、工矿调整处处长，主持厂矿内迁西南、西北恢复生产，并在赣、湘、川、贵、甘、陕等地开发矿藏，兴办工厂，为抗战军需和后方工业的发展做了大量工作。

翁出任南京政府行政院秘书长后，胡适特意将丁文江的遗诗："红黄树草争秋艳，碧绿琉璃照晚晴。为语麻姑桥下水，出山要比在山清。"抄录给老友翁文灏，并表示："绝对相信你们出山要比在山清"，但更希望翁文灏做一个敢于"面

1936年，地质调查所同仁合影，前排左三为翁文灏

折廷争的诤友诤臣","以宾师自处,遇事要敢言,不得已时以去就争之"。

翁文灏忧心国家命运,鼓励爱子英勇杀敌,做一名保家卫国的英雄。儿子翁心瀚参加了飞虎队,在对日作战中牺牲后,翁文灏悲从中来。他赋诗一首寄慰英灵:"人生自古皆有死,死为邦家亦足荣。痛惜士兵少年志,能捐生命自豪英。伤心最切兆民苦,哀苦惊看大厦倾。儿已丧亡卫国土,千钧重责史谁擎?"其忧国之情溢于言表。

## 渴望和平,却无法拒绝蒋介石

翁文灏渴望国家长治久安。1945年8月10日,日本政府表示愿意接受《波茨坦公告》无条件投降。消息传来,翁文灏悲喜交集、感慨万千,挥笔赋诗一首:"百战关山意气扬,同盟白马征扶桑。卢沟明月三更火,沪渎金戈八载霜。难得虾夷终扫荡,要收鸭绿入封疆。逢迎风浪今安定,愿卜和平万载长。"表达了对和平的渴望之情。

1946年初,翁文灏厌倦了宦海浮沉的生涯,五次上书蒋介石,申明自己"原为对日抗战而参加政府工作,自当为抗战胜利而告退",坚决请求辞去经济部、资源委员会职务,欲往欧美游历,考察科学技术状况。然而蒋介石舍不得这样一位才华出众而又忠于职守的能臣,虽然勉强同意他卸去经济部部长、资源委员会主任委员的职务,却不许他辞去行政院副院长的职务。1948年6月,翁文灏应蒋介石之邀,任"行宪"后第一任行政院院长。他任内主持货币改革,在8月推出金圆券取代法币,结果很快失败,造成经济社会大混乱。11月,翁文灏与内阁一起辞职。

1948年12月26日,《解放日报》刊印了这样一条消息,中共领导在陕北发表谈话,列蒋介石等四十三人为头等战争罪犯,其中翁文灏排第十二位。蒋介石着手安排撤逃台湾事宜,命令政府官员家眷先行撤退,翁文灏不得不将家小送往台湾,而几个儿子仍然留在大陆。此时的翁文灏内心徘徊不已。赴台,他不愿离去;留下,战犯身份又令他有所顾忌。

1949年1月14日,毛泽东发表的《关于时局的声明》表示,中国共产党愿

20世纪40年代的翁文灏

意与国民党政府举行和谈，以免生灵涂炭。翁文灏受李宗仁之邀，任总统府秘书长，曾为国共和谈辛勤奔走，他曾说"只要有利于国共和谈，我什么事都愿意干"，然而国民党当局拒绝在和平协议上签字。翁文灏的希望彻底破灭，之后他辞去总统府秘书长职务，准备赴台。

## 拒绝赴台、赴美，辗转回归祖国

上海解放后第三天，陈毅视察资源委员会大楼，资委会的老员工趁机打听消息，说钱昌照、孙越崎现在都留在大陆了，翁文灏还在海外，有没有回来的可能性。陈毅表示："翁文灏是书生，不懂政治，即使他留在国内，我们也不会为难他。"不久，这些话就通过其子翁心源传到了身在香港的翁文灏耳中。

1949年8月10日，翁文灏在香港给翁心源的信中写道："我内心常记念内地，极想尽早有机会至沪上，与你们重行相见。我的希望是，第一步俟有安全旅行的机会，托人陪祖父与娘先返上海，托你们先为照看，以后我自身深盼亦能平安返国，做一个安定守法的人民。"表达了他期盼返回祖国的想法。

这份表明心迹的来信经翁心源递交有关部门。9月下旬，华东工业部部长汪道涵和副部长孙冶方告诉翁心源，中央指示：同意翁回国，回国时应发表声明。10月25日翁心源抵达香港，将中央指示面告父亲。翁文灏写了两份自白书，其中表示："北伐告成，建立新政权又一机会。复因国民党要员贪污昏乱，自摇政局，以致失败。此时共产党偕民主团体树立人民政府，实行新民主主义以渐进于社会主义。精神振奋，生活朴实，实为民族前进宏开极大机会。余原治学术，因对日抗战而勉参中枢，诚意盼于国计民生有所贡献。但迫于环境，实际结果辄违初愿，因此屡求引退。追计从政时期因政界积习相因，动辄得咎，备尝艰苦，且深愧悔。亦因此艰苦经验，更深信非有彻底革新，不易实行改善。今幸得此改善之机会，凡属中国人民皆有一体参加共同努力之任务。余虽年逾六旬，亦当勉力追随，不敢自外。至余本身志愿，本非从政之才，更无从政之愿。以前求学范围，地质之外，兼重地理。历年经行所及涉猎尚多。甚愿得有余时，阅读记录，为此新时代之一良民。倘能如愿，实所企盼。"

这两份自白书一份交孙越崎带去，一份让翁心源携带，并和祖父及母亲回大陆。为免被特务所害，翁文灏自己先往法国巴黎暂避。

1949年12月21日，寓居巴黎的翁文灏又致函邵力子，表示想归国做一平民。"此时时局革新，政权转变，所倡反封建、反官僚及反帝国主义各要义，按之过往事实，诚为对症发药，深得要领。"并表示"生为华人，自应早归本国。身少余款，不宜久客他邦"的心愿。

1950年4月，周恩来告知邵力子：中央允许翁文灏先行由瑞士转苏联回国，回国后再商定发表声明。邵力子4月29日写信给翁，其中说："可径到北京，倾诚相谈，再定稿发表。"

在法国的翁文灏正彷徨歧路之间：一面是大陆的亲友劝其返国团聚，一面是台湾和海外的朋友邀其赴台、赴美。1950年6月初，翁文灏接到老朋友和老部下张兹闿自美国来函，告知已托张彭春为其联系在檀香山大学教书。10月，美国驻法国大使馆秘书也登门拜访，面邀翁文灏赴美。在此前后，雷诺公司也曾送来信函，约请翁文灏出任该公司顾问。美国地质调查所及美国矿业工程学会、美国机械工程学会也均致函翁文灏，邀他们这位名誉会员赴美，并称将开大会欢迎。据说，当时在美国的胡适听说翁文灏将赴美，高兴地逢人便说："翁先生来美，我定在纽约欢迎他。"不久，胡适得到消息：翁文灏已于朝鲜战争的炮火声中返回了中国大陆。

1951年2月28日，翁文灏终于飞抵香港，并于3月7日辗转抵达北京，翁心源夫妇和孙越崎到车站迎接了翁文灏。

在京期间，翁文灏写了一首《孤吟》诗，其中有两句："愿以平民归祖国，不留异域作浮鸥。"此前，翁文灏已托长子将老父和妻子接到家里，这首诗表达了其思念家国之情。

1954年12月，翁文灏写的《尚在台湾的人应快弃暗投明，响应解放台湾》《宣告拒绝美国学术团体的名誉联系，以抗议美帝在台湾的狂妄行为》在《人民日报》发表。经周总理提名，翁文灏当选为中国人民政治协商会议第二届全国委员会委员，并在大会上发言讲述"归国的思想历程"。会议期间，受到了毛泽东主席的亲切会见，毛主席与他握手说："翁先生回来了，好啊，好啊。"

翁文灏回国后，积极投入到政协工作中去，表现出很强的议政能力，受到有关部门的好评。1956年2月，经邵力子推荐，翁文灏加入民革并当选为中央常委。1956年，毛泽东主席在《论十大关系》中特意提及，像"翁文灏这样有爱国心的国民党军政人员，我们应当继续调动他们的积极性"。此后，翁文灏积极参加新中国建设，为社会主义事业和祖国统一大业做了许多有益的工作。

### 主要参考文献：

1．李学通著：《书生从政——翁文灏传》，兰州大学出版社，1996年版。

2．李学通著：《幻灭的梦——翁文灏与中国早期工业化》，天津古籍出版社，2005年版。

3．李学通著：《翁文灏年谱》，山东教育出版社，2005年版。

4．李学通著：《影响现代中国的人物翁文灏》，陕西人民出版社，2017年版。

5．民革中央宣传部编：《民革领导人传》（第二辑），团结出版社，2007年版。

黄绍竑（1895—1966），字季宽，广西容县人，1956年加入民革。中国人民政治协商会议第一届全体会议代表。中华人民共和国成立后，曾任政务院政务委员等职。民革第三届中央常委，第四届中央委员，民革中央和平解放台湾委员会副主任。第一届全国人大常委会委员。第一、二、三届全国政协委员。

# 黄绍竑
## 领导香港起义的桂系"巨头"

1949年4月,国共双方在北平召开和平会谈,最后推举桂系三巨头之一的黄绍竑为代表返回南京,向南京通报结果。为此,周恩来连夜和黄绍竑会见,希望他能完成好这一艰巨的任务。黄绍竑这个曾是李宗仁、白崇禧的莫逆之交,佩戴国民党上将军衔的军长,曾任三省主席、三部部长的他为什么成为了和谈代表,还被委以重任呢?

### 少年立大志,以教育振兴广西

黄绍竑,1895年生于广西容县一里(现黎村镇)珊萃村。从小就受广西新军影响的他,在保定军官学校第三期毕业后回广西陆军第一师见习,后在陆军模范营任第一营营长,并被派往东兰剿匪,战功显著备受称赞。之后他受李宗仁之邀率队合作,而黄绍竑和李宗仁的合作,则成为新桂系起家的开始。

1925年9月,黄绍竑就任广西民政长(即省长)。1926年6月下旬,李宗仁率军由桂林向湖南出发参加北伐,黄绍竑留守广西,致力于广西的建设工作。教育工作是黄绍竑此时业绩特别显著的一个方面。一是于1928年5月间,通令全省有瑶苗县县长,必须参照前清平乐知府欧阳中鹄创办瑶学的计划,办理瑶民学校,使瑶苗子弟得到教育,这项工作收到了显著的效果。二是召开全省第一次教育会议,决定全省的田赋增加一倍,充作教育经费。此时田赋较轻,人民也觉

1923年8月，被孙中山委任为广西讨贼军总指挥的黄绍竑

得教育重要，所以都很赞成。

　　特别值得一提的是黄绍竑于此时主持创办了广西大学。1927年冬，黄绍竑在省府会议提议创办广西大学。黄绍竑觉得，一个省里没有一所大学总是一个缺憾，所以黄绍竑决定成立广西大学筹备委员会，他自任委员长，委任教育、财政、建设各厅厅长及省内外桂籍有名望的人士为委员。1928年9月13日举行开学典礼。第一期招收学生两百八十余人，内分农学院、理工学院及矿冶专科。抗战爆发后，由于校舍一部分被敌机炸毁，学校分迁桂林、柳州，并由省立改为国立。

　　1929年春，蒋介石准备对新桂系进行讨伐。李宗仁、黄绍竑、白崇禧被迫潜逃香港，三人后转至黄绍竑老家容县，召集新桂系重要干部研究对策，随即桂军在衡阳与粤军几次交战。黄绍竑深感内战于国家和人民均无益处，于是决定退出内战旋涡。李宗仁、白崇禧极力挽留，但黄绍竑坚决地辞去军政各项任职。

## 大义当前，携手中共积极抗战

　　1937年7月，抗日战争全面爆发后，黄绍竑忽然接到参谋总长程潜的电报，要他立刻到南京去。原来，蒋介石要任命他为军委第一部长，主管作战计划与作战命令。面对关系国家民族生死存亡的大义，黄绍竑毅然肩负起了这个责任，他在数日之内便完成机构组建，并拟出了初期对日作战的计划送蒋介石。当时，日

抗战时期的黄绍竑

军在华北向山西进逼,为阻止日军沿平汉铁路南下,蒋介石急命黄绍竑到山西与阎锡山商议对策。黄绍竑于1937年9月20日奔赴太原,在第十八集团军副总司令彭德怀的陪同下,到雁门关去见阎锡山,黄绍竑表达了希望以后永久团结,永久一致对外,使国家民族能够渡过生死存亡难关的意愿。9月22日,黄绍竑和阎锡山在太原岭口会见周恩来和朱德。通过谈判,阎锡山和黄绍竑同意八路军在山西开展游击战争。在兵力使用上,阎、黄不加干涉,至于游击的地区,在山西境内要同阎锡山商量,但在敌占区可自行做主。周恩来、朱德也同意在有利条件下配合友军进行运动战。1937年10月1日,黄绍竑以第二战区副司令长官的身份再次来到山西,协助阎锡山指挥部队在娘子关对日军作战。在娘子关,黄绍竑指挥孙方鲁、冯钦哉、曾万钟、刘伯承的部队及特务团等共万人与日军展开激烈战斗。10月中下旬,周恩来、朱德、彭德怀来到黄绍竑的驻地寿阳县半月村会见黄绍竑,对东线的作战提出了许多建议。1937年11月初,太原失守。阎锡山在退出太原后留在石口镇、隰县,不去临汾,准备再败就退到黄河以西,而把战事的主持推给黄绍竑、卫立煌。为了山西的联合抗战的大局，周恩来专程来到临汾，同卫立煌和黄绍竑会晤，研究坚持华北游击战争问题。周恩来还向卫立煌提出动员民众等建议，卫立煌和黄绍竑仔细听了周恩来的分析，觉得很有道理，解除了顾虑，增强了坚持抗战的决心，也开始改变了对共产党人的看法。

1937年12月，蒋介石调黄绍竑重任浙江省主席。为抗日，黄绍竑亲自研制机枪、步枪、手榴弹，创办三家兵工厂，动员全省人民共同抗日，颁布全省战时政治纲领，与共产党军队新四军协调共同抗日，受到周恩来等共产党领导的好评。在抗日战火中，黄绍竑仍十分重视教育等事业的发展，他提出了"战时教育第二，平时教育第一"的教育方针，并创办了浙江英士大学。黄绍竑重视科学，特地设立奖学金，他自己也亲自搞科学发展以带动全省。

## 从北平和谈的代表到"香港起义"的领导

1947年底，李宗仁竞选副总统，要黄绍竑任竞选参谋长。黄绍竑充分运用他的关系网和谋略为李宗仁竞选拉得大量选票。蒋介石一心想要孙科当副总统，排挤李宗仁等五个参选者。由于黄绍竑接到对李宗仁进行人身攻击的传单，料定是蒋介石为使李宗仁落选而制造的，为扭转对李宗仁的不利影响，便出一计：以退为进，宣布放弃竞选，使选举无法再进行，然后再寻对策。新桂系的这一决定通过报界弄得全国舆论沸沸扬扬，蒋介石啼笑皆非，召见白崇禧说他并无袒护任何一方，谣言是反动分子所为，要白崇禧劝李宗仁参选。大会被迫延期四天决选，新桂系赢得四天时间，黄绍竑借此风波在他三任省主席的浙江拉得该省三分之二的选票，再加上在其他省拉得的一部分，为李宗仁当选争取到关键的票数，使李宗仁多出孙科一百四十三票当选副总统。

随着内战形势急转直下，蒋介石走投无路，桂系趁机迫使他下野，由李宗仁任代总统。

李宗仁任代总统后，白崇禧派黄绍竑往香港，想通过李济深联系中共在香港的负责人会面，商谈和平谈判的事宜。但当黄绍竑赶到香港时，李济深刚刚动身前往北方。黄绍竑又通过关系，找到当时中共驻香港的负责人潘汉年，转达了桂系的想法。但当黄绍竑回到南京后，白崇禧却认为，由于蒋介石已经下野，李宗仁任代总统，江南的半壁江山已经是桂系的了,而1949年1月14日,共产党提出国共和平谈判八项条件,手握兵权的李宗仁和白崇禧认为不能接受。因为白崇禧的出尔反尔,黄绍竑少有地和自己这位老朋友吵了起来,他气愤说:"全国人民都希望和平,而蒋又屡战屡败,他才不得不宣布下野,缓和一下人心,准备再战。这种用意你难道不知道?你一个月前主张和平,逼迫老蒋退回到溪口。你怎么能在一个月之内出尔反尔呢?"黄绍竑看到南京的情形很糟糕也很复杂,和平气氛很冷淡,不久后就又回到了香港。

3月底,国共两党决定派代表和谈,黄绍竑为国民党方面六个和谈代表之一。黄绍竑因为之前在南京感受到和平气氛冷淡想置身事外,但是李宗仁多次发电报催促他回南京作为和谈代表北上。为了能实现和平,黄绍竑还是在3月29日回到南京随代表团于4月1日来到北京。在北京和谈期间,黄绍竑等代表受到毛泽东接见。黄绍竑希望和谈成功,为此他填了两首词《好事近》:翘首睇长天,人定淡烟笼碧。待晚一弦新月,问几时圆得。昨宵小睡梦江南,野火烧寒食。愿得一帆风送,报燕云消息。北国正花开,已是江南花落。剩有墙边红杏,客里愁寂寞。此时为着这冤家,误了寻春约。但祝东君仔细,莫任多漂泊。

在北京期间,黄绍竑还拜访了李济深等多位民主党派的领导。和谈方案形成后,因为黄绍竑和桂系的关系密切,因而被推举为代表带款回南京请示,和议条款中有李宗仁可当中央人民政府副主席,两广在两年内不实行土改等内容。当中共首席代表周恩来知道是黄绍竑被推举回南京后,专门于当晚深夜两点左右在六国饭店和黄绍竑会谈,鼓励他努力完成任务。次日,周恩来还专门到机场送行,这都使黄绍竑看到了中共对达成谈判的诚意。

但当黄绍竑带着协议回到南京后,李宗仁、白崇禧等人因为各种利益的纷争,最后没有同意在和平条款上签字,一心想与共产党划江而治,导致和谈破裂。

黄绍竑对李、白拒和深感不满,飞往香港。到香港后,他与中共驻港负责人进行了联系,并主持在港的部分立法委员发起的促进国内和平和脱离南京政权的运动。

1949年6月8日,在香港的立法委员二十多人在九龙窝打道的黄绍竑寓所举行了第一次集会。黄绍竑在会上报告了北平和谈的情形以及李宗仁拒绝接受中共提出的《国内和平协定(最后修正案)》的经过。刘斐阐述了中共统一战线政策以及对待民主人士的态度。会后,黄绍竑和刘斐再次致信李宗仁,批评李宗仁拒绝在和平协议上签字的严重错误，要求他根据中共和平方案，实现全面和平。但李宗仁不予采纳。黄绍竑于是联合 44 名国民党立法委员签署《我们对于现阶段中国革命的认识与主张》，于 8 月 13 日在上海抗战纪念日举行记者招待会发布。声明表示拥护中国共产党所领导的反帝、反封建、反官僚资本主义的新民主主义革命，并号召有爱国心的国民党人士坚决地、明显地向人民靠拢，为建设新民主主义的新中国而努力。黄绍竑等发表联合声明后，有邓召荫等 11 人发表声明拥护黄绍竑等人的声明。9 月上旬，黄绍竑等人又联名公开发表《告国民党陆海空军全体将士书》。当时，人们把黄绍竑领导的这一政治运动称为香港起义。不久，蒋介石下令通缉黄绍竑，毛人凤布置人马到香港暗杀黄绍竑，方案是装扮成古玩字画商去接触他，来个"图穷匕见"。幸好负责接送黄绍竑的中共负责同志及时让他搬离原住所，从而逃过一劫。

## 北上参加新政协，投身新中国建设

1949 年 9 月上旬，中共驻香港负责人通知黄绍竑，说有船北上，要他在某地等候。黄绍竑匆忙回家收拾行李，妻子问他到什么地方去？黄绍竑说要坐船去北平。妻子说："你奔走了大半年，还不够累的，刚刚回来不久，在家好好休息不好吗？再说和谈既已破裂，还有什么可奔走的呀！"黄绍竑说："这回我是去北平应邀参加共产党召集的中国人民政治协商会议！"妻子听后才默不作声。黄绍竑到集合地点见了刘斐和黄祖培等人，和他们一起乘坐一艘小汽艇出发，再转乘一艘载重一千多吨的挂葡萄牙国旗的轮船。这艘船在海关注册是开往汉城的，到山东半岛外就向西入青岛停泊。黄绍竑和大家都在青岛登陆，沿乘胶济铁路到济南转北平。在船上，黄绍竑怀着喜悦的心情填了一首词《木兰花》，最后一联是"海天明月最关情，夜半照人烟里去"。这既是写当晚海上的景色，也是写弃暗投明的心境和感谢中国共产党、毛主席和周恩来的关怀。

黄绍竑到北平后，作为特邀代表，参加第一届政协全体会议，当选为一届全国政协委员。10 月，被任命为中央人民政府政务院政务委员。1954 年 9 月 15 日至 28 日，黄绍竑作为广西代表团成员在北京参加全国人大一届一次会议，并于 27 日当选为全国人大常务委员、法案委员会委员。1956年2月21—29日，黄绍竑在北京参加民革第三届全国代表大会，当选为民革中央委员；3月5日，参加民革第三届中央委员会一次会议，当选为民革中央常委。1956年9月15日，黄绍竑以民革中央领导人身份，与张治中等人应邀列席中国共产党第八次全国代表大会。1957年2月18日，黄绍竑参加民革中央常委十次会议，被任命为和平解放台湾工作委员会副主任。

在新中国初建阶段，黄绍竑积极参政议政，在上海视察监狱时，他及时纠正一些冤假错案。在任政务院委员期间，他每周都有一封长信给毛泽东或者周恩来，在行政管理、财政税收、粮食工作、科学教育等方面都提出了很多有益的建议。1957年，黄绍竑被错划为"右派"，后被纠正。1961年，他被授予"辛亥革命老人"的光荣称号，他和子女谈道："我已经决心把过去的一切都忘掉，做一个普通的人。但是最近（周）总理给了我一个光荣的任务，写文史资料。在我亲身经历过的重大历史事件中，现在在大陆的人经历过的已经不多了，我要把它写出来，以教育后代。"1962年12月，黄绍竑当选为全国政协四届委员会委员。

1965年，李宗仁乘机远渡关山重洋，飞回祖国。7月20日上午11时，李宗仁转乘专机到达北京。黄绍竑与邵力子、章士钊、李俊龙、屈武、刘仲华等当年国民党和谈代表团成员及中共领导人周恩来、彭真、贺龙、陈毅、罗瑞卿、郭沫若等到机场欢迎李宗仁归来。两位共事了几十年又分开了近二十年的老友相逢，黄绍竑心情激动，他填了一首《西江月·欢迎李宗仁先生光荣归依祖国并劝未归旧好》词，词曰：五十年前友好，重洋万里归来，亲朋故友笑颜开，喜见声明实在。祖国昌隆强盛，光芒永照天涯，投明自以早为佳，莫再羁留海外。

**主要参考文献：**

1. 邓定旭主编：《黄绍竑略传》，漓江出版社，1995年版。
2. 黄绍竑著：《五十自述——黄绍竑回忆录》，东方出版社，2011年版。
3. 民革中央宣传部编：《民革领导人传》（第二辑），团结出版社，2007年版。

萧隽英（1901—1988），又名萧鹏魂，广东大埔人，1948年加入民革。中国人民政治协商会议第一届全体会议代表。中华人民共和国成立后，曾任广东省人民政府委员、文教厅副厅长、文化局局长、高教局局长、广东省业余财经学院院长等职。民革第一届中央执行委员，第二、三、四届中央委员，第五、六届中央常委、中央监察委员会常委。民革广东省分部筹委会常委，民革广东省委员会第一、二届副主委，第三至六届主委。第二、三、五届全国人大代表。

# 萧隽英
## 筹建民联粤港澳组织

1944年12月的山城重庆，并不像北国的冬天那样千里冰封，万里雪飘；也不像沿海地区那样阳光明媚、暖和；而是温暖与寒冷并存，带着一股生机和活力。此时，大批的民主进步人士正在向这块宝地聚集，曾经积极参加革命活动的萧隽英也不例外。

### 奔赴重庆加入民联

前往重庆之前，萧隽英见到了时任军事委员会桂林办公厅主任的李济深，一番恳谈后，他深受触动，对于国内形势有了更为清醒的认识，于是决定立即从韶关出发前往重庆。途中，他经连县到桂林，遇到疏散，转乘火车赴贵阳，又遇火车停开，只好徒步跋山涉水。但这些困难并没有阻止他追求进步的脚步，最终克服重重困难抵达了重庆，开启了他人生的新篇章。

到达重庆后，萧隽英寄寓在曾经一起在中山大学读书的同学翟总浩家。落脚后不久，他就见到了在重庆从事民主运动的邓初民。

邓初民对萧隽英的到来表示热烈的欢迎，为他分析了当时抗日战争的形势以及在重庆开展爱国民主运动的情况，一边分析一边激动地说："你来得正好！恰

萧隽英所著的《抗战前后》

逢其时呀！""我们正在积极开展爱国民主运动，你可以参加刚开始的三民主义同志座谈会。"

之所以一见面即盛情邀请刚到重庆不久的萧隽英参加三民主义同志座谈会，邓初民也有着自己的考虑。

萧隽英革命经历十分丰富，他早年曾追随孙中山参加革命。1922年陈炯明发动武装叛变，时任大总统特派员邹鲁委任萧隽英为特派员公署机要处处长，负责秘密策动滇军杨希闵、桂军刘震寰与驻防西江的粤军李济深、邓演达等配合孙中山讨逆。

1925年，国民革命军举行二次东征以期消灭陈炯明等部。萧隽英因能讲粤语、客家话、潮汕话又能力出众，被到广东大学演讲的时任东征军总政治部主任周恩来选为青年政治宣传员，留守惠州负责动员各界群众支援前线工作，这也挖掘了他作为一名宣传人的潜能，为今后从事宣传工作奠定了基础。

此后，萧隽英在广东省立第三中学组织新学生社，领导学生宣传队，宣传孙中山的三大政策，并逐步开展工人运动、农民运动、妇女运动。因宣传动员能力强、工作出色，他先后担任国民革命军东征军总指挥部惠州留守处主任和中共广东区委宣传委员兼出版部主任等职。

除此之外，萧隽英于1924年和1925年先后加入中国国民党和中国共产党，1928年又赴日留学主修政治学，回国后即在中山大学等高校任教，并著有《抗战前后》等著作。可以说，他不仅在国民党内具有一定的影响力，与知识分子和民主人士联系广泛，还曾在中共组织任职，具有丰富的革命经验，非常适合做宣传和联系工作。

邓初民正是因为十分了解萧隽英的上述经历，才迫不及待地请他参与到重庆的爱国民主运动中来。

沉甸甸的邀请直面抛来，萧隽英思想上没有任何准备，他问道："三民主义同志座谈会的活动是否有中共党组织的领导？"

"你放心，有党的领导。"邓初民果断而迅速回答。

萧隽英听后，当即表示："有党的领导就参加！"

于是，在邓初民的介绍下，萧隽英开始参加三民主义同志座谈会。

座谈会每个月举行一两次，参加座谈会的人以国民党内的爱国民主人士为主，也有教育界、工商界人士。为广泛地接触和争取团结国民党中上层爱国民主人士，使那些暂时不愿参加政治活动和不愿参加革命组织的人消除顾虑，座谈会的议题尽量避免涉及敏感的政治问题及组织问题，大家主要围绕怎样实行民主、团结各方坚持抗战展开讨论，从而加强彼此联系、增进对时局的共识。三民主义同志座谈会也为三民主义同志联合会的筹备和建立做好思想上的准备。

萧隽英参加座谈会一年后，三民主义同志联合会（简称民联）在重庆上清寺特园正式成立。1945年10月28日，民联召开第一次全体会议，通过了《三民主义同志联合会政治主张》《三民主义同志联合会第一次全体大会决议案》《三民主义同志联合会临时组织总章》，选举产生了民联中央机构。

有了民联组织的领导，萧隽英更加积极地联络各方，开展爱国民主运动。他从做身边人的思想工作入手，分别联系邹鲁、罗卓英、范汉杰等人，试探他们对中共建议成立联合政府的看法，帮助他们分析形势，转变立场。

当得知罗卓英即将回粤任广东省主席的消息后，萧隽英专门参加大埔旅渝同乡会为罗卓英举办的欢送会，并精心准备了临别致辞，希望他为广东人民做好战后建设和有利于人民的事情。

在重庆期间，萧隽英发挥自己在思想宣传工作上的特长，配合当时爱国民主运动的发展做了大量的工作。

## 参与粤港澳民联组织筹建

随着国内战争形势的发展，蒋介石撕毁《双十协定》，关闭了国共谈判的大门，一面下令向解放区全面进攻，一面召开国民党一党包办的伪国大，同时宣布中国民主同盟为"非法团体"。鉴于形势的急剧恶化，一些民主人士先后秘密转移到香港。

1946年秋，民联中央依据形势的变化决定派萧隽英、冯伯恒赴香港开展工作。10月，萧隽英由重庆乘飞机到广州，约见在广州的学生方少逸、江荦，商谈在香港、广州建立民联组织等事宜。萧隽英恐生变化，不敢在穗停留，翌日就马不停蹄地携冯伯恒、刘康镒赴港开展工作。

此次由渝赴港，萧隽英还得到了中共组织的支持，到达香港后，萧隽英把重庆中共方面的介绍信交给了负责《华商报》工作的饶彰风，希望在中共组织的支持和指导下开展民联组织的活动。

饶彰风见到介绍信后，一刻也不敢耽误，立即带萧隽英去见中共香港分局负责统战工作的连贯，请他向连贯介绍重庆的最新情况，并一起研究在香港开展民联活动的有关事宜。

经过中共组织的联络和沟通，萧隽英顺利地见到了李济深、蔡廷锴等中国国民党民主促进会（简称民促）领导人，与他们协商加强国民党民主派统一行动的有关事宜，并且初步交换了民联、民促双方尽早统一的意见和建议。

根据民联中央的指示，萧隽英先行成立了民联南方执行部。之后，根据形势的发展需要，在港的民联、民促代表联合召开了高级干部会议。会议由李济深主持，除萧隽英外，出席会议的还有何香凝、蔡廷锴、彭泽民、李民欣、李朗如等十余人。经过充分讨论，会议决定为统一协调民联、民促的行动，由双方代表共

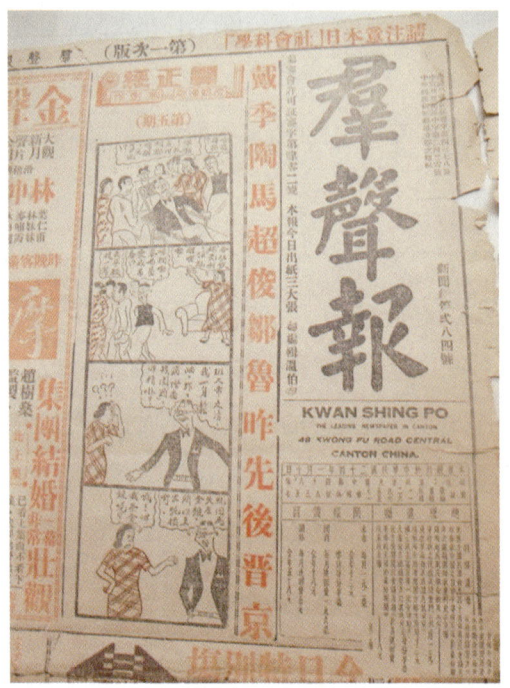

1935年1月10日出版的《群声报》

同组成一个联席会议,称民联民促南方联合执行部,推举李济深为执行部主席,萧隽英被推选为委员兼秘书长。民联民促南方联合执行部的成立进一步推动了国民党民主派的联合与统一,也是民革成立的前奏曲,实现了国民党内两个民主派组织的初步联合。

萧隽英此时发现,相比早已建立广东和港九地方组织的民促,民联在粤港澳地区的组织力量还有待加强,此种情况不利于更好地发挥民联组织的作用。1947年5月5日,在民联南方执行部的指示下,民联港粤澳总分会在香港六国饭店成立,并在香港各报上发表成立宣言,呼吁"本党一切民主分子必须联成坚强的阵线","以坚决之行动,争取党内民主国内民主",形成"与各党派共同巩固国内和平团结统一之局面"。

1948年1月1日,中国国民党革命委员会正式成立,萧隽英被选举为民革第一届中央执行委员会委员。

1935 年 7 月出版的《新宇宙》

1月4日，民革举行第二次中央执、监委全体会议，通过了各部门负责人和委员名单，萧隽英因国民革命时期就开始从事宣传工作，之后在不同时期先后参与《新宇宙》《群声报》《大众生路》等多份报刊的创办工作，具有丰富的宣传工作经验，因此被任命为民革中央宣传工作委员会委员。

会后，宣传工作委员会召开了成立后的首次会议，配合时局发展和民革中央的各项决定，部署各类文稿起草和筹办发行报刊等工作。萧隽英凭借自己扎实的文字功底和多年积累的宣传工作经验，积极为加强民革舆论宣传贡献着自己的一分力量。

## 整建广东民革组织

1949 年 7 月，萧隽英被民联中央推定为出席新政协代表。不久，在中共香港分局负责护送民主人士离港北上的饶彰风的安排下，他与黄绍竑、刘斐等人于 8 月下旬乘船到青岛，再由陆路转赴北平，出席中国人民政治协商会议第一届全体会议。

10 月 1 日，萧隽英以无比激动的心情参加了开国庆典。半个月后，当他得知广州解放的消息，再也按捺不住内心的欣喜，想尽快返粤，看看沐浴在新中国阳光下的家乡。他与秦元邦等十人立即动身，由北京经江西回到广州，住进当时广东省人民政府交际处第一招待所——白宫酒店。

安排妥当后，萧隽英旋即召开会议，郑重宣布了民革中央关于成立民革华南临时工作委员会的决定。会议还推举陈汝棠为工作委员会主任委员，萧隽英为秘书长，冯伯恒为副秘书长。

民革二届二中全会后，民革中央向全党发出《关于实施二中全会抗美援朝保家卫国决议案的指示》。萧隽英带领民革华南临时工作委员会积极响应，热烈拥护民革中央的决定。

在广州市各民主党派及无党派民主人士座谈会上，萧隽英认真传达了民革中央的决定，表示："我们要努力学习孙中山先生能够适应世界潮流的精神，坚决地倒向以苏联为首的和平民主阵营，制止帝国主义的侵略战争，保卫世界和平；而当前的具体任务就是抗美援朝保家卫国。"此后，他还与蔡廷锴、陈此生、孙蔚如等 20 余位民革同志参加了中国人民第三届赴朝慰问团。

新中国成立初期，各地民革组织尚不健全，广东、广西和广州市的民革组织均由民革华南临时工作委员会管辖。为了加强民革自身建设，更好地开展组织活动，1954 年 4 月 13 日，民革中央决定江苏、广东两省建立省级地方组织机构。同年 7 月，民革中央常务委员会第二十五次会议研究决定，增派萧隽英为广东省分部筹委会委员。

经过萧隽英等人一年多的精心筹备，1955 年 5 月，民革广东省委会正式成立，萧隽英担任副主委，成为广东民革组织的早期主要领导人之一。

## 组建华南联大，创办《联合报》

1949 年 10 月 19 日，中央人民政府委员会第三次会议通过广东省人民政府主席、副主席和省政府委员人选，萧隽英被任命为广东省人民政府委员兼文教厅副厅长。

担任广东省文教厅副厅长后，萧隽英开始着眼于整合广东高校的师资力量，

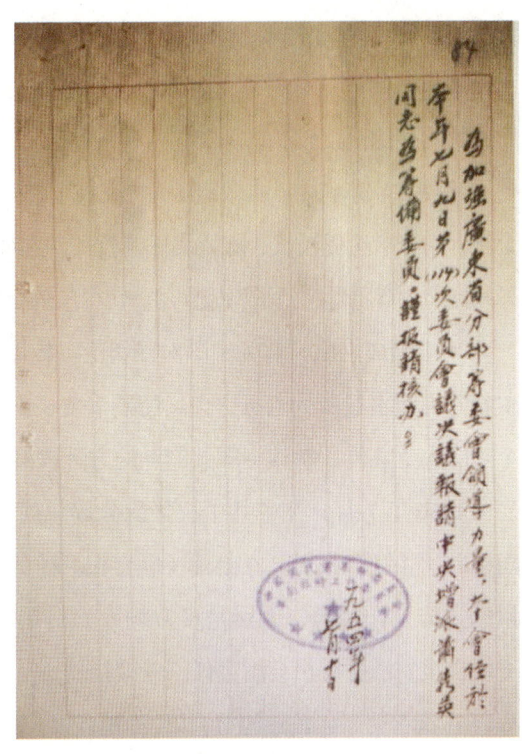

1954年7月10日，民革华南临时工作委员会决议报请中央增派萧隽英为民革广东省分部筹委会委员

提升高校办学水平，改变广东大多高校仅集中在广州地区，且许多高校规模小、开办时间短暂，学校教育水平参差不齐的现状。

恰逢中共中央于1950年先后发布了《关于实施高等学校课程改革的决定》《关于高等学校领导关系的决定》等文件，广东省文教厅根据中共中央的指示，也开始进行课程改革，筹备院系调整。

毕业于日本早稻田大学经济学部政治系的萧隽英，曾经在中山大学担任社会学系教授兼学校秘书，中山大学迁到澄江时，他还曾代理中山大学师范学院院长，主持院务工作，平息了学生们反对邹谦任院长的罢课风波，对高校的教学体系和行政管理均比较了解。他经过与广州大学教授梁式文商量后，根据教育部确立的"在不同的地区内建立综合大学和各种专门性质的大学及学院，尽可能避免在同一城市里有相同的大学和相同的专业"的原则，提出将广东国民大学、私立广州

大学、私立广州法学院、私立文化大学四所私立大学合并，以此加强学校之间的互相协作。此项建议得到了时任中共广东省委统战部部长饶彰风和广东省文教厅厅长杜国庠的高度评价。

在中共广东省委、省政府的大力支持下，四所高校于1951年合并组建华南联合大学，由李章达任校长、陈汝棠任副校长，这对当时在广东高等教育中加强党的领导和提高教育质量起到了积极作用，使得广东高校的院系调整工作走在了全国前列。

新中国成立后，作为中国对外舆论宣传重要窗口的广州，扶持和发展人民民主新闻出版事业成为当务之急，特别需要一份报纸，用多元化的报道向国内外各个阶层人士宣传、解读中国共产党的方针政策。

1950年7月，在中共中央华南分局统战部的主导下，广州的各民主党派共同创办了《联合报》。在组建《联合报》社务委员会时，萧隽英凭借自己多年积累的宣传工作经验，无疑是多方均大力推荐的人选。于是，由他代表民革出任《联合报》社务委员会副主任，兼副社长。

在萧隽英等社领导的努力下，《联合报》因报道生动、形式多样，在宣传中国共产党的新政策和新方针方面起到了重要作用，为广东的统战工作作出了贡献。

## 主要参考文献：

1. 易彬：《从新见材料看穆旦回国之初的行迹与心迹》，《扬子江评论》，2016年第5期。

2. 麦涛：《东江河畔的文化摇篮——从丰湖书院至惠阳师专简介》，《惠州学院学报》，1981年第2期。

3. 胡耿、唐富满：《新中国成立初期民主党派报刊的角色转换及其影响——以广州〈联合报〉为中心》，《红广角》，2017年第1期。

4. 中共广东省委统战部、广东省政协文史资料研究委员会合编：《广东民主人士名人传》（第八十辑），广东人民出版社，1998年版。

梅龚彬（1900—1975），原名电龙，又名逸仙、笔名龚彬、筊越，化名张柏生等，别名剑文，湖北黄梅人，1948年加入民革。中国人民政治协商会议第一届全体会议代表。中华人民共和国成立后，曾任中央财经委员会委员等职。民革第一届中央委员，第二届至四届中央常委。第一届全国人大代表，第二、三届全国人大常委会委员。第一、二、三届全国政协委员。

# 梅龚彬
## 参加民革创建的"隐杰"

1949年4月的一天，一个叫梅龚彬的人来到中共中央统战部部长李维汉那里。这个梅龚彬是民革中央的秘书长，刚刚随同大批民主人士由东北解放区抵达北平不久；但他又是一名中共党员，是一位活跃在隐蔽战线、被后人称作"隐杰"的秘密党员。此时他来向老领导汇报工作，并请示今后组织联系问题。李维汉听了他的工作汇报之后，作出明确的指示：从现在起，梅的组织关系转来中央统战部，同时不要公开身份，继续以民主党派身份在党外从事工作。半年后，梅龚彬以民革方面的代表参加了中国人民政治协商会议第一届全体会议。

### 以特殊身份活跃在隐蔽战线，推动爱国民主运动开展

梅龚彬原名梅电龙，1901年出生于湖北黄梅县的一个地主家庭。学生时代，参加五四运动、五卅运动，接受了马克思列宁主义。1923年，在上海东亚同文书院读书时，梅龚彬成为学院新建立的国民党基层组织的首批国民党党员——当时中国共产党正在帮助改组中国国民党。两年后，在投身沪西罢工斗争中，经恽代英、沈泽民的介绍，光荣地加入中国共产党。他既是国民党党员，又是共产党党员，在两党里都担任了职务。大革命时期，梅龚彬参加过北伐军，也参加过南昌起义，后

根据中央安排，调至上海工作，在潘汉年领导下从事上海左翼文化工作。

1929年8月，梅龚彬以化名"高乔平"赴日本东京与东京日共秘密联络，不幸被日本特务抓获，在异国他乡蒙受了一年多的铁窗之灾，直至1930年底才获释出狱回到上海。时任中共江苏省委书记的陈云接见了他。陈云认为，梅龚彬离开上海时间较久，又在日本坐过牢，公开脱离共产党组织，不被敌人重视，这样"非党人士"的条件适合开展地下工作。陈云通知他转为"秘密党员"，以"灰色"政治面目出现在上海文化界。从此，换了面貌的梅龚彬便以"脱离共产党"的假象在白色恐怖笼罩下的上海开展活动，开始了他的隐蔽战线斗争生涯。

根据潘汉年交代的具体任务，梅龚彬以"灰色"身份、利用各种关系接触国民党上层人士，了解他们的动态，了解国民党上层内部出现的分化，在适合时机对他们中可以争取的力量做统战工作。很快，他就取得了国民党当局的信任，特务们甚至当其面将"梅电龙"的名字从黑名单中勾掉。

九一八事变后，梅龚彬同国民政府行政院代理院长陈铭枢和十九路军正、副总指挥蒋光鼐、蔡廷锴等人有了广泛接触，在他们之间做了大量工作。梅龚彬后来还以进步的民主人士面貌参与到福建事变中。

福建事变失败后，梅龚彬随同潘汉年等去了香港，根据中共中央的指示精神，继续在流亡于港的福建人民政府任职要员中开展工作。他往来于李、陈、蒋、蔡之间，帮助他们重整旗鼓、组建了一个以十九路军将领为主体并包括其他方面抗日人士的政治组织——中华民族革命同盟（简称大同盟），继续从事策动反蒋活动。梅龚彬还担任大同盟宣传处长，负责在港进步人士的抗日救国、抗日反蒋的宣传工作。大同盟是中国共产党领导下抗日民族统一战线中的一个重要政治团体，密切联系了国民党党内各方面的爱国民主力量，为后来中国国民党民主派组织的成立打下了思想基础、组织基础。梅龚彬为团结这些国民党进步人士作出了贡献。

为了保持"灰色"身份，梅龚彬还需要与文化教育界的中间人士、进步人士打交道，胡秋原、王礼锡、沈钧儒、王造时等都是他那时接触过的人士。他曾以"龚彬"的笔名为《读书》等杂志撰稿，因此在1932年正式改名梅龚彬，梅电龙的原名渐渐鲜为人知了。

由于文化功底深厚，1932年下半年，暨南大学（当时在上海）经济系、上海商学院先后聘请他为教授。从1941年开始，梅龚彬受聘于中山大学，担任经济系主任，承担经济政策和西洋经济史两门课的讲授。这样，他就拥有了教职身份，以此为掩护推动工作开展。

抗战胜利后，梅龚彬又担任了中山大学法学院代理院长。同时，由中山大学提名、经国民政府教育部批准，他被中山大学聘为为数不多的部聘教授之一。在校期间，他教书之余广交朋友，团结倾向进步、学识渊博的教授，有力地抵制校内反动分子的猖獗活动；经常在课堂上讲马克思主义政治经济学原理和社会发展史，举办各类讲座、座谈会，解答学生问题，分析和议论局势，帮助学生消除恐惧不安心理，很受学生欢迎。中山大学的学生大多来自日据沦陷区，梅龚彬虽不富裕，家中餐桌却总是向学生开放，尽力给予学生关怀和爱护。

1947年春，针对国民党肆意挑起内战，上海、北平、武汉各地大学生举行"反内战、反饥饿、反迫害"的示威游行，广州大学生也不例外。梅龚彬利用担任学院领导的职务之便，与国民党反动势力做着不懈斗争。国民党广州市党部要求解聘进步教授、取缔校内共产党活动，梅龚彬严厉拒绝，理直气壮地说学校里根本没有该取缔的事情；为了支持学生反美、反蒋斗争，他还主动前去做广州警备司令部官员的工作，以保护中山大学中共地下党员、进步师生的安危。

1947年5月30日，中山大学的学生在广州市内举行了一次浩浩荡荡的示威游行，以声援南京学生的斗争。当天晚上，国民党特务派一个营的军队包围了中山大学，半夜闯进学校搜捕革命师生。梅龚彬被认为是学生运动的幕后策划者成为首先搜捕的对象。特务直闯梅家，翻箱倒柜搜索一番，然后以"煽动学潮，图谋不轨"的罪名逮捕梅家夫妇二人。但还没有走出校门，校园的大钟就被人敲响，师生听到钟声立刻前来，团团围住特务。特务们见离开不得，就先把梅夫人龚冰若放了。但学生依然不罢休，要求放了梅龚彬，否则拒绝离开。担任国民政府军事委员会广州行营副主任的蒋光鼐得到消息非常气愤，借了车去学校接梅龚彬。特务见状，只好

1953年春,梅龚彬与龚冰若在颐和园

把梅龚彬放了。在党组织的帮助下,梅龚彬逃离广州,到达香港。

## 创建民革,迎接新中国建立

  被迫离开中山大学的梅龚彬来到香港,潘汉年要其协助推动李济深等人筹建民革。当时,李济深正缺少需要长期共患难而又彼此充分了解的人做帮手,梅龚彬的到来解了难题。抗战时期,梅龚彬曾陪同李济深到重庆就任战地党政委员会副主任委员一职。他运用统战工作方式,加强同重庆民主人士的联系,逐渐把他们团结在中共中央南方局周围。1941年,梅龚彬与在港的国民党左派人士何香凝、柳亚子、彭泽民、李章达等人加强联系,推动建立国民党民主派组织,促进国民党内进步抗日力量团结。梅龚彬还起草了这个组织的纲领。在李济深看来,梅龚彬是筹划国民党民主派组织联合工作的最佳帮手。

  1947年10月,解放战争已经进入战略进攻阶段,中共中央发布《中国人民解放军宣言》，响亮提出"打倒蒋介石，解放全中国"的口号。在香港的民主人士也加紧了民革筹建工作进度。梅龚彬负责起草《中国国民党革命委员会成立宣言》（以下简称《宣言》）。

在起草《宣言》之时，梅龚彬认为统战工作必须从实际出发，不能急于求成，也不能凭空想象。他不仅结合自己多年在统一战线工作的经验，还很注重李济深等国民党党内左派人士的实际认识水平和接受程度。如《宣言》中说，三民主义是"救中国之唯一良方"，中国国民党处于"革命领导地位"。这样的表述梅龚彬本人并不满意，但由于民革成立在即，时间较紧，民革同志大多数又都是原国民党军政人员，思想认识水平不同，无法慢慢讨论，只能求同存异、兼容并包，一些问题待以后再解决——这些问题在1949年11月召开的中国国民党民主派代表会议上（即民革二大）上得到解决。为了写好宣言，梅龚彬在动笔前重新翻阅了诸葛亮的《隆中对》和《出师表》等范文。《宣言》草稿草拟后，送往各处征求意见。在美国考察水利的冯玉祥见到草稿后，赞曰："有诸葛武侯文风。"

1948年1月1日，民革在香港成立，梅龚彬当选中央执行委员会委员。民

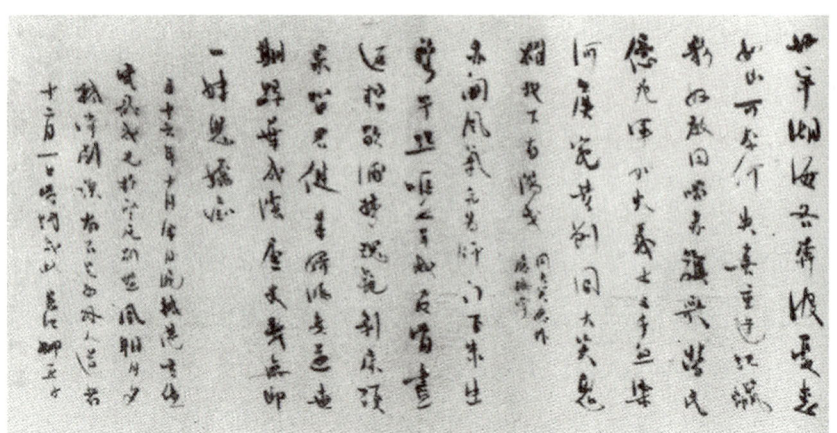

1947年底，柳亚子手书七律二首赠梅龚彬。全文为："廿年湖海各奔波，忧患如山可奈何。失喜重逢红蜡影，好教同唱赤旗歌。劳民亿兆军如火，义士三千血染河。侯宛黄刘同大笑，鬼雄地下有阳戈。""赤开风气亦为师，门下朱生鬓早丝。呕血羊城皮骨尽，返橹歌浦梦魂疑。剥床硕果留君健，莱妇鸿妻逝世期。踪叶成荫唐史断，无郎一妹鬼娇痴。"落款为：三十六年十月余自沪抵港时值电龙我兄于坚尼别墅，风朝月夕，抵掌戏谈，有不足为外人道者。十二月一日作诗成此。吴江柳亚子

革的成立，如一声惊雷在国民党顽固派头上炸响，建设新民主主义新中国的政治力量明显发生倾斜。在1月4日举行的第二次中央执、监委全体会议上，梅龚彬还被任命为宣传工作委员会副主任（主任是陈劭先）。

梅龚彬一方面负责民革的日常工作，另一方面，还担任着香港达德学院教授和《文汇报》香港版的社论执笔人之一。达德学院由李济深、蔡廷锴等人创建，学生大多来自东南亚华侨社会，主要为了培养革命事业接班人。《文汇报》是民革中央的机关报，由民革与上海迁往香港的《文汇报》合作创办。这其中遇到的困难和问题，梅龚彬随时向中共中央汇报，并得到支持和帮助。为了确保通信秘密，民革中央制定了周密的通信符号。民革中央符号为国昌总公司，李济深化名为陈天任董事长，梅龚彬化名为梅雪宣经理，所在的宣传工作委员会改名德泽行。

1948年4月30日，中共中央发表"五一口号"，号召"各民主党派、各人民团体、各社会贤达迅速召开政治协商会议，讨论并实现召集人民代表大会，成立民主联合政府"。一石激起千层浪，在香港的各民主党派人士积极响应。5月3日，梅龚彬首先发表了题为《建立真人民政权，响应"五一"号召》的文章。5月5日，李济深、何香凝与沈钧儒、章伯钧等其他民主人士12人联名通电，响应中共"五一口号"，认为"五一口号""事关国家民族前途，至为重要"。受民革中央委托，梅龚彬当即执笔起草《响应中共"五一"号召的声明》，于6月25日在香港发表。声明明确表示，民革不仅同意中共中央的"五一口号"建议，还要号召民革全党"为新政协之实现、人民代表大会之召开，民主联合政府之成立而共同努力"。民革还在声明中坚定表态："今日之中国，只有革命或反革命两条道路，即爱国与卖国之分，民主与反民主之分，其间绝无中立徘徊之余地。苟且偷安，投机取巧，依靠美帝扶持，轻视人民力量，都是自绝于民主、自绝于人民的死路。"

1948年底，民主人士分批北上。梅龚彬陪同李济深摆脱特务监视，秘密登上一艘苏联货轮，于12月25日驶离香港，1949年1月7日抵达大连，踏上东北解放区。梅龚彬回忆说："从此，我们进入了新天地，开始了新生活。"

1949年1月10日，梅龚彬陪同李济深从大连抵达沈阳。由于北平尚未解放，民革中央机关暂时迁到沈阳。梅龚彬以代理秘书长的身份负责处理临时民革中央机关的日常工作。1月22日，李济深与其他55位民主人士在沈阳联名发表了《我们对于时局的意见》，明确表示拥护中国共产党的领导。梅龚彬也在联名之中。这份声明的发表，使蒋介石更加陷入了孤立境地。

## 投身新中国统战事业，尽心尽力开展民革工作

随着北平和平解放，在沈阳的民主人士于 1949 年 2 月底全部到达北平。梅龚彬在中共中央统战部的安排下，为新政协筹备会做了一些事务性的准备工作，并与民主人士进行联系。迁到北平的民革中央召开了中央联席会议，公推梅龚彬为秘书长，并公推梅龚彬与李济深、何香凝、李德全等人为政协一届全体会议代表。也就在这个时候，出于统战工作需要，中共中央要求梅龚彬继续以民主党派身份在党外从事工作。就这样，梅龚彬仍然留在了民革中央工作。

1949 年 5 月，全国青年代表大会第一次会议召开，梅龚彬当选为中华全国民主青年联合总会执行委员。不过，由于年龄原因，他后来没有再参与青联的具体工作。6 月，新政协筹备会召开，梅龚彬虽是民革方面代表，但因为患了重病，未能参会。

9 月 21 日，中国人民政治协商会议第一届全体会议开幕。梅龚彬作为民革的十六位代表之一、亲自参会。当听到毛泽东庄严宣告"占人类总数四分之一的中国人从此站立起来了"的洪亮声音，梅龚彬回想起自己自五四运动以来的革命经历，顿时心潮澎湃、热泪盈眶，对新生的国家充满信心。会议结束后，梅龚彬被任命为政务院财经委员会委员，同时还被任命为全国政协副秘书长，协助秘书长徐冰处理政协的机关事务。

新中国成立初期，迫于形势发展，民革自身亟须解决组织的统一问题。自 1948 年以来，国民党民主派就存在着三民主义同志联合会（简称民联）、中国国民党民主促进会（简称民促）和民革等不同组织。随着 1949 年国共谈判破裂，一些国民党和谈代表和高级军官，如张治中、邵力子、程潜等也参加了人民民主统一战线，形成了国民党内爱国民主派的第四支力量。这种分散状态如果继续下去，将会影响国民党民主派的团结。早在 1949 年 6 月，梅龚彬就参与到酝酿民革、民联、民促和其他方面民主人士联合问题的讨论中。新中国成立后，毛泽东、周恩来等人建议，希望孙中山先生的信徒"不分先后，为实现革命的三大政策，

1949年9月，全国政协第一届全体会议选举时，周恩来（左一）、许广平（左二）、梅龚彬（右二）在进行投票

为遵守共同纲领，为人民服务，首先要团结起来，统一组织"，以便集中力量，为新中国建设发挥作用。在中共中央统战部有关领导的支持和帮助下，民革、民联、民促的代表多次举行座谈会进行协商。由于内部各方存在不同声音，李济深、何香凝、梅龚彬等人做了许多细致耐心的工作。

1949年11月，中国国民党民主派代表会议（即民革二大）在北京召开，民革与民联、民促和其他爱国民主分子四个方面统一成为一个组织——中国国民党革命委员会。会后，民联与民促分别宣告结束。在此次会议上，梅龚彬当选中央常委并兼任秘书长。为了加强团结，会议还决定成立民革中央团结委员会，由李济深、何香凝、熊克武、王葆真等七十二人组成。梅龚彬与邵力子、李济深、王昆仑、蔡廷锴、李俊龙、朱蕴山、蒋光鼐七人组成团结委员会章则名单起草审查小组。从民革成立伊始，梅龚彬作为领导人，都是亲自负责会议记录、亲自动手起草文件的，这成为民革工作开展的一个优点，是确保民革工作能够深入开展的一个重要原因，得到朱学范等人肯定和提倡。

统一组织后的民革，群贤毕至，少长咸集，不少人都是中国近代历史上响当当的人物，很多还都是国民党军政高层人士。担任民革中央秘书长的梅龚彬需要与他们打交道，上下协调，团结各方。他不摆资格，埋头苦干，宽以待人，严于律己，既有原则性，又有灵活性，"不厌周旋融众见，所持坚定任谁嗔"，大家都感到心情舒畅，工作愉快，愿意与他交朋友，机关干部也夸赞他是一位平易近人的好领导、循循善诱的好师长，民革工作呈现出团结与进步的良好氛围。张克明后来回忆说，梅龚彬有着丰富的革命经验，对于党的统一战线政策和优良作风，学得深、吃得透，因而才能动静相宜、胜任愉快。此后，在民革中央三届、四届全体会议上，梅龚彬又连续当选民革中央秘书长。

除了民革工作，梅龚彬还参加了许多国家政治活动。1954年，梅龚彬作为湖北省代表，当选为第一届全国人大代表。1957年，刘少奇亲自提名他为全国人大常务委员会委员。在第二、三届全国人大会议上，他又得以连任。

梅龚彬身在党外，对民革工作付出了很多的心血，是令人尊敬的民革老领导。他的好友、澳门工商业著名人士马万祺作诗赞他："梅花雨过尚留香，高洁自难忘。真诚敬重如师友，最堪夸道德文章。有幸忘年知己，同舟共济相匡。"

**主要参考文献：**

1. 梅昌明整理：《梅龚彬回忆录》，团结出版社，1994年版。
2. 民革中央宣传部编：《民革领导人传》（第二辑），团结出版社，2007年版。
3. 民革中央宣传部编：《民革与新中国的建立》，团结出版社，2019年版。
4. 朱学范著：《我与民革四十年》，团结出版社，1990年版。
5. 《梅龚彬同志追悼会在北京举行 叶剑英、邓小平、陈云等同志送了花圈》，《人民日报》，1980年1月21日。

　　傅柏翠（1895—1993），福建上杭人，1952年加入民革。中华人民共和国成立后，曾任福建省人民法院院长、福建省人民委员会委员、福建省文史研究馆副馆长、馆长、名誉馆长等职。民革第五届中央委员，第六届中央常务委员会顾问、中央监察委员会委员。民革福建省委会副主委、主委。第三、四、五、六届全国政协委员。

# 傅柏翠
## 在闽西"跑步起义"的傅先生

新中国成立后不久,毛泽东主席在给时任中共福建省委书记、福建省人民政府主席张鼎丞的电话中问:闽西傅先生现在在哪里?张鼎丞回答:他领导闽西起义,已回到革命队伍,如今人在闽西。毛泽东听完说:如果他身体没问题,就叫他出来工作嘛!

在毛主席的建议下,张鼎丞电邀傅先生到福州工作。时任龙岩地委书记伍洪群特地拜访傅先生,并向他转达了毛泽东主席的关怀和问候。消息传来,傅先生甚是激动,喜不自禁:"我傅某不才,又曾一度不明方向偏离革命道路,没想到时隔那么多年,毛主席还记得我,难得!难得!"

毛主席在电话中惦记着的闽西傅先生,正是领导闽西地方军政人员起义的主要决策者——傅柏翠。

### 不谋而合,老相识密商起义

龙岩,地处闽西,是革命老区和中央苏区的重要组成部分,长征出发地之一,七个县(市、区)均为中央苏区县,享有"二十年红旗不倒"的美誉。1948年,中国人民解放军在毛泽东和中央军委的指挥下,在战场上取得节节胜利。此

习仲勋（左）与傅柏翠亲切交谈

时，三大战役还未打响，虽然国民党政府已经处于风雨飘摇之中，但是仍然统治着闽西地区。对于闽西当地人而言，未来的形势如何还不甚明朗。

这一年，国民党政府新任福建省主席李良荣任命李汉冲为福建第七行政专署（龙岩专署）专员兼闽西"剿匪"指挥官。李汉冲上任不久，便将曾是中共党员的闽西名绅傅柏翠请到了龙岩城。

虽然傅柏翠无官无职，但他实际上是闽西最有实力的人。这时，福建省只有五个省保安团，其中一个驻在闽西。这个保安团的人员，除了团长、副团长和一些军官外，大部分的人员是"新桃花源"的农民。在1931年之后，傅柏翠领导的闽西上杭县古蛟地区一直保持独立自治状态。这个方圆一百华里，人口三万多人的地区，生活安宁、和平，和周边形成鲜明的对比，因此有人称这里为"新桃花源"和"独立王国"。而这个以"新桃花源"的农民为主的保安团，表面上是团长、副团长指挥，实际上大家都听傅柏翠的。闽西各县地方武装头子也都信任傅柏翠，都跟着他的无形指挥棒转。傅柏翠是闽西举足轻重的人物。要想在闽西干大事业，离不开他的支持。

傅柏翠与李汉冲是老相识。当年，李汉冲在十九路军任参谋时，傅柏翠就与他打过交道。时过境迁，两人已经十多年不曾见面。这次会面前，两人都担心对方变了。傅柏翠看到人民力量的不断壮大，知道国民党政府已日薄西山、气息奄奄，倒台时刻就要来临。傅柏翠几次修书李汉冲，暗示他要认清形势。李汉冲也认识到这点。此次，他约傅柏翠到龙岩，就是为了向傅柏翠表明起义意图，商议对策。

在会面中，傅柏翠和李汉冲两人客气地寒暄问候，从远到近，旁敲侧击，拐弯抹角，迂回曲折。傅柏翠和李汉冲密谈良久，发现彼此的心思不谋而合。傅柏翠说："我们要急速跟上历史潮流，不要成为历史的罪人。"傅柏翠和李汉冲达成共识："共产党必胜，蒋介石必败。"他们一致认为，应该为闽西百姓做好事，争取和平，避免一场战祸。在这次见面中，两人商定：采取秘密措施，积极创造条件，伺机起义，投向人民。他们还具体协商了各县长及保安团团长的人选。

1949年1月，李汉冲赴广州，秘密经过香港，拜会民革中央主席李济深，并特地到九龙向中共华南分局书记方方同志就起义有关事宜作了汇报，要求派人领导。方方指示：欢迎起义，做好准备，缜密行事，要与中共闽粤赣边区党委联络。

随后，傅柏翠和李汉冲便派专署督察吴德贤为代表与中共闽粤赣边区党委联系。很快代表就带回了魏金水（闽粤赣边区党委书记兼人民解放军闽粤赣边区纵队政委）的话：欢迎弃暗投明，相机起义，请保护群众，释放政治犯。中共闽粤赣边区党委还指示：要认清形势，打破顾虑、早立功、早日起义、投靠人民，立功赎罪，就有光明前途。

傅柏翠等人为了表明自己的政治态度，利用各种机会抨击国民党政府反动政权，提出"以先变应万变"对抗国民党政府"以不变应万变"的方针。傅柏翠和李汉冲秘密成立了闽西起义委员会，推行农村改革，停止征兵征粮，停运军粮，截留省税，新设闽西地区建设委员会整顿财政、交通、武装，封闭龙岩县国民党党部。

傅柏翠等人认为要扫清起义道路上的障碍，必须先消灭内部反动力量。连城县的省参议员、地主罗信和，发誓与共产党拼到底，扬言谁敢与共产党来往，就诛他九族，毁他祖坟。李汉冲以专员、指挥官身份，巡视连城，以"鱼肉乡里，杀害人命"的罪名，杀了罗信和。而后下令所辖各县，释放牢中包括魏金水家属在内的所有政治犯和群众。

没想到，李良荣当了108天省主席便离任，由朱绍良继任省主席。当时，辽沈战役、淮海战役、平津战役都结束了。蒋介石被迫宣布"引退"。朱绍良上任后听说李汉冲释放在押政治犯，破口大骂："如今共产党还在大江以北，离闽西几千里远，你就想投靠共产党，讨好共产党，这还了得！"1949年4月，他下令撤销了李汉冲的所有职务，并电令李汉冲赴福州述职。朱绍良还拟派有名的反共分子翁赞平，接任闽西专员和闽西"剿匪"指挥官。

形势十分严峻，李汉冲即与傅柏翠商议对策。李汉冲认为迫于形势，建议提前举行起义。傅柏翠不赞成，他分析说："一方面，我们的准备工作尚未就绪，另一方面，更重要的是未经中共方面批准，故不可贸然行事。我认为目前首要的问题是拒绝翁赞平来龙岩上任，争取由我们认为比较可靠的人来接任。"

于是，傅柏翠出面，密托上杭同乡、省民政厅厅长袁国钦，从中斡旋，对朱绍良说：傅柏翠等闽西人士，都不欢迎翁某，翁到那里恐怕孤掌难鸣。朱绍良只好派练惕生（武平县人）代理专员职务，接任了李汉冲的职务。练惕生是当年驻龙岩城的粤军旅长，傅柏翠的熟人、老朋友。

## 下定决心跟党走，提出"跑步起义"

练惕生从武平赴龙岩就任，在途经上杭郭车时，会晤了傅柏翠。傅柏翠热情接待了练惕生，在寓所市隐楼倾心交谈时，傅直截了当地劝练惕生认清形势、弃暗投明。素有爱国之心的练惕生表示接受傅柏翠的建议。

随后，1949年5月1日，傅柏翠等人以迎接新专员为名，在郭车傅柏翠住宅秘密集会。出席郭车会议的地方政要有：傅柏翠、李汉冲、练惕生，还有武平的练平、上杭的邱师彦、连城的张友民、永定的赖作梁等县长，以及吴德贤（龙岩县长章汤铭的代表）、李致平（上杭商会长）、陈天祥（闽西报社社长）、温梓祥（上杭人，国民党省政府参议员）、修焕璜（古蛟中学校长），古蛟理事会的王则荣、林其禄、郭南勋、张耀轩等人。国民党省保安四团团长李玉虽未到会，但已给傅柏翠来信说：听凭指挥，会议做出的决定，他无条件执行。

会上，吴德贤汇报了他与中共边区党委代表范英杰等人会谈的详细经过和主要精神，接着傅柏翠、李汉冲分析了当前的形势，做出"拥共反蒋"的决策，"国民党败局已定，我们决心起义向共产党投诚"，"现在起义已成定局，势在必行"。

傅柏翠明确表示："现在只有向共产党投诚才是唯一出路！"他还提出"跑步起义"的口号，强调"要快，切不可错过时机"。

李汉冲表态说："我也赞同举行武装起义，傅先生提出的口号'跑步起义'很新鲜，好！"练惕生等人也毅然表示赞同举行武装起义。练惕生说："我也坚决跟着大家一块投奔共产党，生死与共，风雨同舟。"

除了赖作梁外，其余人都一一表明态度跟着共产党走。这事出乎傅柏翠的预料。虽然只有一个人没表态，但对于起义而言却是个大麻烦，于是大家当场找赖作梁交谈做工作。原来，赖作梁考虑到自己长期"反共""反人民"，罪恶比较多，身负血债，担心共产党不信任自己而不敢表态。

傅柏翠说："大家尽管放心，共产党既往不咎。若追究起来，我当过保安团团长，我的部下杀死王涛（中共南方工委委员兼闽西特委书记），我又搞什么'政治和解'，罪名还小吗？你们释放了政治犯，已表明了态度。魏金水对我们代表说，不论什么人，只要放下武器，不与人民为敌，都欢迎，立功的受奖，共产党人绝不带个人情绪，相信共产党是有这种胸怀的。"

经过傅柏翠等人的启发和解释后，赖作梁解除了思想顾虑，最后和大家取得一致意见："严守秘密，伺机起义，向共产党投降……"

"南方基本上还是国民党的天下，起义后形势若有变化怎么办？""起义失败了怎么办？"有人提出疑问。

傅柏翠简洁地回答："起义了，就跟共产党走到底，如果国民党军队来围攻，失败了就上山打游击。"

会上，到会的人员一致推选傅柏翠、李汉冲二人领衔主持起义。会议具体研究了四项事宜：一、起义时间待中共华南分局批准后行动；二、分工：傅柏翠负责各方面的布置和联络，并与边纵联系配合行动，李汉冲赴港汇报请示起义时间，练惕生到省领回枪弹，各县县长回县布置起义工作；三、部队秘密集中；四、成立闽西新民主建设社，推荐傅柏翠为主委，李汉冲、练惕生为副主委。会议推选邱师彦草拟誓言，与会者饮血酒盟誓："坚决拥护共产党，反对蒋介石的统治。"

会后，代表们分头回去部署起义工作，秘密集结整编队伍，待命举事。保四团长李玉会后写信表示服从会议决定。傅柏翠派郭南勋到广东松源与粤东地委联络，李汉冲、练惕生于5月5日分头出发到香港、福州，练平在武平象洞与粤东地委同志具体商谈起义工作。

## 毅然举义，上山游击迎解放

1949年5月，解放军百万雄师过大江后，闽西形势也急剧变化。此时，国民党刘汝明兵团南逃经过闽西，胡琏兵团也向赣南逃窜。国民党福建省政府电令各县筹备军粮，布置"反共基地"。龙岩城驻有国民党新九军军长徐志勋的一个师及新兵训练司令部。新九军要求闽西火速派兵五六千人支援。傅柏翠立刻作起义部署。代专员练惕生提前率专署一批工作人员到上杭郭车。专署自卫总队随带部分军用物资秘密到达上杭白砂。从5月20日开始，古蛟地区地方武装及广大群众破坏公路、电杆、电线，阻止蒋军南窜。21日，傅柏翠进入上杭城。

5月22日，经中共华南分局电令批准，由傅柏翠、练惕生、李汉冲三人领衔，在上杭向毛泽东主席和朱德总司令，中国共产党、各民主党派、群众团体发出通电，宣布闽西脱离国民党政府，拥护共产党，投向人民，举行武装起义。通电称："我闽西地方人民自被国民党反动政府统治以来，日陷于水深火热之中无法拯拔，再事迁延必将同归于尽，而万恶的国民党政府犹复不知悛悟。""本同人等为着地方为着民众、并为着自救救人，打算毅然决然实行解放。""嗣后我们应一致团结以解放求生存完成革命大业。""配合闽粤赣边区解放军行动，实行新民主主义，服从中央领导。"

通电一发，"风声一树，全区影从"，"义旗一举，万众欢腾"。接着，除漳平、长汀外，其他五县（龙岩、永定、上杭、武平、连城）县政府和专员公署全体人员,由李玉领导的驻闽西国民党省保安四团,在同一天全体起义。省保安二团的一个连和接兵部队,反对投奔共产党,随后被起义队伍包围,全部缴械。各县的行政、金融机构全部被接收。

23日,起义发起人29人宣布成立人民解放军闽西义勇军临时行动委员会,推举傅柏翠任主任,练惕生、李汉冲为副主任。行动委员会机构设政务、秘书、总务、财务四个处,下设县分会、乡支会、村干事会,行委会先后发布了"本会各级组织大纲""军事提供意见书""支援前线动员捐献告各界人士书""闽西解放区临时约法八条、暂行刑罚条例""救荒补充规定"以及其他维持社会治安、恢复生产的通知布告等。在军事上成立了中国人民解放军闽粤赣边纵闽西义勇军司令部,练惕生为司令员,林志光、赖作梁(兼参谋长)、李玉为副司令员,李汉铮为参谋主任,顾问李汉冲,参议员吴德贤。原保安四团改为起义主力基干团,共辖12个连,各县地方武装组成9个独立团,各县自卫队编为支队。

此时,从前线撤退下来的国民党军队刘汝明部,从江西退到闽西边境。大敌当前,闽粤赣边区纵队无暇改编起义队伍。魏金水给傅柏翠、李汉冲、练惕生来电说:你们率众起义,瓦解了国民党在闽西的统治,避免了战争,保存了地方元气,减少了人民损失和痛苦,是地方之幸,这是领导起义的诸位先生之功。希望诸位继续为解放闽西出力……县以下武装暂住原地,等待接收。省保安四团、专署总队暂由傅柏翠、练惕生、李汉冲先生指挥。

这时,蒋鼎文、李良荣、黄珍吾等人给傅柏翠发来电报,说党国器重你,朱绍良尊敬你,请不要听奸人煽惑,你肯回来,就把闽西南划给你管辖。傅柏翠看完电报,哈哈大笑,一一复电,劝他们也弃暗投明,站到人民一边来,他愿意负责与中共方面联系,为他们搭桥牵线。

为了镇压傅柏翠的起义行动,国民党急令向南溃逃的胡琏兵团围攻起义部队,重金10万银洋悬赏捉拿傅柏翠等人。在无援兵而孤军奋战的情况下,傅柏翠等只好弃城上山打游击。胡琏匪军对各地进行了"清乡",实行了"三光"政策。傅柏翠、练惕生的住房以及上杭的白砂、蛟洋,武平的岩前等地起义人员和群众的住房被烧近 200 间，许多民房化为焦土。上杭、武平、连城三县起义干部被杀数十人，武平分会主任也被反动派杀害。同时，胡琏在上杭城以招生为名举办了"闽粤赣边绥靖第一分区军政干部学校"，企图培训敌特人员建立"反动基地"。

虽然傅柏翠等人的家乡遭到国民党军队的摧残洗掠，但是他们未曾因此动摇斗志，始终坚持与敌人周旋战斗到底。起义部队沿汀江两岸、汀岩公路线分散开展游击活动，破坏公路、电杆、电线，沿途袭击敌人。直到 8 月，人民解放军南下部队与闽粤赣边区纵队胜利会师，傅柏翠才指挥 3000 人的部队走出山区丛林。8 月 27 日，起义军再度收复上杭城，数日后，边纵、七支队、军管会陆续进城。

等到消灭胡琏部队，蛟洋人民重返家乡，看到一片瓦砾，群众失声痛哭。傅柏翠的房子已化为灰烬。他对大家说："22 年前，我们闹暴动，郭凤鸣（闽西军阀）烧了蛟洋，在那样困难情况下，我们重建了家园。现在，胡琏烧了蛟洋，照样可以重建起来。眼下，全国大片土地都解放了，形势比当年好万倍，怕什么？"

众人抹去眼泪，在废墟上建棚定居，重创家业。闽西人民敲锣打鼓，用自编自演的节目，欢迎共产党、解放军的到来。闽西人民从此结束了旧的生活，走上了社会主义的光辉大道。

## "最是晚年逢盛世"，郑重申请重新入党

早年，傅柏翠在留学时学过法律，后来又有做过律师的经历。中华人民共和国成立后，省里根据傅柏翠的法律专长，任命他为福建省高等法院院长和省政府委员。1952 年 12 月后，他调任福建省文史研究馆副馆长、馆长，从此一直在省文史研究馆工作。

1959 年，傅柏翠被推选为全国政协委员，赴京出席政协会议。会议期间，周恩来总理代表党中央和国务院，设宴招待六十岁以上的政协委员。傅柏翠应邀出席。周总理记忆力极强，一见面就认出了傅柏翠，热情地上前握手说："这是闽西的傅先生，你我是老相识了，南昌起义军到上杭时，你和罗明（闽西革命根

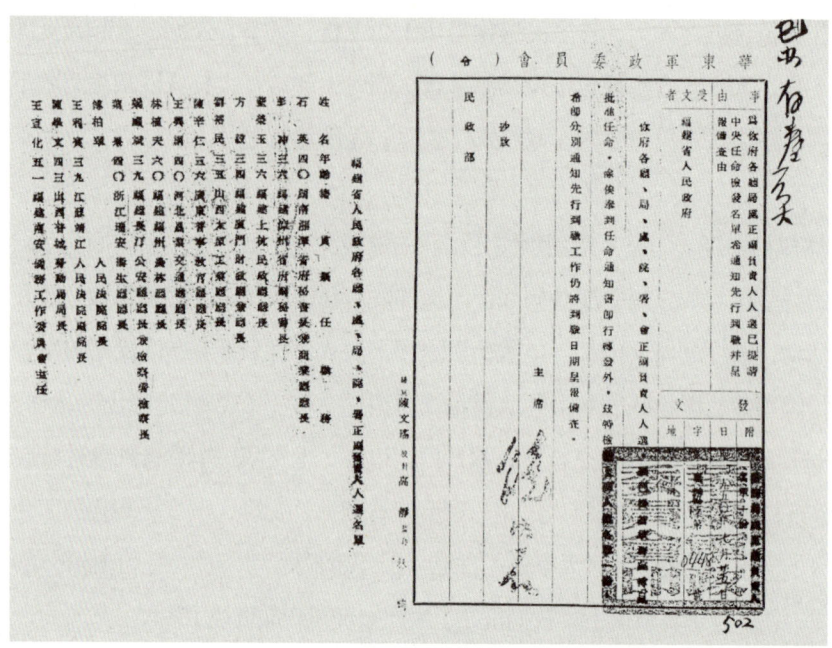

1950年7月华东军政委员会令，任命傅柏翠为福建省人民法院院长

据地的重要创建者之一）为我们办了许多事。今天我们又一同走上康庄大道，该干一杯吧！"接着，周恩来又兴冲冲地拉着傅柏翠的手去见原红四军领导人之一的陈毅副总理，他大声招呼陈毅："陈老总，你看谁来了？"陈毅抬头一看，立刻以四川口音说："这不是大名鼎鼎的闽西傅先生嘛！听说你在闽西领导起义立了大功，又回到革命队伍里来了。欢迎，欢迎！"陈毅同周恩来等人高举酒杯向傅柏翠敬酒："请傅先生干一杯，祝你健康长寿！"

这次会见令傅柏翠百感交集。他激动万分，心绪久久不能平静。回到住所后，立即赋诗一首：

入座春风拂面来，满堂斑白尽颜开。
听公一席关心语，胜饮醇醪酒千杯。
自惭病树不成材，会集耆英喜忝陪。
最是晚年逢盛世，青春已去又重回。

1983年11月，中央领导谭震林在北京会见傅柏翠等在福建工作过的老战友。自左至右依次为陈丕显、李坚真、罗明、谭震林、傅柏翠、江一真、项南

1983年1月，中共福建省委致傅柏翠的信中说："您是革命前辈。"当年春天，民革福建省委会为在福州的八旬以上民革老人举行祝寿会。八十七岁高龄的傅柏翠代表民革老人们，又一次向伟大的中国共产党倾吐了肺腑之言："我们这些老人，身历清朝、北洋政府、国民党政府和新中国时代，饱经沧桑，亲眼看到中国人民长期以来梦寐以求的建设社会主义现代化强国的理想即将逐步成为现实，这远远超过革命先行者孙中山先生的理想，我们的心情特别振奋。""今后，我们要在中国共产党的领导下，为祖国的繁荣富强贡献余热……"

此时，傅柏翠心中仍抱有一件憾事，那就是1930年他因种种原因被开除党籍，"肃反"时又被错定为社会民主党头目，以致武装拒捕，脱离革命队伍，不幸误入歧途。他渴望有生之年重返党的队伍，但又唯恐美好的愿望得不到实现，所以迟迟未写入党申请书。直到1983年，几经思考，已获彻底平反的傅柏翠老人含着热泪，郑重地再次向党组织递交了入党申请书。

1986年1月7日，福建省政协党组就傅柏翠的入党问题进行讨论。时任福建省政协主席袁改作为介绍人，在党支部大会上作介绍时说："傅柏翠早年参加过中国共产党，担任过红四军四纵队司令员。1930年被开除党籍后，虽曾任伪职,但 1949 年 5 月又组织闽西义勇军起义,迎接解放。中华人民共和国成立后,他拥护中国共产党的领导,执行党的路线、方针和政策,为社会主义革命和建设以及统一战线做了许多有益的工作,并积极要求重新回到党组织里来。经审查,他的经历清楚,我愿介绍其重新入党。"经过党支部大会认真讨论,大家一致同意傅柏翠重新入党。3 月 3 日,中共福建省委组织部批复:"经省委同意,傅柏翠同志重新加入中国共产党,为正式党员。"

历尽几十年坎坷磨难的傅柏翠老人重新回到党组织后,情不自禁热泪盈眶,他为此赋诗一首:

> 丹心不随双鬓灰,
> 谁说青春去不回?
> 九十生辰重入伍,
> 长征路上从头追。

### 主要参考文献:

1. 姚鼎生著:《曲折前半生——傅柏翠传》,中共党史出版社,1995 年版。
2. 曾先林:《1949 年闽西地方武装起义》,《党史研究与教学》,1990 年第 2 期。
3. 刘宝联:《闽西起义的主要决策者李汉冲》,《福建党史月刊》,1993 年第 5 期。
4. 傅柒生:《历尽沧桑傅柏翠(上)》,《福建党史月刊》,1995 年第 11 期。
5. 傅柒生:《历尽沧桑傅柏翠(下)》,《福建党史月刊》,1995 年第 12 期。
6. 朱开平:《晚年傅柏翠》,《福建党史月刊》,1996 年第 12 期。
7. 傅柒生:《1949 年闽西起义纪略》,《福建党史月刊》,2000 年第 10 期。
8. 李智:《闽粤赣边区纵队的胜利之路——纪念中国人民解放军闽粤赣边区纵队成立 60 周年》,《福建党史月刊》,2009 年第 6 期。
9. 许人俊:《九旬重新入党的传奇老人傅柏翠》,《炎黄春秋》,1997 年第 9 期。

赖亚力（1910—1994），原名兴治，四川内江人，1948年加入民革。中国人民政治协商会议第一届全体会议代表。中华人民共和国成立后，曾任外交部办公厅副主任兼秘书处处长、中美谈判代表团顾问、中华人民共和国驻马里大使、外交部礼宾司司长、国际问题研究所副所长、中国常驻联合国副代表、中国人民外交学会副会长等职。民革第一届中央执行委员。

# 赖亚力
## 冯玉祥在美国的得力助手

说起冯玉祥将军身边的秘书，个个才思敏捷、精明强干。其中有一位，冯玉祥曾这样评价他："有一位赖兴治先生，是四川内江人。北大毕业。为人忠诚谨慎。是他应办的事，都是万分努力，不但是一位天才，而且是一位勤勤恳恳的人。"

这个获得冯玉祥称赞的人，就是赖亚力。他曾跟随冯玉祥将军长达12年，能得到冯玉祥的如此评价，着实不易。

### 与冯玉祥将军的不解之缘

1933年，抗日同盟军惨遭失败，冯玉祥第二次"隐居"泰山。在泰山期间，冯玉祥决定通过学习苦读，继续探索救国救民的真理。冯玉祥邀请多位学者为其系统讲授历史学、心理学、政策通论、国际政治情况、国内政治动态、外交论等课程，并牵头把这些学者组织起来，成立了冯玉祥研究室。

1934年，赖亚力从北京大学经济系毕业。因为思想进步、学习优秀，许德珩教授介绍他到冯玉祥研究室工作，为冯玉祥将军讲授经济学方面的课程。

才到研究室没几天，赖亚力便得到一项任务，为冯玉祥及部下做一场有关

《世界经济恐慌和当前国际形势》的报告。时年刚刚24岁的赖亚力，虽然年纪轻轻，可讲起课来却头头是道，毫不胆怯，给冯玉祥留下了很深的印象，冯玉祥连连夸赞他讲得好。报告结束后，与会者围绕第二次世界大战有关问题展开了热烈讨论。大家一致认为：国际矛盾日趋激化，第二次世界大战已不可避免，中国不应被动等待，要立即发动全面抗日战争，争取彻底打倒日本帝国主义。为了进一步宣传抗日救国主张，冯玉祥建议最好写本书，具体阐释清楚第二次世界大战与中国的关系。于是，赖亚力当仁不让，执笔撰写了《中国与第二次世界大战》一书。

过了没多久，赖亚力受聘担任冯玉祥研究室主任。

1935年，华北事变发生，蒋介石电邀冯玉祥南下"共商一切"。冯玉祥下令研究室成员跟随他一同前往，继续辅佐自己。10月，赖亚力随冯玉祥离开泰山到达南京。至此，赖亚力作为冯玉祥的政治秘书，长达十多年陪在冯玉祥身边。

1938年，赖亚力经李克农和王梓木介绍，加入了中国共产党。王梓木是他在泰山认识的中共党员，原来是冯玉祥的旧部，受中共派遣在西北军中从事地下工作。到泰山看望冯玉祥时，曾经和赖亚力同处一室，两人相谈甚欢，赖亚力对他印象深刻。后来，王梓木在南京又约见了赖亚力，认为赖亚力等人追随冯将军在国民党政府任职，"将有很多事情可以做，可以起一般人所不能起的作用。"

成为共产党员后，赖亚力受中共南方局的领导，在冯玉祥身边开展了秘密工作。这期间，他的共产党员身份一直未予公开。大部分时间里，冯玉祥的政治方向、目标与中共的任务是一致的，赖亚力尽心尽力完成自己的职责，就是做好党的工作。这种工作很有挑战性。有一次，赖亚力获得一份重要情报，必须马上送交周恩来。当时，国民党特务机关对冯玉祥住所和周恩来住所均进行了严密监视。时间紧迫，如果按照正常方式传送情报，肯定来不及。但如果由赖亚力亲自传送，也许会暴露身份，甚至还可能被捕入狱、牺牲生命。尽管存在这样那样的风险，他依然执意要把情报亲自送出去。为了不引人注意，经过一番深思熟虑，赖亚力决定待天黑后化了装再出门。一路上，他不敢走大路，专挑荒山野岭偏僻无人的小路，还要想方设法避开特务的明岗暗哨，兜兜转转，终于顺利把情报送到了周恩来手中。

1939年，时局日益严峻。国民党顽固派日益猖獗，企图通过反共分裂活动，达到对日本妥协投降的目的。这一年，赖亚力跟随冯玉祥到达重庆，主要任务是督练重庆附近的三十六军。叶剑英得知赖亚力等人来到重庆，专门找到他们，着重谈了当时抗日斗争的形势。叶提醒他们"必须提高警惕，加强团结，揭露投降派的阴谋"。同时，他还请赖亚力转告冯玉祥将军："要勉励在不同战线上正面同日寇作战的部队，旗帜鲜明坚持抗战，提醒部队充分准备，勤奋操练，准备杀敌，以争取抗日战争的最后胜利。"回去后，赖亚力把叶剑英的意见及时向冯玉祥作了汇报，冯玉祥表示非常赞同。

同一时期，国民党三十三集团军总司令张自忠将军也在重庆。为了鼓舞士气，他请冯玉祥派人到部队给战士们讲一讲抗战形势，冯玉祥便派赖亚力前往讲学。

面对三十三集团军的高级将领，赖亚力在演讲中首先代表冯玉祥将军，表达了对三十三集团军全体官兵的关怀和思念。接着他分析了当前形势，指明日寇虽已侵占了大半个中国，但战线太长，兵员短缺，总的抗战形势已进入相持阶段。他还充分肯定了三十三集团军作出的贡献，认为"两年前在卢沟桥打响了全面抗战的第一枪，是全国军民抗日的先锋"，并鼓励他们："全国军民都相信你们一定能够在张将军的领导下，重创敌人的正面进攻"。讲到关键处，赖亚力激动地说："我们当前的迫切任务就是认真执行孙中山先生的民族主义，坚持抗战，坚持战斗到取得最后的胜利；坚持团结，实行民权主义；发动全国人民奋起抗日，实行民生主义，改善人民的生活，增强抗日战争的一切物质力量和精神力量。这样，我们就一定能够愈战愈强，经过持久战争，取得最后的胜利！"演讲极大地鼓舞了大家抗战的决心和信心，得到了广泛好评，取得了很好的效果。后来，为了让更多人聆听赖亚力讲学，张自忠将军专门把全集团军营长以上的指挥官，分两批从前线调回总部进行学习。

冯玉祥将军是一位爱国将领，一直以来都主张积极抗日。作为冯将军的秘书，赖亚力在他身边宣传中国共产党的主张、政策，不声不响地为党做了大量工作。冯玉祥走上革命道路，赖亚力功不可没，他在冯玉祥"从一个典型的旧军人，转变成一个民主革命军人的道路上发挥了重要作用"。20世纪40年代，在重庆开展的很多进步活动，冯玉祥及其夫人李德全都会去参加。冯玉祥还多次给蒋介石等人写信，先后营救了不少共产党员和爱国志士。张申府、周茂藩、华岗、沈钧儒等人都是在冯玉祥的协助下，获救出狱的。在营救过程中，赖亚力也参与其中，出谋划策，跑前跑后做了许多工作。

赖亚力不到二十岁就在商务印书馆出版过译作，却选择在冯玉祥将军手下做个普通秘书，十多年来一直任劳任怨，毫无怨言。有人曾问他："为什么甘于当一个秘书？"赖亚力的回答是："论学识，我们可能占一点优势，况且，还懂外文，看的书比冯玉祥将军要多一些。但是，论能力和智慧，与冯将军比差得可不是一星半点。冯先生的决断能力和智慧，让我们这些读书人望尘莫及。一个人，总要掂量好自己的分量，找好自己可以立足的位置……"

## 参与成立中国民主革命同盟

1941年1月，国民党悍然发动第二次反共高潮，制造了震惊中外的皖南事变，新四军几乎全军覆没。为了汲取皖南事变的惨痛教训，进一步适应革命形势和工作需要，中共中央南方局书记周恩来倡议：在重庆建立一个党的外围组织，配合南方局工作，进一步贯彻中国共产党的抗日民族统一战线政策和主张。

1941年夏，在中共中央南方局的直接领导下，赖亚力与王炳南等人秘密酝酿，筹备成立了一个革命政治工作团体。团体成立时，命名为中国民族大众同盟，一年后又改名为中国民主革命同盟。作为中国民主革命同盟成员，主要任务是在国民党反动派内部机构中开展秘密工作。抗日战争时期，赖亚力等人广为宣传中国共产党抗日民族统一战线有关方针和政策，努力促进国内团结；解放战争时期，他们又积极争取、分化瓦解国民党上层进步人士。赖亚力曾向冯玉祥汇报了中国民主革命同盟的重点工作，冯玉祥听后感到很高兴，希望赖亚力能够继续参加活动，有什么新动向随时向他报告。

1945年后，赖亚力和冯玉祥先后前往美国。在美国期间，赖亚力一边读书，一边从事革命活动，两不耽误。按照组织要求，他不再以旧部下属身份，而是以朋友身份，对冯玉祥进行帮助和转化。中共在美工作领导小组作出指示，要求赖亚力等人积极配合冯玉祥在美国开展的国际活动。于是，赖亚力与吴茂荪、王枫等五人联名邀请冯玉祥前往美国东海岸，参加当地反美援国工作，冯玉祥欣然同意。

抵达纽约不久，冯玉祥发起建立了旅美中国和平民主联盟，选举王昆仑、赖亚力、吴茂荪等十三人为执行委员，冯玉祥被公推为主席。联盟由国民党民主派、民盟、共产党员和无党派人士组成，先后在旧金山、华盛顿、明尼苏达等地成立了分部，共有两百余位会员。通过演讲、办刊物、组织多种活动，他们积极进行反对美国援蒋运动，争取各界人士对中国和平民主力量的同情与支持。在赖亚力等人的全力协助下，冯玉祥在美国顺利完成了一系列活动，发表了大量反蒋反美演说和文论，在国际舆论上引起了轰动。

1948年1月，民革在香港成立。2月，冯玉祥、王昆仑、吴茂荪、赖亚力等人在纽约成立了民革驻美总分会联络会。联络会大量翻印民革成立的各种文件，把它们分赠给美国国会、国务院、各大学、图书馆及华侨团体，扩大了民革的政治影响。

5月，中共中央发布"五一口号"，邀请29位民主人士北上商谈新政协召开事宜。为响应号召，7月，赖亚力随冯玉祥全家，乘苏联邮轮回国参加政协会议。然而不幸的是，轮船行至黑海时突然失火，虽经赖亚力等人奋力抢救，但冯玉祥将军却遇难身亡。处理完冯将军的后事，赖亚力随同冯玉祥夫人李德全抵达哈尔滨。

1948年，汇聚哈尔滨的部分民主人士。后排右一为赖亚力

  1949 年初，赖亚力与李济深、沈钧儒、马叙伦、郭沫若、谭平山、茅盾、章伯钧、章乃器、沙千里等五十五人联合发表《我们对于时局的意见》，一致拥护中共提出的召开政治协商会议、成立联合政府的主张；表示愿意在中国共产党的领导下，与全国人民团结一致，将革命进行到底。同时，号召全国人民团结起来，加快打倒蒋介石、解放全中国的步伐。之后，赖亚力以民革正式代表身份参加了中国人民政治协商会议第一届全体会议。

## 满怀信心开启新中国外交生涯

  中华人民共和国成立之初，国际环境并不简单，亟待重新建立自己的外交，重新培育自己的外交官，重新开始新的外交事业。1949 年 9 月，中央人民政府决定成立外交部。筹备班子人员非常少，只有王炳南、赖亚力、王凝和秘书郭赞四人。11 月 8 日，周恩来郑重宣布：中华人民共和国外交部成立。在外交部组建任

1964年,马里总统接见赖亚力

务负责人王炳南的推荐下,赖亚力出任外交部办公厅副主任兼秘书处处长,开启了他日后数年的外交生涯。

　　1950年1月10日,外交部部长周恩来率领政府代表团前往莫斯科,这是我国与苏联的第一次最重要的正式外交会谈。赖亚力作为成员之一,跟随代表团一同前往,参与了一系列重大外交活动。1961年2月,赖亚力被任命为首任驻马里特命全权大使。长期以来,非洲国家处在殖民统治之下,经济产品结构单一,更多依赖于前宗主国。为了帮助马里走出困境,中国决定将马里作为重点援助国家。赖亚力出任大使后,首先进行了一番调研。他发现马里人民非常喜欢喝中国的绿茶,于是便将这一情况汇报给中国政府。中国政府随即决定,今后的绿茶将由中国直接输出到马里,不再通过转口输出。不久,赖亚力又提议:由我国政府派遣茶叶专家,帮助马里让他们种植自己的茶叶。当时的马里经济部部长库雅特听后十分高兴,但是又有些不解:"你们是出口茶叶的国家,为什么要帮助我们种茶

赖亚力在联合国安理会上发言

呢?"赖亚力回答说:"这就是中国政府制定的外交政策,我们要帮助马里人民走上自力更生、独立发展的道路!"一年之后,中国技术人员援建的茶园生产出了清香的茶叶,在马里的土地上,马里人民终于喝上了自己种植的茶叶。这一举动,也间接带动了其他几个非洲国家与中国建交。

在茶叶种植成功后,赖亚力又提出帮助马里人民生产蔗糖的建议。马里百姓对食糖日常需求量很大,但马里本国并不生产食糖,每年都需要从外国进口。赖亚力将这些情况向国内作了报告。1962年,我国政府决定派出甘蔗栽培专家到马里进行试种。事实上,马里适宜甘蔗生长的地区并不多,西方国家曾断言:马里种不出甘蔗。经过一段时间艰苦卓绝的努力,专家们在杜加布古地区进行的试种获得了成功,结束了马里不种甘蔗不产糖的历史。于是,赖亚力又进一步建议,在杜加布古地区援建糖厂。建议得到我国政府的批准,随后向马里派遣了相关建厂专家，运送了所需设备。1965年3月，中国援建马里的杜加布古糖厂动工。作为马里第一家糖厂，工厂占地8.03万平方米，建筑面积1.4万平方米，主要设备363台，设计生产能力为日处理甘蔗400吨，成为中国援建非洲规模最大的糖联项目。杜加布古糖厂和甘蔗农场的建成，开创了马里自产食糖的新篇章，为马里经济发展作出了不可磨灭的贡献。

从1961年到1965年，赖亚力担任马里大使长达五年。这段时间也是中国第一代外交家在非洲开辟外交阵地的艰难时期。赖亚力用自己的真诚和智慧，不仅对深化中马两国友谊起到了很大的推动作用，还在经济技术方面，促进了中马外交关系的发展。可以说，他是中非友谊的奠基人之一。

**主要参考文献：**

1. 余华心著：《传奇将军冯玉祥》，学苑出版社，2007年版。

2. 王民伟：《赖亚力：在冯玉祥将军身边》，《名人传记》（上半月），2014年第11期。

3. 牛耕：《冯玉祥麾下的才子秘书》，《世纪》，2009年第5期。

谭冬菁（1903—1988），原名谭其满，广东罗定人，1948年加入民革。中国人民政治协商会议第一届全体会议代表。中华人民共和国成立后，曾任国务院参事室参事、广东西江专署副专员、广东省农业厅副厅长等职。民革第二、三、四、五届中央委员，第六届中央常务委员会顾问、中央监察委员会委员。民革广东省委会第五、六届副主委。

# 谭冬菁
## 致力推动广东桑蚕业发展

谭冬菁参加过五卅运动、秋收起义、广州起义、"一·二八"淞沪抗战、福建事变;亲历了皖南事变,参与组织成立中华民族革命大同盟和中国国民党民主促进会;曾担任过陈独秀、叶挺、蔡廷锴等人的秘书……

这样一份丰富经历,使他的一生都与革命、抗日和新中国的成立紧密相连。

### 家乡抗日,保护叶挺家属

谭冬菁,1903年生于广东罗定,对革命工作十分熟悉的他,毕业于陈独秀创办的社会主义大学,之后又曾到日本留学一年,具有较为深厚的理论素养。

他曾担任中共中央领导人陈独秀的秘书,随其参加了中国共产党第五次全国代表大会,亲历了陈独秀与儿子陈延年、陈乔年在会上当选为中央委员会委员,又经历了陈独秀被撤职。他还曾先后担任过国民革命军第十师政治部部长,第四军广州教导团政治教官,在中共西江地委的支持下领导了西江暴动,之后又参加了南昌起义、秋收起义、广州起义……

为了抗日,谭冬菁于1940年参加了蔡廷锴领导的第二十六集团军,任总司令部政治工作队队长。因为已有丰富的革命历练,这对于他来说是驾轻就熟。在

中共西江地（特）委驻黄洲村遗址现状

军中，他不仅个人能力出众，又曾加入十九路军，参加了"一·二八"淞沪抗战和抗日反蒋的福建事变，可谓能文能武，因而得到了蔡廷锴的赏识。

谭冬菁与蔡廷锴同为罗定人，沟通起来非常亲切，蔡遂邀请他协助自己完成自传体回忆录——《蔡廷锴自传》，并担任该书的发行人。

1944年，抗日战争胜利前夕，谭冬菁回到了自己的家乡——广东罗定，筹备组织民众抗日突击大队。

回到家乡当天，他就听说了一个消息，他的老领导、新四军军长叶挺的家属流落到罗定附近。

谭冬菁为此心急如焚，他与叶挺的关系非同一般，二人曾多次并肩作战。南昌起义时，叶挺任前敌总指挥兼第十一军军长，谭冬菁任十一军政治部总务科科长；广州起义时，叶挺任起义军工农红军总司令，而谭冬菁担任第四军教导团政治教官，肩负着起义的宣传工作。

因为对叶挺的印象极为深刻，谭冬菁回忆起叶挺指挥广州起义时的情景，很多细节还历历在目："叶挺同志负责指挥。曾有两位苏联同志到过指挥部。叶挺同志与苏联同志接谈，按图指挥，计划作战。"甚至对当时指挥部的布局，他都记得十分清晰。

抗日战争时期，谭冬菁参加了叶挺领导的新四军。其间，他担任叶挺的秘书，曾陪叶挺到广西桂林拜访八路军驻桂林办事处，到南昌、株洲、衡阳等地调研地区"边币"、看望旧部挚友。

两人在革命事业中建立了日益深厚的友谊。

谭冬菁离开新四军大约不足一个月，就发生了震惊中外的皖南事变，新四军几乎损失殆尽，叶挺被捕，军部也被国民党军队打散。他幸免于难，之后几经磨难回到家乡罗定。两人情谊可以说经历了斗争与生死的考验。

叶挺被抓后，他的夫人李秀文和孩子们的生活失去了保障，经济陷入了困苦。一家人辗转到了桂林，得到了李济深的照顾。不料，日军大举进攻桂林，他们只好在李济深的安排下乘船离开桂林。谁曾想，船只被特务发现并扣留了下来。李秀文只好带着全家逃亡到了罗定，战争使得物价飞涨，一家人的生活几乎无以为继。

此时，听到叶挺家人到了自己的家乡，谭冬菁四处打听、寻找，终于在罗定郁南都城乡野的一间小破庙里见到了李秀文和几个孩子。他立刻把他们接到自己的家中，尽己所能地照顾好。住的地方不够，他就把自家二层楼全部腾出来，睡觉的床不够，他就在地板上铺上厚厚的被褥打地铺，想尽办法让李秀文和孩子们住得舒适。

叶挺的长子叶正大将军曾满怀深情地撰文回忆这段经历："我们与谭冬菁虽然不认识，但只要讲到父亲，顿时如久别重逢的亲人。"

在谭冬菁的帮助下，叶家人总算在罗定安定了下来。直到抗战胜利后，李秀文才带着孩子告别了谭冬菁一家，从罗定搬到广州居住。

## 回到家乡，参与发起民促

抗日战争后期，蒋介石"消极抗日，积极反共"的政策引起了全国人民的不满。各界有识之士，纷纷秘密酝酿筹组党派和团体，以期促使蒋介石放弃他的反动政策，实现人民要求民主的良好愿望。

让谭冬菁没有想到的是自己的家乡会成为国民党民主人士磋商之地。桂林沦陷后，李济深先是回到自己位于广西苍梧的老家，之后借到各地视察之机，亲到罗定与蔡廷锴、谭冬菁等商量筹备组织之事。

几番商议之后，大家不谋而合，都觉得应尽快团结进步力量，建立国民党民主派组织，并立即着手准备组织章程等具体事宜。

进入1946年，反对蒋介石独裁统治的要求日益迫切，在罗定商议好的筹建组织一事被加快提上了日程。李济深也在途经广州赴重庆时悄悄给蔡廷锴捎来字条，为了防止暴露，用暗语道："兴华公司招股事宜由蔡廷锴、李章达负责。""兴华公司"即指正处于筹备中的国民党民主派组织（即不久后成立的中国国民党民主促进会，简称民促），"招股"即筹备工作，纸条之意不言而喻。

接到李济深的指示后，谭冬菁跟随蔡廷锴开始了紧张的筹备工作。经过商定，最终选择了在孙中山先生逝世纪念日——3月12日这一天，于广州市光孝路祝寿巷四十四号李章达住所召开首次筹备会。谭冬菁与蔡廷锴、李章达、梅龚彬等人在会上商定组织名称等事宜。

一个月后，4月14日，再次召开会议，谭东菁在会上被增选为民促中央理事会常务理事。

## 奔赴云南，参与策反工作

1947年秋，民促与三民主义同志联合会（简称民联）的领导人，和一些国民党爱国民主人士自南京、上海等地陆续到达香港。大家形成共识：应当尽快团结国民党内的一切爱国民主力量，着手创建一个有较大影响的国民党民主派组织，并与中共合作推翻蒋介石统治。

经过商议，从当前的形势出发，大家认为尽管民联和民促有联合的愿望和要求，但二者自成立以来，都为争取和平民主做了大量工作，在全国有很大的影响。

为了更好地发挥它们的作用，以利于斗争的开展，一致认为在另外成立一个组织的同时应当继续保留这两个组织。

1948年1月1日，民革在香港正式宣告成立。谭冬菁为了更好地开展工作，并没有正式地加入民革，主要以民促的身份参与民革的各项工作。

成立之初，配合中共的军事进攻、积极联络各方力量、策动国民党军政人员投身到革命阵容中来是民革的一个重要特点，也是民革从事反蒋活动的一大特色。为此，民革专门成立了军事小组，主席李济深亲任组长。

云南作为兵家必争之地，自然也是民革军事策反工作的重点地区，李济深想把云南作为反蒋根据地，于是极为隐秘地指派杨杰联系万保邦在云南发动群众、组织反蒋武装斗争，以建立滇黔人民自卫军。

同年5月，吴信达因为是万保邦长子万巨麟的三姐夫，而被民革中央委派到云南开展前期联系工作。8月初，谭冬菁作为民促的代表与张克明、许实等人受民革中央的委托，带着滇黔人民自卫军军政领导委任状，装扮成香港云烟行商秘密飞抵昆明，以加强与万保邦的联系，发展滇黔人民自卫军。

到达旅店的当晚，三人办理好入住手续后就开了第一次小会。为了分散风险、保障三人的人身安全，谭冬菁当即提议将两千元任务经费分三份，一人保存一份，得到了大家的一致支持。

紧接着，谭冬菁说出了他对此次任务的考虑，建议三人分开行动，以免人多显眼，还可以前后配合，更好地联络沟通。张克明与许实对此完全支持。于是，他建议到时由张与许二人先拜访万保邦，然后他再一人去见万。

商量好行动方案，又在昆明住了数天后，谭冬菁等人在吴信达夫人陈道瑾和女儿吴粤生（即吴彦妹）的带领下，从昆明动身乘坐火车经开远到蒙自去见万保邦。

谭冬菁等人为了符合香港云烟行商的身份，特意在衣着和举止上下了番功夫，不仅身着华服还绅士派头十足，让火车上同行的人对他们的身份坚信不疑。

到达蒙自后，住在南湖万保邦的公馆，湖中有莲叶荷花，风景十分幽美。三人先见到了万巨麟，向他说明了此行的目的和任务。万巨麟也把各方的联系情况做了相应的介绍，又分别引荐了一些骨干力量与三人见面。随后，他们见到了万保邦，大家就政治局面交换了意见，认为云南一发动起来，蒋介石的大后方就不稳了……

谭冬菁等与万保邦的联系和活动引起了担任蒙自县警察局局长的国民党中统特务叶威的注意。万巨麟敏锐地感觉到了事情不妙，赶紧将消息透露给谭冬菁、吴信达、张克明、许实等人，大家意识到蒙自联络点已经引起国民党的注意，应该马上转移。

没过几天，离他们下榻之处不远的保安队放起枪来，隔几分钟放三四枪，隔几分钟又放三四枪，一直延续半点多钟。事态已经非常紧急了，有作战经验的许实还偷偷摸出去到兵营附近观察。

谭冬菁立刻和吴信达等人临时商量对策，果断决定立刻离开此处。经过商议，大家分头行动，有人去屏边、金平等地发展人民自卫军，有人到个旧活动，还有人到元江、普洱等地联系当地的民主人士。谭冬菁则坚持要完成自己在昆明的任务，然后经昆明再返回香港，以便及时将情况向民革中央汇报，安排部署下一步工作。

张克明与许实立刻将之前所分的任务经费，交还给谭冬菁，让他保管带回香港。谭冬菁次日便带着剩余的一千多元港币迅速经昆明回到香港。在谭冬菁等人的努力下，云南的工作进展顺利。

1948年秋，人民解放军在各个战场上迅速推进，蒋介石政权全面崩溃已经指日可期。10月26日，谭冬菁与当时在香港的各民主党派、无党派民主人士，以为李济深祝寿的名义，热烈聚会，畅谈时局，回顾过去，展望未来，欢庆人民解放战争的伟大胜利。

一年后，谭冬菁等人的愿望就变为现实。1949年9月，谭冬菁作为民促代表出席中国人民政治协商会议第一届全体会议，并当选为政协委员。开国大典时，他作为全国政协委员，怀着激动的心情登上了天安门观礼台。

## 任职广东，发展桑蚕

新中国成立后，谭冬菁经中央人民政府政务院第三次政务会议被任命为政务院参事室参事。此外，他还在家乡广东担任要职。

1949年11月11日，广东省人民政府在肇庆设立西江行政督察专员公署，谭冬菁被任命为副专员。西江专署下辖高要、四会、广宁、封川、开建、德庆、郁南、罗定、云浮、新兴、高明（1950年1月划给珠江专署管辖）等县，谭冬菁很高兴能为家乡贡献自己的力量。

1950年3月，西江行政督察专员公署改称西江区行政督察专员公署。9月又

谭冬菁关于开展"万斤桑叶千斤茧"省运动的讲话

*谭冬菁在广东全省桑蚕现场会议上的总结讲话*

易名为西江区专员公署。到 1952 年 12 月，广东省人民政府撤销了这一机构。

此后，谭冬菁担任广东省农业厅副厅长。其间，他把精力重点关注到种桑养蚕上来。

广东省种桑养蚕历史悠久，谭冬菁的家乡罗定更是具有浓厚的蚕桑文化。在罗定背夫山出土的战国墓中就发现有丝织品。到 20 世纪 20 年代，罗定的西江流域就有桑地 5 万余亩，生产蚕茧 5 万多担。在罗定蚕桑业发展的鼎盛时期，年产茧丝 10 余万斤。这在谭冬菁的脑中留下了深深的印象。

为了提高生活水平，增加农业社收入，谭冬菁经过仔细研究和深入调研，发现广东播种两三个月的桑苗就可以出圃，新种桑不到两个月就可摘叶，一年到头桑叶都在生长，四季都可以养蚕，自然条件非常适合发展桑蚕产业。

于是，他带领广东省农业厅开展了轰轰烈烈的"万斤桑叶千斤茧"活动，在保证粮食增产的基础上，大力发展广东的桑蚕产业。

为了保证目标的实现，谭冬菁还特别重视发挥科技的作用，提出建立和健全蚕桑专线领导（专署、县、乡、社各级都有桑蚕专线组织，层层有专人负责），组织好桑蚕专业队。为此，广东农业改进所专门发布《开展"万斤桑叶千斤茧"省运动技术措施》，就种桑、养蚕、蚕种制造等方面提出具体的指导意见，华南农学院和仲恺农校也均开设桑蚕专业。

经过不懈的努力，广东省桑地收获面积达19.57万亩，年产茧22万担，平均每亩产桑2500多斤，产茧113.5斤，二化性白茧种单张产茧丰产已突破一百斤。在广东省桑蚕现场会议总结中，谭冬菁把以上成绩归功于党的领导和紧紧依靠群众。

## 主要参考文献：

1. 《广州起义史料笔谈》，http://www.gzzxws.gov.cn/dmtwsg/kssl/gdft/200808/t20080816_2766.htm。

2. 谭冬菁：《开展"万斤桑叶千斤茧"省运动》，《广东蚕丝通讯》，1959年第2期。

3. 谭冬菁：《全省桑蚕现场会议总结（意见）》，《广东蚕丝通讯》，1959年第3期。

4. 张克明：《滇南风云录——记滇黔人民自卫军的前前后后》，中国人民政治协商会议云南省昆明市委员会文史资料研究委员会编：《昆明文史资料选辑》（第八辑），1987年。

5. 中国人民政治协商会议广东省委员会文史资料研究委员会编：《广东文史资料》（第四十辑），广东人民出版社，1983年版。

6. 朱维琛编著：《万保邦及其领导的民卫军》，民族出版社，2006年版。

谭惕吾（1902—1997），曾用名湘风、慕愚、健常，湖南长沙人，1949年加入民革。中国人民政治协商会议第一届全体会议代表。中华人民共和国成立后，曾任政务院参事、中苏友好协会理事、中国人民保卫世界和平委员会理事、全国妇联副主席等职。民革第二届中央委员，第三、五、六届中央常委，民革中央妇女工作委员会副主任，第六、七届中央监察委员会副主席，第八届中央监察委员会主席。第一届全国人大代表，第五届全国人大常委会委员。第五届全国政协委员，第六、七届全国政协常委，第八届全国政协委员。

# 谭惕吾
## 坚决反对"戡乱法案"的"立法委员"

1919年五四运动在北京爆发后,消息很快就传到湖南第一女子师范学校,爱国学生们群情振奋。一名女生满腔热情地参加了新民学会领导的学生运动,成为湖南学生运动的领袖之一,积极组织同学上街游行、发动罢课、焚烧日货。正当湖南学生爱国运动蓬勃发展之时,反动督军张敬尧凶相毕露,先是威胁,后又派兵镇压运动,打伤学生。这位女生气愤至极,回到女师,再次领导罢课,并得到全长沙中等以上学校的响应。她成为"驱张运动"的领袖之一,是当时女师无人不知的风云人物。她就是当时刚刚17周岁的谭惕吾。

谭惕吾祖籍湖南茶陵,1902年10月9日出生于长沙。她勤奋自学,1917年考入公费的湖南省立第一女子师范学校;1922年考取北京大学获克兰夫人奖学金,入北京大学法学院学习,1926年肄业。在校读书期间,谭惕吾开始参加学生爱国运动,逐渐成长为一个革命青年。

1930年6月,经朋友介绍,谭惕吾进入内政部统计司工作,后来又随南京政府迁入重庆。在内政部工作期间,谭惕吾常常参与爱国运动,呼吁抗日救亡;还参与了很多妇女工作,推动妇女抗日救亡工作。在这个过程中,谭惕吾结识了很多民主人士,也结识了很多共产党人。她逐渐认清了国民党的反动面目,走上了中国共产党领导的革命道路。

## 参与组建国民党民主派组织

1937年七七事变发生后，国共两党进行了第二次合作，抗日民族统一战线得以形成。尽管如此，国民党反动派还是实行"消极抗日、积极反共"的政策，尤其是1938年武汉陷落后，国民党统治集团更加把重点转到"防共反共"方面，不断制造同共产党的政治、军事摩擦；1941年1月，更是悍然制造了震惊中外的皖南事变。谭惕吾越发认识到蒋介石集团的反动本质，与其他爱国民主人士一道为全民族抗战奔走呼号。国民党民主派和爱国民主分子在中国共产党"坚持抗战，反对投降；坚持团结，反对分裂；坚持进步，反对倒退"方针的指引下，积极参加抗日民主运动，密切同共产党合作，坚决反对国民党顽固派掀起的三次反共高潮。在斗争中，国民党民主派和爱国民主分子进一步集结，并根据斗争发展的需要，开始酝酿建立国民党民主派组织。

在当时革命形势极度困难的情况下，为了有组织地对国民党上层人士开展工作，周恩来提议由一部分中共党员、爱国进步人士、国民党民主派以及一些在国民党政府中担任较高级幕僚职务的进步人士，组成一个秘密政治团体，以配合中共中央南方局贯彻抗日民族统一战线政策。1941年夏，由王昆仑、许宝驹、王炳南、屈武、阎宝航、郭春涛、曹孟君、谭惕吾等人发起，中国民主大众同盟（后改称中国民主革命同盟，简称小民革）在重庆秘密成立，成员包括一部分共产党员和一部分国民党爱国民主分子，到1949年9月结束活动前，小民革成员已有200人左右。

小民革一成立，便改组了中苏文化协会，并在协会内成立妇女委员会，由曹孟君、谭惕吾负责筹备。妇女委员会成立时，李德全任主任，曹孟君、傅学文任副主任，邓颖超、谭惕吾、张晓梅等任常务委员。利用中苏文化协会这个合法阵地，小民革的成员开展了很多有利于革命的工作。

对小民革在民主革命中的贡献，毛泽东、周恩来等中共领导人都给予了高度肯定。周恩来曾说，小民革与中国共产党之间彼此相知甚深，在斗争中与中国共产党始终保持一致，在国民党内起到了进步的分化作用，是一个党外布尔什维克组织。

在与国民党反动派的斗争中，国民党民主派开始联合起来。1943年2月起，部分国民党民主派人士发起了民主同志座谈会，后经由谭平山、陈铭枢、杨杰、朱蕴山、王昆仑、郭春涛、许宝驹、于振瀛、何公敢、甘祠森等组成的十人小组秘密筹建。1945年10月28日，抗战胜利后重庆谈判期间，三民主义同志联合会（简称民联）召开了第一次全体大会。大会通过了政治主张、大会决议案和临时组织总章，选举出了民联的领导机构，谭惕吾任中央组织委员会委员。谭惕吾是民联的发起人，也是民联的骨干人员，在民联的活动中发挥了积极的作用。

民联的成立，使国民党民主派形成了一支有组织的政治力量。民联成立后，立即投入了反对发动内战、争取国内和平的民主运动中。谭惕吾也利用明暗不同身份，参与到民主运动的大潮中。

## 在中共领导下，利用合法身份开展坚决斗争

1945年2月抗日战争胜利前夕，谭惕吾与邓颖超、李德全联络妇女界进步人士，筹组中国妇女联谊会。谭惕吾公开参加了重庆妇女界进步人士《对时局的主张》的宣言："要求政府立即邀集各党各派和各界人士，举行全国紧急会议，共商国是，成立联合政府，给人民以言论、出版、集会、结社等基本自由。"

这个宣言由百余位知名妇女界进步人士签名并在《新华日报》上发表后，引起了极大震动。国民党反动当局对签名的部分人员或进行警告或解雇。3月9日，延安《解放日报》发表边区妇女团体致重庆妇女界慰问电，表示赞同《对时局的主张》，并对国民党迫害进步人士的行为表示义愤。蒋介石的侍从室获悉宣言出自谭惕吾之手后，便派政务次长张道藩调查谭惕吾的情况。张道藩随即找她谈话，声色俱厉，进行威胁。邓颖超和周恩来得知后，十分重视，立即指示小民革尽快将谭惕吾撤出内政部。从此，谭惕吾再没有到内政部上班。当时，"立法委员"

实行委任制，谭惕吾在内政部的"视察"职务较高。根据中共的意见，为加强在立法院的力量，经小民革负责人王昆仑、屈武向孙科推荐，1945年8月，谭惕吾被任命为"立法委员"，这一身份使她得到了在国民党政府上层继续进行斗争的有利条件，她的人身安全也得到一定保障。

1945年8月31日，重庆谈判期间，毛泽东在桂园与小民革负责人王昆仑、屈武、许宝驹、侯外庐、曹孟君、谭惕吾谈话，王若飞、徐冰、王炳南在座。见到他们，毛泽东非常高兴，迎面用手画了个半圆，称赞他们都是无名英雄，都是著名的社会活动家。双方一直谈了近三个小时。回延安后，毛主席称赞说："有政策、有水平的还是革命同盟。"

1945年10月，为表彰谭惕吾在抗战中的贡献，国民党政府授予谭惕吾胜利勋章。1945年底，民联推举谭惕吾、柳亚子、甘祠森等九人参加了反内战筹备会。

1946年3月，在重庆的《新华日报》邀请李德全、谭惕吾两人分别为三八节题词，谭惕吾的题词是："妇女必须努力于国内的民主团结及国际的亲密合作，以达拯救人类的任务。"

同月，谭惕吾随国民党政府迁回南京。为了争取实现政协决议、停止内战，中共代表团也迁往南京，谭惕吾和邓颖超往来密切。那时，中国妇女联谊会李文宜、黄静汶、韩幽桐、曹孟君等许多同志每周在谭惕吾家开一次学习会，邓颖超每次都派她的秘书曾宪植（叶剑英夫人）参加，传达中共的方针政策，有时她们还收听解放区的广播。中共驻南京办事处撤回延安前夕，他们还研究如何帮助转移电台。

1946年11月中旬的一天傍晚，邓颖超到谭惕吾家作临行告别，并传达了周恩来的指示："民革（指中国民主革命同盟）今后要扩大组织，加强工作，多争取进步人士，广泛团结中间人士，坚决孤立顽固分子。"

中共驻南京办事处撤走后，白色恐怖笼罩着南京，特务横行，民生窒息。蒋介石一心要发动内战，向立法院提出"戡乱法案"，想强迫委员们表决通过。谭惕吾坚决反对，直言："我认为中国人民经过十年内战、八年抗战，已经疲惫不堪，如果再打内战，必将生灵涂炭，国将不国，因而反对通过这一法案。"主持会议的"立法院长"怒目相视，厉声斥责说："这是国民政府的立法院，替共产党说话的人滚出去！"谭惕吾毫不惧怕，法案进行表决时，她拒绝举手。

1947年，历史到了紧要的转折关头。当时，国统区反战呼声此起彼伏，如火如荼。5月16日，各大报的头条新闻都是"立法委员的和平呼声"。例如《大公报》说："立法委员周一志、于振瀛、谭惕吾、李庆尘等19人于立法院15日晨例会中，以书面向主席提出动议，要求停止内战，恢复和谈。"20日，南京、沪、苏、杭几万名学生举行了"反饥饿、反内战、反迫害"的联合大游行，蒋介石出动了全南京的警察、宪兵、青年军和马队疯狂进行血腥镇压，用水枪、皮带，打伤学生百余人，逮捕二十余人，制造了五二〇血案。5月25日，国民党又以"破坏社会秩序，意图颠覆政府"的罪名，强令《文汇报》《联合晚报》和《新民报》上海版停刊。谭惕吾、于振瀛等分别发表文章或谈话，指出如此举动是违反宪法之行径，要求撤销停刊，驻南京的美国合众社记者播发了声援《新民报》的部分谈话。

5月30日，立法院召开紧急会议，商讨处理学潮的办法。会上国民党内政部部长张厉生、教育部部长朱家骅都公然对镇压进行辩护。谭惕吾大义凛然，在立法院大会上说：五二〇我亲眼看见警察打学生；"上海三报被封闭，足证政府之行为与言论不符"。散会后，她从南京乘夜车赶到上海，直奔侯外庐家，把张励生说的"学生运动有共产党作后台""有侯外庐背后操纵"告诉侯，叫他警惕中统的加害并尽快离开。侯外庐随即转移，后来化名徐康乘船赴港。

9月，小民革成员余心清、梁蔼然因策划孙连仲起义，以"匪谍"罪名在北平被捕。谭惕吾不顾个人安危积极组织接济和营救工作，并和许宝驹一起陪伴余心清的母亲到监狱探视。余心清在《在蒋牢中》一书中感慨地写道：谭惕吾、陈铭枢、曹孟君、刘仲容、于振瀛一些朋友在京沪经常筹划维持我的生活。尤其在那一种环境下，接济一个像我这样的"匪谍"是多么冒险的一桩事！1948年5月，余心清估计自己会被判死刑，他虽对死早已置之度外，但为自己死后，老母亲、兄弟的三个遗孤、妻子和女儿的生活而担忧。他通过一个理发匠，给老朋友谭惕吾写了一封信，希望谭惕吾和其他朋友在他就义后，能随时照顾自己的家属。谭惕吾接信后，深感责任的重大，更加积极地组织营救工作。

当时，由于白色恐怖加剧，许多民主党派停止了活动，小民革的领导机构也迁到了上海，当时谭惕吾是南京方面的负责人。不久，小民革中央做出决定：停止工作，解散组织，以维护同志安全。许宝驹到南京传达决议时，谭惕吾想到周恩来回延安前的指示，激烈反对："干革命早已准备抛头颅、洒热血，现在形势恶劣，中共办事处撤走了，民主党派有的解散了，公开斗争需要我们承担，我们只能发展组织加强工作，绝对不能解散组织停止工作。"后来，小民革中央同意了南京方面的意见。不久，小民革中央秘书长曹孟君到香港避难，谭惕吾代理秘书长，在白色恐怖下为保存小民革组织作出了贡献。

再次担任"立法委员"后，谭惕吾根据中共有关方面的指示，在立法院和于振瀛、陈建晨等同志利用"立法委员"的身份，组织邓季惺等一批反战、争民主的委员召开"一四座谈会"，统一思想，进行斗争，并对国民党的倒行逆施提出质询。

6月15日，《新民报》在第二版用大字标题刊登了题为《谭惕吾对翁院长施政报告之质询》的文章。她在文中一针见血深刻地指出："共产党拿富人的钱，用穷人的力，为穷人打战；国军拿穷人的钱，用穷人的力，为富人打战；士气如何能振作？"质询从军事、民心、经济、外交等方面指出反动派必然失败的下场，连续四次要求国民党政府停止"戡乱"，在国统区引起了强烈反响，国民党《中央日报》认为这"是散发投降主义于我后方社会的运动"。

6月下旬，谭惕吾联系几位"立法委员"提出"淮海战役失败了，下一步怎么办"的质询案，请何应钦答复。何应钦召开了不许记者参加的小型秘密会议，答复了质询以及失败的原因和今后的部署。会后，谭惕吾将情报及时转送给中共地下党。就在秘密会议召开的同时，由邓季惺领衔，谭惕吾和于振瀛、陈建晨等三十余人提出"空军对开封城内盲目轰炸，人民损失惨重。责任应该谁属，今后应严禁，停止轰炸城市案"，理由是：查国际战争尚有禁止轰炸不设防城市之规定……此次空军对开封轰炸扫射，人民死伤无数，学生炸死成堆……究系何人所发命令，责任应由谁负，请即查办。国民党反动派对此害怕之极，恨之入骨，称他们是共产党派到立法院的"第五纵队"，7月1日的《中央日报》社论称之为"掩护匪军之又一运动"，并说，"这一宣传运动仍然是反戡乱运动之一环"，并且威胁说，"希望政府采取严厉的行动予以制止"。

为了避免遭到毒手，谭惕吾立即通知邓季惺转移。小民革也决定谭惕吾先到香港去躲避。1949年1月19日，谭惕吾冒名黄镜吾飞抵香港。

### 周恩来亲自为谭惕吾消除误解

1949年3月上旬，在香港的中共负责人潘汉年通知谭惕吾，说周恩来拍来电报邀请她到北平参加新政治协商会议筹备工作。谭惕吾感到非常高兴。在中共的安排下，3月29日，她和阳翰笙、金山等人到达北平。

一到北平，谭惕吾就陷入了被误解的深渊里。无论她认识的，或不认识的，全都用异样的目光看待她，使她百思不得其解。当时恰逢各党派、团体酝酿出席新政协的代表名单，民主人士对谭惕吾1947年竞选"立法委员"一事有异议。有人甚至认为她是政治的变节，对她有很多责难，要她发表"伪立法委员"起义宣言。谭惕吾感到非常委屈，她认为，发表起义宣言就等于自己把"政治上的变节"背到身上。有一次，她和同盟的某领导争吵起来，说："为什么在地下工作的同志不发表起义宣言偏叫我发表！蒋管区的反动分子叫我'匪谍分子'；到了解放区，说我是'伪立法委员'，我究竟是个什么东西！我还要不要做人，还要不要活着！"

几天后的一个晚上，谭惕吾正在北京饭店参加小民革核心组会议，周恩来同志突然莅临，对核心组同志谈了新政治协商会议的筹备工作，并同他们商讨了小民革的新政协代表人选问题。王昆仑汇报了拟定名单后，周恩来马上说："惕吾同志也可以提出来嘛！"王昆仑叹口气说："是的，她本来可以提的，但是民主党派和民主人士对她竞选'立法委员'很不谅解。提出来，怕得不到同意。"周恩来同志当即说："你对他们说明一下嘛！"王昆仑打了愣，表示为难的样子，周恩来果断地说："你不说，我来说。"

不久，新政协筹备会召开代表提名会议，谭惕吾、于振瀛都参加了。在宣布协商提出的代表名单时，周恩来特别说道："这里有一个问题要向大家说明一下，名单里有两个人，一个是谭惕吾，一个是于振瀛。他们竞选'立法委员'是我打电报给华南局，叫华南局通知中国民主革命同盟要留两位同志在立法院，中国民主革命同盟决定他们两人竞选'立法委员'。他们两人竞选'立法委员'是经过组织决定的。"

周恩来的一席话，拨开了满天乌云。当时很多同志瞬间都用释然而又抱歉的眼光瞧着谭惕吾。散会后，不少同志跑过去与她紧紧握手。

历史翻开了新的一页，中国民主革命同盟光荣地完成了它的历史任务，于1949年9月17日宣告结束。10月1日，谭惕吾登上天安门城楼，参加了隆重的开国大典。

## 参加新中国建设

新中国成立后，谭惕吾任政务院参事室参事，担任法制组召集人。1950年5月，她随陈绍禹（王明）、沈钧儒等人到天津、沧州、唐山各法院及监狱考察在执行中存在的各种法律、法案和组织工作中的问题。7月，她代表政务院出席了第一届全国司法会议，参加了第一部《中华人民共和国宪法》（草案）的讨论和修改工作。1954年，谭惕吾任全国政法协会理事，同年被选为第一届全国人大代表，在全国人大常委会法律室工作，参与了《民法》的起草准备工作。1979年，她被任命为全国人大常委会法制委员会委员，以高度热情参与了1980年《中华人民共和国宪法》（草案）等二十多个法律的修改审定工作，提出的许多意见被采纳。

20世纪50年代，曹孟君、曾宪植、李德全、邓颖超、谭惕吾合影（自左至右）

1956年2月，民革三大召开，谭惕吾被选为民革中央常务委员。她联络部分妇女代表，向大会提出"成立妇女工作委员会"的提案。

作为社会活动家，谭惕吾在新中国参加了大量的外事工作。1951年，她作为团员随林伯渠团长、沈钧儒副团长，与夏衍、袁翰青等人赴苏联观礼。归国后，谭惕吾写了关于苏联伟大成就的长篇文章《访苏观感》发表在《光明日报》上。随后，她又赴民主德国参加了中国—民主德国友好月活动。她那社会活动家的风采，她那充满激情的讲演，为中国人民赢得了德国人民的尊敬。回国后，她写了《访问民主德国拾零》的文章，发表在杂志上。

1952年，亚洲及太平洋区域和平会议在北京召开。谭惕吾任中国代表团工作处副处长兼组织处处长。1953年10月4日，谭惕吾任中国人民第三届赴朝慰问团第一总分团副秘书长赴朝慰问。

此外，谭惕吾还先后担任了新政治学会负责人、中苏友好协会理事、民主党派干部夜校办公室主任、慰问朝鲜儿童代表团副团长、政务院"三反五反"运动检查委员会委员等职务，还在《光明日报》和《北京日报》上发表了《男女平权》《改进北京市卫生工作的建议》《湖南农民热烈拥护统购统销政策》的文章。这期间，她以高度的政治热情、认真负责地工作，除每天上下班外，晚间经常有

1954年，谭惕吾（后排左三）与原小民革主要成员合影。前排：屈武（左三）、王炳南（左五）。后排：李世璋（左一）、王昆仑（左二）、吴茂荪（左六）、王枫（左七）、于振瀛（右一）

会或参加大量外事活动。她不顾身体情况，工作简直达到忘我的程度。1954年，她竟晕倒在全国人民代表大会的会场上，被送进了北京医院。她到北京城子煤矿视察时，不满足听汇报，亲自下到几十米深的矿井里去察看。她的工作热情令人敬佩。

## 主要参考文献：

1. 民革中央宣传部编：《民革领导人传》（第二辑），团结出版社，2007年版。
2. 韩省之：《世纪女杰　革命人生——谭惕吾同志生平片断》，《团结》，1997年第3期。
3. 李启新：《"民革范儿"谭惕吾》，http://www.shmg.org.cn/shmg2011/lshm/lsrw/u1a1776449.html.
4. 甘祠森：《回忆三民主义同志联合会》，《近代史研究》，1982年第4期。
5. 黄丹阳：《浅论中国民主革命同盟》，《华章》，2012年第25期。

熊秉坤（1885—1969），字戴乾，原名祥元，湖北武昌人，1955年加入民革。中华人民共和国成立后，曾任中南行政委员会委员及参事、湖北省人民政府委员、湖北省人民委员会参事等职。民革中央团结委员。民革湖北省委会委员。第二、三、四届全国政协委员。

# 熊秉坤
## 推动武汉和平移交的"熊一枪"

1961年10月9日,辛亥革命五十周年纪念大会在北京人民大会堂隆重召开。末代皇帝爱新觉罗·溥仪以全国政协文史专员身份应邀参加。在随后举行的国宴招待会上,溥仪得知有一个辛亥革命重要参与者也参加活动,就悄悄地向中央统战部的同志表示想要见见这个人。中央统战部有关同志将溥仪的愿望及时报告张执一副部长,张执一不敢定夺。善于做统战工作的周恩来总理得知了这个信息,欣然同意,马上安排他们见面。让溥仪如此念念不忘的人是谁呢?他就是被孙中山先生誉为"打响武昌首义第一枪"的熊秉坤。

在辛亥革命五十周年纪念日前夕,熊秉坤与爱新觉罗·溥仪交谈

溥仪走到熊秉坤面前，举起酒杯，兴致勃勃地说："久仰熊先生大名。你打响了辛亥革命第一枪，打倒了我这个年仅五岁懵懵懂懂的小皇帝，推翻了封建统治，让我能够洗心革面，重获新生，活得比过去更有意义。为表达谢意，我敬熊先生一杯。"熊秉坤见溥仪不计前嫌，大为感动，谦逊地回答道："溥仪先生谬奖了。中山先生说过，世界潮流浩浩荡荡，顺之则昌逆之则亡。旧社会，你是皇帝，我是平民，不平等，你就被大家给打倒了，不是我一个人的功劳；新社会，你我都在共产党领导下做了新人，大家都是平等的，都可以做朋友。让我们为共产党领导的新社会干杯。"饮罢，两人开怀而笑。

## 武昌首义彰元勋

1911年，中国大地风起云涌。湖北军政当局十分警惕本省日趋高涨的民主革命运动。

熊秉坤时在湖北新军第八镇工程第八营当兵，由最初正兵升正目（相当于班长），加入了进步革命团体日知会。1911年春，由孙武引荐又加入另一革命团体共进会（与同盟会关系密切），接任雷振声为共进会工程第八营代表，在营内秘密发展会员两百多人，并任工程第八营革命军大队长。

1911年9月，湖北共进会与文学社（后并入同盟会）联合组成起义总指挥部，筹划起义。原定于10月6日起义，因故未成，推迟到10月16日。10月9日下午，孙武、李作栋、王伯雨等人在俄租界宝善里机关部检验起义所需炸药时不慎引燃，浓烟引来俄国巡捕。巡捕将炸药、旗帜、袖章、名册、文告、盖印纸钞等搜走，并逮捕刘燮卿、刘同等人，呈报湖广总督瑞澂。刘同叛变供出起义事宜，好在所知有限。瑞澂知悉，马上下令全城戒严搜捕革命党人。

形势急迫，起义总指挥部不得已决定将起义时间提前至10月9日夜半。邓玉麟、杨洪胜面见熊秉坤，传达起义指示："我等决定今日起事，炮队先行发动。军械所系汝营驻守，今夜无论如何困难，一听炮声，必须即行占领。发难后各营需要子弹。此点甚为重要。"熊秉坤通知营中革命党人，一俟闻南湖炮响而动；

又派支队长郑挺军火速通知驻楚望台军械库同志妥为准备，届时内应勿误。

这时，湖北新军第八镇统制张彪听到了风声，命令所属官兵安分守己，他得到密报后，派兵突袭起义总指挥部，彭楚藩、刘复基、杨洪胜不幸被捕牺牲，余人或伤或逃，眼看起义又将夭折。而此时熊秉坤等人还被蒙在鼓里丝毫不知，按计划"晚九时半熄灯就寝，竟夕以待"，却迟迟不闻南湖炮响。

10月10日清晨，熊秉坤才得知前夜事发，彭、刘、杨三人遇害。熊秉坤来不及痛悼烈士，当机立断与其他同志秘密约定于10月10日下午三时借晚操之机发动起义，并联系第29标和第30标同志互相配合。然而当日营中停练晚操，熊秉坤又与第30标谢涌泉约定晚七点钟发难。熊秉坤奔走于各营房间传达晚七点钟发难决定，同时知会非革命党人士兵，"做行军装束，听从指挥即可"。

10月10日晚，工程第八营二排长陶启胜发现士兵金兆龙有异，欲夺金兆龙枪，共进会会员、士兵程正瀛于二人扭打间开枪，先后击毙陶启胜、黄坤荣等多名军官，全营震动。熊秉坤不再囿于原定时间，按照原计划连放三枪，向各标营发出起义信号，随即率金兆龙、郑汉章、蒋楚杰等四五十人冲出军营直奔楚望台军械库。各营起义军听闻枪响如约集结楚望台，熊秉坤以营代表身份传达命令，推举吴兆麟为临时总指挥，熊秉坤为副总指挥。一不做，二不休。起义军连夜攻打湖广总督督署和第八镇司令部，瑞澂落荒而逃，张彪兵败退出武昌。

年轻时的熊秉坤

20世纪50年代，熊秉坤（前排右二）与老战友在孙中山像前合影

熊秉坤武昌首义有功，得到孙中山赏识、器重。熊秉坤赴日本时，孙中山曾向在场的人介绍说："这就是武昌首义放第一枪的熊秉坤同志啊！" 1918年10月10日是辛亥革命七周年，孙中山为上海《晨报》双十节纪念专刊撰写发刊词，开首即是："今日何日，此非我革命同志熊秉坤以一枪起义之日乎！"甚至在撰写的《建国方略》中，孙中山还不忘强调"熊秉坤首先开枪发难"。熊秉坤在中山先生心目中的地位和影响可见一斑。

## 顺势而为向中共

辛亥革命以后的中国，尽管革命道路曲折，熊秉坤都始终追随历史进步的潮流，同情并支持共产党人的革命斗争。

熊秉坤返鄂策反萧耀南期间，正逢二七大罢工，领导罢工的中共党组织有次开会被萧耀南部下发觉，临时决定去熊秉坤家召开，参加会议的中共党员有项英、林育南、张国焘等。据张国焘的《我的回忆》记载："我们原约定在一间茶楼里会集的朋友们，都已先我们在茶楼门口徘徊着，我们交换消息的结果，知道萧耀南已宣布戒严，断绝交通，搜捕罢工领袖。我们认为只有避到熊秉坤家里较为安全，我们中多数人虽与熊君并无一面之识，但这位仗义好客的主人欣然一一接待。原来这位主人就是辛亥革命时首先发难，向楚望台军火库开第一枪的工程营的熊连长。他那时寄居在法租界一幢小房子里，这就是一般革命流亡者所熟识的长清里一〇三号；因为那常是他们的避难所。熊先生是革命元勋，租界当局也多少有点刮目相看。这位豪侠的革命家，这时不特毫无畏惧牵连之色，并且还安慰鼓励我们。"

在熊秉坤的掩护下，这次中共会议顺利召开，作出保存革命力量、要求工人复工的重要决定，从而减少了工人伤亡，为继续革命积蓄了实力。

1928年4月，熊秉坤任湖北省政府委员，1930年一度兼任武昌市长。1931年调任南京国民政府军事参议院中将参议，1946年退役。据说蒋介石去他家，必须脱帽，可是他并不示好蒋介石。孙中山逝世后，熊秉坤逐渐认清蒋介石独裁面目，坚持继承中山先生遗志，支持中国共产党的民主革命。

1949年淮海战役后，人民解放军兵临南京。蒋桂之间矛盾激化，李宗仁、白崇禧欲逼蒋下台取而代之，与中共打开和谈的局面。在白崇禧支持下，耿伯钊、李书城等湖北省参议员组织开展人民和平运动，提出促蒋谋和的议案并由省参议会通过，以湖北省参议会名义致电蒋介石，警告蒋"如战祸继续蔓延、不立谋改弦更张之道，则国将不国、民将不民"，要蒋"遵循政治解决之轨，寻取途径、恢复和谈"。由于熊秉坤在武汉军政界资历深、声望高，电文中他名列首位。

1949年1月16日，湖北人民和平运动促进会在湖北省议会成立，这里就是当年辛亥武昌首义军政府所在地。参加会议的有熊秉坤、李书城、李西屏等武昌首义重要人物。大会选举熊秉坤、李书城、艾毓英等十七人为主席团，选举熊秉坤、李书城、耿伯钊、艾毓英等三十九名干事组成干事会。大会通过了《湖北人民和平促进会宣言》，宣言呼吁国共双方立即就地停战，保障人民和平安宁的生活。他们还致电全国各省市，联络各民意机关，要求响应。

1949年1月21日，蒋介石宣布下野，李宗仁任代总统。国民党与中共和谈时，仍幻想保留地盘实行割据，致使和谈失败。白崇禧从南京返回后，立即布置军队在市郊构筑防御工事，强迫商民筹集防御经费，加紧征兵征粮。熊秉坤、李书城等绝大多数在汉的辛亥元老，纷纷回绝来自台、渝方面的劝告，继续留守武汉。他们看到白崇禧的积极备战态度，也不再呼吁和平，决定将和平促进会改为武汉市临时救济委员会。救委会成立后，首先组织反破坏，反搬迁。白崇禧溃退前，准备将湖北省所属机关、学校、企业及人员、财物、档案向恩施一带迁移。临时救济委员会暗中联络各机关、学校、企业的人员，设法保护，不准搬迁和损坏，人员也尽量留在武汉。

在这一段治安真空期，熊秉坤任武汉市民临时救济委员会公安组负责人、武汉市治安委员会委员，主动担负起维持地方治安的重任，组织警力维持市内秩序，倘有不肖之徒乘机破坏扰乱，立即逮捕交付严惩。他同其他知名社会人士一道号召全体市民发挥互助精神，竭诚合作、力求镇静，各守岗位、各安生业，以期安堵如常。

1949年5月16日，熊秉坤期盼已久的日子终于到来，武汉解放了。5月17日，熊秉坤同武汉人民一道在武昌东大门兴高采烈地欢迎人民解放军入城。

## 老骥伏枥犹参政

新中国成立后，熊秉坤历任中南行政委员会委员及参事、湖北省人民政府委员、湖北省人民委员会参事、湖北省政协常委、全国政协委员等职。1955年，他加入民革，任民革中央团结委员、民革湖北省委委员。

1957年，熊秉坤与在武汉的辛亥首义老人联名提议，将鄂军都督府旧址改建成辛亥革命纪念馆，此后又在1964年全国政协会议期间当面向周恩来总理建言,得到了周恩来总理的支持与肯定。在出席第二届全国政协第三次会议期间时,熊秉坤作大会发言,感谢党和政府重视辛亥革命功绩,保护历史文物,并建言"像抗日战争、解放战争的历史遗迹,都应该早日采访、搜罗或修建,使人们从革命事迹的观感中发扬爱国思想,为建设祖国艰苦奋斗"。其建言观念之超前意识,现在仍值得我们学习。

其实,早在武昌起义后一年间,熊秉坤就应湖北革命实录馆(湖北军政府1912年6月设立)征集文献要求,认真撰写了《前清工兵八营革命实录》《前工兵八营阵亡死难暨五旅部属阵亡各员事略》《五旅中级上军官暨前工兵八营革军中执事之在下级各员事略》《前工兵八营革军各执事暨会员事略》等文章。其后数十年,熊秉坤又公开发表了多篇武昌首义回忆文章,主要有《武昌起义谈》《辛亥首义工程营发难概述》《辛亥湖北武昌首义事前运动之经过暨临时发难之著述》《阳夏战争日记》等。这些文章成为后人研究武昌起义历史的第一手珍贵资料。

## 主要参考文献:

1. 曹波、熊永铸编著:《共和先声——辛亥武昌首义发难元勋熊秉坤纪念文集》,团结出版社,2014年版。

2. 谈瀛:《蒋、桂求和真相与湖北人民和平运动》,《武汉文史资料》,1994年第3期。

樊崧甫(1894—1979),原名芝壁,字仲哲,号哲山,浙江缙云人,1950年加入民革。中华人民共和国成立后,曾任中国人民保卫世界和平反对美国侵略委员会常委、上海市人民政府参事室参事等职。民革中央团结委员。民革上海市筹备委员会审查委员,民革上海市委会常委,市委会对台工作委员会副主任。民革虹口区筹委会主委,第一届区委会主委。

# 樊崧甫
## 在狱中迎接上海解放的"龙头将军"

1949年5月24日,随着枪炮声渐渐变得零落,位于上海旧法租界的一所政治犯监狱里,满脸杀气的特务突然消失了,接替看守任务的警察无精打采,连牢门都懒得锁上,难友们纷纷传说,特务头子毛森已经逃之夭夭。被捕入狱十多天的樊崧甫看到这一切,判断光明马上就会到来。27日,上海解放,樊崧甫高兴地跳起来:"我将在中国共产党的领导下获得重生!"

### 聆听周恩来教诲,效命抗日疆场

樊崧甫自幼仰慕民族英雄郑成功,1908年被保送到浙江陆军小学,开始接受军事教育。他秘密参加光复会,后又经人介绍成为倾向革命的帮会组织——洪门龙华会的一员。武昌起义爆发,樊崧甫正好从陆小毕业,他毅然担任浙江革命军敢死队分队队长,冒着枪林弹雨,进攻军械局和督抚署,表现十分抢眼。民国初年,先有沪军北伐,后有浙军讨袁,樊崧甫作为具有军事专业背景的青年爱国军人,加入中华革命党,频繁活跃其中。1917年7月,樊崧甫考入保定军校第六期工兵科,没到半年发生了张勋复辟事件,他利用寒假机会,到上海谒见孙中山,建议创建革命军队,另谋复兴大计。

保定军校毕业后，樊崧甫被分到浙江陆军见习，短短数年即从少尉连附升到"五省联军"第四军司令部少校参谋。1925年，他肄业就读北京陆军大学期间，孙中山在京病逝，樊崧甫积极协助治丧工作，获赠《建国大纲》《建国方略》《三民主义》等书，"如得至宝，朝夕捧读，认为确系救国良方"。1926年冬，樊崧甫奔走联络浙军将领，改编为国民革命军，参加北伐，晋任上校团长。北伐结束，国家却未能走上和平发展道路，取而代之的是国民党新军阀混战，蒋介石不顾民族危机，又连续发动五次"围剿"。樊崧甫卷入内战旋涡，先后升迁第六师第十七旅旅长、第七十九师师长、第四十六军军长等职，他通过亲身经历，用十六个字高度评价红军：信仰坚决，纪律严明，刻苦耐劳，行动敏捷；"假使红军也有国民党军队同等武器，一定可以无守不固，无攻不克"。

西安事变发生后，第四十六军位于陇海铁路郑州、洛阳一线，樊崧甫率部抢占关中门户潼关，与陕军将领冯钦哉达成彼此尽量保持克制的口头协议。西安事变和平解决后，周恩来拜访樊崧甫，说明枪口对外团结抗日的重要性，并与樊妻拉起祖籍绍兴的家常，整个谈话过程气氛融洽。临别之际，樊问："周先生坐不坐汽车？坐的话，我叫汽车司机送你回去，听说共产党员不坐汽车？"周笑着说："在打游击的时候，终日高山大岭，有汽车也难坐，今天有车可坐，当然要坐。"后来，樊崧甫前往杭州探视蒋介石，建议"贯彻孙中山先生遗训，把持中庸之道，勿偏左，勿偏右，把安内攘外改为攘外安内"。蒋介石表面上点头赞许，内心却对他产生了疑忌。

全面抗战爆发后，樊崧甫一面抽调干练官兵一万余人补充淞沪前线，一面日夜监督构筑黄河防御工事。1938年4月，第五战区取得台儿庄大捷，第四十六军奉命增援徐州，在鲁南郯城境内，樊崧甫联合西北军将领张自忠屡挫日寇，有一次缴获一本敌军士兵日记，里面写道："出国时上级说中国兵无抵抗力，但这次到了战场，敌火力是那么猛烈，我们小队只剩下五个人，今天我还在，明天不晓得怎么样？"抗日战争进入相持阶段后，樊崧甫升任湘鄂赣边区游击总指挥，参加南昌会战、第一次长沙会战，无奈所辖部队经常调整，加上与第九战区司令薛岳说不到一处，只好泱泱离开。

1940年2月，樊崧甫调任第三十四集团军副总司令，负责关中一带黄河防守，第八战区副司令胡宗南举力封锁陕甘宁边区，很少主动进攻日军，"带兵办法，直接掌握到团长，对直属的军、师长都不放心"。一心抗日的樊崧甫郁郁不得志，被调回重庆担任军事委员会高级参谋，从此告别了驰骋沙场的带兵生涯。后来，樊崧甫应第六战区司令长官陈诚邀请，赴湖北恩施出任总参议，襄助军务，兼管干部训练。尽管陈诚个人比较清廉能干，热衷收复失地，但国民党统治区整个政治与经济日益腐败，樊崧甫心灰意冷，1942年夏天婉谢陈诚，返回大后方消极赋闲。

樊崧甫中将礼服照

## 不满国统区腐败，秘密参加民革组织

抗战后期，国民党军队无论战斗力还是军风纪，都呈断崖式下降，1944年豫湘桂战役，丢失一百多座城市，损兵五六十万，在世界反法西斯战场节节胜利的大好形势下，国际影响极为恶劣。蒋介石决定整饬军纪，成立军事委员会战区军风纪巡察团，想到樊崧甫为人疾恶如仇，商请其担任第五巡察团主任，巡区范围包括西北数省，以军民合作、各界密切联系、遵纪守法三事为标准。车过秦岭，樊崧甫看到一个新兵大队穿着单衣行军，停车盘问带队军官："气候如此寒冷，为什么不发棉衣？""棉衣是领到的，怕发了会逃走，棉衣赔不起，要到交兵时再发。"国民党兵役制度之糟糕可见一斑。路上，巡察团又见公路上运输木材者络绎不绝，向山上老百姓询问，原来许多军官利用秦岭树木茂盛，公车私用大做无本钱生意。

陕西东部渭河流域历来物产丰富，然而巡视一圈下来，所看到的老百姓的生活却是水深火热。例如征粮，由于通货膨胀，物价一日数变，田赋改征实物，在政治腐败环境下，成了敲诈农民索要好处的弊政，纳粮户谁送礼厚，谁先验收；不送礼的，先搁他几天。再如征运，老百姓自带粮草，跋山涉水风雨无阻，兵站还要索取好处，否则迁延时日不予接收，弄得只好卖掉车辆或牲口才能回去。按照事先框定的巡察范围，包括陕甘宁边区，樊崧甫有些顾虑，毕竟自己多次参加"围剿"，担心到了延安处境尴尬，蒋介石的意思也是"缓去"，于是改变行程，一路向西。到了河西走廊，发现问题同样突出，冒充军人及过境军队多，时不时发生骚扰民众的事情；人口连年减少造成劳动力调度极度困难；祁连山林木遭到滥砍滥伐，管理处却缺乏周密计划。一路上，目睹的都是国统区无边黑暗，樊崧甫清醒地认识到国民党"人心全失，大势已去"，抗战时期尚可苟延残喘，抗战一旦胜利，即为国民党没落之日，共产党胜利之时。

果然，日本宣布无条件投降后，国民党接收人员竞相上演"劫收"闹剧，官僚资本和投机奸商囤积居奇、盗挪公款，丑态百出。樊崧甫给重庆当局发电建议："接收之令，首重纲纪，其良否系于人心之向背，国际之观感，似应多派监察人员共同前往，以资策励。"奈何人微言轻，得不到贯彻落实。"蒋帮政权，与民为敌，经济崩溃，特务横行"，樊崧甫萌发了另组政党的设想。1946年春夏，他以洪门帮会为基础，代理西安礼德堂盟主，成立民生共进党筹备委员会，试图拉拢河南地方武装，开创一片独立天地，时人称之为"龙头将军"。消息传开，国民党CC系、三青团等党团组织视其为大逆不道，多方布置特务，阻挠破坏筹建活动。樊崧甫心灰意冷，申请"后备中将退役"，索性移居上海做起了寓公，但心中始终念念不忘："我戎马生涯数十年，不能救民于水火中，平生积痞，何时得消？"

樊崧甫为人正直，一向乐善好施，家乡观念深。随着内战不断扩大，眼睁睁看着货币贬值厉害，庶民百姓流离失所，樊崧甫整日借酒消愁："我要去找朱毛！我要去找共产党！"吓得妻子冯吉康大惊失色，操起缙云方言厉声劝止。

1948年元旦，中国国民党革命委员会在香港成立，王葆真作为常务委员兼军事特派员，奉命潜伏上海发展京沪地区地下民革组织，在国民党统治腹地进行分化瓦解工作。樊崧甫通过民生共进党筹备委员邰爽秋介绍，加入王葆真主持的民革京沪临时工作委员会，志愿呼吁和平、涣散蒋帮斗志。12月，国民党军队在淮海战场被解放军分割包围，白崇禧等地方实力派接二连三发出通电，要求蒋介石下野，重新开启国共和谈。樊崧甫不畏艰险，公开提倡诚意言和，"由人民自己决定自己的命运"，发言见诸报端后，引起当局反感，上海市警察局局长毛森视樊为眼中钉。洪门朋友徐嵩龄时任沪杭铁路警察总队副总队长，提醒樊说："毛森曾到我总队部休息候车，他说你的和平主张动摇军队作战意志，我劝你还是小心为好。"

## 不替蒋介石打内战，铁窗囹圄迎解放

1949年2月，王葆真被捕入狱，南京、上海两地民革组织遭到严重破坏，京沪杭警备总司令汤恩伯伙同特务机构大搞白色恐怖，黎明前的上海陷入最黑暗时刻。樊崧甫没有完全暴露身份，汤恩伯企图使用拉拢手段消除不稳定因素，名义上提出保荐樊为副总司令，实际想要一起绑上负隅顽抗的战车。1949年3月间，樊崧甫前往杭州拜访保定军校同学、浙江省政府主席周嵒，周开门见山地说："汤恩伯对你有意见。你要多留心眼，我倒觉得你应该答应当他的副手，再于我处兼任浙江人民自卫军总司令，免生谣诼。"樊崧甫借故推脱："我为保全我的历史，不会造反，汤恩伯怀疑我是多余的，但是我希望和平，我怕听到兵，更怕见到兵，更谈不上再想带兵，谢谢你的盛意。"

北平和谈破裂，人民解放军百万雄师横渡长江，南京很快宣告解放。上海的工人学生、劳动人民及民主人士暗中喜悦，纷纷准备护厂、护校，数着日子迎接解放军。但有一批人既被国民党遗弃，又害怕共产党来了秋后算账，比如在乡军官会，不少退出现役的军官参加过"围剿"，心里七上八下别提有多着急。鉴于樊崧甫资历较深，以往公开抨击过国民党，呼吁过和平，众人公推他任代理会长。"我研究了共产党八项主张，觉得惩办对象，只是少数反动大头子，一般官员都在宽大之列。"想到上海民族工业扎堆，知识分子和技术人才聚集，解放过渡时期如何保全生命财产，确实属于突出问题，樊崧甫答应承担部分责任，为人民做些好事。"如果溃兵流氓乘机扰乱，上海百姓的生命财产得不到保障，我想联合在乡军官、帮会组织共同建立一个市民自卫队来维持过渡时期。"

1949年5月初，在乡军官云集威海卫路开会讨论，上海警察局特务突然直扑樊家，威胁樊妻冯吉康："大哥此时还不出来主持大局，干啥？"当场提出四点要求：帮助汤恩伯保卫大上海；去浙江当游击总司令；离开上海；到励志社见蒋。晚上樊崧甫回到家中，妻子如实相告，樊崧甫不惧威胁，铁了心不替蒋介石打内战："有办法的时候不听我的话，今天大势已去，又想用我，大好江山都被这批坏蛋断送了，我决不跟你们跳火坑；况且我已参加民革地下组织，我决心走光明大道。"5月10日中午，樊崧甫被捕入狱，跨进铁窗那一刻，他大义凛然："我犯何罪，要我坐牢？我不肯跟蒋做帮凶，就犯了大罪名，真是奇怪！"特务们说不出一个究竟："我们不知道，是奉总司令的命令，委屈委屈，对不起，对不起。"

在狱中，樊崧甫遇到许多民主人士，比如南京民革地下党员夏琫瑛，孙文主义革命同盟常务委员许闻天、组织部部长陈惕庐、江苏省支盟委员朱大同。不久，陈、朱等人遇害，难友告诉樊崧甫，毛森说过："民主党派躲在内部放毒箭，最可恶，要办得狠些。"樊说："人谁无死，暴力制得我身体，但制不得我灵魂，只要内省不疚，何忧何惧，大不了一死，死都不怕，还怕什么？"此时，解放军已经兵临城下，炮声越来越近，枪声愈近愈密，樊崧甫凭借多年战争经验，暗中宽慰众人："等到没有炮声的时候，就是解放军进入市区，我们自由的日子就要到来了。"5月下旬，炮声日益稀疏，看守的特务们忙于逃命，渐渐只剩下普通警察维持秩序。

上海解放后，樊崧甫脱险出狱，重获新生。家人告诉他营救的情况："我怕你被他们蛮干了，急忙赶到第十补给区司令黄壮怀那里求救，黄去见汤恩伯，汤说：'樊是李济深的人，留在上海给李做工作，你不要管这件事。'副司令陈大庆倒是帮着搭腔，'樊年纪大了，起不了什么作用，还是送他去台湾吧'。汤不同意，'关起来再说，不杀他罢了'。我鞋子跑破了两双，今天是共产党和人民解放军救了你，你要晓得，有生之日，都是报恩之年。"樊崧甫激动地泪流满面："听说蒋介石原先准备5月26日杀我，但25日苏州河以南解放了。我的生命是由中国共产党救出来的，我衷心感谢共产党。"

## "上海变得快、变得好"

1950年3月，樊崧甫成为民革上海市筹备委员会一员，担任审查委员，分管对党员的遴选和甄别工作。抗美援朝战争如火如荼之际，他又被选为中国人民保卫世界反对美国侵略委员会常务委员、上海分会虹口区支委民革代表，上海市抗美援朝委员会人民代表大会代表，虹口区优抚烈军属委员会分团长等职。志愿军浴血奋战，扬威朝鲜半岛，樊崧甫结合以往亲身经历，不禁感慨万千："旧上海在国防上是门户洞开，帝国主义的兵舰直进直出，稍有风吹草动就云集黄埔江畔，陆战队任意登陆，占领租界边缘构筑阵地。'一·二八'淞沪停战协定，日本蛮横规定中国军队不得在沪驻兵。抗战胜利以后，美国兵驾驶吉普车横冲直撞，强奸妇女，酗酒伤人，几乎无恶不作。中国共产党领导的新上海，再也看不到逞强凌弱的外国军舰和醉醺醺的外国兵，在人民解放军英勇保卫下，上海人民安居乐业，专心建设，昂首阔步，从此不受帝国主义的欺辱。"

做好抗美援朝宣传、后勤事务的同时，樊崧甫热情参与城市治理，先后服务于上海市人民政府公共房屋管理处、虹口区东新康里居民委员会、上海市房产公司业务科。旧中国政府机关整日过着纸醉金迷的日子，共产党干部艰苦朴素、清正廉洁，只为人民谋福利，樊崧甫一切都看在眼里，佩服得五体投地："英明的共产党一进市区，就依靠工人阶级，接管了帝国主义和官僚资本主义的企业，掌握了经济命脉，推动生产事业的恢复和发展，紧缩金融，稳定物价，组织群众扫除障碍，只三年工夫，便把上海经济恢复过来。接着进行三大改造，把私有制改造为社会主义所有制，上海的生产突飞猛进，支援了全中国。"

1956年，年过花甲的樊崧甫积极发挥余热，显得特别忙碌。3月，选任民革中央团结委员及对台工作委员。4月，当选政协上海市第一届委员会委员。8月，被推举为民革上海市委会常委，负责筹备虹口区民革。12月，选任上海市人民政府参事室参事，长期从事文史资料研究工作。几年下来，他撰写了《戎马生涯四十年》《辛亥革命在胶东》《我在反袁斗争中》《解除孙传芳卫队旅武装经过》《蒋唐战争亲历记》《徐州会战片段》《南昌会战回忆》《上海帮会内幕》等回忆文章，分别发表在《上海文史资料》《绍兴文史资料》《近代史料》等刊物上，为后人研究抗战史、革命史提供了第一手珍贵文献。后来，上海书店出版社取得上海文史研究馆的配合支持，根据樊崧甫遗稿整理出版了《"龙头将军"沉浮录》一书，用三十万字展现了樊老从黑暗走向光明的传奇一生。

"东风吹拂百花开，万紫千红耀九垓。莫谓人生难再少，居看老柢挺枝来。"转眼新中国成立十周年，樊崧甫提笔挥就这首名为《百花齐放》的七律诗，不仅抒发了内心对中国共产党的感激之情，还表达了自己老骥不偷闲的决心。1964年5月，沪上各界庆祝上海解放十五周年，樊崧甫难掩喜悦之情，伏案疾书《上海变得快，变得好》，文章开门见山："我是在这个日期脱离黑暗见到光明的，旧的恶影宛然在目，新的阳光照耀心灵。当此佳节，不揣陋鄙，就今对昔，写几句观感，以纪念这翻天覆地的大变化，日新月异的新时代。"他从政治、经济、国防、生活、风俗、自我六个方面，对比上海解放前后的变化，真实写出了自己的感受，读来令人赞叹不已。文中还写道："大家团结在党的周围，当家做主，高举三面红旗，自力更生，发愤图强，把一个藏污纳垢百孔千疮的旧上海，变成一个混合性工业基地和科学技术的先进基地，十五年为时虽短，但在政治上起了伟大的变化，变得快，变得好，鼓舞了上海人民建设社会主义的信心，飞跃地向前迈进。解放以后，党安排一系列措施，为人民兴利除弊，惩办了地富反坏，斗争了贪污浪费，消灭了烟赌娼，除了四害，解除了对人民生存的威胁。党调动发挥了劳动力，发展了工农业生产，在此基础上提高了人民的生活。解放十五周年的今天，上海人民老有所养，壮有所用，幼有所学，生活一天比一天好。"

## 主要参考文献：

1. 樊崧甫著：《龙头将军沉浮录》，上海书店出版社，1993年版。

2.《樊崧甫》，政协缙云县委员会文史资料工作委员会编：《缙云文史资料》（第五辑），1993年。

3. 杨瀚主编、全国政协文史和学习委员会编：《西安事变历史资料汇编》，中央文献出版社，2017年版。

# 后　记

在民革中央领导同志的关心指导下,我部在2019年编辑出版《民革前辈与新中国》一书的基础上,组织编写了本续编。

本书共收入了58位民革前辈的故事,每人单独成篇。民革中央有关部门、民革地方组织、团结报社等热心民革历史研究的党员和机关干部,积极参与了本书的编写工作。这些同志(按照姓氏笔画排序)是:于芳、王宇航、王承丞、王晓红、王恩泽、王富聪、可玥、卢淼、叶立标、付青燕、冯杰、刘丹莉、刘玉霞、刘则永、刘志慧、孙继业、牟洪建、李平、李硕、杨灵芝、杨路、吴姝静、邱洁玲、汪校芳、沈祺、张栋、陈晓燕、金绮寅、赵亮、郝芸芸、秦友莲、贾晓营、徐庆康、黄列、曹原、鲍家树。

感谢热心的民革前辈亲属、党员干部为我们提供了宝贵的资料。

与《民革前辈与新中国》相比,续编中收入的民革前辈资料搜集难度较大,图片更是难求,这是我们在编写过程中遇到的最大困难,也是交付出版时留下的一个遗憾。希望广大读者能帮助我们收集相关资料,以使历史更加清晰,使前辈形象更加丰满。

团结出版社有限公司为本书出版做了大量工作。

欢迎广大读者批评指正。电子邮箱：sunyanhui01@126.com；电话：010-85115902。

民革中央宣传部

2020 年 12 月